Dieter Zimmerling, geboren 1936 in Berlin, studierte Soziologie, Wirtschafts- und Sozialgeschichte. Er arbeitete als Redakteur beim »Hamburger Abendblatt«, später als Chefredakteur bei »Westermanns Monatsheften«. Zimmerling ist Autor mehrerer Sachbücher. Er lebt heute als freier Schriftsteller in Hamburg.

Bildquellennachweis: Die Abbildungen stammen, soweit nicht anders angegeben, aus dem Archiv des Autors.

Vollständige Taschenbuchausgabe Oktober 1990
Droemersche Verlagsanstalt Th. Knaur Nachf., München
© 1988 Econ Verlag GmbH, Düsseldorf, Wien und New York
Originalverlag Econ, Düsseldorf, Wien und New York
Umschlaggestaltung Manfred Waller
Umschlagfoto AKG, Berlin
Druck und Bindung brodard & taupin
Printed in France   5 4 3 2 1
ISBN 3-426-04062-X

Dieter Zimmerling

Der Deutsche Ritterorden

Mit zahlreichen Abbildungen

Inhalt

Kapitel 1: Die Jahre von 1189 bis 1191
Kampf um Akkon — 11
So will es Gott — 12
Ein makabrer Reigen — 14
Ein blutiger Wutanfall — 16
Die Verluste nehmen zu — 20
Hunger, Seuchen, Hoffnung — 24
Akkon fällt — 26

Kapitel 2: Das Jahr 1198
Vom Spital zum Ritterorden — 28
Der Traum vom Imperium — 32
In Akkon geht es feierlich zu — 35
Praktizierte Religion — 37
Der Heilige Vater weist den Weg — 39
Der »gerechte Krieg« — 41
Ein Mystiker hilft — 42

Kapitel 3: Die Jahre von 1198 bis 1236
Die überragende Gestalt:
Hochmeister Hermann von Salza — 45
Ein Glücksgriff — 47
Ganz Ägypten! — 51
Die neuen Makkabäer — 54
Der dankbare Kaiser — 58
Es gibt nicht nur Palästina — 60

Die Goldbulle von Rimini — 63
Deutsche Erde wird gesammelt — 67
Eine störrische Witwe — 68

Kapitel 4: Erster Exkurs
*Von Preußen, Priestern und
von Perkunos* — 72
Weder Helden- noch Volkslieder — 77
Beliebt ist der Scheiterhaufen — 79
Von Spangen, Pelzmützen, Holzhäusern und
Hochzeitsgästen — 81
Eintönige Rhythmen und befremdlich
anmutende Sitten — 83
Der Olymp der Preußen — 86

Kapitel 5: Zweiter Exkurs
Glaubensboten und Märtyrer — 90
Adalbert von Prag macht den Anfang — 93
Preußens Ruhe ist dahin — 94
Die Ansichten gehen auseinander — 97
Szenenwechsel — 100
Ein unfreiwilliger Märtyrer — 103
Der Nachfolger hat mehr Glück — 105

Kapitel 6: Die Jahre von 1230 bis 1249
Das Recht des Siegers — 108
»Zur Vergebung eurer Sünden« — 110
Ein gewaltiges Heer — 114
Der vergessene Bischof — 116
Gregor IX. zeigt sich geneigt — 119
Das Heer erhält Verstärkung — 121
Todbringende Keulen — 123
Hoffnung für Warmien — 126
Ein Paulus wird wieder Saulus — 127
Der Friede von Christburg — 133

Kapitel 7: Die Jahre von 1249 bis 1283
Die Preußen in Not — 136
Kurz und schmerzhaft — 137
Gefahr aus dem Osten — 142
Eines Königs unergründliche Wege — 143
Der Heldentaten gibt es viele — 148
Was bleibt, ist Hoffnung — 153
Kläglich ist manchmal das Ende — 155

Kapitel 8: Dritter Exkurs
Regeln für ein Leben in Demut — 158
Mitunter wird Met gereicht — 162
Strenge Disziplin allerorten — 163
Eine festgefügte Hierarchie — 166
Von neuen und weniger neuen Ämtern ... — 168
von Schreibern und Versdichtern ... — 169
und von Wahlmodalitäten und Gelagen — 170

Kapitel 9: Vierter Exkurs
Die Seite des Geldes — 173
Hufen und Zinshühner — 174
Aus Freien werden Unfreie — 177
Äußerst wichtig: Städte, Domänen, Eigenhandel — 178
Soziales Signal: Der Dienst an den Kranken — 181
Bauten von herber Schönheit — 182

Kapitel 10: Die ersten Jahrzehnte des 14. Jahrhunderts
Intrige und Ränkespiel — 187
Eine Wende zum Schlimmen — 189
»Aus wohlwollendem Vorbedacht« — 193
Jerusalem liegt in Preußen — 194
Der ewige Konflikt — 195
»Nach Neros Art« — 199
Die Briefe des Großfürsten — 202
Bestellte Arbeit — 205

Kapitel 11: Litauen bis 1386
Eine tödliche Gefahr 208
Stärker als Samson, heiliger als David,
weiser als Salomon? 211
Die Strafe folgt auf dem Fuß 213
Mord und Opfertod 215
Das Strafgericht des Himmels 219
Ein christlicher Litauer ist zuerst einmal Litauer 221
Edler Rebensaft und auserlesene Speisen 224
Olgierds Nachfolger 227

Kapitel 12: Die Jahre von 1386 bis 1411
Die Söhne Belials 232
Bündnisse entstehen, Bündnisse vergehen 234
Scheinheiligkeit und Selbstmitleid 238
Ein Fehdebrief für Jagiello 244
Ein königlicher, doch kein weiser Schiedsspruch 247
Ein Ort namens Tannenberg 251
Der nimmermüde Komtur 255
Der 1. Thorner Friede 260

Kapitel 13: Die Jahre von 1411 bis 1440
Bedrohliche Vorzeichen 261
Der »Eidechsenbund« sorgt für Veränderungen 265
Unerhörte Vorgänge 267
Beinahe wie ein Mensch 269
Immer mehr Gegner 273
Tobsuchtsanfälle, Unzufriedenheit, Willkür 275

Kapitel 14: Die Jahre von 1440 bis 1466
Abenddämmerung: Der Preußische Bund 280
Ein »Bund vor Gewalt« 282
Die Stunde der Wahrheit 284
»Koste es auch einige Hälse« 288
Der Kaiser lacht 292
Termin in Wien 296

Ein wilder Strom	298
Die Kasse ist leer	300
Der 2. Thorner Friede	303

Kapitel 15: Die Jahre von 1466 bis 1525

Aller Kampf hat ein Ende	305
Widerstand regt sich	308
Kampfansage an den Orden	311
»Türkenzug«	312
Jagdhunde aus Rom	314
Eine allmähliche Umwandlung	318
Finale in Krakau	319
Ausklang	324
Bibliographie	328
Register	333

Kapitel 1
Die Jahre von 1189 bis 1191

Kampf um Akkon

Wie so oft, so ist es die verrückte Idee, die verrückte Tat, die Geschichte macht. Hätte Guido von Lusignan nicht mit Konrad von Montferrat Streit gehabt und hätte der ihm die Stadt Tyros freiwillig überlassen, dann wäre Guido nicht nach vergeblicher Belagerung von Tyros nach Süden weitergezogen, um dort Akkon von den Muslimen zurückzuerobern. Eine hirnverbrannte Idee, wie jedem Zeitgenossen klar ist, der sich auch nur einigermaßen mit den Kräfteverhältnissen auskennt: Guido, mit einem kleinen, müden Trupp Kreuzfahrer, will das von einer dreimal so starken Besatzung gehaltene Akkon bezwingen – diese Hafenstadt, die Sultan Saladin (1175 bis 1193) aus dem Hause der Aijubiden entgegen dem Rat seiner Gefolgsleute hat wiederaufbauen lassen; wehrhafter als je zuvor, mit neuen Gräben, Wällen, Türmen und Bastionen; mit einer kampferprobten Garnison, von Saladin dort stationiert. Akkon – das ist ein Hauptbollwerk des Islam gegen die Christen. So will es Saladin.

Guido von Lusignan hat ein abenteuerliches, ein leichtfertiges, ein selbstmörderisches Unternehmen inszeniert – Saladins Streitmacht steht nicht allzu weit entfernt. Guido aber weiß seine Truppen hinter sich; sie folgen ihm bedenkenlos. Er leitet mit seinen unbesonnenen und alle militärischen Regeln mißachtenden Aktionen die Rückeroberung des Heiligen Landes ein – eine wahrhaft weltgeschichtliche Mission. Nur: Davon weiß er nichts.

Am 28. August 1189 trifft er vor Akkon ein und ist entschlossen, die Stadt sofort und im Sturm zu nehmen – ohne ausreichende Streitmacht, ohne Sturmgerät. Das hoffnungslos kindische Unternehmen schlägt fehl.

Guido von Lusignan ficht das jedoch nicht an: Er errichtet hochgemut ein Feldlager auf dem Berg Toron (Tell Fukhar) und wartet auf Verstärkung. Der Toron ist ein nicht allzu hoher Hügel; er fällt nach drei Seiten, den Süden ausgenommen, steil ab. Außerdem ist er groß genug für Guidos Zwecke: Geht man auf seiner Höhe sowohl Länge als auch Breite ab, so braucht man für jede Seite gut fünfzehn Minuten.

Immerhin, Kreuzritter sind im Anmarsch, und sie sind auch gar nicht mehr weit.

So will es Gott

Der Platz auf dem Toron ist gut gewählt – ein anderer wäre unter militärischen Gesichtspunkten auch gar nicht vernünftig gewesen. Der Hügel bietet sich an für das Heerlager, ist er doch nur etwa 1200 Meter Luftlinie von Akkons Mauern entfernt; so ist gut zu beobachten, was drüben so vor sich geht. Wasser ist ebenfalls vorhanden; der Belus, ein kleiner Fluß, umspült den Fuß des Hügels, bevor er sein klares Wasser in das Mittelmeer gießt. Auch der Proviantvorrat ist ausreichend. Was will man mehr! Akkon – es ist nur eine Frage der Zeit.

Es kann nur eine Frage der Zeit sein, denn schon treffen die ersten neuen Kreuzfahrer ein; es sind Dänen und Friesen, bärenstarkes, sommersprossiges, hellhäutiges Volk, hervorragende Seefahrer und ausgezeichnete Kämpfer. Leider auch über die Maßen rauflustig und trinkfreudig. Anfang September dann bringen italienische Schiffe Gottesstreiter aus Flandern und Frankreich, und noch vor Ende des Monats landen auch deutsche Kontingente, angeführt von Landgraf Ludwig III. von Thüringen. Italienische Truppen sind dabei, begleitet von allerlei hochmögenden Leuten, darunter der Erzbischof Gerhard von Ravenna und der Bischof von Verona.

Das Lager auf dem Toron füllt sich, man ist munter und guter Dinge, und über Akkon werden bald wieder die christlichen Banner wehen, so will es Gott.

Die Hafenstadt liegt auf einer dreieckigen Landzunge, die rund 500 Meter ins Meer hineinleckt. Zur Landseite ist sie durch eine starke Mauer mit Türmen abgeschlossen, während der Hafen von einer in West-Ost-Richtung laufenden Mole geschützt ist, deren Kopf – ein Felsen im Wasser – den »Turm der Fliegen« trägt.

Mit diesem absonderlichen Namen hat es folgende Bewandtnis: Da die Hafenbucht wegen der zahlreichen Klippen gefährlich zu befahren ist, waren – wie leicht einzusehen ist – Opfer an den Gott des Meeres in heidnischen Tagen vonnöten. Wo jedoch geopfert wird, da fließt Blut und liegen die Kadaver herum, und wo sich Kadaver türmen, da erheben sich bald Wolken von schwarzen schillernden Brummern. – Den »Fliegenturm« gibt es noch heute, den Meeresgott hatten schon Christen und Mohammedaner abgeschafft.

Jener Turm gilt als starkes Festungswerk, das den Hafen seeseitig gut schützt. Ein weiterer, höchst widerstandsfähiger Trutzbau ist der »Verfluchte Turm« in der Nordwestecke der Stadtmauer; »verflucht« deshalb, weil die christliche Legende wissen will, daß in ihm die dreißig Silberlinge des Judas Ischarioth gemünzt worden waren. Heute heißt dieses Bollwerk Burj el-Kommander und steht auf dem Fundament seines Vorgängers.

Die mohammedanische Besatzung der Stadt kann es angesichts des Kräfteverhältnisses von drei zu eins denn auch gar nicht glauben, daß sich Guido zu einer Belagerung entschließt, ohne jedes Belagerungsgerät, ohne jedes Sturmgerät, von ein paar kümmerlichen Leitern abgesehen.

Innerhalb der Mauern werden die Dinge mit gelassener Heiterkeit betrachtet: Saladins Truppen können jederzeit eingreifen!

Den Sultan freilich, gerade mit der Belagerung der Burg Beaufort in den Bergen jenseits von Sidon beschäftigt, beschleicht denn doch ein ungutes Gefühl angesichts des personellen Nachschubs, dessen sich die Christen auf dem Toron erfreuen. Er muß handeln – und greift von den Bergen herab das Feldlager an. Sein dringendstes Anliegen ist, den Belagerungsring um Akkon aufzubrechen. Das gelingt auch – zwar nicht ihm, aber seinem Neffen Taki ed-din Omar.

Saladin bezieht Stellung bei einem anderen Hügel, dem Tell Keisan, und das Christenlager befindet sich in der unangenehmen Lage, von zwei Seiten bedroht zu werden: zur einen von Akkon, weil Ausfälle zu befürchten sind, zur anderen eben von Saladin.

Und dabei bleibt es im wesentlichen für die nächsten zwei Jahre, bis die Stadt wieder in die Hände der Christen fällt.

Ein makabrer Reigen

Bis dahin freilich fließt noch reichlich Wasser den Belus hinunter, und in dem treiben immer wieder Leichen, meist christliche.

Das Schlachtenglück neigt sich bald Saladin, bald den Christen zu. Eindeutige Vorteile zu erringen ist auf Dauer keinem der Gegner vergönnt. Wie auch – die strategischen Fähigkeiten beider Seiten waren nicht von der Art, daß die eine über die andere hätte ein Übergewicht erringen können.

Die christliche Kriegsführung – wenn das, was geschieht, so benannt werden soll – erscheint planlos, zufällig, ohne ausgreifende strategische oder taktische Konzeptionen. Einzig die Eroberung Akkons ist eine feste Größe; alles andere schwimmt im Ungefähren. Dazu kommt die Disziplinlosigkeit der Kreuzfahrer, die Eifersüchteleien untereinander, der Neid aufeinander – jede Nation dünkt sich der anderen überlegen: die Franzosen den Engländern, die Engländer den Deutschen, die wiederum den Franzosen und alle zusammen den Mohammedanern. Es ist ein makabrer Reigen, den die christlich-abendländischen Krieger aufführen: »Die Engländer gelten als Säufer und Hurenböcke, die Lateiner in Syrien als blasiert, verzärtelt und weibisch, die Deutschen als Wüteriche und Unflate bei ihren Zechgelagen, die Normannen als öde Prahler, die Aquitanier als Verräter und käufliche Materialisten, die Burgunder als stumpfsinnig und beschränkt ...« Jakob von Vitry, Bischof von Akkon, weiß, wovon er redet.

Einig sind sie sich in der Überzeugung, für eine vielleicht gerechte Sache zu kämpfen, als die sie von Mutter Kirche ständig hingestellt wird – und sie sind sich einig darin, fette Beute zu machen, und dies möglichst rasch. Haben sie geraubt, gestohlen, geplündert, geht der Streit erst richtig los. Es eint sie die Lust am Fressen, Saufen, Huren. Jedenfalls so lange, bis sie vollgefressen und besoffen sich in die Haare kriegen, sich wegen wohlfeiler Lagerhuren den Schädel einschlagen oder sich beim Spiel nach Kräften betrügen.

Der Historiker Hans Prutz, der sich mit der Geschichte der Kreuzzüge, besonders auch mit deren Kulturgeschichte befaßt hat, schreibt: »Denn was sich dort im syrisch-palästinensischen Küstenlande an zweifelhaften Vergangenheiten, schlechten Eigenschaften und unreinen Absichten zusammenfand, das beutete rücksichtslos das Privilegium aus, in dessen Besitze sich nach der Meinung der Zeit alle Träger des Kreuzes befanden. Als Bevollmächtigte der Christenheit und auserwählte Werkzeuge Gottes zum Kampfe gegen die Ungläubigen meinten die Kreuzfahrer für gewöhnlich gelöst zu sein von den Rücksichten, welche sonst in dem Zusammenleben der Menschen maßgebend sind. Sie glaubten geradezu, ihnen sei alles erlaubt und sie könnten überhaupt nicht sündigen.«

Es ist das Maß der Verkommenheit, das noch heute betroffen macht – die Krieger Christi, Allah sei's geklagt, sind in arabischen Augen der letzte Dreck, und dies nicht nur wegen des falschen Glaubens. Christen schlagen, das bedeutet: Palästina ausmisten. Keine einfache Sache, wie sich bislang gezeigt hat, denn sie, die Christen, sind höchst gefährlich in ihrem Fanatismus: »Der Islam hat es hier mit einem Volke zu tun, das den Tod liebt ... Sie eifern dem von ihnen Angebeteten nach, sie wünschen für sein Grab umzukommen und für die Unratskirche verbrannt zu werden ... Sie gehen mit solchem

Ungestüm vor, wie die Motten des Abends fliegen ins Licht«, heißt es in einem Brief, der aus dem Lager Saladins für Bagdad bestimmt ist.

Gleichwohl, die lange Belagerungszeit fördert auch Gemeinsamkeiten, zumindest für Augenblicke, in denen man nicht aufeinander eindrischt. Baha ed-din, der Chronist dieses Kreuzzugs auf arabischer Seite, ein treuer Hausgenosse Saladins, gibt eine Episode wieder. »Da die Angriffe unaufhörlich von beiden Seiten geführt wurden«, schreibt er, »hatten sich die Christen und die Moslems schließlich einander dadurch genähert, daß sie sich kennenlernten und miteinander Gespräche führten. Wer müde war, legte die Waffen ab und mischte sich unter die anderen. Es wurde gesungen und getanzt, man gab sich der Freude hin. Kurz, die beiden Parteien wurden Freunde, bis einen Augenblick danach der Krieg wieder begann. Nachdem die beiden Parteien eines Abends lange gekämpft hatten und sich nach ihren Anstrengungen zu zerstreuen suchten, sagte ein Christ zu den Soldaten der Besatzung: ›Wie lange werden die Erwachsenen sich noch schlagen? Warum lassen wir nicht auch die Kleinen sich schlagen? Vorwärts, laßt eure Kinder mit den unseren handgemein werden!‹ Daraufhin kamen aus der Stadt mehrere moslemische Kinder. Die Christen brachten die ihren herbei, und der Kampf begann. Die Kinder schlugen sich mit größtem Mut. Unter anderem ergriff ein moslemisches Kind seinen Gegner mit aller Kraft, hob ihn hoch und warf ihn zu Boden. Seltsamerweise wurde nun der Besiegte als Gefangener betrachtet, und seine Eltern gaben zwei Goldstücke, um ihn loszukaufen. Vergeblich erhob der Sieger Einwendungen, sie anzunehmen. Man sagte ihm, der Besiegte wäre sein Gefangener, und so nahm er das Geld.« Eine Idylle, ein Rührstück.

Ein blutiger Wutanfall

Außerhalb jeden Zweifels steht, daß sich die Charakterlosigkeit all dieser christlichen Glücksritter ganz hervorragend beim Kriegsgeschehen bewährt. Nicht, daß man sich schonungslos in Stücke schlägt – darin gibt keine Seite der anderen etwas nach. Nein – es herrscht eine Moral, welche an Verlogenheit nicht ihresgleichen hat (Prutz). »Ze Akers sint ungetriuwe kint«, sagt mit vollem Recht Freidank. Auch dieser mittelhochdeutsche Chronist des 12. und 13. Jahrhunderts weiß, wovon er schreibt. Er ist vor Ort gewesen.

Treulos und grausam – darauf hielten die edlen Herren sich viel zugute. Wie auch unser Guido von Lusignan. Bei Hittin hatte Saladin ihn gefangengesetzt, ihm aber alsbald die Freiheit geschenkt unter der Bedingung, nicht wieder Waffen gegen ihn zu führen. Natürlich kämpft Guido bei nächster Gelegenheit wieder mit, und als Saladin ihm den Bruch seines Eides vorhält, gibt er borniert zurück, er trage die Waffen ja gar nicht, sein Schwert hänge hinten am Sattel, und auch den Harnisch habe er ja ausschließlich zum Schutz gegen feindliche Pfeile dort befestigt.

Darauf muß man kommen. Insofern ist Saladin zu verstehen, wenn er den Meister des Templerordens, der während eines Kampfes vor Akkon in Gefangenschaft geraten war, erschlägt – Gerard, so der Name des Meisters, nämlich hatte geschworen, wie seinerzeit schon Guido von Lusignan, die Waffen nicht mehr gegen den Sultan erheben zu wollen.

Sich auf ein Abkommen mit den Kreuzfahrern beziehungsweise mit den schon ansässig gewordenen Franken (das war die allgemeine Bezeichnung für Pilger und Siedler aus dem Westen; sie wurde verwendet von allen Einheimischen, Arabern wie Christen), sich also auf solch Abkommen einzulassen, das ist sträflicher Leichtsinn, der das Leben kosten kann. »Ist doch die Treulosigkeit der Frendsch [Franken] bekannt!« notiert der arabische Gelehrte Abu Schamah. »Dieses Volk schließt einen Waffenstillstand, wenn es schwach ist, und bricht ihn, sobald es sich stark fühlt.« Anstößig ist das den Christenmenschen durchaus nicht. Einem Ungläubigen das gegebene Wort zu halten scheint nicht nötig. Es zu brechen, ist in Palästina guter Brauch.

Englands König Richard Löwenherz (1189 bis 1199), ein

volkstümlicher Gewaltmensch, leistet hierbei Außerordentliches. Nach dem Fall von Akkon hat er mit der Besatzung und Sultan Saladin vereinbart, daß ein horrendes Lösegeld für die Freilassung jener Besatzung zu zahlen ist. Man hat Fristen dafür festgesetzt, und Saladin hat sich zähneknirschend fügen müssen. Was geschieht? Die erste und größte Rate ist noch nicht einmal fällig – es ist genau eine Woche nach dem Fall Akkons vergangen –, als sich Seine Majestät in einen Wutanfall hineinsteigert, weil das Geld bisher ausgeblieben ist – und er läßt dreitausend Gefangene samt ihren Frauen und Kindern vor der Stadt von seinen Soldaten hinmetzeln. Die Freude seiner Krieger an diesem Blutbad soll unmäßig gewesen sein, vor allem auch, als sie die Leichen zerschneiden, um in den Eingeweiden nach Gold und Edelsteinen zu wühlen. Königliche Mordlust und Habgier.

Zum besseren Verständnis: Sultan Saladin hatte noch vier Jahre zuvor, 1187 bei der Eroberung und Übergabe Jerusalems – auch Akkon war in jenem Jahr für die Christen verlorengegangen –, die christlichen Einwohner teilweise beschenkt und sie unter sicherem Geleit außer Reichweite seiner Truppen bringen lassen. Mit dem Ergebnis, daß die Leute bei Tripolis von ihren eigenen Glaubensgenossen überfallen und bis auf's Hemd ausgeplündert worden waren.

Daß die Tötung eines Muslim ein gottgefälliges Werk ist, darüber herrscht auch nicht der geringste Zweifel. Bernhard von Clairvaux, Gründer des Zisterzienserordens, hat es klar und unmißverständlich ausgedrückt. »Darum nützt er [der christliche Ritter] sich selbst, wenn er getötet wird, und er nützt Christus, wenn er tötet. Denn er tötet Heiden. Der Tod der Heiden aber dient dem Ruhm Christi.« Bernhard fährt zwar fort, daß es nicht einzig darum gehe, Heiden zu töten, keineswegs. Wenn sie aber die Gläubigen bedrohten und unterdrückten und nicht auf andere Weise daran gehindert werden könnten, dann müsse halt zur Tat geschritten werden. Die Kreuzfahrer, sie vernahmen es gerne.

Und daß dann in den sadomasochistischen und auch sonst zu allerlei Perversionen geneigten christlichen Gehirnen die

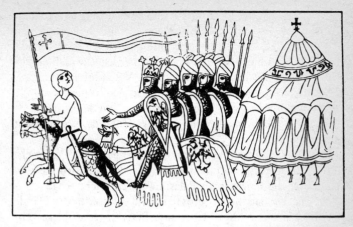

Dieser anonyme Kupferstich zeigt europäische Ordensritter
im 12. Jahrhundert

Vorstellung aufwächst, je qualvoller ein Araber stürbe, um so überzeugender stelle sich christliche Lebensart dar, nimmt denn auch nicht mehr wunder. Wobei es durchaus nicht nur Muslime zu sein brauchen, auch Christen sind willkommene Opfer. Wie zum Beispiel Griechen, die das christliche Fürstentum Antiochien von ihren Schiffen aus angreifen, aber geschlagen werden und zahlreich in Gefangenschaft geraten. Der griechische Herrscher wird sich sehr gewundert haben – oder auch nicht –, als ein Schiff gemeldet wurde, das randvoll mit Nasen und Daumen gepackt war. Bohemund (1163 bis 1201), Fürst von Antiochien, hatte sie den griechischen Gefangenen abschneiden lassen.

Nasen abschneiden und Hände abhacken gelten als Spezialität der Kreuzfahrer. So schickt beispielsweise ein gewisser Peter von Roas dem Raimund von Toulouse als Trophäe eine Lanze, die vollhängt mit Türkenlippen und Türkennasen. Selbstverständlich sticht man seinen Gefangenen auch die Augen aus, sofern das tunlich erscheint.

Immer und zu allen Zeiten haben sich auch Stimmen vernehmen lassen, die diese Greuel beim Namen nannten und sich für jene Art Christentum schämten. Bischof Jakob von Vitry war eine von diesen und eine gewichtige dazu. Schon im Jahre 1120 hat man sich im palästinensischen Nablus zusammmengesetzt und die skandalösen Verhältnisse zur Sprache gebracht. Man hat sogar Beschlüsse gefaßt, betreffend die Wiederaufrichtung von Zucht und Sitte, und sie in fünfundzwanzig Artikeln niedergelegt. Eine dauernde Wirkung ist von ihnen nicht ausgegangen.

Sensible Gemüter sehen denn mit einer gewissen Folgerichtigkeit die gerechte Strafe Gottes, als die Katastrophe von 1187 über die Christen in Palästina hereinbricht – wir erinnern uns: Damals fielen Jerusalem und Akkon in die Hände der Muselmanen. Alles Flehen und Beten hatte wohl vergeblich sein müssen, so meinte mancher. Dieses Maß an Verkommenheit war nur noch durch gewaltsames Einschreiten des lieben Gottes zu beseitigen. Sultan Saladin, ein Werkzeug des Christengottes? Auch nicht übel.

Die Verluste nehmen zu

Belagerungskriege können sich zu langwierigen Unternehmungen auswachsen. Abnutzungskriege sind es, was Material und Menschen anbelangt; es sind auch Abnutzungskriege, was die Nerven betrifft. Da liegen die Kreuzfahrer nun vor Akkon und können es nicht nehmen; da lauert Sultan Saladin mit den Seinen und kann die Kreuzfahrer nicht niederzwingen. Angewiesen sind beide Seiten auf Verstärkungen. Die christliche Streitmacht kann darauf hoffen, daß demnächst weitere Truppen eintreffen. Saladin hat in dieser Beziehung insoweit Schwierigkeiten: Seine Vasallen und abhängigen Völker spreizen sich, ihrem Herrn zu Hilfe zu eilen. Als der Sultan genauere Nachrichten über den nahenden Heerbann Friedrich Barbarossas erhält – angeblich rückt der deutsche Kaiser (1155 bis 1190) mit 300 000 Mann Fußvolk und 60 000 Rittern an –, wird er unruhig und beginnt, psychologischen

Druck auf seine Leute auszuüben: Er stellt die Christen als vorbildlich hin. »Gibt es einen einzigen Muselmann«, schreibt er klagend an den Kalifen, »welcher dem Aufruf folgt; der kommt, wenn man ihn ruft? Sieh indes die Christen an, sieh, wie sie in Masse kommen, wie sie sich drängen um die Wette, wie sie sich gegenseitig unterstützen, wie sie ihre Reichtümer opfern, wie sie sich zusammenschließen, wie sie sich in die größten Entbehrungen fügen ... Die Muselmänner hingegen sind schlaff, entmutigt, gleichgültig, ermüdet, unempfindlich, ohne Eifer für den Glauben. Es ist so weit gekommen, daß, wenn – was Gott verhüte – die Zügel des Islam eine schlechte Leitung erfahren sollten, man weder im Orient noch im Okzident, noch fern von hier, noch in der Nähe einen einzigen Menschen finden würde, der sich der Sache der Religion Allahs weihen wollte, der die Verteidigung der Wahrheit gegen den Irrtum übernehmen würde.«

Starke Worte. Eine gewisse Wirkung ist ihnen sicher. Die Hilfe, die Saladin zuteil wird, ist nicht gewaltig, aber immerhin: Er kann die Belagerer einschließen.

So sieht es also jetzt aus: Die Kreuzfahrer haben den Ring um Akkon geschlossen, und um sie selbst hat sich der Ring von Saladins Truppen gelegt. Akkon wird von See aus versorgt; im Augenblick die einzige Verbindung der Hafenstadt zur Außenwelt.

Im Winter wird, wie üblich, nicht gekämpft. Für die Kreuzfahrer wird es eine harte Zeit: Lebensmittel gehen zur Neige; neue Waffen und andere Versorgungsgüter können nicht mehr herbeigebracht werden; die Seeherrschaft, wenn denn dieser Begriff überhaupt paßt, ist den Christen verlorengegangen. Nachschub über Wasser fällt also aus. Ständig übler werden auch die hygienischen Verhältnisse; Krankheiten beginnen sich auszubreiten.

Angesichts dieser prekären Lage versöhnen sich die alten Streithähne Konrad von Montferrat und Guido von Lusignan. Sie schließen Frieden. Friede ist auch deswegen angesagt, weil Konrad eine Chance sieht, nach Tyros zurückzukehren, um von dort Hilfsgüter zu holen.

So geschieht es im März 1190. Es gelingt Konrad, vor allem Lebensmittel und Waffen per Schiff an die Küste bei Akkon zu bringen. Saladin hat dies noch zu verhindern gesucht und der Flottille der Kreuzfahrer eigene Schiffe entgegengeschickt. Vergeblich. Das Gefecht, das sich daraus entwickelt, verläuft für die Araber ungünstig.

Trotz aller Beschwernisse wissen die Kreuzfahrer den Winter 1189/1190 sinnvoll zu nutzen. Sie bauen aus vorhandenem Holz drei gewaltige Belagerungstürme. So hoch sind sie, daß sie die Mauern Akkons überragen. In fünf Etagen sind sie eingeteilt und außerdem zum Schutz gegen griechisches Feuer – eine der meistgefürchtetsten Waffen auf beiden Seiten – mit Essig getränkten Fellen bespannt. In den unteren Stockwerken sind kleine Wurfmaschinen und Mauerbrecher installiert, während die höheren Etagen für die Kämpfer reserviert sind. Wo diese Belagerungstürme an die Stadtmauer herangerollt werden sollen, hat man die Verteidigungsgräben aufgefüllt und den Angreifern freie Bahn geschaffen.

Neun lange Monate haben die Kreuzfahrer, von Zimmerleuten angeleitet, an diesen drei Türmen gearbeitet. Genau zwei Tage dauert es, und sie sind in Rauch aufgegangen. Man hatte sich entschlossen, am 4. Mai Akkon mit diesen Türmen anzugreifen, hatte dabei auch erste Erfolge erzielt, dann aber war die Wende gekommen: »Ein Mann aus Damaskus sammelte leidenschaftlich alle Geräte der Feuerwerker und alle Stoffe, die die Feuerkraft erhöhen konnten«, erläutert der arabische Historiker Ibn al-Atir. »Durch die Fügung Gottes war der Mann gerade in Akkon. Als er die gegen die Stadt gerichteten Türme sah, bereitete er die ihm bekannten Stoffe, die das Feuer so verstärkten, daß es weder durch Erde, Essig noch andere Mittel gelöscht werden konnte.«

Dieser hoffnungsvolle Pyrotechniker hat einige Schwierigkeiten, Akkons Kommandanten von seiner Methode, mit den Türmen fertigzuwerden, zu überzeugen. Schließlich gelingt es ihm, sich durchzusetzen: »Er ließ nun einige Behälter mit Naphta und anderen Stoffen über den Turm ausschütten, ohne daß sie brannten. Als die Franken bemerkten, daß die

Behälter sich nicht entzündeten, schrien sie, tanzten und sprangen vor Übermut auf dem Dach des Turmes herum.«

Das aber war nur eine Kriegslist, wie wir sogleich erfahren, und eine für die Franken höchst verderbliche dazu: »Der Feuerschütze versicherte sich, daß die geschleuderten Behälter sich gut über den Turm ergossen hatten, und schleuderte dann einen vollen Behälter hinüber, dessen Inhalt er angezündet hatte. Sofort fing der Turm Feuer. Er warf einen zweiten und dritten Behälter, so daß der Turm überall in Flammen aufging und die Soldaten, die in den fünf Stockwerken waren, sich nicht mehr retten konnten. So brannte er mit allen Soldaten und einer Menge Rüstungen und Waffen nieder.« Was der Chronist hier nicht berichtet: Auf die gleiche Weise werden auch die beiden anderen Türme vernichtet.

Die Kreuzfahrer stehen also wieder am Anfang ihrer Bemühungen. Betretene Gesichter überall.

An der unzulänglichen Versorgung und den miserablen hygienischen Zuständen im Christenlager ändert sich nichts – Hunger und Seuchen, alles wie gehabt. Den Eingeschlossenen in Akkon geht es nicht viel besser. Man muß jetzt sogar Pferde schlachten; eine schlimme Sache, denn Pferde sind Kriegsgerät und unumgänglich nötig für Ausfälle. In dieser heiklen Situation drängt sich natürlich die Frage auf: Wozu sind christliche Sklaven, diese unnützen Esser, eigentlich noch notwendig? Man stößt sie von der Stadtmauer.

Sultan Saladin versucht, so gut es eben geht, Akkon zu entlasten, und unternimmt einen schweren Angriff auf das Kreuzfahrerlager – ohne durchschlagenden Erfolg, obwohl es zunächst nach einem Sieg aussieht. Der heftige Kampf dauert acht Tage, dann muß Saladin sich zurückziehen. Die Verluste auf beiden Seiten sind sehr hoch, und die christlichen Feldherren beschließen, in nächster Zeit keinen Kampf mehr mit Saladin zu wagen.

Untätig herumlungernde Soldaten sind gefährlich. Die Kreuzfahrer sind außerordentlich ungehalten: Die Anführer werden der Feigheit beschuldigt. Der Unmut macht sich in Meutereien Luft – die Disziplin ist ohnehin zerrüttet –, und es kommt dazu, daß am 25. Juli in der Mittagsstunde ein bewaffneter Haufen von zehntausend Mann ohne jede Führung und innere Ordnung aus dem Lager stürmt, um seine Kampfeswut zu kühlen.

Der wilde Haufe, der in kurzer Zeit einige Lager Saladins plündert und verwüstet, stößt bald auf entschiedenen Widerstand der Truppen Saladins, denen es nicht schwerfällt, die Soldateska zusammenzuhauen. Über fünftausend Mann, so wollen die Chronisten wissen, sind dabei getötet worden, darunter zum allergrößten Erstaunen der Araber auch zwei Frauen. – Nach dieser wenig rühmlichen Episode kehrt wieder Ruhe auf dem Toron ein.

Hunger, Seuchen, Hoffnung

Im Sommer 1190 landen weitere Kreuzfahrer, die vor allem dem französischen und burgundischen Hochadel angehören, während das lang ersehnte Kreuzheer der Deutschen Anfang Oktober eintrifft. Es sind die Reste des großen Heeres von Kaiser Friedrich Barbarossa, der unterwegs in der Türkei im Flusse Saleph ertrunken ist. Ein kläglicher, zerschundener Trupp trifft da zur Verstärkung ein. Herzog Friedrich von Schwaben, Barbarossas Sohn, hat die Führung übernommen, aber er ist nicht die mitreißende Gestalt, die dazu herausfordert, daß ihr die Leute blind folgen.

Nach dem Tod des Kaisers hatte sich das Heer aufgelöst, und nur geringe Kontingente sind mit Friedrich von Schwaben nach Palästina gezogen. Kaum ist er im deutschen Lager angekommen, will der Kaisersohn beweisen, was für ein tapferer Krieger er ist. Er unternimmt einen Angriff auf Akkon – und er scheitert, wie alle anderen vor ihm.

Das Kriegsgeschehen erschöpft sich mittlerweile nur noch in kleinen Plänkeleien. Vorteile erringt jedoch keine Seite für sich, und der Status quo besteht seit nunmehr einem Jahr. Im November 1190 allerdings können die Kreuzfahrer den Sultan aus seiner Stellung beim Tell Keisan vertreiben. Saladin muß sich ein wenig zurückziehen, ohne aber entscheidende Nachteile davon zu haben.

Der Winter 1190 auf 1191 wird wieder zu einer schlimmen Zeit: Lagerseuchen grassieren, Lebensmittel werden knapp, Nachschub kann über die blockierten Landwege nicht herangeschafft werden, das Lager der Kreuzfahrer ist noch immer fest von Saladins Truppen eingeschlossen. Die Händler im Lager lassen sich ihre Chance nicht entgehen, und die Preise für gehortete Lebensmittel steigen ins Unermeßliche; für eine Bürde Weizen nimmt man 100 Goldstücke, zwanzig kleine Nüsse kosten ein Goldstück, ein Ei oder ein Apfel drei bis sechs Goldstücke – es ist die große Zeit der Kriegsgewinnler.

Die Zustände nehmen allmählich grauenerregende Formen an: An Knochen, die selbst Hunde liegen lassen, nagen Menschen herum; wer irgend etwas Genießbares noch besitzt, verbirgt es sorgfältig vor den Blicken auch seines besten Freundes; Diebstahl und Raub sind an der Tagesordnung; vor den Bäckereien kommt es zu blutigen Schlägereien; und selbst adlige Herren werden als Diebe ertappt, wie es mißbilligend heißt. Die Moral der Truppe sinkt aus christlicher Sicht so tief, daß sich viele Kreuzfahrer aus dem Lager stehlen, um bei Saladins Truppen Essen zu erbetteln. Was ihnen großzügig gewährt wird, sofern sie ihren christlichen Glauben verleugnen. Unzählige Krieger erkranken an Arnaldia, wahrscheinlich eine Form von Skorbut, in deren Folge die Glieder schwellen, Zähne, Haare und Nägel ausfallen. Wer daran erkrankte, war fast ein sicherer Todeskandidat. Es erwischte auch Friedrich von Schwaben; er stirbt im Januar 1191.

Das Frühjahr 1191 bringt endlich Entlastung. Ein Getreideschiff kann seine Ladung löschen, andere Schiffe folgen. Hungersnot und Entbehrungen sind fürs erste gebannt, und, wichtiger noch, die Nachricht trifft ein, daß die Könige von Frankreich und England, Philipp II. (1180 bis 1223) und Richard I. Löwenherz, sich schon im östlichen Mittelmeer befinden und wohl demnächst vor Akkon eintreffen werden.

Akkon fällt

So ist es tatsächlich. Philipp setzt am 20. April seinen Fuß an Land; sieben Wochen später, am 8. Juni, auch Richard Löwenherz. Vor allem der Engländer, diese brutale Kraftnatur, trägt neuen Schwung in das Lager der Kreuzfahrer. Beide Könige lassen neue Belagerungsmaschinen bauen, darunter Steinschleudern und Greifleitern – und ein unaufhörliches Bombardement der Mauern Akkons beginnt.

Auch Saladin hat inzwischen Verstärkung erhalten, aber seine Angriffe auf die gut verschanzten Christen bleiben vergeblich.

Die Zernierung der Mauern zermürbt die Besatzung der Stadt. Immer, wenn höchste Gefahr droht, weil zum Beispiel eine Bresche von den Angreifern geschlagen wurde, signalisiert man den hinter den Kreuzfahrerlinien liegenden Truppen Saladins die Not – man schwenkt auf der Stadtmauer Fahnen, haut auf Pauken, worauf Saladin sofort einen Entlastungsangriff startet.

Das Bombardement zeigt aber Wirkung in der Stadt. Darüber hinaus ringen englische und französische Schiffe den Arabern die Seeherrschaft ab, in Akkon werden Lebensmittel und Waffen knapp, es wird begonnen, von Übergabe zu reden. Am 7. Juli 1191 gelangt ein letzter, verzweifelter Hilferuf von Akkon hinüber in das Lager Saladins, aber der Sultan kann auch nichts mehr machen.

Die arabische Garnison von Akkon handelt einen, wie sie glaubt, ehrbaren Waffenstillstand aus; Saladin versucht noch, seine Leute in der Stadt zum Durchhalten zu bewegen; es ist vergeblich. Daß die Besatzung Akkons – neben Frauen und Kindern – trotz gegebenen Versprechens von Richard Löwenherz nach kurzer Zeit niedergemetzelt wurde, ist erwähnt worden. Kreuzfahrer besetzen am 12. Juli die Stadt, die nun zum Mittelpunkt des Heiligen Landes wird.

Und wo bleibt der Deutsche Orden?

Den Deutschen Orden gibt es noch gar nicht, wohl aber seinen Vorläufer, das Feldlazarett zu Akkon nämlich, das

1189 oder 1190 gegründet wird, damit es bei der Linderung der ärgsten Not helfe. Wie die älteste Ordens-Überlieferung, die sogenannte »Narratio«, berichtet, sind es fromme Kaufleute aus Lübeck und Bremen, die gewissermaßen den Grundstein zu diesem Spital legen. Sie nehmen das Segel einer Kogge, spannen es auf, um den Siechen Schutz vor der Sonne zu gewähren, und sie sorgen auch dafür, daß das Spital im Lager vor Akkon mit dem Notwendigsten für die Kranken ausgerüstet wird. Zum Vorsteher dieses Feldlazaretts wird ein gewisser Sibrand ernannt.

Selbstverständlich ist diese menschenfreundliche Tat auch von kräftigem Eigennutz diktiert: Wer solch fromme Werke tut, darf nach damaliger Auffassung ziemlich sicher damit rechnen, in den Himmel zu kommen . . .

Kapitel 2
Das Jahr 1198

Vom Spital zum Ritterorden

»Do haben etzliche christglaubige manne von Bremen und Lubecke mit barmhertzigkeit bewegt, eyn spitall under eynen sigell eyns schyffs, das man eyn kockt nennt, gebawet ...«, heißt es in der »Narratio«, hier nach einer Übersetzung aus dem Lateinischen zitiert.

Aufgeschlagen hat man das Spitalszelt hinter dem Nikolaifriedhof am Toronhügel; der Friedhof, nordöstlich außerhalb der Mauern Akkons gelegen, dient seit alters her als städtischer Totenacker und beherbergt neuerdings so manche erlauchte Kreuzfahrerleiche.

Bis zur Ankunft Herzogs Friedrich von Schwaben wird das kleine Lazarett von den Bremern und Lübeckern verwaltet. Ob die nun ihre mildtätige Stiftung als Dauereinrichtung sehen wollten oder nur als einen vorübergehenden, improvisierten Behelf in der Not, ist nicht mehr auszumachen. Friedrich jedenfalls scheint erfreut über soviel deutsche Tatkraft und Herzensgüte; er nimmt das Spital sofort in seine Obhut und ist der Meinung, daß es zu einer Dauereinrichtung werden müsse; darin wird er noch bestärkt, als schon Mitte September Guido von Lusignan dem Feldlazarett ein festes Haus in Akkon zusichert – zu einem Zeitpunkt also, als die Stadt noch nicht erobert ist. Und zwar soll es sich um das Gebäude handeln, in dem die Armenier einzukehren pflegen, vermutlich eine Art armenisches Hospital.

Solle sich diese Schenkung aus irgendwelchen Gründen als unmöglich erweisen, so werde den Deutschen als Ersatz ein

Grundstück neben dem der Armenier zugeeignet, auf welchem sie dann ein Krankenhaus ganz nach ihrem Belieben bauen dürften. Außerdem solle das Spital noch ein gutes Stück Land zusätzlich erhalten, heißt es in der betreffenden Urkunde Guidos.

Das genaue Gründungsdatum des Lazaretts läßt sich nicht ermitteln. Fest steht, daß es bereits existiert, als Guido von Lusignan im September 1190 – zu diesem Zeitpunkt darf er sich noch König von Jerusalem schimpfen – seine Schenkungsurkunde ausfertigt, während es frühestens dann gegründet worden sein kann, als man mit der Belagerung von Akkon beginnt, Ende August 1189 also.

Als die Stadt dann in christliche Hände fällt, läßt sich die Schenkung Guidos nicht realisieren. Mit dem armenischen Hospiz wird es nichts; warum, ist unbekannt; möglich, daß die früheren christlichen Besitzer zurückkehren. Mit dem Grundstück, das ersatzweise versprochen ist, gibt es ziemliche Schwierigkeiten. Es taucht ein gewisser Femianus nebst Gemahlin Dulcis und Sohn Johannis auf, behauptend, das fragliche Grundstück gehöre seiner Familie, und zieht vor's Gericht.

Das gibt ihm dem Grunde nach Recht, kann ihn aber dazu bewegen, zugunsten des deutschen Spitals auf das Stück Land zu verzichten – gegen angemessene Entschädigung durch den König, versteht sich. Dem wiederum wird die Angelegenheit reichlich teuer, zu teuer offenbar, denn er bittet das Spital zur Kasse. 500 Byzantiner – das ist ein kleines Vermögen – müssen ihm die guten Leute geben und obendrein ein Pferd.

Geld scheint ausreichend vorhanden; man zahlt, ohne zu murren, und freut sich im übrigen über die günstige Lage in der Nähe des Nikolaitores. In der entsprechenden Urkunde wird sie beschrieben: »Von den beiden Aufgängen des durchbrochenen Turms bis zur öffentlichen Straße, welche nach dem St.-Nikolaus-Tor führt, von da die Straße hinauf bis zur Gasse und dem Hof des Hospitals der Armenier, von dieser Gasse bis zur Stadtmauer und längs der Stadtmauer bis zu den vorher erwähnten Aufgängen.«

Auf diesem Stück Land innerhalb der Stadt entstehen nun in rascher Folge das eigentliche Spital, eine Kirche und Wohngebäude. Leiter der karitativen Einrichtung ist Magister Sibrand, jener geistliche Herr, und man nennt sich »Hospitale sancte Marie domus Theutonice in Jherusalem« – heißt: Spital St. Marien des Deutschen Hauses zu Jerusalem. Ein recht umständlicher Name durch seinen Hinweis auf Jerusalem und das dortige deutsche Haus. Das »ehemalige Haus«, so müßte es eigentlich heißen, denn mit der Eroberung Jerusalems durch Saladin ist es verlorengegangen, freilich im Geiste wieder auferstanden durch die jüngste Namensgebung.

Um die Frage, ob das Hospital zu Akkon Rechtsnachfolger ebenjener gleichartigen Einrichtung in Jerusalem war oder nicht oder inwieweit oder inwieweit nicht, wogt seit langem ein Streit der Fachgelehrten – ein akademischer Streit.

Das Marienhospital reüssiert, und zwar rasch, wie die deutsche Historikerin Marie-Luise Favreau erläutert: »In den Jahren von 1193 bis 1197 vergrößerte sich einerseits der Besitz des deutschen Spitals in Akkon, und seine wirtschaftliche Bedeutung nahm zu, andererseits aber läßt sich beobachten, wie infolge von neu zugeteilten militärischen Aufgaben und der Verleihung bestimmter Privilegien sich langsam die Erhebung des deutschen Spitals zum Ritterorden vorbereitete. In den Jahren 1193 bis 1196 erweiterte Heinrich von der Champagne durch Schenkungen von Gütern in und um Akkon den Besitz des Hospitals.«

Es erhält alsbald Abgabenfreiheit für sämtliche Lebensmittel und Kleidung, die für den Eigenbedarf benötigt werden. Schenkungen außerhalb der Region Akkons folgen, so unter anderem in Tyros, in Jaffa und Askalon. Es erhält Besitzungen auch in Europa zugesprochen, so in Prag und Tropau. Alle Schenkungen – es gibt noch einige mehr – sichern dem Hospital die materielle Basis und werden vom Heiligen Stuhl in Rom als rechtmäßig bestätigt.

In diesem Zusammenhang soll noch einmal Marie-Luise Favreau zu Wort kommen ...

»Neben der Bestätigung aller Besitzungen des Spitals, aller

erworbenen Rechte und bisher eingehaltenen Bräuche werden dem Spital Rechte verliehen, die allgemein als Ordensprivilegien angesehen werden müssen. Es handelt sich um folgende Dinge:
1. Zehntfreiheit für alles selbstbebaute Neubruchland.
2. Die Diözesanbischöfe werden verpflichtet, die Kleriker wie die Altäre und Kirchen des Deutschen Hauses zu weihen sowie es mit Charisma und heiligem Öl zu versehen.
3. Freies Begräbnis für dritte, soweit sie nicht exkommuniziert oder interdiziert sind, und unter Vorbehalt der Rechte der zuständigen Pfarrkirchen, womit wohl deren Anteil an den Stolgebühren [Pfarramtsnebenbezüge] gemeint war.
4. Dritten wurde das Eindringen in die Klausur untersagt, insbesondere das Entfernen von Gegenständen, das Brandlegen, das Blutvergießen und die Verhaftung. Diese Dinge wurden also unbeschadet ihrer möglichen Rechtmäßigkeit zu Delikten eo ipso erklärt.
5. Die bisherigen (nicht näher spezifizierten) Gebräuche wurden bestätigt, und vor allem wurde
6. die freie Meisterwahl verliehen.

Das sind Privilegien, wie sie auch Templer und Johanniter besaßen. Zwar gingen sie dort weiter und umfaßten etwa auch die Sepultus [das Recht zum Begräbnis] für Exkommunizierte und Interdizierte, [aber dennoch handelte es sich um Privilegien,] die das deutsche Spital den beiden alten Ritterorden annäherten und so die Entwicklung fortführten, die erstmals bei Heinrich von der Champagne im Oktober 1194 urkundlich feststellbar ist: den Aufstieg zum Ritterorden.«

Besitzungen in Apulien und auf Sizilien folgen, Zollfreiheit wird für den Eigenbedarf an den Toren Palermos gewährt – Sizilien ist eine wichtige Etappe der Kreuzfahrer auf dem Weg ins Heilige Land und von dort wieder in die heimatlichen Gefilde.

Der Traum vom Imperium

Die Gelehrten sind sich ziemlich einig, daß sie dem seinerzeitigen Kaiser Heinrich VI. (1191 bis 1197), ein weiterer Sohn Barbarossas, wegen seiner Bestialitäten ein übel beleumdeter Herrscher, so etwas wie Weltmachtpläne unterstellen dürfen. »Denn er grübelte unablässig angestrengt darüber nach, wie er sich der allgemeinen Herrschaft bemächtigen und Herr werden könne über alle umliegenden Reiche«, weiß eine Chronik.

Heinrich VI.: deutscher Kaiser und Herrscher über ein vormittelalterliches Imperium à la Rom und Byzanz – der Gedanke daran konnte schon faszinieren.

Da mag es ihm nur recht sein, daß sich ein deutsches Spital etabliert hat, welches sich vorzüglich dazu eignet, Eckpfeiler einer entsprechenden Politik zu werden – sofern man dieses Spital zu einem Ritterorden erhöht, wie es seinerzeit auch mit den Templern und Johannitern geschehen war. Insofern darf auch das Versprechen Heinrichs VI., einen Kreuzzug zwecks Befreiung des Heiligen Grabes zu unternehmen, weniger frommen Gedanken als handfestem Machtstreben zuzurechnen sein. Die Länder des östlichen Mittelmeeres sind es, die den Stauferkaiser reizen.

Aus dem Kreuzzug wird nichts, zumindest nicht unter kaiserlicher Leitung. Heinrich, knapp zweiunddreißig Jahre alt, stirbt überraschend am 28. September 1197 in Messina; woran, ist ein Rätsel geblieben. Sumpffieber, Ruhr, Erkältung waren seinerzeit und sind noch heute die gängigen Erklärungen – viel zu banale Ursachen, als daß nicht das Gerücht unter den Zeitgenossen kursieren konnte, Gemahlin Konstanze habe ihren Heinrich vergiftet. Das hört sich schon viel spannender an, ist aber falsch.

Daß das Heilige Grab weiterhin auf seine Befreiung würde warten müssen, der »Deutsche Kreuzzug« sich durch des Kaisers Hinscheiden erledigen würde, das konnten jene Kreuzritter nicht ahnen, die knapp eine Woche vor dem Ableben Seiner Majestät frohgemut in Akkon an Land gingen.

Ursprünglich hatte Heinrich VI. den Kreuzzug selbst anführen wollen. Der Plan hat sich aber noch zu seinen Lebzeiten zerschlagen, und so ernennt er den Reichsmarschall Heinrich von Kalden und den Reichskanzler Konrad von Querfurt zu Oberbefehlshabern. Eine hochmögende Gesellschaft hat sich auf Tour begeben: Insgesamt drei Erzbischöfe, neun Bischöfe, vier Äbte, fünf Herzöge, fünf weitere Fürsten sowie zweiundzwanzig Grafen stehen an der Spitze der Ritter.

Eine der vielen Ruinen in Palästina, die an die Zeit
der Kreuzzüge erinnern: Burg Monfort, eine Zeitlang auch Sitz
des Deutschen Ritterordens

Das Ergebnis dieser Kreuzfahrt steht in umgekehrtem Verhältnis zu ihrem Aufwand. Die militärische Glanzleistung besteht in der Eroberung Sidons und Beiruts, beide wenig mehr als Schutthalden. Nach diesem Erfolg versteigt sich die Truppe dazu, Jerusalem befreien zu wollen. Gut Ding will Weile, und so üben sie erst einmal Belagerung an der Burg Toron (nicht zu verwechseln mit dem schon bekannten gleichnamigen Berg bei Akkon), rund 30 Kilometer südöstlich von Tyros gelegen. Es scheint im ersten Augenblick, als habe man der Burgbesatzung den Schneid abgekauft: Sie bietet Verhandlungen an und würde die Burg übergeben, wenn man ihnen ihr Leben und ihre persönliche Habe beließe.

Das ist nun freilich nicht nach dem Geschmack der Blutsäufer unter den Kreuzfahrern, allen voran Erzbischof Konrad von Mainz: »Wenn wir jene im Ansturm überwältigen, so werden wir keine Widersacher mehr haben, denn der Fall einer so gewaltigen Festung wird die allergrößte Furcht verbreiten, also daß allen die Ohren klingen müssen, die uns widerstehen wollen«, gibt Chronist Arnold von Lübeck die Worte Konrads wieder.

Die fränkischen Barone wissen nur zu gut, was das bedeutet: Massenmord an der Besatzung, wie ihn schon Richard Löwenherz nach dem Fall von Akkon veranstaltet hat. Was also tun? Die Barone, denen an einem Ausgleich mit Sultan Al-Adil (1193 bis 1218), dem Nachfolger Saladins, gelegen ist, begehen Hochverrat. Insgeheim lassen sie ihn warnen: Es sei gemeinhin nicht die Art der Deutschen, Menschen das Leben zu schenken...

Dies genügt vollauf, die Verteidiger moralisch wiederaufzurichten, und Al-adil fordert ein Entsatzheer aus Ägypten an.

Es braucht nicht mehr einzugreifen. Denn auf die Nachricht hin, daß Kaiser Heinrich VI. gestorben sei, betrachten viele Anführer des Kreuzfahrerheeres ihre Mission als beendet und verlangen den Rückzug – und zwar gleich bis in die deutsche Heimat.

Ihr Eifer erfährt noch eine Beschleunigung, als sie erfahren, daß in Deutschland nunmehr der Bürgerkrieg als Folge von Heinrichs Hinscheiden tobe. Jetzt hält es auch die obersten Heerführer nicht mehr – Jerusalem hin, Heiliges Grab her. Vordringlich gilt, das eigene Süppchen auf der Bürgerkriegsflamme zu kochen; Konrad und seine Mitstreiter heben die Belagerung der Burg Toron auf. Als dann auch noch die ägyptischen Truppen von Süden heranziehen und das Gerücht die Runde macht, die hohen Herren hätten sich bereits abgesetzt, stiebt das tapfere Kreuzfahrerheer panikartig auseinander. Mit keuchender Lunge und heftigem Seitenstechen treffen sich die meisten in den Häfen von Tyros oder Akkon wieder und können gar nicht schnell genug an Bord der Schiffe kommen, die sie nach Hause bringen sollen. Soweit der deutsche Kreuzzug von 1197/1198.

In Akkon geht es feierlich zu

Erzbischöfe, Bischöfe, Herzöge, Fürsten und weitere erlauchte Herren haben sich nach Akkon und dort in das Haus des Templerordens begeben. Großes hat sich die hochansehnliche Versammlung vorgenommen: die Erhebung der deutschen Spitalsbrüderschaft in den Rang eines Ritterordens nämlich. Mit anderen Worten: die Gründung des Deutschen Ritterordens. Was auch geschieht.

Die schon erwähnte »Narratio« erzählt – nachdem sie die Großen des Reiches und Teilnehmer des Kreuzzuges der Reihe nach aufgeführt hat –, wie dies vor sich ging. Zunächst einmal wurde festgelegt, daß der neue Ritterorden die Johanniterregel erhalten sollte, soweit es die Armen- und Krankenpflege betraf. Nach dieser Regel hatte das Spital schon früher gearbeitet; dies wurde nun endgültig festgeschrieben. Die Templerregel sollte dagegen für die Kleriker, Ritter und sonstigen Brüder gelten. Nachdem das erledigt war, wurde der Bruder und Ritter Heinrich Walpot zum Meister des neuen Ritterordens bestellt. Diesem Walpot nun habe der Meister des Templerordens eine Abschrift der Templerregel übergeben, an die sich die deutschen Ritter von nun an bei ihrem Kampf gegen die Heiden halten sollten. Danach habe dann – noch während dieser Versammlung – der Ritter Hermann Kirchhein der Welt entsagt und sei als erster Bruder in den jungen Orden eingetreten, einem Orden, dem der Meister der Templer den weißen Mantel als Ordenskleid verliehen habe, damit alle Ritterbrüder von nun an weiße Mäntel gemäß den Regeln des Templerordens tragen sollten. Daraufhin habe die erlauchte Versammlung den neuen Ordensmeister, den Walpot also, zusammen mit dem Bischof Wolfger von Passau mit einem Schreiben zu Papst Innozenz III. geschickt, mit welchem sie um die Bestätigung der Verleihung von Johanniter- und Templerregeln für den Deutschen Orden baten.

Die historische Forschung hat ein paar Korrekturen zu diesem Bericht angebracht. So hat zum Beispiel der Meister des Templerordens dem Deutschen Orden den weißen Mantel nicht verliehen. Um dieses Kleidungsstück kommt es dann auch nur zwölf Jahre später zu einem heftigen Streit zwischen den beiden Organisationen, der erst im Jahre 1221 durch ein Machtwort des Papstes – Honorius III. sitzt zu dieser Zeit auf dem Heiligen Stuhl – beigelegt wird. Anzumerken ist noch: Bruder Heinrich Walpot ist kein Ritter, sondern bürgerlicher Herkunft, wahrscheinlich Angehöriger einer Mainzer Kaufmannsfamilie.

Die Bewidmung des neuen Ordens mit den Templerregeln für's Militärische erhebt die Spitalsbruderschaft in den Rang eines Ritterordens. Armen- und Krankendienst bleiben aber weiterhin dessen Aufgaben – hinzugekommen ist jetzt eben der Kampfauftrag. Nicht, daß die Johanniter, der zweite große Orden neben den Templern, etwa Kampf und Schwert entsagten – nur: Ihre Regeln enthielten nichts über den Kriegsdienst. Den hatten sie seit langem als Ausweitung ihrer karitativen Aufgaben angesehen, waren sie doch im Laufe ihrer Entwicklung »langsam und gleichsam unmerklich gleitend von einer karitativen zur gemischt karitativ-militärischen Institution geworden, jedenfalls nicht durch einen zeitlich, örtlich und rechtlich faßbaren Willensakt« (Favreau).

Bei den Templern war das anders gewesen. Ihre Ordensstatuten enthielten detaillierte Regeln über den Kriegsdienst; die Gründerväter des Deutschen Ritterordens brauchten sie nur zu übernehmen.

Dieser Orden ist also der dritte im Bunde der großen geistlichen Ritterorden. Genauer: Er soll erst noch groß werden.

Sie alle aber, auch die, welche nur kurze Zeit überdauern, sind Kinder der Kreuzzüge, sind Antwort auf die vielfältigen Bedrängnisse, denen die Pilger auf dem Weg ins Heilige Land und dann vor Ort selbst ausgesetzt sind. Der Deutsche Ritterorden ist die jüngste dieser Organisationen, die von diesen Zuständen beredt Zeugnis ablegt.

Praktizierte Religion

Solange es irgendwo auf der Welt heilige Stätten gibt, wird gepilgert. Das sind friedliche und erbauliche Unternehmungen, es ist praktizierte Religion. Wallfahrten nach Jerusalem reichen bis in die Anfangszeit des Christentums zurück. Die ältesten Nachweise stammen aus dem Jahre 333, aus denen sich ergibt, daß Pilger aus dem französischen Bordeaux nach Jerusalem gefahren sind. So wird beispielsweise eine gallische Dame namens Egeria erwähnt, die die heiligen Stätten in Palästina besucht. Noch im selben Jahrhundert, im Jahre 386, macht sich der heilige Hieronymus nach Bethlehem auf und läßt sich dort nieder. Wenig später findet man die Kaiserin Ostroms, Eudokia, in Jerusalem, wohin sie sich zurückgezogen hat, um dem Höchsten ganz nahe zu sein. Allmählich beginnt so etwas wie ein Heiltumstourismus aufzublühen – man kennt das aus heutigen Tagen: Pilger aus allen Landen reisen an, verrichten an den heiligen Stätten ihre Gebete und unterwerfen sich allerlei frommen Übungen.

Im Laufe des 7. Jahrhunderts wird Palästina von den Arabern erobert; es ist ein prinzipiell tolerantes Volk, soweit es die Religion betrifft, und es nimmt keinen Anstoß an den christlichen Pilgern. Man tut sich nichts zuleide, im Gegenteil, man respektiert einander.

Sind dies alles Pilgerreisen, die zur eigenen Erbauung unternommen werden, so ändert sich das alsbald. Denn die Kirche kommt auf die Idee, Wallfahrten zum Zwecke der Buße zu verordnen. Die Bußwallfahrt wird als kanonische Strafe den Kapitalverbrechern, etwa den Brudermördern, auferlegt.

Der in diesem Falle weniger fromme Pilger ist manchmal dazu gezwungen, bis zu sieben Jahre von zu Hause fort zu sein, vor allem dann, wenn man ihm kirchlicherseits nicht nur eine Jerusalem-Visite aufgetragen, sondern ihm auch noch Rom, San Michele, Santiago de Compostella – und was der gnadenreichen Stätten mehr sind – zum Ziel gegeben hat.

Der Glaube an die heilsbringende Wirkung einer solchen Reise in ferne Länder zu heiligen Stätten nimmt ständig zu, und im 10. Jahrhundert kommt es zu einem regelrechten Boom. Irgendwann gipfelt er schließlich darin, daß Jerusalem bei ganz inbrünstigen Pilgersleuten als das letzte Ziel einer Reise des Menschen auf Erden gilt: Jerusalem sehen und dann sterben – das ist der Gipfelpunkt einer Religionsseligkeit, wie sie das 11. Jahrhundert so liebt.

Die Wallfahrten nehmen zu. Ständig steigt die Zahl der Menschen, die unterwegs sind, obwohl sie deutlich mit mehr und größeren Schwierigkeiten und Gefährdungen unterwegs zu rechnen haben. Die Seldschuken haben Anatolien erobert; der Pilgerweg durch dieses unwegsame Land – eine der Hauptstrecken hinunter nach Palästina – ist nicht ohne Gefahren. Geleit gibt es praktisch nicht; sich selbst zu schützen verbietet eine Wallfahrtregel, wonach eine solche Reise stets unbewaffnet zu sein hat. Auch im Heiligen Land kann es zu Schwierigkeiten kommen; die arabische Einwohnerschaft zeigt sich jetzt nicht mehr so unbedingt begeistert von den Scharen, die sich ins Land wälzen und sich dort auch noch häufig genug ansiedeln.

Hin und wieder kommt es zu Überfällen. Eine ganz besondere Gefahr droht von dem Kalifen Al-Hakim (996 bis 1021), der im Jahre 1009 die Grabeskirche zu Jerusalem zerstört und Blutbäder unter den christlichen Pilgern anrichtet. Möglicherweise war der Mann wahnsinnig.

Das alles aber konnte die frommen Abendländer nicht von einem Besuch der heiligen Stätten abhalten. So reist Bischof Gunther von Bamberg in den Jahren 1064/1065 mit siebentausend Menschen ins Heilige Land. Araber überfallen den Zug nördlich Jerusalems, in der Nähe von Ramla, doch die

Christen können sich mehrere Tage lang zur Wehr setzen. Sie alle waren, wie es sich gehört, unbewaffnet – so daß ihre tapfere Verteidigung denn einem Wunder gliche ...

Der Heilige Vater weist den Weg

In dieser Situation bahnt sich im Abendland eine grundlegende Neuerung an. Es ist Papst Urban II., der diesen Wallfahrten einen gänzlich neuen Charakter verleiht. Am 18. November 1095 eröffnet er im französischen Clermont ein Konzil, in dessen Verlauf der Auftakt für die Kreuzzüge erfolgt. Diese Frage steht auf der Tagesordnung ziemlich weit hinten; das Konzil beschäftigt sich zur Hauptsache mit innerkirchlichen Themen, dem Gottesfrieden zum Beispiel, dem Fehdeverbot an bestimmten Tagen also ... es wird so allerlei verhandelt. Aber das, was dem Heiligen Vater wirklich wichtig ist, das hat er an den Schluß des Konzils gelegt. Für den 27. November hat er eine große Rede angekündigt, und weil mit einer nicht geringen Beteiligung von Geistlichkeit und Laienschaft zu rechnen ist und weil alle Säle zu klein sind, läßt die Konferenzregie das Spektakel auf einem freien Feld außerhalb der Stadt abhalten.

Leider gibt es kein Originalmanuskript dieser Ansprache mehr; es existieren vier voneinander abweichende Fassungen, die später niedergeschrieben wurden. Jedoch läßt sich rekonstruieren, was an jenem 27. November geschieht ... Urban II. liefert ein rhetorisches Meisterstück ab: Er appelliert an die Gefühle seiner Zuhörer und rührt ihre Herzen – und er kann sie gewinnen. Der Vertreter Christi auf Erden schildert, daß die Seldschuken Kleinasien besetzt haben, beschreibt, wie sie die christlichen Kirchen des Ostens unterdrücken. Die heiligen Orte und die Kirchen der Christenheit seien durch dieses Heidenvolk zerstört worden. Selbst die Stadt des heiligen Petrus, Antiochia, sei von diesen Völkern besetzt. Eine Schande für die gesamte Christenheit, daß man diesem Treiben untätig zugesehen habe.

Kaum vorstellbar, aber die Massen sind hingerissen. »Deus lo volt« (»Gott will es«) brüllen sie alle durcheinander und können sich vor Begeisterung gar nicht mehr einkriegen. Natürlich werden sie den christlichen Brüdern im Osten gegen die Heiden beistehen. Gott will es!

Es folgt ein sehenswerter Theaterauftritt: Bischof Adhémar von Puy tritt vor und bekennt, als erster sein Schwert gegen die Heiden wetzen zu wollen. Da können die anderen selbstverständlich nicht nachstehen – »Wir auch! Wir auch!« Ein abgekartetes Spiel.

Gewänder werden zu Stoffkreuzen zerschnitten; man heftet sie sich auf die Schulter und gelobt hiermit den Kreuzzug.

Was Kreuzzug und Wallfahrt unterscheidet, ist dies: Der Pilger reist ohne Waffen, der Kreuzfahrer mit Schild, Schwert und Harnisch. »Der Kreuzzug war im Grunde nichts anderes als eine bewaffnete Wallfahrt, die mit besonderen geistlichen Privilegien ausgestattet war und als besonders verdienstvoll galt«, so der deutsche Historiker Hans Eberhard Mayer – und weiter: »Der ständige Pilgerstrom mußte in der Christenheit den Wunsch aufkeimen lassen, das Grab Christi selbst zu besitzen, nicht um die Schwierigkeit der Pilgerfahrt zu beseitigen, sondern weil der Gedanke, die heiligen Stätten, das ›Erbgut Christi‹, in der Hand der Heiden zu wissen, für die Menschen allmählich immer unerträglicher wurde. Der Zusammenhang zwischen Wallfahrt und Kreuzzug liegt offen zutage; das Verdienst, beides institutionell verknüpft zu haben, gebührt Urban II.«

Eine Schwierigkeit ideologischer Natur sozusagen muß aber noch überwunden werden: Wie ist es zu rechtfertigen, daß christliche Ritter, die doch ihre Feinde lieben sollen, über die Araber herfallen dürfen, auch wenn diese ausgewiesenermaßen Heiden sind?

Der »gerechte Krieg«

Die Kirche hat noch allemal Wege gefunden, Widersprüche aufzulösen. In diesem Falle ist es Kirchenvater Augustinus, der Entlastung mit seiner Lehre vom »gerechten Krieg« bringt: Ein Krieg, an sich ja unzulässig, darf dann geführt werden, wenn er der Verteidigung oder der Wiedererlangung von geraubtem Gut dient. Der Verteidigungskrieg ist ein gerechter Krieg – wenn das Kirchenvater Augustinus sagt, dann muß es wohl so sein.

Der Gedanke zündet, dies um so mehr, als sich das christliche Europa im 9. und im 10. Jahrhundert fortwährend den Einfällen heidnischer Völker ausgesetzt sieht; so den Normannen, die die europäischen Küsten verunsichern; so den Ungarn und den Arabern, die in kleineren oder größeren Einheiten herangestürmt kommen. Beute machen ist ihr erstes Begehr. Gerade Kirchen und Klöster verfügen über beträchtliche Reichtümer – und werden so zu bevorzugten Opfern.

Die Kirche wäre nicht von dieser Welt, wenn sie Augustinus' Gedanken vom gerechten Krieg sich nicht nutzbar gemacht hätte. Was liegt näher, als den »gerechten Krieg« mit dem Begriff des Heidenkampfes zu verknüpfen? Nicht genug damit: Der Krieg gegen die Heiden erfährt alsbald ein noch zwingenderes Argument: Nun ist es der »heilige Krieg«, der gegen die Ungläubigen geführt werden muß.

Kämpfer gibt es genügend. Das Rittertum hat sich im Laufe der Jahrhunderte zu einem voll ausgebildeten Kriegerstand entwickelt und wartet nur darauf, ein nach eigenem Verständnis reiches Betätigungsfeld zu finden.

Natürlich spielen bei der Begeisterung, nach Palästina zu ziehen und die heiligen Stätten zu befreien, auch religiöse Überlegungen eine Rolle, das ist gar nicht zu bestreiten. Aber die Lust am Abenteuer und am Beutemachen war mindestens ebenso stark entwickelt.

So nimmt es denn kein Wunder, wenn sich die Ritter zuhauf zu Kreuzheeren formieren, um in der Fremde ihr Glück zu versuchen.

Der französische Ritter Hugo von Payns ist einer von ihnen. Er stammt aus der Champagne, ist ins Heilige Land gekommen, und irgendwann nach der Wende vom 11. zum 12. Jahrhundert schließt er sich mit sieben seiner Standesgenossen zusammen, um die nach Jerusalem ziehenden Pilger vor den Überfällen der Araber und dem sonstigen Gesindel zu schützen. Die kleine Gemeinschaft hat sich durch einen Eid in die Hand des Patriarchen von Jerusalem verpflichtet, für die Sicherheit der Straßen zu sorgen und die Pilger auf dem Weg zwischen der Küste und den heiligen Stätten zu schützen. König Balduin I. von Boulogne (1100 bis 1118), Herrscher Jerusalems, überläßt diesen Rittern beim Tempel des Salomon, der ehemaligen Al-Aksa-Moschee, ein Haus, wo sie in Armut ihrem halb ritterlichen, halb mönchischen Beruf nachgehen. Hierher entlehnt sich auch ihr Name: Es sind die Ritter vom Tempel, die Templer.

Die kleine Gemeinschaft freilich hat es schwer; sie wird heftig angefeindet. Der Hauptvorwurf lautet, daß sich geistliches Leben und Kriegerruf wohl kaum miteinander vertrügen. Der Gründer Hugo von Payns hat allen Grund, anzunehmen, daß seine kleine Gemeinschaft nicht allzu lange würde existieren können.

Ein Mystiker hilft

In dieser mißlichen Lage kommt ihm die wohl größte Autorität der damaligen Kirche zu Hilfe: Es ist der schon erwähnte Bernhard von Clairvaux, der sich auf die Seite der Templer schlägt.

Er tut dies mit der Propagandaschrift »De laude novae militiae«, wahrscheinlich 1131 oder 1132 zuerst veröffentlicht, und lobt darin den neuen Orden über den grünen Klee. Enthusiastisch preist er das schnelle Aufblühen der kleinen Rittertruppe als göttliche Fügung, als ein Wunder. Der Mystiker stellt dem wüsten Treiben des verwilderten weltlichen Rittertums das gottselige Leben dieser Rittermönche gegenüber, die in brüderlicher Liebe, demütigem Gehorsam und freiwilliger Armut leben. »Eine besonders segensreiche soziale Wirkung des Ordens sieht er [Bernhard von Clairvaux] darin, daß das Abendland durch ihn eine Menge sittlich bedenklicher und gefährlicher Elemente loswird, indem zahlreiche Räuber, Heiligtumschänder und Mörder, Meineidige und Ehebrecher nach dem Osten entfernt werden, wo man sich ihrer als Helfer gegen die Ungläubigen aufrichtig erfreut« (Prutz).

Es herrscht überhaupt viel Freude und Wonne bei diesen Rittern. Sie leben kärglich, entraten jeden Schmucks, verachten den Müßiggang und sind überhaupt ernste und einfache Männer. Schach und Würfelspiel kennen sie nicht; sie leben ohne Frauen und Kinder wie die Mönche; es sind ehrliche, rauhe und struppige Kriegsmänner.

Bernhards Schrift wirkt. Die Templer gewinnen rasch viele Anhänger; man überschreibt ihnen zahlreichen Besitz. Ländereien werden gestiftet; überall in Europa entstehen Wirtschaftszentren. In der Mitte des 12. Jahrhunderts sind sie bereits ein angesehener Orden, und der zweite Kreuzzug (1147 bis 1149), für den sich Bernhard von Clairvaux so stark gemacht hat, bringt endlich die ersehnte militärische Bewährungsprobe. »Soweit der, überwiegend erfolglose, Kreuzzug überhaupt zu positiven Ergebnissen für die Kreuzfahrer führte, war das vor allem den Templern zu verdanken, deren Ansehen in allen europäischen Ländern nun wuchs, zu weiterem Wachstum des Ordens führte und zum Ausbau seiner Selbständigkeit innerhalb der kirchlichen Hierarchie«, so der Fachgelehrte Hartmut Boockmann.

Der Orden der Johanniter hingegen war, ähnlich wie später der Deutsche Ritterorden, aus einer Bruderschaft hervorgegangen, die sich der Kranken- und Armenpflege verschrieben hatte. Die Gründungsgeschichte ist zwar nicht ganz geklärt, doch nimmt man an, daß es Leute aus dem kampanischen Amalfi waren, die zunächst ein Mönchskloster, dann ein zweites für Nonnen und weiter ein besonderes Hospiz zur Aufnahme von krank gewordenen Pilgern einrichteten.

In den Berichten taucht im Jahre 1099 ein gewisser Gerard

als Leiter dieses Hospizes auf, von dem aber nicht viel bekannt geworden ist. Dieser Gerard stirbt 1120. Das Hospital ist inzwischen eine von den Herrschern Palästinas und dem Papsttum anerkannte eigene Organisation, die ihre karitativen Dienste auch weiterhin an den Armen und Pilgern und Kranken leistet. Diesem Hospital waren auch beträchtliche Besitztümer im Heiligen Land selbst und in Europa zugeeignet worden. Die wirtschaftliche Unabhängigkeit der Johanniter war somit gesichert – und eine der wesentlichen Grundlagen für diesen späteren Ritterorden geschaffen.

Kapitel 3
Die Jahre von 1198 bis 1236

Die überragende Gestalt: Hochmeister Hermann von Salza

Von dem, was in den ersten zehn Jahren des neu gegründeten Deutschen Ritterordens geschieht, ist nur wenig überliefert. Drei Meister des Ordens sind bekannt: Nach Heinrich Walpot übernimmt Otto von Kerpen das Amt, dem Heinrich Bart folgt. Man weiß nicht, in welchem Jahr die drei jeweils gestorben sind, man weiß aber die Todestage. Woher sie stammen, ist unbekannt.

Heinrich Bart kommt wahrscheinlich aus Thüringen, hat im Jahre 1208 eine Pilgerfahrt ins Heilige Land unternommen, tritt dort in den Deutschen Orden ein und wird alsbald zum Ordensmeister gewählt. Gestorben ist er am 2. Juni 1209 oder 1210 und wird – wie wahrscheinlich auch seine beiden Vorgänger – in Akkon begraben.

Der Deutsche Ritterorden kümmert dahin. Es sind nicht allzu viele, die aufgenommen zu werden wünschen; das Ansehen der älteren großen Gemeinschaften, Templer und Johanniter, ist erdrückend, wirft einen solch gewaltigen Schatten, unter dem das kleine neue Pflänzchen nicht recht gedeihen will. Wichtig für die Finanzen der Orden ist das sogenannte Almosenprivileg, das heißt die Erlaubnis, betteln gehen zu dürfen; die großen Orden erfreuen sich dieses Vorzugs, der Deutsche Orden nicht. Unterstützung aus dem Reich bleibt ebenfalls aus, nachdem Kaiser Heinrich VI. gestorben und damit der geplante Kreuzzug hinfällig geworden ist. Das Reich hat mit sich selbst zu tun; was im Orient geschieht, findet kaum Interesse – Heiliges Grab hin, Kampf gegen die Ungläubigen her.

Man lebt mehr schlecht als recht, widmet sich der Pflege kranker Pilger, wie gehabt, bekommt auch dann und wann etwas geschenkt, so schon im Jahre 1198 den Turm, der sich über dem Nikolaitor in Akkon erhebt, erhält zwei Jahre später das Privileg, keinerlei Abgaben auf alle Waren entrichten zu müssen, die zum Eigenbedarf in das Fürstentum Antiochien importiert werden – es sind einige solcher Schenkungen und Vergünstigungen, die dem Orden das Überleben sichern, ihn aber keinesfalls zu größeren Unternehmungen befähigen.

Der Orden versucht natürlich, sich wirtschaftlich auf ein möglichst breites Fundament zu stellen. Dazu gehört, daß er neben den Erwerbungen im Heiligen Land auch Ländereien und Privilegien im deutschen Reich an sich ziehen will. Schon um 1200 kann er einzelne Güter erwerben, so zum Beispiel in der Steiermark. Ihm wird erlaubt, in Halle ein Armenspital zu bauen, und er erhält die Johanniskirche in Bozen. Ein gewisser Durchbruch ist erreicht, als Philipp von Schwaben (1198 bis 1208), der jüngste Sohn Friedrich Barbarossas und seines Zeichens Römischer König, die christlichen Ritter in seinen Königsschutz nimmt und erlaubt, daß dem Orden Reichslehen übertragen werden dürfen.

Und so geht es weiter. Hier eine Kirche, dort ein Stückchen Land, dies alles weit verstreut und nicht zusammenhängend.

Päpstliche Gunstbezeugungen bleiben jedoch aus. Der Ritterorden gilt als ausgesprochen staufertreu, und das schmeckt dem Papst nicht, der sich mit diesem Fürstengeschlecht in immer tiefere Machtkämpfe verstrickt sieht. Erst nach Beendigung des Thronstreits durch die Ermordung Philipps von Schwaben im Jahre 1208 stellt der Heilige Vater wieder ein Privileg aus. Innozenz III. sitzt jetzt auf dem Stuhl Petri und bestätigt dem Orden alle alten und neu erworbenen Besitzungen. Im übrigen geht dieses Privileg nicht über das von Coelestin III. aus dem Jahre 1196 hinaus.

Was nun die Militarisierung des Ordens anbelangt, also die

Erweiterung der Spitalsbrüderschaft zu einer Kampftruppe, so hat es damit noch gut Weile. Guido von Lusignan hatte 1192 dem damaligen deutschen Spital unter anderem einen Turm übertragen, ohne daß daraus aber für die Stadtverteidigung militärische Folgen angezeigt gewesen wären. Ein Jahr später verlieh Heinrich von der Champagne (1192 bis 1197), König von Jerusalem, dem Spital ein Vorwerk mit Türmen, Mauern und Graben am Nikolaiturm unter der ausdrücklichen Auflage, daß das deutsche Spital für Reparaturen und Ausbesserungen an diesem Teil der Stadtmauer zuständig sei, und zwar nur, wenn es um die Stadtverteidigung gehe – was bedeutet: Man bittet das Spital zur Kasse. Es ist aber nicht verpflichtet, aktiv an eventuellen Kämpfen teilzunehmen.

Erst 1198, nach Erhebung des Spitals zum Ritterorden, als König Amalrich II. (1198 bis 1205), Nachfolger Heinrichs auf dem Thron von Jerusalem, dem Orden den Turm über dem Nikolaitor verleiht, werden die christlichen Ritter militärisch in die Pflicht genommen. Sie haben von jetzt an diesen Mauerabschnitt bei Gefahr zu verteidigen.

Danach folgt eine lange Pause. Erst acht Jahre später, 1206 nämlich, übernimmt der Orden weitere Verteidigungsanlagen: In Caesarea werden ihm zwei Türme verliehen, und Fürst Bohemund IV. von Antiochien (1187 bis 1233) übereignet dem Orden in Tripolis drei Türme – doch die Militarisierung schreitet nur sehr langsam voran; fast sieht es so aus, als nehme man den Deutschen Orden, verglichen mit den Johannitern und Templern, nicht ganz ernst. Diese Situation – hier in groben Strichen skizziert – findet der neue Hochmeister des Ordens vor.

Ein Glücksgriff

Die Biographie des Hermann von Salza – er wird 1209 oder 1210 zum neuen Hochmeister gewählt – ist eine einzige Reiseveranstaltung. Immer auf der Achse, immer unterwegs zwischen dem Heiligen Land, Sizilien, Rom und Deutschland.

Dann und wann auch noch woanders hin und dann den ganzen Weg wieder zurück. Nie hält er sich längere Zeit an einem Ort auf; er reist mit König Friedrich von Sizilien herum, jenem Friedrich, der als der Zweite dreißig Jahre lang als Kaiser (1220 bis 1250) das Heilige Römische Reich Deutscher Nation regiert, wird ein ums andere Mal von Seiner Majestät als Sonderbotschafter eingesetzt, kennt sich bei der Kurie und am päpstlichen Hof in Rom so gut aus wie am königlichen beziehungsweise kaiserlichen Hof.

Der Eindruck drängt sich auf, daß Hermann von Salza in erster Linie Berater seines Kaisers ist, hauptberuflich sozusagen, und nebenher auch noch ein bißchen den Meister des Deutschen Ordens spielt – eine Nebentätigkeit, wenn man so will, und mit der linken Hand zu erledigen.

Weit gefehlt. Hermann von Salza füllt beide Positionen aus, und zwar zur Gänze. Er ist ein loyaler Berater seines Kaisers, er ist jedoch ebenso loyal dem Papst gegenüber – was ihn überhaupt erst in die Lage versetzt, zwischen den beiden universalen Mächten des Mittelalters zu vermitteln. Das scheint auch dringend notwendig, weil Kaiser und Papst aufs tiefste zerstritten sind, der eine wie der andere auf seinen Führungsanspruch beharrt und versucht, den Gegner militärisch in die Knie zu zwingen. Hermann von Salza kann ein ums andere Mal den Ausbruch eines offenen Konflikts verhindern. Das kommt seinem Kaiser zugute, das kommt aber auch dem Papst zugute. Und was gut ist für Kaiser, Papst und Reich, das ist auch gut für den Deutschen Orden. Nach dieser Maxime handelt Hermann von Salza, und er ist in diesen Fällen nichts anderes als der Meister des Deutschen Ordens.

Ihm gelingt es im Laufe der Zeit, eine Fülle von Privilegien und sonstigen Vorrechten, Bestätigungen erworbener Besitzungen und anderes mehr von den verfeindeten Mächten Kaiser und Papst zu erwirken. Ihm vertrauen sie beide und bekunden ihr Vertrauen durch ebensolche Vergünstigungen.

So detailliert man auch über die Tätigkeit Hermann von Salzas unterrichtet ist, die Anfänge seiner Arbeit liegen im dunkeln ...

Wahrscheinlich ist er um das Jahr 1170 geboren worden. Er stammt aus einem Geschlecht ritterlicher Dienstmannen, möglicherweise dem Langensalzaer Zweig der Familie Salza, das dem Landgrafen von Thüringen diente.

Unbekannt ist, wann und wie Hermann von Salza nach Palästina gelangte; vielleicht zog er 1196 mit dem Landgrafen Hermann von Thüringen ins Heilige Land; er hätte damit zu den ersten Rittern gehört, die in den Deutschen Orden eintraten. Auf jeden Fall aber muß er seinen nicht sehr zahlreichen Mit-Rittern und Mit-Brüdern einen solchen Eindruck vermittelt haben, daß er nach dem Tod seines Vorgängers Heinrich Bart zum Meister des Ordens gewählt wird. Das Trüpplein, das sich Deutscher Orden nennt, läßt nicht eben darauf schließen, welch große Zukunft ihm unter jenem Hermann von Salza beschieden sein wird.

Energisch packt er die ihm vordringlich erscheinende Aufgabe an: die Gleichstellung seines Ordens mit den Templern und Johannitern – den Versuch also zu wagen, aus dem Schatten dieser schier übermächtigen konkurrierenden Organisationen herauszutreten. Ohne Unterstützung aus dem Reich, das heißt ohne die Gunst der Herrscher, ist das nur schlecht möglich. Als er im Jahre 1216 den jungen Friedrich kennenlernt, nutzt er die Gunst der Stunde und arbeitet zielstrebig auf das gesteckte Ziel hin. Der Erfolg bleibt nicht aus: Friedrich verleiht am 24. Juni 1217 dem Orden in seinem Königreich Sizilien die gleichen Rechte wie den Templern und Johannitern. Doch nicht nur das: Friedrich – er wird am 22. November 1220 zum Kaiser gekrönt – kann auch Papst Honorius überzeugen, seinerseits dem Orden wichtige Privilegien zu verleihen. Dies geschieht Mitte Dezember, und schon am 9. Januar 1221, nicht einmal einen Monat später, gewährt der Papst den Deutschordensrittern die völlige rechtliche Gleichstellung mit den Templern und Johannitern. Honorius III. zeigt sich überhaupt sehr großzügig: Während seines Pontifikats stellt er dem Orden insgesamt 113 Urkunden aus.

Von größter Bedeutung für den Orden ist es, daß ihm der

Hermann von Salza, 1209 oder 1210 zum Hochmeister gewählt,
stellte schon früh die Weichen
für die zukünftige Politik des Deutschordensstaates

Papst noch im selben Januar 1221 ein Privileg verleiht, das einen Teilablaß für Almosen gewährt, ein Vorzug, der einen Monat darauf noch erweitert wird. Templer und Johanniter, die Alteingesessenen, erfreuen sich natürlich längst dieses Vorteils – der Deutsche Orden durfte lediglich ohnmächtig zusehen, wie Pilger und bodenständige Gläubige ihre Münzen und Schenkungen diesen beiden Orden gewährten, um Nutzen für ihr Seelenheil daraus zu ziehen.

Das wird nun anders. Schenkungen an den Deutschen Orden bringen – heilsmäßig gesehen – den spendablen Leuten die gleichen Vorteile wie bei Gaben an die Templer oder Johanniter Diese Schenkungen werden alsbald zur Haupteinnahmequelle des Deutschen Ordens. Dazu kommt noch, daß ihnen der Papst gestattet, den weißen Mantel der Templer zu tragen – der noch junge Orden hat sich nunmehr voll neben den eingesessenen Korporationen etabliert.

Selbstverständlich sind diese Privilegienverleihungen durch Kaiser und Papst keine uneigennützigen Angelegenheiten; beide Seiten ziehen ihre Vorteile daraus. Das Dreieck Kaiser, Papst, Hermann von Salza ist eine Symbiose, gegründet auf größtmöglichen Nutzen für alle Beteiligten. Es ist ein dauerhaftes Verhältnis, selbst dann noch, als Papst Gregor IX. in scharfen Gegensatz zu Kaiser Friedrich II. tritt. In dieser Zeit der Konfrontation wächst der Ordensmeister zu einem der erfolgreichsten Diplomaten heran, die die Weltgeschichte je gekannt hat. Zwischen den beiden Mächten, Kaiser und Papst, verkörpert er eine Art ehrlicher Makler – ein Makler freilich, der auf den eigenen Vorteil achtet, das heißt auf den seines Ordens.

Ganz Ägypten!

Salza ist Diplomat, nicht Soldat. Dennoch zieht er in den Krieg; er ist schließlich auch Ritter und hat für die Sache der Christenheit mit dem Schwert einzustehen ...

Von Damiette, der ägyptischen Stadt am Nildelta, dem alten islamischen Machtzentrum in Ägypten, geht eine ständige Bedrohung der Südflanke Palästinas aus. Jerusalem befindet sich auch noch in den Händen der Muslime – was also liegt näher, als zunächst Damiette anzugreifen, zu erobern und dann nach Jerusalem weiterzuziehen? So beschließt es der Kriegsrat der Mächtigen im Heiligen Land.

Daß im April 1218 eine Flotte mit deutschen und anderen Pilgern in Akkon gelandet ist, hat den Beschluß, gegen Damiette zu ziehen, nur gefördert. Schon im Mai wird er in die Tat umgesetzt; ein erstes Kontingent segelt nach Ägypten. Im Juni dann folgt der andere Teil der Truppen, darunter Hermann von Salza; es ist sein erster größerer militärischer Einsatz.

Ägypten, wie überhaupt der Gesamtstaat unter der Herrscherfamilie der Aijubiden, wird nach dem Tode Saladins von dessen Bruder Al-Adil regiert. Saladins Söhne haben unter Al-Adil die Herrschaft über Teilreiche erhalten, so Al-Kamil (1218 bis 1238) – zum Nachfolger Al-Adils ausersehen – Ägypten.

Daß Damiette nicht ganz einfach zu erobern sein würde, steht von vornherein fest. Ende Mai 1218 treffen die Kreuzfahrer vor der Stadt ein. Es ist eine starke Festung und der zweitwichtigste Hafen Ägyptens, gelegen an einem Nilarm. Auf dem westlichen Nilufer gegenüber der Stadt schlagen sie ihr Lager auf, unweit des im Fluß erbauten »Kettenturms«, der seinen Namen von einer Sperrkette erhalten hat, die zum Ostufer läuft und die Wasserstraße für den Schiffsverkehr sperren kann. Auf diesen Turm haben es die Kreuzfahrer zunächst abgesehen; er kontrolliert die gesamte Nilmündung. Der westliche Nilarm ist nicht befahrbar, wie es scheint.

Offenbar ist Al-Kamil von dem Angriff der Kreuzritter überrascht. Südlich von Damiette errichtet er schnell ein Feldlager, eigens zu dem Zweck, den Übergang der Franken über den Fluß zu verhindern. Sollte ihnen das nämlich gelingen, können sie die Stadt auch von der Landseite her einschließen.

Die Angriffe des Christenheeres richten sich vorderhand

auf den Kettenturm. Dieses Festungswerk freilich erweist sich als äußerst widerstandsfähig. Trotz pausenlosen Feuers mit Steinschleudermaschinen gelingt es nicht, den Turm zu nehmen. Da hat der ingeniöse Domscholaster Oliver die zündende Idee: Er sammelt Geld und läßt eine Belagerungsmaschine konstruieren, die aus zwei zusammengebundenen Koggen besteht, denen man insgesamt vier Mastbäume aufgesetzt hat. An der Spitze der Mastbäume nun wird eine Halte- und Stützvorrichtung angebracht, die eine bewegliche Fallbrücke an Flaschenzügen tragen kann.

Mit diesem unkonventionellen Belagerungs- und Sturmgerät gelingt es tatsächlich, den Kettenturm zu erobern. Die Angreifer lassen die Brücke auf die Zinnen des Turms herab, die Belagerten wehren sich verzweifelt, aber selbst ihr griechisches Feuer kann der Maschine nichts anhaben. So geschehen am 24. August 1218. Am nächsten Tag kapituliert die Turmbesatzung.

Die Kreuzfahrer beseitigen die Sperrkette, und eine Pontonbrücke, die nach Osten zur Stadt hin führt, wird vernichtet. Statt dessen schlagen sie eine neue zu ihrem eigenen Lager im Westen. Es wird berichtet, daß Sultan Al-Adil vor lauter Gram über diese Eroberung der Christen gestorben sei.

Erfolg beflügelt, und so stoßen dann von September 1218 an laufend neue Ritter zu den Kreuzfahrern, die aber Damiette bislang noch nicht haben erobern können.

Wie üblich, suchen Seuchen das Lager heim; in diesem Falle ist es eine besonders hartnäckige Ruhrepidemie, der ein großer Teil des Heeres zum Opfer fällt. Der schon bekannte Jakob von Vitry bejubelt diese Toten, die »eine Einladung zu einer himmlischen Mahlzeit« erhalten hätten und nahezu schmerzlos gestorben seien. – Ausdruck eines religiösen Irrwitzes, an dem die Kreuzzüge wahrhaft keinen Mangel leiden.

Die neuen Makkabäer

Im Herbst 1218 treffen zwei Kardinallegaten ein, die der Papst geschickt hat. Es sind Robert de Courson, der kurz darauf stirbt, und Pelagius von Albano. Sie haben die wenig dankbare Aufgabe, die Führung dieses Kreuzzugs zu übernehmen.

Tatsächlich gelingt es Pelagius im Laufe der Zeit, diesen Anspruch durchzusetzen. Pelagius gilt als ein herrischer, süffisanter und äußerst starrköpfiger Mensch, beseelt von hohem Tatendrang, aber ohne rechten Blick für das Maß der Dinge. Angesichts der schwächlichen Führung König Johanns von Brienne (1210 bis 1225) übernimmt Pelagius dann letztlich das Kommando. Sehr zum Schaden für das Christenheer allerdings.

Seine erste Tat: Er spaltet das Kreuzfahrerheer in zwei feindliche Lager. Dennoch ist der Erfolg auf Seiten des Christenheeres, weil Al-Kamil, der Sohn Saladins und Nachfolger seines Onkels Al-Adil, fast einer Verschwörung seiner ägyptischen Emire zum Opfer fällt. Er flieht aus dem Lager, die Armee flieht mit, und dies ermöglicht den Kreuzfahrern, am 5. Februar 1219 das auf dem Ostufer gelegene Lager einzunehmen.

Sie machen reiche Beute und sind jetzt vor allen Dingen in der glücklichen Lage, Damiette einschließen zu können und jegliche Verbindung nach außen zu kappen.

In dieser Situation versucht Al-Kamil, einen Waffenstillstand mit den Christen auszuhandeln. Vergeblich. Papstlegat Pelagius lehnt ab. Angriffe, die Al-Kamil daraufhin auf die Christen unternimmt, werden zurückgeschlagen.

Die Situation in der Stadt wird allmählich prekär. Das schlimmste ist der Hunger. Die Preise schnellen in die Höhe, Schieber machen große Geschäfte. Wieder bietet Al-Kamil Waffenstillstand an. Wieder vergeblich, obwohl er diesmal sogar Teile des eroberten Palästina zurückgeben will. König Johann von Brienne möchte das Angebot annehmen, Pelagius aber lehnt ab, und mit ihm wohl die meisten der Ritter.

Eine Kuriosität am Rande: Um diese Zeit hält sich auch der später heilig gesprochene Franz von Assisi im Lager der Kreuzfahrer auf. Er geht hinüber in das Lager Al-Kamils, der dem Musterchristen höflich zuhört, dann aber meint, er wolle sich doch lieber nicht taufen lassen.

Im Herbst 1219 ist die Lage von Damiette so hoffnungslos geworden, daß die Stadt fast kampflos erobert werden kann. Die Bevölkerung ist von Hunger und von Krankheit zermürbt, sie ist am Ende. Wenig Christliches spielt sich nach der Einnahme der Stadt ab: Die Kreuzritter vertreiben einen Teil der Bewohner, andere werden versklavt. Lediglich die Kinder können froh sein: Jakob von Vitry kann sie durch Taufe vor dem Sklavendasein bewahren.

Hermann von Salza hat den Einmarsch mitgemacht. Er berichtet darüber einem ihm befreundeten Kardinal: »Die Würde Eurer Aufrichtigkeit wird erfahren haben, daß der allmächtige Herr sich gnädig erbarmend des lange ermüdeten christlichen Heeres die Stadt Damiette ohne Zufügung von Wunden oder Kampf in wunderbarer Weise durch die Gnade seines Erbarmens seinen Verbannten übergab, so daß dies niemandes Verdiensten, sondern nur allein seinem Lob zuerteilt werden kann und muß. So aber erfahrt die Barmherzigkeit Gottes selbst, die augenscheinlich für uns in jener Stadt gewirkt hat, weil nämlich ein so großes Sterben der Menschen in ihr ausbrach, daß die Leute nicht ausreichten, die Sterbenden zu begraben. Die Überlebenden nämlich litten an der schweren Last der Schwäche, so daß wir, als wir die Stadt zuerst durchschritten, mehr als dreitausend Tote nach der Art der Hunde auf der Straße liegen fanden ... Als nun der 5. November anbrach, ergaben sich alle Sarazenen und übergaben Damiette und die Stadt gänzlich in die Gewalt der Christen, wenn auch sehr ungern. Aber in der ersten Bewegung der Einnahme der Stadt entfernten viele ruchlose Menschen, die herbeiliefen, heimlich eine unendliche Menge Geld. Als die Herren des Heeres aber sahen, was durch Gott geschehen war, beschlossen sie vereint, nach gemeinsamer Beratung, die ganze Menge Gold und Silber an einer Stelle aufzuhäufen;

und alle, die irgendeinen Teil davon weggeschleppt hatten, belegte der Herr Legat mit der Fessel der Exkommunikation, wenn sie nicht durch Rückgabe wieder zu Verstande kämen ... Wir fürchten aber, daß die Liebe zum Gelde viele veranlassen wird, Diebe zu bleiben.« Soweit Originalton Hermann von Salza; es ist eines der wenigen schriftlichen Zeugnisse, die er hinterlassen hat.

Offensichtlich hat sich des Meisters Rittertruppe so wacker geschlagen, daß Johann von Brienne, der König von Jerusalem, dem Meister gestattet, das goldene Jerusalemskreuz in das Wappen des Ordens einzufügen. Behauptet jedenfalls die Überlieferung. Urkunden, die in der Folgezeit für den Orden ausgestellt werden, heben in der Tat dessen kämpferischen und militärischen Charakter hervor. Man bezeichnet die Ritter unter anderem als »neue Makkabäer« und zeigt fast schon Hochachtung vor ihnen.

Damiette also ist erobert, Hermann von Salza hat keinen Grund mehr, sich noch länger hier aufzuhalten. Er kehrt im Frühjahr 1220 nach Akkon zurück.

Der Vollständigkeit halber noch zum Ausgang dieses merkwürdigen Kreuzzuges: Die Kreuzfahrer richten sich in Damiette häuslich ein, aber die Streitereien untereinander dauern fort. König Johann von Brienne beansprucht die Stadt für sich, und um dies zu unterstreichen, läßt er bereits Münzen schlagen, die ihn als König von Damiette ausweisen. Das ist natürlich eine Frechheit allen anderen gegenüber, die Rechte auf Damiette zu haben glauben. Legat Pelagius verkündet großartig, die Stadt gehöre der Gemeinschaft der Kreuzfahrer, die – selbstverständlich – durch die Kirche repräsentiert werde; und die Kirche, das sei nun einmal er selber. Das wiederum paßt anderen nicht; die Eifersüchteleien der einzelnen Nationen halten an, Pelagius hat sich äußerst unbeliebt gemacht.

Um den Streit zu schlichten, die Wogen zu glätten und zu erreichen, daß die Ritter wieder alle an einem Strang ziehen – in eine Richtung freilich, die er bestimmt –, greift Pelagius zu einer List: Er läßt eine arabisch verfaßte Prophetie ins Französische übertragen und sie den Kreuzfahrern predigen. Es handelt sich dabei um eine Fälschung, die im Winter 1219/1220 verfaßt worden ist. Davon weiß aber Pelagius nichts. Er hält das Werk für echt und ist hell entzückt, die gesamte Geschichte der Kreuzzüge bis zum Fall Damiettes exakt vorausgesagt vorzufinden. Für die Zukunft nun wird das Jüngste Gericht angekündigt, dies aber erst, nachdem den Christenmenschen mit Hilfe eines orientalischen und eines abendländischen Herrschers geholfen worden ist.

Die wildesten Phantasien kochen auf; Pelagius selbst ist von festem Glauben an diese Prophezeiungen erfüllt. Er versteigt sich dazu, ganz Ägypten erobern zu wollen, und die Kreuzfahrer jubeln ihm zu. Man hofft auf Hilfe durch einen Kreuzzug Friedrichs II.; der aber läßt auf sich warten. Immerhin: Friedrich hat fünfhundert Ritter unter Führung Herzog Ludwigs von Bayern geschickt, die den mit seinen Eroberungsplänen beschäftigten Legaten Pelagius unterstützen.

Johann von Brienne ist 1221 wieder nach Damiette zurückgekehrt und versucht vergeblich, die Ritter nebst Papstlegat von diesem unsinnigen Kriegszug abzubringen. Man startet trotzdem – und schlägt das nächste Lager dermaßen ungünstig auf, daß es für Al-Kamil ein leichtes ist, fast sämtliche Verbindungen nach Damiette unter Wasser zu setzen. Das Christenlager ist abgeschnitten, und zwar total; kein Entsatzheer hätte mehr durchstoßen können. Bald gehen die Lebensmittel aus; es gibt schlichtweg nichts. Am 26. August versuchen die verzweifelten Ritter, sich auf dem einzigen begehbaren Weg Richtung Damiette durchzuschlagen, aber eben dort lauert Al-Kamil mit seinen Mannen. Zu allem Überfluß läßt der Sultan wenig später auch noch diesen einzigen Weg unter Wasser setzen – das Ende des Kreuzzugs ist da. Pelagius muß um Frieden bitten, Waffenstillstand wird für acht Jahre geschlossen, die Christen müssen Ägypten räumen. Der 8. September 1221 sieht Al-Kamil als Sieger in Damiette.

Zum Schaden gesellt sich der Spott, und arabische Sängerinnen intonieren landauf, landab: »... als Pharao von Akkon ungerecht ward und nach Ägypten kam, um das Land heimzusuchen, kam Moses uns mit einem Stock in der Hand zu Hilfe und ertränkte einen nach dem anderen im Meer.« Die Troubadours formulieren die Volksmeinung weniger blumig. Schreibt Guillaume le Clerc, Dichter und Sänger aus der Normandie: »Wir haben diese Stadt durch die Torheit und Sünde verloren wegen des Legaten, der die Christen führte ... Denn es ist sicherlich gegen das Gesetz, wenn die Kleriker Ritter anführen. Der Geistliche sollte seine Bibel und die Psalmen rezitieren, aber den Ritter auf das große Schlachtfeld gehen lassen.«

Der dankbare Kaiser

Einen kräftigen Schub für seine Staatsgründungspläne erhofft sich Hermann von Salza von dem Kreuzzug Friedrichs II. – leider nur läßt diese Reise auf sich warten; der Kaiser verschiebt sie wieder und wieder. Der Papst – mittlerweile ist es Gregor IX. – fühlt sich an der Nase herumgeführt und verhängt im Herbst 1227 den Bann über seinen weltlichen Widersacher.

Dem Hochmeister kann an nichts weiter gelegen sein als an einem irreparablen Zerwürfnis der beiden Weltmächte. Geduldig arbeitet er nach seiner Art daran, daß Friedrich II. sein Versprechen hält. Das geschieht dann 1228: Der Kaiser betritt das Heilige Land.

Als er es am 1. Mai 1229 wieder verläßt, hat er die kampflose Übergabe Jerusalems, Bethlehems und Nazareths an die Christen erreicht, sich selbst zum König von Jerusalem gekrönt und sich im übrigen der tatkräftigen Hilfe Hermann von Salzas erfreut.

Was auch nötig war, denn Gregor IX. versuchte, Friedrichs Kreuzzug nach Kräften zu behindern. Er hat an die Barone Palästinas geschrieben, daß keiner dem Kaiser gehorchen dürfe, da dieser gebannt sei. Hermann von Salza hat Friedrich wahrscheinlich geraten, den Oberbefehl formell abzugeben. De facto ändert sich jedoch nichts. Der Kaiser schwingt sich durch Erbverträge, an deren Abschluß Hermann von Salza maßgebend beteiligt war, zum Herrscher über das Königreich Jerusalem auf. Er nutzt auch die Gelegenheit, um sich selbst in der Christenmetropole zu krönen.

Wäre es nach Friedrich gegangen, hätte eine heilige Messe den Krönungsfeierlichkeiten einen würdigen Rahmen gegeben – eine ungeheure Provokation des Papstes: Der gebannte Kaiser läßt eine Messe lessen ... das hat die Welt noch nicht gesehen. Hermann von Salza erkennt die Gefahr des unwiderruflichen Bruchs zwischen Kaiser und Papst und wirkt auf Friedrich ein, von dieser demonstrativen Zurschaustellung kaiserlicher Macht abzusehen. Der Monarch läßt sich überreden.

Wenn sich der hochfahrende und machtbewußte Herrscher stets aufs neue zu einer politisch-pragmatischen Haltung durchringt, dann ist das vornehmlich das Verdienst des Ordenshochmeisters; sein mäßigender Einfluß zahlt sich aus. Noch vor der Abreise Friedrichs II. in Akkon zollt der Kaiser höchstes Lob: »Eines können wir dennoch sagen und mit Recht nicht über den Meister und die Brüder des Hauses der Heiligen Maria der Deutschen schweigen, weil sie vom Beginn unserer Ankunft selbst im Dienste Gottes uns ebenso ergeben wie wirksam beigestanden haben.«

Seine Majestät erweisen sich als sehr dankbar: Ein warmer Privilegien-Regen geht auf den Orden hernieder. Was dieser mittlerweile in Palästina erworben hat – und das ist nicht wenig –, bestätigt der Kaiser als rechtswirksam. Vor allem ist es ein gewaltiger Landbesitz, den der Orden nach den Kämpfen um Damiette vom Grafen Otto von Henneberg, einem Kreuzfahrer, der beträchtliche Ländereien in Palästina sein eigen nennt, und seiner Frau Beatrix erworben hat. Zukäufe haben dieses Gebiet arrondiert; es ist zu einem stattlichen Grundbesitz geworden. Friedrich II. räumt dem Orden auch einen Anteil am Hafenzoll von Akkon ein, bestätigt ihm weiter den Besitz eines schon früher erworbenen Hauses (vermutlich in Akkon), desgleichen dort auch ein Vorwerk, und er verleiht dem Orden zwei Häuser in Jerusalem; das eine hatte einst König Balduin gehört, das andere hatten die Deutschen vor dem Verlust Jerusalems in der Stadt besessen. »Damit wurde dem Deutschen Orden das einstige deutsche Spital in Jerusalem übertragen, das im 12. Jahrhundert bestanden hatte und 1143 den Johannitern unterstellt worden war«, so Marie-Luise Favreau.

Die Verleihung des alten deutschen Spitals in Jerusalem ruft die Johanniter auf den Plan. Sie pochen darauf, daß ebenjenes Haus durch Papst Coelestin II. 1143 dem Johanniterorden unterstellt worden war – und werden in diesem Sinne in Rom vorstellig.

Papst Gregor IX. kommt dieses Gezänk im Grunde ganz gelegen. Er befiehlt dem Patriarchen von Jerusalem, die Sache zu untersuchen, und ordnet an, daß die von Coelestin III. bestimmte Oberaufsicht der Johanniter über den Deutschen Orden auch künftig zu gelten habe. Es hat den Anschein, als will der Heilige Vater an Kaiser Friedrich und Gehilfe Hermann sein Mütchen kühlen.

Die Angelegenheit verläuft im Sande; zwischen Kaiser und Papst bahnen sich Friedensverhandlungen an, und im Jahre 1230 wird in San Germano ein Vertrag unterzeichnet. Danach hat Gregor IX. kein Interesse mehr, den Deutschen Orden unter Druck zu setzen. Friedrich II. wird am 28. August jenes Jahres vom Bann gelöst.

Die palästinensischen Pläne des Ordens scheinen also zu gedeihen, und das ist auch gut so. Sie sind Balsam auf die Wunden, die den Rittern in einer ganz anderen Weltgegend geschlagen worden sind: im Burzenland nämlich, im Jahre 1225.

Es gibt nicht nur Palästina

Das Burzenland, heute eine historische Landschaft in Siebenbürgen, in weitem Umkreis um Kronstadt gelegen, gehört seit 1211 dem Deutschen Orden; König Andreas II. von Ungarn (1205 bis 1235) hat es den Rittern geschenkt. In der entsprechenden Urkunde heißt es: »Den Kreuzfahrern vom Spital St. Marien, das einst in Jerusalem war, aber bald, weil das Zeitunglück es forderte, in Akkon gelegen ist, haben wir mit Rücksicht auf die Nächstenliebe das sogenannte Burzenland, jenseits der Berge gegen die Kumanen, freilich verlassen und unbewohnt, übertragen, es in Frieden zu bewohnen und für immer frei zu besitzen.«

Der Orden darf laut Urkunde freie Märkte abhalten und die Abgaben für sich verwenden. Genauso soll es auch sein, wenn er Gold oder Silber findet; freilich soll dann ein Teil in die königlichen Kassen fließen. Weitere wichtige Regelungen folgen, dann heißt es gegen Ende des Schriftstücks: »So haben wir doch zur Vorsicht für spätere Zeit befohlen, daß die gegenwärtige Wohltätigkeit durch das Zeugnis unseres Siegels bekräftigt werde.«

Das läßt sich hören, damit kann man etwas anfangen, und noch 1211 beordert Hermann von Salza Ordensbrüder ins Burzenland, angeführt von Magister Theoderich.

Es bleibt nicht bei diesem einen Privileg; schon im Jahre darauf, 1212, und dann 1222 folgen weitere Vergünstigungen, die der Orden mit Sicherheit dem segensreichen Wirken Hermann von Salzas verdankt.

Handelt die erste Urkunde noch vor allem von der Schenkung des Landes selbst, verbunden mit einer Reihe von privaten und hoheitlichen Rechten, so setzt sich das in der zweiten von 1212 fort: Sie ist eine Bestätigung für die inzwischen errichtete Kreuzburg – sozusagen die nachgereichte Bauerlaubnis –, die zum Kampf gegen die Heiden in Richtung Osten bestimmt ist. Die Urkunde spricht von einer »dort [das heißt im Burzenland] wohnenden Bevölkerung« – ein Hinweis, daß die deutsche Kolonisation nach Ungarn bereits in Gang gekommen ist. In der dritten Urkunde von 1222 schließlich findet sich der Hinweis auf »seine Bevölkerung«. Kein Zweifel: Der Orden gebietet jetzt über einige Siedler.

Die hoheitlichen Befugnisse sind ebenfalls erweitert worden: Der Orden darf Münzen prägen. Außerdem wird das Ordensland nach Südwesten und Südosten hin ausgedehnt.

Das Gebiet ist nicht genau begrenzt; »bis zur Donau« und »bis zum Gebiet der Prodniker« (die heutige Walachei), heißt es. Hermann von Salza läßt sich diese letzte Urkunde von Papst Honorius III. bestätigen.

Problematisch wird hier, wie später in Preußen, die Frage, wie das Verhältnis zur Kirche zu regeln ist. Grundsätzlich will Hermann von Salza den Einfluß der Kirche so klein wie möglich halten, wenn er ihn schon nicht gänzlich ausschließen kann. Der Orden besinnt sich auf ein Privileg, das ihm Exemtion gewährt, was bedeutet: Er ist aus den normalen hierarchischen Verhältnissen der Diözesen herausgenommen, untersteht auch nicht den Bischöfen. Kraft Exemtion dürfen die Ritterorden ihre Hochmeister selbst wählen. Unter anderem sind sie auch von der Pflicht, ihrem Diözesanbischof den Zehnten zu zahlen, entbunden und dürfen ihrerseits den Zehnten erheben.

Bereits 1213 hat sich der Deutsche Orden vom siebenbürgischen Bischof das Zehntrecht und die Bestellung der Geistlichen an neu gegründeten Kirchen gemäß diesem Privileg anerkennen lassen. Zehn Jahre später, 1223, läßt sich der Orden von Papst Honorius III. bestätigen, daß er, der Deutsche Orden, keinen Bischof oder Prälaten, sondern einzig und allein den Papst als obersten Herrn über sich habe. 1224 wiederum gelingt es dem Orden, den Papst davon zu überzeugen, das Ordens-Territorium ins Eigentum des heiligen Petrus aufzunehmen und mit dem besonderen Schutz des apostolischen Stuhls auszustatten.

Ein kluger Plan, mochte Hermann von Salza denken. Was er dabei nicht bedacht hat: Diese päpstlichen Privilegien mußten dazu führen, das Burzenland, ein geschlossenes Territorium, aus dem ungarischen Reichsverband herauszulösen. Was wiederum zwangsläufig auf den Widerstand der angestammten Kirchenführer und des Königs stoßen mußte. König Andreas kann unmöglich einen Staat im Staate dulden. Er fackelt denn auch nicht lange und marschiert ins Burzenland ein.

Zu dieser Zeit weilt Hermann von Salza bei Papst Honorius und hört von ihm, was mittlerweile in Ungarn vorgefallen ist. Inständig bittet er seinen Gastgeber, etwas zugunsten des Ordens zu unternehmen. Das geschieht auch, und zwar in Form von zwei Briefen, verfaßt am 10. und 12. Juni 1225. Der eine ist an die Ordensritter gerichtet, die er ermuntert, den Widerstand gegen den ungarischen König fortzusetzen; der andere geht unmittelbar an König Andreas. Der Papst verspricht darin, alles zu tun, um den Orden von Übertretungen abzuhalten. Er legt dar, welche Vorteile das Ungarland durch die Bemühungen der deutschen Ritter erlangt habe; ferner glaube er, dies hätte die Begehrlichkeit von einigen Böswilligen geweckt, die dann wohl den König gegen den Orden aufgehetzt hätten.

Diese »Böswilligen«, wenn es sie denn gegeben hat, werden im Umkreis des siebenbürgischen Bischofs zu suchen sein. Er war es schließlich gewesen, den man in seinen Rechten am meisten beschnitten hatte. Was hingegen Andreas II. angeht, so ist der nicht mehr zu besänftigen: Er widerruft sämtliche Schenkungen an den Orden und wirft die Ritter aus dem Burzenland hinaus. Der Versuch des Ordens, in dieser Weltgegend ein Herrschaftsgebiet zu begründen, ist damit endgültig gescheitert.

Die Goldbulle von Rimini

Als dem Deutschen Orden ein zweites, ein ähnliches Angebot auf den Tisch kommt, reagiert er äußerst zurückhaltend. Ein solches Debakel wie im Burzenland will Hermann von Salza nicht noch einmal erleben. Es ist Herzog Konrad von Masowien, Herrscher eines polnischen Teilfürstentums, der die Ritter zu Hilfe ruft, damit sie die ständig dreister werdenden Preußen bekämpfen. Die nämlich fallen mit schöner Regelmäßigkeit nach Masowien ein, rauben, morden, machen sich mit fetter Beute davon, und niemand kann sie daran hindern.

Konrad verfügt nicht über die notwendigen Truppen, ständig die unübersichtliche Grenze nach Preußenland hin zu schützen. Außerdem gilt sein Hauptinteresse im Augenblick den innerpolnischen Verhältnissen. Die bedeutenderen der polnischen Herrscher wollen Macht und Einfluß auf ihre Nachbarn ausdehnen, und bei diesem Spiel will Herzog Konrad mitmischen, weil er sich auch für bedeutend hält. Er braucht also Ruhe an seinen Nordgrenzen. Ruhe aber schafft man am zuverlässigsten, wenn man die Grenzen weit ins Feindesland hineinverschiebt, mit anderen Worten: das Feindesland erobert. Das sollen die Ordensritter für den Herzog besorgen.

Aus dem Blickwinkel des Deutschen Ordens, also Hermann von Salzas, ist das genau die Situation, in die er nicht ein zweites Mal geraten will. Wenn er schon jemandem die Feinde vom Hals schaffen soll, dann, bitte sehr, soll der auch einen angemessenen Preis zahlen. Und der kann nach der Lage der Dinge nur darin bestehen, Territorium für einen eigenen Staat – einen Staat des Deutschen Ritterordens – bereitzustellen.

Ebendies aber scheint Herzog Konrad nicht beabsichtigt zu haben. Der Ritterorden sollte ihm als militärischer Arm dienen, mehr nicht. Welches Angebot Konrad den christlichen Rittern tatsächlich gemacht hat, ist heute nicht mehr feststellbar. Der Orden behauptete jedenfalls stets, ihm sei schon 1226 der Besitz des Kulmerlandes zugesichert worden.

Wie auch immer, der Herzog kann versprechen, was er will, Hermann von Salza muß die Angelegenheit reichsrechtlich absichern, um eine Pleite à la Burzenland zu vermeiden – und das kann nur der Kaiser.

Dessen Kanzlei fertigt dann im März 1226 die berühmte Goldbulle von Rimini aus, so genannt nach den Siegeln und ihrem Ausstellungsort, bei deren Niederschrift Hermann von Salza – das gilt als sicher – die Feder geführt hat.

Die Urkunde zählt zunächst die Voraussetzungen auf, die zur Entscheidung des Kaisers geführt haben: daß nämlich »Konrad Herzog von Masowien und Kujawien versprochen und angeboten hat, ihn [Hermann von Salza] und seine Brüder mit dem sogenannten Kulmerlande ... zwischen seiner Mark und dem Gebiet der Preußen auszustatten, und zwar so, daß sie die Mühe auf sich nehmen, standhaft in das Preußenland einzudringen und es zu Ehre und Ruhm des wahren Gottes in Besitz zu nehmen. Er hatte die Annahme dieses Versprechens aufgeschoben und bat unsere Hoheit sehr, seinen Wünschen zuzustimmen, daß er auf unsere Vollmacht gestützt darangige, ein solches Werk zu beginnen und fortzuführen, und daß unsere Erhabenheit ihm und seinem Haus sowohl das Land, das besagter Herzog schenken wollte, einräumen und bestätigen möge, wie auch das ganze Land, das sie in Preußen durch eigenes Bemühen gewinnen würden.«

Und nun bestätigt Kaiser Friedrich II. Herzog Konrads Versprechen: »Daher haben wir dem Meister die Vollmacht erteilt, in das Preußenland mit den Kräften des Ordenshauses und mit allen Mitteln einzudringen und überlassen und bestätigen dem Meister, seinen Nachfolgern und seinem Hause für immer sowohl besagtes Land, das er von dem Herzog gemäß seinem Versprechen erhalten wird, und ein anderes Gebiet, das er ihnen geben wird, wie auch alles Land, das er mit Gottes Zutun in Preußen erobern wird ...«

Folgt noch die Verleihung von Herrschaftsrechten, wie das Zoll-, Münz- und Marktrecht. Der Hochmeister erhält auch die Gerichtsbarkeit, kurz, er hat hiernach die Stellung, wie sie auch ein Reichsfürst hat.

Diese Urkunde hat zu scharfsinnigen Abhandlungen der Fachgelehrten geführt; alles ist geprüft worden. Zunächst der Zeitpunkt der Ausstellung; dann die staatsrechtliche Stellung des Hochmeisters (nicht Reichsfürst, sondern Prälat; weder Fürst noch etwas ähnliches, sondern eine völlig neue, singuläre Stellung); weiter die staatsrechtliche Bedeutung der Urkunde (nicht Staatsgründungsurkunde, sondern Aktionsprogramm; andere Meinung: doch so eine Art Staatsgrundgesetz); ferner, ob überhaupt, und – wenn ja – wie die Urkunde in den größeren Zusammenhang der Missionierung und Kolonialisierung Osteuropas zu stellen sei, sofern dabei die unterschiedlichen Ziele Herzog Konrads, des Preußenbischofs Christian, des Deutschen Ordens sowie des Papstes und des Kaisers berücksichtigt werden – der Schweiß der Gelehrten rinnt: Kann der Kaiser dem Deutschen Orden von Rechts wegen das Kulmerland schenken, das doch offenbar zum Staatsgebiet des masowischen Herzogs gehört? Eine Antwort: Kann er; Friedrich hat das Kulmerland als Bestandteil des Reiches angesehen. Eine andere Antwort: Kann er nicht; Friedrich hat deswegen die beabsichtigte Schenkung Konrads nur zur Kenntnis genommen und bestätigt.

Und das Preußenland, das Land der Heiden? Das selbstverständlich kann er dem Deutschen Orden verleihen, ist es doch »herrenloses« Land – des Kaisers universale Macht verbindet sich hier mit der alten deutschen Reichsvorstellung, wonach dem Herrscher das Recht an herrenlosem Land, das sogenannte Bodenregal, zusteht.

In die Goldbulle wird auch ein richtungweisender kaiserlicher Wille hineingelesen, die östliche Ostsee dem Deutschtum zu erschließen. Ein Vierteljahr nach Erlaß der Goldbulle hat Friedrich II. nämlich eine weitere wichtige Urkunde ausfertigen lassen. Sie betrifft Lübeck, dessen Stadtrecht darin bestätigt und dem das Privileg verliehen wird, Freie Reichsstadt zu sein. Die Folge: Lübeck, mächtig aufblühende Handelsstadt, braucht keinen Landesherrn über sich zu dulden und kann sich ungehemmt von fürstlichen Eingriffen entwickeln. Auch an dieser Urkunde hat Hermann von Salza mitgewirkt, auch sie ist in Rimini ausgestellt worden, und man hat aus alledem gefolgert, »als hätten Hermann von Salza und der Kaiser hier zielbewußt eine nach Nordosteuropa gerichtete Großraumpolitik betrieben, als hätten sie konsequent gleichzeitig den Deutschen Orden nach Preußen verpflanzt und ihm den Nachschubhafen geschaffen«, so der Historiker Hartmut Boockmann.

Und in der Tat: Was in den nächsten Jahrhunderten geschah, spricht für jene Annahme. Dennoch bleibt: »Weil es so gekommen ist, muß es doch nicht auch so geplant gewesen sein.« Das Jahr 1226 zugrunde gelegt, spreche wenig dafür, »daß Friedrich II. im Hinblick auf den Ostraum oder auf Preußen eine große politische Konzeption gehabt habe – trotz der genannten Urkunden« (Boockmann).

Hochmeister Hermann von Salza jedenfalls ist zufrieden; er hält ein Pergament in der Hand, das seinen Wünschen vollkommen entspricht; die Eroberung Preußens kann beginnen. Muß nur noch der Heilige Vater als geistliches Oberhaupt der Welt seine Zustimmung geben, damit das große Werk – rechtlichen vor allen Dingen, weniger geistlichen – Bestand hat. Das geschieht schließlich auch acht Jahre später mit der Bulle von Rieti.

Aber zu diesem Zeitpunkt sind die Ordensritter schon drei Jahre im Land ...

Deutsche Erde wird gesammelt

Der Deutsche Orden muß dafür sorgen, daß stets ritterbrüderlicher Nachwuchs zur Verfügung steht, und der kann nach Lage der Dinge nur aus Deutschland kommen. Außerdem muß er die materielle Basis seiner Existenz verbreitern, will er nicht an Auszehrung eingehen. Mit Friedrich II. weiß er jedoch einen tatkräftigen Verbündeten an seiner Seite: So hat der deutsche Kaiser durch zahlreiche Privilegien, Verleihungen und Schenkungen in Palästina und anderswo dem Deutschen Orden kräftig geholfen.

Jetzt, zur Zeit der Goldbulle von Rimini (1226), sind die Deutschordensritter intensiv mit dem Sammeln deutscher Erde beschäftigt. Die Balleien (Ordensprovinzen mit dem sogenannten Landkomtur an der Spitze) Elsaß-Burgund (1212) und Böhmen-Mähren (1222) hat er bereits eingerichtet; die Gründung der Ballei Österreich (mit der Steiermark und der Mark Krain) zeichnet sich ab, desgleichen die von Thüringen-Sachsen und Marburg; später werden noch die Balleien Lothringen, Koblenz, Bozen und Westfalen hinzukommen.

Außerhalb des deutschen Reichsgebietes verfügt der Orden unter anderem über die Balleien Armenien, Sizilien und Apulien. Das Burzenland war, wie bekannt, 1225 verlorengegangen.

Eine störrische Witwe

Das Geschlecht der thüringischen Landgrafen gehört zu den großen Familien im Reich. Es ist verschwägert mit den Staufern; Jutta, die Schwester Kaiser Friedrich Barbarossas, hatte Ludwig II., Landgraf von Thüringen, geheiratet.

Die Thüringer haben schon bei der Gründung des Deutschen Ordens in Palästina tatkräftig mitgewirkt; sie sorgen auch durch Schenkungen im Reich, daß die junge Pflanze zu Kräften kommt. Andere Adlige und Fürsten bedenken in den nächsten Jahrzehnten die Deutschordensritter ebenfalls mit nennenswerten Gaben; auch Kaiser Friedrich II. zeigt sich wie immer generös.

Als sich der Kaiser 1225 dem Papst gegenüber verpflichtet, bis 1227 zu einem Kreuzzug aufzubrechen, und zu diesem Zweck tausend Ritter auf eigene Kosten ausrüsten will, nimmt er Hochmeister Hermann von Salza in die Pflicht, diese Heerschar auf die Beine zu stellen. Der wiederum verspricht sich großen Erfolg davon, bei dem Thüringer Landgrafen zu werben. Hat er den für den Kreuzzug gewonnen, werden andere nachfolgen.

Landgraf Ludwig IV. auf der Wartburg bei Eisenach läßt sich tatsächlich überzeugen, freilich nur durch ein erhebliches Aufgeld, das ihm der Kaiser für die Teilnahme am Kreuzzug bewilligen muß; außerdem läßt er sich die Erbschaftsrechte an der Grafschaft Meißen zusichern.

Man bricht mit großem Gefolge auf. Für Ludwig endet das Unternehmen schon in Süditalien; er wird, wie viele andere Kreuzfahrer auch, von einer Seuche dahingerafft.

Gemahlin Elisabeth, ungarische Königstochter und ein junges Ding von zwanzig Jahren, nunmehr Witwe, hatte gelobt, in diesem Fall nicht wieder zu heiraten und streng zu fasten. An dieses Gelübde hält sie sich auch, als sie vom Tod Ludwigs erfährt.

Aber nicht nur das, sie will noch mehr tun. Sie hat den Glanz landesherrlicher Hofhaltung auf der Wartburg satt; sie sehnt sich nach einem geistlichen Leben; sie will sich in den

Dienst an die Armen stellen. Ihr geistlicher Führer und Beichtvater, Konrad von Marburg, bestärkt sie darin; unter anderem verbietet er ihr, von Einkünften zu leben, die man zu Unrecht von den Untertanen beigetrieben habe. Im übrigen peitscht er sie dann und wann – das ist nach damaliger Sitte durchaus nichts Ehrenrühriges; Elisabeth scheint diese Übung zu schätzen. Überhaupt neigt sie nach heutiger Auffassung zu überspannter Frömmigkeit; damals aber war das durchaus in Ordnung.

Lediglich ihre Familie scheint etwas dagegen zu haben. Sie fürchtet wohl nicht zu Unrecht, daß Elisabeth mit ihrem gesamten Witwenvermögen, sofern es ihr nur ausgezahlt werde, die Armen erfreue – eine für das Seelenheil Elisabeths sicherlich sehr förderliche Maßnahme, für die Familie eher das Gegenteil. Dazu kommt noch, daß der verstorbene Ludwig durch die Kreuzfahrt das Familienvermögen ohnehin stark angegriffen hat. Kurz und gut: Die Familie verweigert Elisabeth die ihr zustehenden Gelder und Grundbesitz.

In dieser weltlichen Atmosphäre auf der Wartburg mag es die fromme Witwe nicht länger aushalten; sie flieht nach Eisenach, sucht nach Möglichkeiten, ein gottgefälliges Leben zu führen; in einem Kloster, vielleicht auch in einer Einsiedelei.

Dynastisch gesehen, ist eine junge Witwe auch ein Wirtschaftsgut. Damit dieses nicht unversehens verderbe, läßt ihr Onkel, der Bischof von Bamberg, sie kurzerhand verhaften, um sie zu gegebener Zeit wieder vermählen zu können. Elisabeth kann jedoch fliehen, als ihr Ludwig zu Grabe getragen wird.

Schließlich einigen sich die Familie und ihr störrischer Sproß denn doch; man zahlt ihr Teile ihres Witwenvermögens aus; es ist bares Geld und Grundbesitz nördlich der Stadt Marburg.

Nun kann Elisabeth endlich leben, wie sie will, sofort gründet sie auf ihrem Besitz und von ihrem Geld ein Hospital, tritt mit ihren beiden Hofdamen, die ihr gefolgt sind, in den geistlichen Stand und widmet sich von nun an der Krankenpflege. Dieses Marburger Hospital wird dem soeben heiliggesprochenen Franz von Assisi gewidmet – sicherlich ein absichtsvoll gewählter Namenspatron, denn Franziskus schließlich ist es gewesen, der auf alle soziale Stellung verzichtet und als Armer unter Armen gelebt hat. Genauso, wie Elisabeth es jetzt tun will.

Die Frage aber ist, was mit dem Hospital geschehen wird, wenn das Betriebskapital zur Neige geht. Dieser mißliche Umstand zeichnet sich leider ab. Und was geschieht, wenn Elisabeth stirbt? Ist dann zu befürchten, daß die Verwandtschaft auf den Plan tritt und das Hospital kassiert?

Die hochherzige Stifterin wird aller Sorgen enthoben, als sie ihrem Mann 1231 in die Ewigkeit nachfolgt. Sie wird nur vierundzwanzig Jahre alt.

Es gibt in der Nähe eine Institution, die das Spital hätte weiterführen können: den Johanniterorden nämlich. Nur, der ist eine Konkurrenzorganisation des Deutschen Ordens. Ihm das Franziskushospital in Marburg zu übertragen, verbietet sich von selbst.

Das Hospital andererseits zu liquidieren, ist zwar eine Möglichkeit, würde jedoch auf größtes Unverständnis stoßen: Sofort nach dem Tod Elisabeths beginnen Kranke und Bresthafte an das Grab zu pilgern und dort um Rettung und Genesung zu bitten. Das Spital mitsamt dem Grab – es wird ein Wallfahrtsort, der sich in kürzester Frist größter Beliebtheit erfreut, und alsbald wispert es landauf, landab, Elisabeth sei als Heilige zu verehren. Unmöglich also, daß man ihre Stiftung abrisse.

Alsbald versucht denn auch ihr Beichtvater Konrad von Marburg, den Prozeß der Heiligsprechung in Gang zu setzen, aber ohne Erfolg. Er scheitert möglicherweise an Formfehlern, hätte diese aber auch nicht mehr korrigieren können, denn 1233 wird er – der Papst hat ihn mittlerweile zum Generalinquisitor, also zum obersten Ketzerverfolger, Deutschlands ernannt – von Adligen erschlagen, nachdem er bei ihnen ein wenig zu eifrig nach Ketzern gesucht hatte.

Mehr Erfolg ist Elisabeths Schwager, Landgraf Konrad von Thüringen, beschieden, der im Frühsommer 1234 nach Italien zu Papst Gregor IX. reist. Konrad muß Obacht geben, daß nicht doch auf irgendeine vertrackte Weise die Johanniter sich des Franziskanerhospitals bemächtigen. Er verhandelt mit dem Papst, dem Kaiser und dem Hochmeister Hermann von Salza, und es gelingt ihm, den Heiligen Vater davon zu überzeugen, daß das Franziskushospital eigentlich nur auf den Deutschen Orden übertragen werden dürfe. So geschieht es denn auch am 1. Juli 1234. Mit dieser Schenkung beginnt der Aufstieg des Hospitals in Marburg zur Kommende des Deutschen Ordens und zum Haupthaus der Ballei.

Die Furcht vor Elisabeths Verwandten erweist sich mittlerweile als unbegründet. Die Sippe ist entschlossen, die Stiftung ihres längst in Heiligsprechung befindlichen Kindes bestehen zu lassen; nicht nur dies, sie stiftet weitere Güter und Gelder.

Konrad von Thüringen läßt sich am 18. November 1234, am Abend vor dem dritten Todestag Elisabeths, zum Ordensritter einkleiden. Mit ihm treten der Thüringer Hartmann von Heldrungen sowie Dietrich von Grüningen in den Orden ein.

Rasch gewinnt die Ballei Marburg eine herausragende Stellung unter den Balleien des Deutschen Ordens. Die Bedeutung und Reputation wird zusätzlich erhöht, als Konrad von Thüringen und Hartmann von Heldrungen Hochmeister des Deutschen Ordens werden und Dietrich von Grüningen Landmeister in Preußen.

Zu Elisabeth: Der Kanonisierungsprozeß wird 1235 abgeschlossen. Pfingstsonntag dieses Jahres wird sie heiliggesprochen; unter den Teilnehmern dieser Zeremonie weilt auch ihr Schwager, Ordensbruder Konrad. Wiederum ein Jahr später, am 1. Mai 1236, werden die Gebeine der Heiligen erhoben; die Knochen werden dem Grab entnommen, in einen Schrein getan und zur Anbetung freigegeben.

Kapitel 4
Erster Exkurs

Von Preußen, Priestern und von Perkunos

Was ist es, das den Deutschen Orden in Preußen erwartet?

Zunächst einmal eine undurchdringliche Wildnis. Wälder, deren Alter sich nur nach Jahrtausenden bemessen lassen und die noch nie ein Mensch durchquert hat. Allenfalls an ihren Rändern tragen sie Spuren menschlicher Zivilisation, so etwa Rodungen zu Siedlungszwecken.

Sümpfe und Moore von unglaublich großer Ausdehnung bedecken das Land – und Seen über Seen, von Schilf gerahmt, auf denen sich Wildgänse und Taucher tummeln, in dessen Uferregionen Reiher und Kraniche stolzieren; eine Landschaft, geprägt von der letzten Eiszeit, mit sandigen Höhenzügen, fetten Niederungen, durchzogen von Flüssen und Bächen.

Ein Land, das winters vor Kälte klirrt und im Sommer unter der Hitze stöhnt; das ein zartes Frühjahr und einen seidigen Herbst spinnt; ein Land, das Wild und Fisch im Überfluß hervorbringt, in dem die Brombeeren, Schlehen, Heidelbeeren in den Mund zu wachsen scheinen. Ein gelobtes Land, eine Art Paradies, zumindest von fern betrachtet.

Alte Überlieferungen wissen, daß sich dieses Land in elf Landschaften aufteilt: Kulmerland, Pomesanien, Pogesanien, Warmien (auch Ermland genannt), Natangen, Barterland, Galinden, Sudauen, Samland, Nadrauen und Schalauen.

Das Kulmerland ist das am weitesten westlich gelegene (hier wird auch die Invasion des Deutschen Ordens beginnen). Es wird im wesentlichen begrenzt im Süden von der

Im Samland. Zeichnung von Lieselotte Plangger-Popp, Bozen
(Quelle: Eugen Diederichs Verlag, München)

Drewenz, einem Nebenfluß der Weichsel, dann von der Weichsel selbst, die zunächst nach Nordwesten fließt, um dann nach Nordosten abzuknicken. Das Kulmerland gliedert sich, wie die anderen Landschaften auch, in kleinere Landesteile auf, in Gaue, in Territorien. Zahlreiche feste Burgen befinden sich hier, zur Sicherung gegen Feinde und als Familiensitz des Landesadels. Manche dieser Burgen haben sich noch aus der Zeit erhalten, als das Kulmerland unter Polens Herrschaft stand. Mittlerweile sind aber viele Burgen durch die Preußen zerstört worden, und nicht wenige Landstriche gleichen vielfach einer Ödnis. Ein bedeutender Teil dieses Landes ist Eigentum des Bistums Dobrin, ein anderer gehört dem Herzog von Masowien, jenem Herzog, der den Orden ins Land gerufen hat.

Nördlich an das Kulmerland schließt sich als zweite Landschaft Pomesanien an; das Flüßchen Ossa und eine Waldwildnis trennen es vom Kulmerland. Im Norden stößt Pomesanien an das Frische Haff und im Westen wiederum an die Weichsel, der Osten hingegen wird durch den Elbingfluß und den Drausensee begrenzt. Es ist ein recht bedeutender Landstrich, aber ein großer Teil, besonders in den nördlichen Niederungen, ist durch die Nähe der Weichsel und der Nogat, durch zahlreiche Seen und Sümpfe und wegen häufiger Überschwemmungen fast unzugänglich. Auch in Pomesanien finden sich Burgen, auf denen der bodenständige Adel sitzt.

Wahrscheinlich sind es mehr oder weniger reiche Gutsbesitzer beziehungsweise Herren über einen Gau, die bestimmte Landesteile als ihr Eigentum betrachten und denen die Bauern dienstpflichtig sind. Solche Gauherren beherrschen zum Beispiel das Gebiet von Alyhem, wo später die Marienburg gebaut werden wird, Posolua (das spätere Posilge) und Lyngaur (südlich von Christburg gelegen). Eine Burg auf dem Berg Grewose, auf dem später die Christburg erbaut werden wird, dürfte wahrscheinlich bedeutender als alle anderen sein: Dort in der Nähe befindet sich ein heiliger Wald.

Die Lage dieser Burgen im Osten und Süden läßt darauf schließen, daß diese Landesteile weitaus dichter besiedelt sind als der nördliche Landstrich. Bestätigt wird das durch die Ortsnamen, die im Süden und Osten Pomesaniens zum größten Teil altpreußisch, in den nördlichen Gebieten dagegen fast alle deutschen Ursprungs sind.

Östlich an Pomesanien schließt sich Pogesanien an, jenseits des Elbingflusses und des Drausensees. An diesem See, der – verglichen mit damals – heute nur mehr ein kümmerlicher Tümpel ist, lag der alte Handelsort Truso. Weiter Richtung Norden schließt sich Ermland (oder Warmien) an, getrennt durch den Fluß Passarge. Die östliche Grenze Ermlands bilden die Landschaft Natangen und das Barterland im Süden. Das mächtige Geschlecht der Glottiner wird versuchen, die Eroberung des Landes durch die Ordensritter zu verhindern. Es beherrschte wahrscheinlich das Gebiet um Guttstadt zwischen der Alle und der Passarge, wo der Name noch in der Ortsbezeichnung Glottau weiterlebt.

Natangen ist, wie erwähnt, die noch weiter östlich gelegene Landschaft, auch sie durch alte Burgen abgesichert.

Im Südosten Natangens, getrennt durch den Fluß Alle, im Norden bis an den Pregel heranreichend, liegt das Barterland. Das Barterland gehört zu den bedeutenden Landschaften. Es wird schon in alter Zeit in zwei Landschaften unterteilt, die sich wiederum in kleinere Einheiten gliedern. Das Volk der Barter zeigt sich so standhaft und entschlossen, sein Land, seine Familien und seine Burgen zu verteidigen, wie anderenorts die Glottiner. Möglicherweise hat in der Nähe der späteren Stadt Schippenbeil der Göttersitz Romowe gestanden. Gesichert ist das freilich nicht.

Südlich des Barterlandes liegt die Landschaft Galinden. Sie hat die Ehre, schon von dem antiken Astronomen, Mathematiker und Geographen Claudius Ptolemaeus aus Alexandria erwähnt zu werden. Im Süden begrenzt Masowien seine Ausdehnung. Das galindische Gebiet umfaßt zu einem großen Teil die Masurische Seenplatte; charakteristisch ist seine Hügellandschaft mit zahllosen kleineren und größeren Seen, mit Flüssen und dichten Waldungen.

Nach Nordosten hin erstreckt sich dann das riesige Gebiet

Sudauen, das bis nach Litauen reicht. »Sudini« werden seine Bewohner bei Ptolemaeus genannt; sie gelten als sehr wehrhaft. Russische Chroniken bezeichnen sie als »Jadwingen«. Mit ihren Nachbarn, den Litauern und Polen, sind sie ständig in kriegerische Auseinandersetzungen verwickelt. Sudauen ist die letzte der altpreußischen Landschaften, die – 1283 – vom Deutschen Orden unterworfen werden wird.

Nordwestlich grenzt die Landschaft Nadrauen an sudauisches Gebiet, die ihrerseits im Norden durch Schalauen und die Memel begrenzt wird. Es ist eine burgenreiche Gegend; Wehlau zum Beispiel war schon von den Nadrauern gebaut worden zu einer Zeit, als sie noch keinerlei Berührung mit dem Deutschen Orden hatten.

Folgt westwärts das Samland, ein markantes Rechteck, das mit seinen Fühlern, der Frischen und Kurischen Nehrung, weit in die Ostsee hineinragt. Bernstein ist der natürliche Reichtum des Samlandes. Er wird in solchen Mengen und von einer solchen Qualität gefunden wie sonst nirgends. Mit Bernstein läßt sich trefflich handeln, und so kommen die Samländer frühzeitig in Berührung mit der übrigen Welt. Sie werden auf diese Weise kenntnisreicher und aufgeschlossener als ihre Landsleute im Inneren des Landes. Der Chronist Adam von Bremen bezeichnet sie als sehr menschenfreundlich und führt zum Beweis dessen an, daß sie keine Schiffbrüchigen ausplündern, wie es sonst an friesischen Küsten und anderswo üblich, nein, sie helfen sogar Menschen, die sich in Seenot befinden.

Die elfte und letzte der altpreußischen Landschaften, Schalauen, hat im Süden die Memel zur Grenze und verliert sich irgendwo im Nordosten. Starke Burgen schützen das Gebiet gegen Litauen hin. Ragnit ist eine dieser Festungen; es wird später bei den sogenannten Litauerreisen des Deutschen Ordens neben Königsberg zum Sammelplatz der Heere werden.

Weder Helden- noch Volkslieder

In diesen Landschaften wohnen »die Stämme der Aestier«, wie der antike römische Schriftsteller und Historiker Tacitus in seiner »Germania« kundtut. Das Werk, um 100 n. Chr. entstanden, beruht nicht auf eigener Kenntnis des Verfassers. Tacitus schöpft aus literarischen Quellen seiner Zeit. »In Brauchtum und äußerer Erscheinung stehen sie den Sueben nahe, in der Sprache eher den Britanniern. Sie verehren die Mutter der Götter. Als Wahrzeichen ihres Kultes tragen sie Bilder von Ebern: Die dienen als Waffe und Schutz gegen jede Gefahr und gewähren dem Verehrer der Göttin selbst unter Feinden Sicherheit.« Tacitus rechnet die Aestier den Germanen zu, er rühmt ihren Fleiß im Ackerbau und weiß auch, daß sie eifrig Bernstein sammeln und verkaufen.

Germanen sind die Aestier aber nicht. Sie entstammen einem urbaltischen Volkstum, das sich im Laufe der Zeit in die Untergruppen der Litauer, Letten, Kuren und später auch Prussen (oder Preußen) aufgegliedert hat. Sie gehören damit auch nicht zu den slawischen Völkerschaften.

Seit etwa 150 v. Chr. treten an der Weichselmündung dann ostgermanische Völkergruppen auf. Es sind Vandalen, Burgunder, Goten und Gepiden. Mit Beginn der Völkerwanderung aber, das heißt mit Abzug der Goten und anderer Volksgruppen, beginnen sich die Preußen und Slawen auszubreiten. Noch zu Zeiten, als der Orden zum ersten Mal im Preußenland auftritt, ist diese Bewegung noch nicht zum Stillstand gekommen. Die Verhältnisse im Kulmerland zeigen, daß zwar nach dem Abzug der Germanen slawische Einwanderer nachrücken, dort aber auf eine ansässige preußische Bevölkerung stoßen.

Leider kannten die Preußen keine Schrift. Literarisches – etwa Helden- oder Volkslieder – hat sich nicht erhalten. Lediglich einzelne Wörter sind bekannt, soweit sie in Urkunden des Deutschen Ordens oder in Orts- und Personennamen verwendet werden. Außerdem existiert noch das sogenannte Elbinger Vokabular vom Anfang des 15. Jahrhunderts. Es

Ein alter heidenischer Preuß.

So stellte sich im 17. Jahrhundert ein anonymer Künstler einen heidnischen Preußen vor

enthält ein wahrscheinlich zu Gerichtszwecken niedergeschriebenes Verzeichnis von achthundert preußischen Wörtern nebst ihrer deutschen Übersetzung. Dann liegt noch eine im 16. Jahrhundert unter Herzog Albrecht von Brandenburg angefertigte Übersetzung des Lutherischen Katechismus ins Preußische vor, seinerzeit eine noch lebende Sprache, die erst im 17. Jahrhundert ausstirbt. Das ist schon alles.

Was immer also über die Preußen berichtet wird, stammt aus zweiter Hand. Christliche Chronisten sind es, die die Sitten und Gebräuche aufzeichnen, dabei aber nie aus dem Auge verlieren, daß es sich um Heiden handelt, die den Missionaren oder den Deutschordensrittern das Leben schwermachen. Am ausführlichsten wird in diesem Zusammenhang noch Militärisches behandelt, um zu zeigen, wie schwer es doch ist, diesen heidnischen Völkern beizukommen.

Beliebt ist der Scheiterhaufen

Ihr Familienleben ist streng reglementiert. Jeder Mann darf bis zu drei Frauen heiraten. Wem das nicht genügt und noch eine Jungfrau verführt, den sollen – Schmach und Schande über ihn – die Hunde zerreißen. Überhaupt können Verletzungen der ehelichen Treue mit dem Tode bestraft werden. So landen beispielsweise diejenigen, die von dieser Treue wenig halten, sei es Mann oder Weib, auf dem Scheiterhaufen; ihre Asche wird auf den Wegen verstreut, während ihre Nachkommen dies insoweit auszubaden haben, als sie nicht Priester werden dürfen.

Die Frau: Sie gilt zwar mehr oder weniger als »Sache«, die auch vererbt werden kann – so vom Vater auf den Sohn –, aber diese »Sache« hat eine gesicherte Rechtsposition. Wer eine Frau unsittlich anfaßt und damit deren Schamgefühl verletzt, kann zum Scheiterhaufen verurteilt werden. Verweigert sie jedoch die ehelichen Pflichten, so hängt es von ihrem Mann ab, ob er sie brennen sehen will oder nicht; außerdem sind in diesem Fall auch ihre Schwestern straffällig, weil die es nämlich versäumt haben, jenes verheiratete Schwesterlein über die Pflichten genügend aufzuklären.

Natürlich macht sich die Hausfrau dann und wann in kräftigen Flüchen über ihren Hausherrn Luft; kommt das heraus, so können ihr vier große Steine an den Hals gehängt werden, mit denen sie durch eine Anzahl naher Dörfer geschleppt wird, bis ein Richterspruch sie von den Steinen erlöst.

Der Familienvorstand als Herr über Leben und Tod: Was für die Ehefrau gilt, gilt auch für Kinder, Brüder, Schwestern und das Gesinde. Wer krank ist, darf verbrannt werden. Gebrechliche, blinde oder sonst irgendwie behinderte Söhne gelten nichts; man darf sie ins Wasser werfen, ins Feuer oder auf andere Weise umbringen. Solch Schicksal teilen überzählige Mädchen, selbst wenn sie gesund sind. Es sei denn, sie können verkauft werden.

Mord hat Blutrache zur Folge. Der Mörder wird von den Verwandten und Freunden des Getöteten so lange gejagt, bis er zur Strecke gebracht werden kann. Auch Eigentum ist ein hochrangiges Rechtsgut. Wer sich das erste Mal daran vergreift und entdeckt wird, wird mit der Rute ausgepeitscht. Im Wiederholungsfall schlägt man ihn mit Knüppeln, und läßt er sich noch ein drittes Mal erwischen, wirft man ihn wilden Hunden zum Fraß vor.

Die samländischen Preußen gelten als die weltläufigsten Landeskinder. Händler sind halt gewandte Menschen, und ihr Bernstein ist beliebt und begehrt. Sie tauschen ihn gegen wollenes Tuch, Schmuck und dergleichen; Geldwirtschaft ist unbekannt. Diese Kaufleute fahren zur See, segeln von Samland aus nach Pommern, nach Haithabu und ins schwedische Birka.

Natürlich besuchen auch Fremde die Preußen. Sie werden mit größter Gastfreundschaft aufgenommen, denn nichts gilt den Preußen heiliger als ein Gast – er ist ein von den Göttern gesandtes Glück. Seinen Gast gegen Gewalt und Gefahr zu schützen ist selbstverständliche Pflicht des Gastgebers. Eine Beleidigung des Gastfreundes im Haus des Gastgebers kann mit dem Tod bestraft werden. Gastmähler münden regelmäßig in Trinkgelage, die dann im totalen Suff aller Teilnehmer enden.

Die wenigen Chronisten, die es zu den Preußen verschlagen hat, rühmen sie als ein gesundes und kräftiges Geschlecht. Der Körperbau sei fest und gedrungen, der Wuchs gerade, hoch und schlank. Adam von Bremen meint, der beste Beweis ihrer Gesundheit sei die rosige und frische Gesichtsfarbe. Blaue Augen blitzen im Antlitz, und auf dem Haupt wuchern lange blonde Haare.

Von Spangen, Pelzmützen, Holzhäusern und Hochzeitsgästen

Die Kleidung ist einfach und schlicht. Auf kostbares Tuch legt man augenscheinlich keinen Wert, meinen die Berichterstatter. Ein enger Rock, aus Tuch oder aus Leinwand, mit einem ledernen Gürtel zusammengehalten, reicht hinunter bis zum Knie. Hals, Brust und Kopf bleiben im Sommer unbedeckt, dagegen ziert im Winter die Pelzmütze das Haupt – überhaupt sind dann Felle das richtige, immer noch der beste Schutz gegen die beißende Kälte. Weite Beinkleider bis zu den Fußknöcheln schützen die unteren Partien; die Füße stecken in derben Leder- oder Bastsandalen. So sieht der Mann aus. Frauen bevorzugen ein langes Kleid aus Leinen von bleigrauer Farbe, das ihnen bis an die Knöchel reicht und Brust und Arme unbedeckt läßt.

Auch das Dekorationsbedürfnis ist nicht übermäßig entwickelt: Bernsteinketten, um den Hals getragen, dann mitunter Ringe, ein wenig Messing, an den Armen zierlich gearbeitete Spangen. So die Frauen. Die Männer lieben Schnallen und Spangen aus Silber und Messing und um den Hals dann und wann eine zierliche Kette.

In der älteren Zeit sollen ihre Behausungen äußerst primitiv gewesen sein, nicht mehr als Höhlen und Schilfhütten, notdürftig als Unterkunft hergerichtet. Später, als sich ihre Führer Familienburgen aus Holz und Stein errichten, baut sich auch das Volk dauerhafte Wohnungen größtenteils aus Holz, in deren Mitte ein großer Stein als Herdplatte dient. Wo einer sich niederläßt, folgt alsbald ein Zweiter, ein Dritter – und irgendwann lebt man in einem Dorf zusammen. Städtische Siedlungsformen kennen die Preußen nicht.

Wer einen Hausstand gründen will, muß sich eine Frau eintauschen oder vom Vater eintauschen lassen, üblicherweise gegen Vieh oder Getreide. Ist der Handel perfekt, versammelt die Braut ihre Freundinnen und stimmt mit ihnen ein Klagelied an, bejammert darin ihre Eltern, das Vieh und das Feuer und überhaupt alles, was sie jetzt zurücklassen müsse.

Währenddessen schickt der Bräutigam einen Wagen, um die Braut in sein Haus zu holen. Gelangt sie an die Grenze der Besitzungen ihres künftigen Gatten, kommt ihr ein Mann entgegen, der in der einen Hand eine Fackel, in der anderen ein volles Trinkgefäß trägt. Dreimal rennt er dann mit diesen Utensilien um den Wagen, bevor er ihr das Getränk überreicht und ihr zuruft: »Wie sonst in deines Vaters Haus, so bewahre nun das Feuer in deinem eigenen.« Wenn schließlich

Dieser Holzschnitt, im 16. Jahrhundert veröffentlicht, zeigt eine Hochzeitszeremonie bei den Preußen

der Wagen vor dem Haus des Bräutigams anhält, muß der Kutscher schnell in das Haus flüchten und einen Stuhl ergreifen, der mit einem blaudurchwirkten Leinentuch geschmückt ist. Kann er den Stuhl packen, so darf er das Tuch behalten, wenn nicht, erhält er eine Tracht Prügel von den Hochzeitsgästen. – Warum er die erhält, darüber schweigen sich die Chronisten allerdings aus.

Jetzt wird die Braut in allen Ehren im Haus empfangen. Wieder reicht man ihr ein Getränk, sie wird an das Feuer geführt, und man wäscht ihr die Füße. Alle Gäste, das Brautbett, das Vieh und alle Hausgeräte werden mit Wasser besprengt. Dann betupft man der Braut den Mund mit Honig und führt sie mit verbundenen Augen an alle Türen des Hauses. Vor jeder Tür ruft der Brautführer: »Stoß an!« Die Braut stößt mit dem Fuß gegen die Tür, bis sie sich öffnet. Danach wird sie mit Getreidekörnern bestreut und ermahnt: »Halte fest am Glauben unserer Götter, so werden sie dir alles geben.«

Dann endlich setzt man sich zum Hochzeitsschmaus; Spiel und Tanz, Essen und Trinken dauern bis in die Nacht hinein. Währenddessen schneidet eine Freundin der Braut das Haar ab und setzt ihr einen Kranz, umnäht mit weißem Tuch, auf. Diesen Kranz trägt dann die junge Frau als Schmuck bis zur Geburt des ersten Sohnes. Schließlich verschwindet das Paar im Brautgemach, nachdem man ihm zuvor einen gebratenen Hahn sowie Nieren von Bären und Böcken überreicht hat – wegen der besonderen Wirkung auf die Fruchtbarkeit ... und am nächsten Morgen beginnt für die Frau der erste Tag eines streng geregelten Sklavendaseins.

Eintönige Rhythmen und befremdlich anmutende Sitten

Das Essen, das den Familienmitgliedern vorgesetzt wird, ist nach heutigen Maßstäben einfach. Im Regelfall ernährt man sich von dem, was der Acker hergibt. Die Hausfrau bereitet daraus Grützebrei, manchmal mit Milch, häufiger aber mit Wasser gekocht; Hülsenfrüchte werden aufgetragen, vielleicht noch ein bißchen Grünzeug. Für Abwechslung sorgen Fische aus den zahlreichen Flüssen und Seen, Fleisch ist rar. Die Frau versteht Brot zu backen, sie kann auch Bier und Met brauen.

Der Rhythmus der Arbeit gliedert den Tag, der Rhythmus der Jahreszeiten gliedert das Jahr. Die wichtigste Zeit ist die der Ernte, und wahrscheinlich beginnt mit ihr ein neues Jahr. Die Preußen kennen zwei Hauptjahreszeiten: Sommer und Winter. Den einzelnen Abschnitten des Jahres haben sie Namen gegeben wie zum Beispiel Winter-, Krähen-, Tauben-, Kuckucks-, Birken-, Saat-, Getreidezeit.

Erkrankt ein Mann aus vornehmer Familie schwer, so ruft man einen Priester herbei, der Tag und Nacht am Krankenlager zu wachen und täglich eine bestimmte Anzahl von Segensformeln über ihn zu sprechen hat. Dieses Ritual dauert an, bis zweimal Neumond gewesen ist. Ist der Kranke noch immer nicht genesen, wird ein Gelübde zur Versöhnung mit den Göttern abgelegt. Lassen die sich nicht versöhnen, holen Priester von einer heiligen Eiche ein bißchen Asche des heiligen Feuers und verabreichen es dem Kranken. Bringt auch das keine Hilfe, beratschlagen die Kinder und Freunde des Kranken, was nun zu tun sei. Kommen sie zu dem Ergebnis, daß der Kranke doch nicht mehr zu retten sei, so ersticken ihn die Priester mit einem Kissen. Das wird dann, angesichts der Schmerzen manch unheilbar Kranker, als ein menschenfreundliches Werk aufgefaßt.

Je nach sozialem Rang, den der Tote bekleidet hat, fällt die Leichenfeier aus. Bei den Bessergestellten verläuft sie etwa so: Der Leichnam wird am Tag der Beerdigung noch einmal gebadet, dann mit weißen Kleidern geschmückt und im Kreise geladener Gäste auf einen Stuhl gesetzt. Es schließt sich an ein Trinkgelage. Bei dieser Gelegenheit tragen ihm die Trauergäste Grüße an die verstorbenen Verwandten auf. Der Tote wird mit einem Messer oder einem Schwert gegürtet und erhält Wegzehrung für das Jenseits. Dann wird der Leichnam zum Begräbnisplatz gefahren, und die Trauergemeinde versucht, durch Lärm die bösen Geister zu vertreiben. Möglicherweise ist schon ein Begräbnishügel aufgeschüttet oder in einem bereits bestehenden Hügel ein Zugang geschaffen worden. Dort hat man einen Scheiterhaufen aufgerichtet und legt den Toten in ein Strohbett. Kurz darauf wird das Stroh angezündet. Stammt der Tote aus erster Familie, werden Waffen, Geräte, Pferde, Jagdhunde, sogar Knechte und Mägde, die dem Verstorbenen gedient haben, mit ihm verbrannt. Asche und Gebeine werden eingesammelt und in eine Urne getan, Ringe, Schnallen, Haarnadeln und sonstige Schmuckstücke kommen hinzu, bevor die Urne schließlich in den Grabhügel gesenkt wird.

Ein angelsächsischer Seefahrer und Kaufmann, Wulfstan mit Namen, der einen Bericht am Ende des 9. Jahrhunderts von einer Reise nach Truso hinterlassen hat, gibt noch eine befremdlich anmutende Sitte zum besten, die sich vor der Grablegung abspielt. Er erzählt, wie die Hinterlassenschaft des Verblichenen aufgeteilt wird: Eine Meile entfernt von dem Ort, wo der Tote sich befindet, wird der wertvollste Teil der Habe niedergelegt; dann geht man zum Toten zurück und legt unterwegs in Abständen die geringerwertigen Gegenstände nieder, so daß schließlich bei dem Toten selbst nur noch billiger Kram liegt. »Sodann sollen versammelt werden alle die Leute, welche die raschesten Pferde im Lande haben, ungefähr in der Entfernung von fünf oder sechs Meilen von den Habseligkeiten. Dann springen sie alle auf die Habe los, wobei dann der Mann, der das rascheste Pferd hat, zu dem ersten und größten Teile gelangt, und so einer nach dem anderen, bis alles genommen ist. Und der nimmt den geringsten Teil, der am nächsten zum Hofe nach der Habe reitet. Und sodann reitet jeder seines Wegs mit dem Gut und darf alles behalten.« Soweit Wulfstan.

Der Olymp der Preußen

Es ist ein Naturglaube, den die Preußen pflegen. Es ist ein Glaube, der überall dort, wo er Wirkungen, Bewegungen und Schöpfungen in der Natur wahrnimmt, die Ursachen dafür in das Reich göttlicher Wesen erhebt. Alles, was wächst und gedeiht, was kreucht und fleucht, was am Himmel geschieht und unter der Erde, wird durch das Wirken und Walten der Götter bewegt, vorangetrieben und belebt.

An der Spitze der Hierarchie stehen die drei mächtigen Hauptgötter Perkunos, Patrimpe und Pekollos.

Perkunos, Herr des gewaltigen Donners, des Feuers – vergleichbar etwa dem germanischen Thor –, wird in allen preußischen Landen verehrt. Sein Wohnsitz ist das heilige Romowe, wo auch sein Bildnis aufgestellt ist. Es ist das Antlitz eines zornigen Mannes; sein Gesicht ist feuerfarbig und mit einem krausen Bart gerahmt, das Haupt mit Feuerflammen gekrönt. Es gibt in Preußen kaum einen heiligen Ort, wo ihm nicht geopfert, keinen heiligen Wald, in welchem er nicht angebetet wird. In Romowe brennt vor der heiligen Eiche ein ewiges Feuer, genährt von Eichenholz. Ein Priester ist für die Flamme verantwortlich, was sehr schnell zu einem lebensgefährlichen Auftrag werden kann, dann nämlich, wenn das Feuer verlöscht. Sogleich rutschen andere Priester auf den Knien zur heiligen Eiche, versuchen, das Feuer wieder in Gang zu bringen, und – wenn das gelungen ist – verbrennen den säumigen Kollegen in der neu entzündeten Flamme. Womit Perkunos wieder versöhnt ist.

Perkunos hat auch seine guten Seiten. Er spendet nämlich Sonnenschein und Regen und ist überhaupt eine Instanz, der alle Erscheinungen in der Atmosphäre untertan sind. Darüber hinaus steht er den Kranken bei – die Asche seines heiligen Feuers dient als Medizin.

Daß er offenkundig vielerorts verehrt wurde und seine Anbetung sich nicht nur auf einen einzigen Platz, Romowe nämlich, beschränkte, belegt der Dorfname Perkuiken, was soviel heißt wie Perkunsdorf. Solche Dörfer hat es noch bis 1945 in

Ostpreußen gegeben, so unter anderem am Fritzischen Forst am See bei Mischen; ein weiteres unfern der Deime an der Landstraße zwischen Tapiau und Labiau; wieder ein anderes Perkuiken lag bei Bartenstein an der Alle; ein viertes nördlich von Preußisch Eylau. Im Litauischen hieß ein solches Dorf Perkunischken, ein anderes Perkunlauken.

Flankiert wird das Bildnis des Perkunos in Romowe von den Bildern des Patrimpe und des Pekollos.

Ein Kupferstich aus dem 17. Jahrhundert zeigt die drei preußischen Hauptgötter, den langbärtigen Totengott Pekollos, den flammengekrönten Donnergott Perkunos und den kornährengeschmückten Petrimpe, sowie den von zwei Pferden eingerahmten Schild des Königs Waidewut

Patrimpe ist zuständig für das Kriegsglück; er spendet auch das den Acker fruchtbar machende Wasser, weshalb ihn jenes Bildnis wahrscheinlich als blühenden Jüngling zeigt, den Kopf mit einem Kranz Getreideähren geschmückt. Opfergaben werden ihm in Form von Getreidegarben und Weihrauch dargeboten. Weil Patrimpe gegen Menschenblut nichts einzuwenden hat, wird ihm dann und wann auch ein Kind geopfert. Die Schlange gilt als Zeichen der Gegenwart dieses Gottes, sozusagen als sein Haustier. Deshalb wird sie auch allerorten als heiliges Tier verehrt und gepflegt.

Das zweite Bild neben Perkunos, das des Pekollos, zeigt einen düster dreinblickenden Gott. Pekollos verkörpert das Prinzip des Verderbens und des Todes. Es hat die Gestalt eines Greises mit einem langen grauen Bart, bleicher Gesichtsfarbe, den Kopf mit einem weißen Tuch umwunden. Seine Sinnbilder sind der Totenkopf eines Menschen, ein Pferdeschädel und der Schädel einer Kuh. Zu seinem Opferfest wird ein Topf voll Talg abgebrannt, aber auch Menschen, Vieh, Pferde, Schweine und Schafe werden ihm dargebracht und deren Blut am Stamm der heiligen Eiche zu Romowe ausgegossen.

Der vierte Gott, zwar nicht in Romowe verehrt, aber dennoch von größter Bedeutung, heißt Kurche. Alle Preußen beten ihn an, gilt er doch als freundliches Wesen, das für Speis und Trank sorgt. Kurche hat auch die Ehre, in einer offiziellen Urkunde des Deutschen Ordens – des Christburger Vertrages vom Jahre 1249 – sich verewigt zu sehen. Überall befinden sich Opfersteine, auf welchen dem Gott die ersten Früchte des Jahres, aber auch Fisch, Fleisch, Mehl, Honig, Met und Bier gereicht werden. Noch bis ins 15. Jahrhundert hatten sich Flurnamen wie etwa Kurchenfeld erhalten.

Kurches Bildnis wird zur Erntezeit auf einer hohen Stange, mit Ziegenfell bekleidet, versehen mit Getreidebüscheln und geschmückt mit Kräutern und Früchten, in der Feldflur herumgetragen. Während der Priester dem Gott die Opfer darbringt, tanzt das Volk um das aufgestellte Bild einen Ringelreihen.

Eine stattliche Zahl von Untergöttern komplettiert den preußischen Olymp, so unter anderem Okopirn, ein Gott, der die Sturmwinde erzeugt; dann Bangputtys, ein Wellengott. Es existieren Schutzgötter für die Herden und für das Federvieh. Puskaitis, der Wald- und Baumgott – auch er wird im ganzen Preußenland hochverehrt –, wohnt vorzugsweise unter Holunderbäumen, die deswegen von niemandem umgehauen werden dürfen. Ihnen zur Seite stehen weibliche Gottheiten, so die freundliche Jawinne, die dafür sorgt, daß die Saat keimt, sowie ihre Kollegin Melletele, die segensreich in den Gärten und Auen wirkt. Äußerst unbeliebt sind Giltine, die den schmerzvollen Tod bringt, und Magila, die qualvolle Strafen verhängt. Weniger gefährlich ist dann schon Laumene, die die Menschen mit allerlei Plagen piesackt, freilich auch hilflose Kinder entführt. Dann beleben noch allerlei Schutzgeister im Wald, am Wasser und an Quellen das Land – es ist ein bunter Reigen von Gottheiten, der in Preußen verehrt wird.

Selbstverständlich sind auch Tiere Träger göttlicher Kräfte; Patrimpes Liebling, die Schlange, wurde schon erwähnt. Darüber hinaus werden weiße Pferde verehrt, weil sie wahrsagen können. Ob auch den Elchen gewisse göttliche Eigenschaften zugebilligt werden, ist unbekannt. Eulen jedenfalls erfreuen sich einiger Beliebtheit, weil man meint, daß sie ihre Günstlinge vor Unglück warnen.

Alles in allem aber ist beispielsweise Chronist Helmold von Bosau mit den Preußen recht zufrieden, wenngleich er eine Einschränkung macht: »Es könnte viel Löbliches über die Sitten von diesem Volk gesagt werden, wenn es nur den Glauben Christi hätte.«

Der Glaube sollte ihnen bald vermittelt werden. Mit Feuer und Schwert ...

Kapitel 5
Zweiter Exkurs

Glaubensboten und Märtyrer

Die deutsche Ostwanderung, die Siedlungs- und Herrschaftsbegründung also, hat Tradition; der Deutsche Ritterorden ist ein Teil von ihr. Tradition hat auch die Missionierung der östlichen Völker; an der ist der Deutsche Ritterorden nicht unmittelbar beteiligt. Er wird ins Land gerufen, damit er auch die Missionserfolge sichern hilft. In Preußen rückt er auf Wunsch des masowischen Herzogs sowie des Bischofs Christian ein, weil sich der Dobriner Ritterorden nicht als sonderlich leistungsstark erwiesen hat.

In Livland hatte man seinerzeit schon den Orden der Schwertbrüder zu ebenjenem Zweck gestiftet; diesen Orden gliedert sich der Deutsche Ritterorden 1237 an.

Während der Regierungszeit Kaiser Karls des Großen (800 bis 814) finden sich die ersten Ansätze zur Besiedelung der Gebiete östlich der Elbe. Otto der Große (962 bis 973) eifert Karl in dieser Hinsicht nach. Die Gebiete, die man dem deutschen Reich zuschlagen kann – die Lausitz, die Billunger Mark, die Nordmark –, gehen in den folgenden Kriegen mit den Slawen wieder verloren.

Das alles hat noch nicht sehr viel mit planvoller Eroberung zu tun; die wird wirksam erst im 12. Jahrhundert unter König Lothar von Supplinburg (1125 bis 1137), der 1133 zum Kaiser gekrönt wird. Ihm gelingt es, in den noch ungesicherten Grenzländern, den sogenannten Grenzmarken, tatkräftige Familien einzusetzen, die dann in der Folge zu den entschiedensten Förderern der Ostsiedlung werden. Es sind dies die

Schauenburger für Holstein, die Askanier für die Mark Brandenburg und die Wettiner für die Mark Meißen und Lausitz.

Auf reges Interesse stößt die Ostsiedlung auch bei Herzog Heinrich dem Löwen, bei einigen westslawischen christianisierten Fürsten sowie den Erzbischöfen Friedrich I. von Bremen-Hamburg und Wichmann von Magdeburg.

Es ist ein gewaltiger Strom niederdeutscher Siedler, der nach Osten zieht; neueste statistische Berechnungen kommen allein für das 12. Jahrhundert auf rund 200 000 deutsche Bauern, die in das Gebiet jenseits von Elbe und Saale eingewandert sind. Im 13. Jahrhundert mögen es ebenso viele gewesen sein; danach geht die Wanderungsbewegung ein wenig zurück. Jetzt aber übernehmen die Kolonialgebiete, der Deutsche Orden und die Hanse die Weiterführung des Siedlungswerkes.

Wichtig für die Ansiedlung sind auch die Klöster im Kolonistenland. Die Zisterzienser etwa fördern ihrerseits großzügig die Rodung und Kultivierung des Bodens, den sie den angesiedelten Deutschen zur Nutzbarmachung überlassen haben. Nicht nur das: Sie stellen ihnen darüber hinaus Vieh, Saatgut, Werkzeuge sowie Fachleute zur Verfügung und gewähren auch die für die ersten sechs bis zwölf Jahre übliche Abgabenfreiheit.

Bernhard von Clairvaux hat es auf die kürzeste Formel gebracht: Christliche Mission – das bedeutet Taufe oder Tod. Zur Ehrenrettung der Kirche muß aber gesagt werden, daß sie nicht immer diese menschenverachtende Haltung eingenommen hat. Der heilige Augustinus hat es so formuliert: »Credere non potest homo nisi volens.« Was heißt: »Der Mensch kann nicht glauben, ohne dies auch zu wollen.« Man gelangt also nicht durch Zwang zum Glauben; Christ wird man nicht durch eine Zwangsbekehrung.

Papst Nikolaus I. hat dem Kirchenvater in einer Antwort auf die Frage des Königs Boris von Bulgarien (852 bis 889) nachdrücklich bestätigt: ». . . können wir Euch nur schreiben, daß man sie [die Heiden] durch Ermahnungen, Ratschläge,

Gründe und nicht durch Gewalt von der Nichtigkeit der Götzenbilder überzeugen muß.« Nikolaus fährt fort: »Wenn sie Euch nicht hören wollen, brecht die Beziehungen zu ihnen ab, aber keine Gewalt darf ihnen angetan werden, um sie zum Glauben zu führen. Wir müssen handeln wie Gott, der nur freiwillige Huldigung will: Hätte Gott Gewalt gebrauchen wollen, dann hätte wahrlich niemand seiner Allmacht widerstehen können.«

Diese Worte gelten als herrschende Lehre bis ins 11. und 12. Jahrhundert. Thomas von Aquin faßt sie kurz zusammen: »Unter den Ungläubigen gibt es solche, wie die Juden und die Heiden, die den Glauben nie empfangen haben. Diese Ungläubigen dürfen nicht zum Glauben genötigt werden, weil Glaube eine Sache des Willens ist.«

Allen frommen und einsichtigen Worten zum Trotz hat es im Mittelalter dennoch Zwangsbekehrungen gegeben. Das mit Abstand einschneidenste Unternehmen in dieser Richtung ist die Unterwerfung der Sachsen durch Karl den Großen. Nach dem furchtbaren Krieg verfügt er rigoros die Todesstrafe für alle, die sich dem neuen Glauben nicht zuwenden wollen. Das Heidentum wird mit einem Federstrich ausgelöscht: »Von nun an wird jeder ungetaufte Sachse, der sich unter seinen Landsleuten zu verbergen sucht und die Taufe verweigert und Heide bleiben will, mit dem Tode bestraft.«

Angesichts dieser Brutalität schaudert es selbst den Abt von St. Martin in Tours, Alkuin, jener angelsächsische Gelehrte aus York, den Karl der Große zu seinem Berater gemacht hat. Der Abt schreibt seinem Freund Arno von Salzburg 796: »Dieses unglückliche sächsische Volk hat das Sakrament der Taufe verloren, weil der Glaube nie in seinem Herzen grundgelegt wurde. Man muß sich bewußt sein, daß der Glaube – wie der heilige Augustinus bemerkt – Willenssache und nicht eine Sache der Nötigung ist. Wie könnte man den Menschen zwingen zu glauben, was er nicht glaubt? Man kann ihn zur Taufe treiben, doch nicht zum Glauben.«

Karl der Große hat in gewisser Weise einen Präzedenzfall geschaffen: Könige und Fürsten werden bei ihrer Auseinandersetzung mit den Heiden im Osten nur allzuoft und allzugern zu kriegerischen Mitteln greifen ...

Adalbert von Prag macht den Anfang

Die Christianisierung der Preußen – neben den Litauern das einzige heidnische Volk in dieser Region – beginnt mit den Aktivitäten Adalberts von Prag. Er ist Sohn eines tschechischen Grafen, mütterlicherseits mit dem deutschen Königshaus der Ottonen verwandt, erhält seine Erziehung in Magdeburg, wird dann Priester und bringt es zum Bischof von Prag. Als er zuviel Reformeifer zeigt, setzt ihm der Klerus heftigen Widerstand entgegen. Adalbert zieht sich in ein Kloster in Rom zurück. Dort entdeckt er sein Herz für die Heiden.

Der polnische Herzog Boleslaw Chrobry stellt ihm ein Schiff mit dreißig Soldaten zur Verfügung. Mit denen und zwei weiteren Missionsgehilfen fährt der Glaubensmann Anfang des Jahres 997 weichselabwärts nach Danzig. Einen Tag lang predigt der schnelle Adalbert den dort ansässigen Heiden das Evangelium. Er hat viel Erfolg, wie er glaubt, und begibt sich zu Schiff mit seinen beiden Gefährten weiter bis an die samländische Küste. Dort verläßt er die sicheren Planken und hält sich etwa eine Woche in diesem Landstrich auf. Länger kann es nicht gewesen sein, denn er wird bald darauf in der Nähe der späteren Stadt Fischhausen erschlagen, wahrscheinlich am 3. April 997. Genaue Berichte fehlen.

Es ist eine völlig konzeptionslose Reise gewesen, ohne jede Vorbereitung. Adalbert war nicht einmal des Preußischen mächtig.

Weit besser vorbereitet macht sich etwa zehn Jahre später Bruno von Querfurt, ein Mönch aus thüringischem Grafengeschlecht und gleichfalls in Magdeburg erzogen, auf den Weg ins Preußenland; er läßt seine achtzehn Mitstreiter zumindest Polnisch lernen und schickt sie nach Polen voraus, um dort ein Kloster als Ausgangspunkt für die Mission zu gründen. Aber der Plan zerschlägt sich. Der Papst ernennt ihn ob seiner schwierigen Arbeit zwar zum »Erzbischof der Heiden«, doch das hilft dem Missionar letztendlich auch nicht weiter ...

Bruno von Querfurt kommt über dem Umweg von Ungarn, Siebenbürgen und Südrußland an den Hof von Boleslaw Chrobry und startet von hier aus die Missionierung der Preußen etwa im Gebiet der Sudauer. Er hat anfangs Erfolg, wird aber mit allen achtzehn Gefährten am 9. März 1009 erschlagen.

Damit ruht die Preußenmission für rund zwei Jahrhunderte. Zwar holen sich die Polen zwischenzeitlich den Bischof Otto von Bamberg ins Land und nach ihm Heinrich von Mähren. Aber Otto von Bamberg wirkt nur in Pommern und hier auch nur in den Jahren 1124 und 1125, während Heinrich nie seinen Fuß nach Preußen gesetzt zu haben scheint.

Preußens Ruhe ist dahin

Die Preußenmission kommt erst wieder ins Gespräch, als die Christianisierung Livlands beginnt. Der Abt Gottfried vom Kloster Lekno bei Gnesen ist es, der diesen Gedanken aufgreift und sich 1206 zusammen mit seinem Ordensbruder Philipp für die Preußenmission bevollmächtigen läßt. Vom Jahr 1210 an nennt sich Gottfried – in seiner Eigenschaft als Missionar – Christian.

Er geht über die Weichsel ins Kulmerland und beginnt hier sein Bekehrungswerk. Sinnvollerweise sucht er die Großen des Landes auf, um sie auf seine Seite zu bringen; die Untertanen folgen alsbald ihren Führern nach. Christian gelingt es, einen als »König Sodrich« bezeichneten Fürsten und einen gewissen Phalet zu taufen. Möglicherweise sind beide identisch mit den in den Urkunden erwähnten Warpoda und Swawabono, die Christian nach Rom begleiten, wo er sie dem Heiligen Vater vorstellt und ihm einen mündlichen Bericht über seine Arbeit erstattet. Innozenz III. ist denn auch begeistert von der tatkräftigen Mission Christians.

Der Bischof achtet darauf, daß die Missionare, die ihm sein Orden schickt, auch tauglich für den aufreibenden Beruf sind; vor allem sollen sie Vorbild sein. Christian fühlt sich für die Neubekehrten verantwortlich; er tritt öffentlich für sie ein und scheut in ihrem Interesse auch keinen Streit mit den polnischen Fürsten – die nämlich haben nichts Eiligeres zu tun gehabt, als die Frischbekehrten mit Abgabenforderungen heimzusuchen.

Papst Innozenz ermahnt dann auf Bitten Christians die pommerschen und polnischen Herzöge, »die neuen Söhne der Kirche« nicht mehr um des irdischen Gewinnes willen mit unbilligen Forderungen zu belästigen, vielmehr ihnen mit Milde und Schonung entgegenzukommen, weil sie sonst, noch schwach im Glauben, leicht wieder in den alten Irrtum des Heidentums zurückfallen könnten.

Zu Konflikten mit den Herzögen kommt es auch, als Christian versucht, die preußische Kirche von der polnischen zu lösen, der sie erst 1210 unterstellt worden ist. Er will die Preußenmission möglichst schnell auf eigene Füße stellen, ihr sichere Einnahmen erschließen sowie einen einheimischen Klerus heranbilden.

Warpoda und Swawabono zeigen sich erkenntlich: Sie schenken ihm die Länder Lansania und Löbau. Auch der Papst – mittlerweile ist es Honorius III. – bekundet Wohlwollen. Im Mai 1218 erläßt er eine Bulle, mit welcher er Preußen direkt dem Heiligen Stuhl unterstellt.

Selbstverständlich schreitet Christian gegen die landesüblichen Gebräuche ein, die einem Christenmenschen als Greuel erscheinen müssen: Vielweiberei nämlich, Frauenkauf und die Tötung neugeborener Mädchen. Christian möchte Geld zur Verfügung haben, um die Kinder auslösen zu können, sollen diese doch christlich erzogen werden. In ebenjener Bulle fordert der Papst die Christenheit zu Geldspenden auf, damit Christian die kleinen Heidenmädchen freikaufen kann. Mit einer weiteren Bulle an zahlreiche Bischöfe und Erzbischöfe in Deutschland und Polen wiederholt er den Aufruf um Almosen.

Erste Rückschläge um das Jahr 1215 beginnen das Missionswerk zu gefährden. Die benachbarten polnischen Herzöge hatten schon um 1212 versucht, die christlichen Gebiete unter ihre Oberhoheit zu bringen und die Untertanen zu drückenden Frondiensten heranzuziehen – eine Reaktion darauf war die von Christian erbetene Bulle. Die Unterdrückung mündet in einen offenen Aufruhr gegen die Zwingherren und behindert die weitere Missionierung.

Christian steht vor der Frage, ob er auch weiterhin das Bekehrungswerk auf friedliche Weise würde fortsetzen können oder ob er Militärhilfe würde anfordern müssen. Er scheint letzterer Auffasssung zugeneigt zu haben. Im Jahre 1217 erhält er nämlich vom Papst die Genehmigung, Kreuzfahrer anzuwerben, damit das christianisierte Gebiet geschützt und sichergestellt sowie die Christianisierung in heidnische Gebiete vorangetrieben werden kann.

Das Jahr 1217 markiert den Wendepunkt in der Preußenmission: Von jetzt an regiert das Schwert, Taufen werden zwangsweise durchgeführt. Die friedliche Verkündigung des Evangeliums mit nachfolgender freiwilliger Taufe gehört der Vergangenheit an.

Noch im selben Jahr 1217 werden in Polen Kreuzfahrer angeworben, ein Jahr später dann auch in Deutschland. Bischof Christian hätte es am liebsten gesehen, wenn ein allgemeiner Kreuzzug ausgerufen worden wäre. Er scheitert aber mit seinem Plan beim Papst, wahrscheinlich, weil man damals zum Kreuzzug gegen das muselmanische Damiette in Ägypten rüstet.

1221 ist es dann soweit: Der Kreuzzug nach Preußenland kann starten. Fünfhundert Bewaffnete unter der Führung Heinrichs von Meißen sind aus Deutschland angerückt. Es erscheinen unter anderem die Bischöfe von Gnesen, Posen und Breslau sowie die Herzöge von Schlesien, Krakau, Masowien und nicht zuletzt auch Kollege Herzog Lestko, der vom Heiligen Vater die Erlaubnis erwirkt hat, nach Preußen statt nach Palästina zu ziehen, weil er »wegen seiner Körperschwere kaum oder gar nicht ins Heilige Land hinüberfahren konnte, besonders, da er wegen eines zur Natur gewordenen Zufalls weder Wein noch reines Wasser, sondern nur Met oder Bier trinken konnte.«

Ob Herzog Lestko insoweit auf seine Kosten kam, ist unbekannt, ebensowenig, ob dieser Kreuzzug insgesamt etwas ausgerichtet hat. Erfolge jedenfalls sind nicht überliefert worden.

Die Preußen zeigen sich unbeeindruckt: 1224 beginnt ihr Gegenangriff. Die noch junge preußische Kirche wird vernichtet; nur einigen wenigen Christen gelingt die Flucht. In den Jahren darauf wird das nördliche Polen fast völlig entvölkert, ebenso das Kulmerland. Die Chroniken sprechen von zehntausend Dörfern und zweihundertfünfzig Kirchen, die zerstört worden seien. Dem Herzog Konrad von Masowien soll einzig die Burg Plozk an der Weichsel verblieben sein, in die er sich flüchten mußte.

Die Preußen spielen ihm übel mit und verlangen Tributleistungen, meist in Form von schönen Kleidern und Pferden. Eines Tages, als die ungebärdigen Heiden ihm wieder heftig zusetzen, er aber auch nicht mehr einen Fetzen Stoff – und sei er auch noch so schäbig – in seinen Truhen weiß und nur noch lahme Kracken in seinem Stall stehen, lädt er adlige Freunde nebst Gemahlinnen zu Gast. Man legt die Kleider ab, man setzt sich zu Tisch, tunkt den Löffel in die Suppe, säbelt am Wildbret herum und ist im übrigen munter und guter Dinge, als der Gastgeber ihnen heimlich die Garderobe und die Reitpferde wegnehmen läßt.

Den Preußen kann Konrad jetzt Tribut leisten – wie er mit seinen erbosten Gästen fertiggeworden ist, hat kein Chronist aufgeschrieben.

Die Ansichten gehen auseinander

Das ist die allgemeine Lage, die den Herzog dazu bringt, den Deutschen Orden um Hilfe zu bitten. Zunächst aber bleibt er weiter auf sich allein gestellt, weil Hochmeister Hermann von

Salza nach den trüben Erfahrungen im Burzenland nicht eingreifen will, jedenfalls im Augenblick noch nicht. Irgend etwas aber muß geschehen; Herzog Konrad und Bischof Christian erinnern sich daran, daß man in Livland einen Ritterorden – die Schwertbrüder – gegründet hat. Warum soll das nicht auch für Masowien möglich sein ... Sie rufen 1228 die »Ritterbrüder Christi von Dobrin« ins Leben, um das neubekehrte Land zu schützen. Im August jenes Jahres wird dann ein gewisser Bruno mit vierzehn Rittern eingekleidet; Herzog Konrad stattet sie mit der Burg Dobrin und dem Gut Zedlitz in Kujawien aus.

Rasch wird die Burg zu einer dauerhaften Bleibe hergerichtet. Die Dobriner Ritter machen sich auf ins nördliche Kulmerland, kommen dort zu kleineren Erfolgen, greifen sogar weiter aus nach Pomesanien, bleiben aber gegen die Preußen letztlich erfolglos. Die nämlich dringen inzwischen kraftvoll bis nach Dobrin vor, und Herzog Konrad hört von seinen Rittern verzweifelte Hilferufe: Tod und Verderben, Untergang und Vernichtung drohe. Der Herzog rückt mit seinem Heer dann auch an, kann sich mit seinen Rittern vereinigen und den Preußen entgegenziehen. Es kommt zu einem Treffen bei der nachmaligen Stadt Strasburg, doch die Schlacht geht verloren. Konrad gibt auf und flieht. Fünf überlebende Ordensritter können sich auf die Burg Dobrin retten. Die Preußen setzen nach und belagern die Burg. Irgendwann ziehen sie wieder ab, offenbar ohne größeres Unheil anzurichten, die Ritterbrüder von Dobrin aber haben jegliche Reputation verloren. Bischof Christian ist zu Recht enttäuscht von der geringen Kampfkraft der Truppe.

Es scheint, als habe Christian mittlerweile die Gunst des Papstes verloren. 1221 wird Wilhelm von Modena zum Legaten für Livland und Preußen ernannt und mit der Gesamtleitung der Mission betraut.

Hoher päpstlicher Gunst dagegen erfreut sich der Deutsche Ritterorden, der – überzeugter Anhänger einer Blut- und Schwertmission – mittlerweile im Preußenland aktiv geworden ist. Aber Bischof Christian und dem Orden fehlt die gemeinsame Basis; ihr Verhältnis wird zunehmend gespannter. Es geht letztlich um die Frage, wer in dem zu erobernden Preußenland die Herrschaft haben sollte: Bischof oder Orden? Der Deutsche Orden entscheidet die Frage im Laufe der Zeit zu seinen Gunsten, hat er doch die Waffen sowie den Rückhalt bei Kaiser und Papst.

Als dann Christian zusammen mit seinem Bruder und seinem Neffen von 1233 bis 1238 von aufständischen Preußen gefangengehalten wird, rührt der Deutsche Orden keine Hand zu seiner Befreiung. Im Gegenteil: Er nutzt die Abwesenheit des Kirchenmannes, um dessen Recht zu beschneiden und die eigene Herrschaft über das Land auszubauen.

Für die Missionierung selbst zieht Legat Wilhelm von Modena vorzugsweise Dominikaner heran. Sie zeigen für die Politik des Deutschen Ordens weit mehr Verständnis als der Zisterzienser Christian. Zwischen ihnen und dem Orden kommt es zu keinen größeren Mißhelligkeiten.

Als Christian endlich freigelassen wird, strengt er einen Prozeß bei der römischen Kurie gegen den Deutschen Orden an. Er beschwert sich darüber, daß die Ritter ihm seinen bischöflichen Besitz vorenthalten und seine Rechte schmälern würden.

Papst Gregor IX. ordnet eine Untersuchung an; sie verläuft im Sande. Daß die Untersuchung nicht weitergeführt wird, ist wahrscheinlich dem Einfluß Wilhelms von Modena zuzuschreiben, der den Deutschen Orden geradezu als Hätschelkind betrachtet. Der Legat übernimmt es auch, in enger Abstimmung mit ihm, das Preußenland in Bistümer einzuteilen; Bischof Christian wird überhaupt nicht mehr gefragt. Der Papst bestätigt im Oktober 1243 die kirchliche Neuordnung.

Im selben Jahr findet ein Generalkapitel der Zisterzienser statt. Die mißliche Lage des bischöflichen Mitbruders wird erörtert, eine Bittschrift an den Papst verfaßt – ohne jeden Erfolg. Im Gegenteil: Der Papst macht gegen Christian Front und fordert den Prior der Magdeburger Dominikaner auf, den Preußenbischof eindringlich davor zu warnen, den Deutschen Orden auch weiterhin anzufeinden.

Verbittert stirbt Christian Ende 1245. Beim Papst hatte er schon lange kein Gehör mehr, und mit dem Deutschen Orden war er seit Jahrzehnten verfeindet. Er hatte sich die Preußenmission, sein Lebenswerk, sicherlich anders gedacht, auf jeden Fall weniger blutrünstig ...

Szenenwechsel

Livland. »Ein Mann von ehrwürdiger Weißhaarigkeit aus dem Kloster Segeberg« ist der erste Deutsche, der den Liven das Evangelium predigt. Meinhard heißt er, ist offenbar nicht mehr jung an Jahren, sofern es mit den weißen Haaren, die Chronist Heinrich von Lettland ins Auge stechen, seine Richtigkeit hat. Er ist mit deutschen Hansekaufleuten 1184 ins Land gekommen.

Man war von der Dünamündung flußaufwärts zu den Handelsplätzen gesegelt, und bei dieser Gelegenheit hatte sich Meinhard, ein Augustinerchorherr, als Missionar betätigt und damit seinen Beruf fürs Leben entdeckt.

Die Liven an der Düna sind dem russischen Fürsten von Polozk tributpflichtig; er hat nichts dagegen einzuwenden, daß seinen Steuerbürgern das Evangelium nahegebracht wird, und erteilt Meinhard eine Missionslizenz.

Das Bekehrungswerk verspricht schönste Erfolge; noch im selben Jahr 1184 kann der Gottesmann in Üxküll ein Grundstück kaufen und darauf eine Kirche bauen lassen.

Anfang 1185 aber macht ein litauisches Heer alle Hoffnungen zuschanden; Meinhard und seine Jungchristen fliehen in die Wälder. Als sie sich vorsichtig wieder hervorwagen, verspricht der Missionar seinen Schutzbefohlenen, in Üxküll eine steinerne Burg zu bauen – die Liven kennen bis zu diesem Zeitpunkt nur Schutzbauwerke aus Holz beziehungsweise aus Holz und Erde. Sie sind gerührt ob soviel Güte.

Sie bleiben es auch dann noch, als Meinhard, der listige Fuchs, auf der Taufe aller Üxküller besteht, als Gegenleistung für die Festung gewissermaßen. Was auch sollten sie dagegen

Die Unterschrift zu diesem zeitgenössischen Holzschnitt lautet: »Eine kühne Mönchgemeinde zog über das Meer, um im Jahre 1208 an der Mündung der Düna ein Kloster zu gründen, das dem heiligen Nikolaus geweiht und Dünamünde genannt wurde«

einzuwenden haben? Eine Steinburg gegen die paar Spritzer Weihwasser – ein besseres Geschäft hat man schon lange nicht mehr gemacht, und ob man sich tatsächlich wird taufen lassen, steht auf einem anderen Blatt.

Meinhard bestellt aus Gotland Steinmetzen, die die Livländer mit einer ihnen bislang unbekannten Technik vertraut machen. Rasch lernen sie Hammer und Meißel, Stein und Mörtel zu gebrauchen.

Mit dem Gebrauch der Bibel freilich tun sie sich wesentlich schwerer. Zwar lassen sich einige Üxküller taufen, andere versprechen, diesem löblichen Beispiel folgen zu wollen, als dann aber die Burg vollendet ist und einen prächtigen Anblick bietet, wollen sie vom Evangelium nichts mehr wissen – sie sagen sich von der Christenlehre los.

Der ergraute Meinhard kennt die Menschen. Auch wenn er jetzt eine herbe Enttäuschung hat hinnehmen müssen, läßt er sich nichts anmerken. Er bleibt seinen Liven ein guter Freund, und auch die Liven bleiben ihm, wie es scheint, weiterhin gewogen. Von einem Bruch zwischen ihnen ist jedenfalls nichts bekannt.

Unverdrossen missioniert er weiter. Der fromme Mann glaubt an Fortschritte, reist nach Deutschland und läßt sich voller Gottvertrauen vom Bremer Erzbischof zum Bischof von Livland weihen. Meinhard setzt auf die Zukunft.

In seinem Umkreis taucht jetzt ein Zisterzienser auf, Theoderich mit Namen, ein vergleichsweise junger Mensch von etwa dreißig bis vierzig Jahren. Ein furchtloser Missionar vom Scheitel bis zur Sohle – begabt mit diplomatischem Geschick und immensem Fleiß –, der mehrfach sein Leben aufs Spiel setzt.

So zum Beispiel anno 1188, als den Liven die Ernte verregnet und sie den Theoderich von Treiden – so genannt nach einigen Äckern, die er in Treiden gekauft hat – den Göttern opfern wollen, weil Theoderichs Felder trotz aller Nässe bessere Ernte gebracht haben. Ein Pferd wird als Orakel befragt. Das Tier rettet den Mönch aus höchster Lebensgefahr, als es zweimal den richtigen Fuß vorsetzt.

Am 14. August 1196 stirbt Meinhard, in seiner letzten Zeit dann doch etwas skeptischer geworden, was den dauerhaften Erfolg der Christianisierung anbelangt, wenngleich Papst Coelestin III. ihn zum Durchhalten ermuntert hat.

Vielleicht haben die Liven ihren Missionar nicht geliebt; eine gewisse Achtung aber haben sie ihm allemal entgegengebracht; denn als sich ihre Ältesten an Meinhards Sterbelager versammeln und er sie ernsthaft fragt, ob sie denn einen Nachfolger für ihn wünschten, sagen sie treuherzig ja.

Ein unfreiwilliger Märtyrer

Als dann aber dieser Nachfolger – es ist Berthold, Abt von Kloster Loccum – 1197 in Üxküll eintrifft, sieht die Sache schon ganz anders aus. Die Liven streuen aus, dieser Gottesmann habe nichts anderes im Sinn, als sich persönlich zu bereichern. Eine unbewiesene Behauptung, gewiß, aber doch geeignet, den Neuling an der Heidenfront das Fürchten zu lehren. Als ihm dann auch noch zu Ohren kommt, man plane seine Ermordung, verschwindet er schleunigst Richtung Heimat.

Zum Märtyrer fühlt er sich nicht berufen, der Abt, eher schon zum Kreuzfahrer, denn kaum im Reich angekommen, ersucht er den Heiligen Vater um einen Kreuzzugsaufruf. Dem Gesuch wird stattgegeben; Berthold begibt sich auf Werbetournee und bringt ein beachtliches Heer von etwa tausend Mann zusammen. Treffpunkt ist Lübeck; von hier aus segelt man ostwärts und erreicht im Frühsommer 1198 das Gestade der Düna.

Bei dem Platz am Ufer, wo während der Saison der Handel blüht – der Stelle, an der drei Jahre später Riga gegründet werden wird –, läßt Berthold ankern. Die mächtigen Koggen haben starken Tiefgang, zu starken, um bis zu der mitten im Fluß auf einer Insel gelegenen Burg Holme fahren zu können.

Das war nämlich der Auftrag an die Schiffsführer, denn

diese Burg will Berthold erobern. Der Angriff aber wird abgeschlagen, und die Kreuzfahrer ziehen sich zum Ankerplatz der Schiffe zurück. Woraufhin die Liven nachsetzen und ihre Kampfpositionen einnehmen.

Ein livländischer Emissär läßt sich bei Berthold melden. In letzter Minute will man den Ausbruch offener Feindseligkeiten abwenden. Auf die naive oder provozierende Frage, warum denn der Herr Bischof mit einer so gewaltigen Streitmacht angerückt sei, antwortet der giftig: »Der Grund ist, daß ihr vom Glauben zum Heidentum zurückgekehrt seid und, wie Hunde es tun, alles wieder auffreßt, was ihr schon ausgekotzt hattet.«

Starke Worte. Berthold wirft ihnen unverblümt vor, Apostaten zu sein, vom rechten Glauben Abgefallene also, üblere Kreaturen als Heiden oder Ketzer. Gegen solche Satansbraten hilft nach einhelliger Meinung einzig das Schwert.

Hier an den Ufern der Düna bleibt es noch in der Scheide, für den Augenblick jedenfalls, denn die Liven bieten an, künftig der Predigt des Evangeliums treulich lauschen und überhaupt ein gottgefälliges Leben führen zu wollen.

Der Bischof traut ihnen nicht; er fordert Geiseln als Bürgen. Das Ansinnen wird als unverschämt zurückgewiesen; aber noch bleibt alles friedlich.

Am 24. Juli 1198 haben sich ein paar deutsche Knechte aufgemacht, Futter für die Pferde ihrer Herren zu organisieren, so, wie sie es alle Tage machen. Heute aber geraten sie in die Fänge einiger bösartiger, rachedurstiger und mordlüsterner Liven – die Unglücklichen werden getötet.

Die Schwerter fliegen aus der Scheide, es gibt kein Halten mehr, der Kampf entbrennt auf das heftigste. Des Bischofs Schlachtroß geht durch, unversehens findet sich Glaubensbote Berthold inmitten seiner Feinde wieder. Das ist denn auch sein Ende. Ein Lanzenstoß, und die Christenheit ist um einen Märtyrer reicher – einen unfreiwilligen höchstwahrscheinlich, wenngleich Chronist Arnold von Lübeck beobachtet haben will, wie der Würdenträger vor Sehnsucht nach dem Opfertod glühte.

Die Liven verlieren die Schlacht. Gleichwohl gilt der Kreuzzug als gescheitert, weil der Anführer der Christen dabei zu Tode gekommen ist. Die Kreuzritter streifen marodierend durch das Land, zwingen die Unterlegenen zum Frieden und zu einer Massentaufe, nötigen ihnen Kornzins sowie Priester auf – für die armen Kirchenleute ein Himmelfahrtskommando.

Es kommt, wie es kommen muß: Kaum haben die Flottenkapitäne der Kreuzfahrer »Leinen los« und »Anker auf« befohlen, als die Liven auch schon die Geistlichkeit zusammentreiben, ihnen alle Habe wegnehmen, ihre Äcker verwüsten und den Kirchenschatz von 200 Mark Silber rauben.

Danach springen sie in die Fluten der Düna, um sich die Taufe abzuwaschen. Als sie bei dieser Gelegenheit einen in einen Baumast geschnitzten Kopf entdecken – künstlerische Hinterlassenschaft eines Kreuzfahrers –, glauben sie, diesen entsetzlichen Christengott vor sich zu haben. Sie setzen ihn auf ein Floß und schicken ihn den Kriegern des Kreuzes nach Gotland hinterher.

Im März 1199 weisen die Liven sämtliche Priester aus; bis Ostern müssen sie das Land verlassen haben, andernfalls drohe ihnen der Tod. Das einzige deutsche Handelsschiff, das den Winter über in Livland festgemacht hat, nimmt die Gottesmänner an Bord; dann verschwindet es schleunigst.

Der Nachfolger hat mehr Glück

Der Erzbischof von Bremen verleiht noch im selben Jahr dem Domherren Albert die Bischofswürde für Livland. »Wenn dieser Mann bestimmt war, das begonnene Missionswerk endlich zum Erfolge zu führen, so verdankte er das vor allem drei Gründen: seinem diplomatischen Geschick, seiner andauernden Gesundheit und Energie und schließlich nicht zuletzt dem Glück, im Gegensatz zu seinem Vorgänger noch dreißig Jahre lang am Leben zu bleiben«, so der Historiker Friedrich Benninghoven. Albert läßt keinen Zweifel aufkommen: Missionserfolge in Livland sind nur mit Waffengewalt zu erreichen.

So geschieht es denn auch: Albert trommelt ein Kreuzfahrerheer zusammen, 1201 bricht man nach Livland auf und lehrt die Landeskinder das Fürchten. Sie stellen Geiseln, die Albert zwecks christlicher Erziehung nach Deutschland schickt, wo sie bei bessergestellten Familien untergebracht werden.

Üxküll ist für seegängige Schiffe nicht erreichbar, stellt Albert sogleich fest, und läßt an der Mündung des Rigabachs in die Düna – an dem schon bekannten Handelsplatz – eine Stadt bauen, die, wie erwähnt, den Namen Riga erhält. Gleichzeitig errichtet er das Kloster Dünamünde, bestellt Theoderich von Treiden zum ersten Abt und ernennt ihn obendrein zu seinem Stellvertreter. Ein Jahr später gründet der rührige Theoderich den Orden der Schwertbrüder, damit alle noch folgenden christlichen Aktivitäten nicht militärischen Schutzes entraten müssen – ergo: damit man den hartgesottenen Heiden aufs Haupt schlagen kann, und zwar kräftig.

Nach kriegerisch bewegten Jahren, nun auch noch mit den Litauern und Russen, unterwerfen sich die Liven 1206 endgültig und lassen sich im nächsten Jahr taufen. Die Schwertbrüder errichten die Burgen Segebold und Wenden und beginnen im übrigen, ihre eigenen Wege zu gehen. 1207 fordern sie die Hälfte aller bisherigen und zukünftigen Eroberungen für ihren Orden.

Der Papst muß schlichten. Er spricht ihnen ein Drittel des bisher gewonnenen Landes zu; über die Verteilung neuer Gebiete möge man sich bitte mit den Bischöfen einigen, die dort eingesetzt werden würden.

Die Kuren und Esten fühlen sich schon seit langem bedrängt; alle Angriffe führen aber zu nichts. Ein großer Aufstand der Esten im Jahre 1223, von rund zwanzigtausend Russen unterstützt, bricht zusammen, als die russischen Helfer abziehen.

Inzwischen hat auch der schon erwähnte Papstlegat Wilhelm von Modena seine Arbeit im Baltikum aufgenommen und ordnet die etwas wirr gewordenen kirchlichen Verhältnisse Livlands. 1226 endlich befindet sich das gesamte Livland und Estland in deutschem Besitz, ausgenommen die Insel Ösel, die 1227 erobert wird. Zwei Jahre später stirbt Bischof Albert. Er hinterläßt ein – aufs Ganze gesehen – bedeutendes Staatswesen, auch wenn dieses nicht mehr als ein loser Staatenbund von geistlichen Fürstentümern und Ordensterritorien darstellt.

Kapitel 6
Die Jahre von 1230 bis 1249

Das Recht des Siegers

Gewissermaßen als Vorauskommando halten sich Ritter Konrad von Landsberg und ein Mitbruder seit 1226 in Masowien auf. Herzog Konrad läßt sie die Burg Vogelsang am linken Weichselufer gegenüber dem späteren Thorn bauen. Ordenschronist Peter von Dusburg weiß zu berichten, daß sie sehr vereinsamt dort wohnten. Nach einem Überfall der Preußen sind sie tieftraurig und stimmen »Das Lied von der Trauer und Schwermut« an. Es geht so:

> »Sungin da vil notin manc
> nicht das mechtig allen klanc
> sundir manchen jamirsanc
> als der swan singit
> so in sin sterbin twingit.«

Diese Verse überliefert Nikolaus von Jeroschin, ein anderer Ordenschronist.

Nun kann Gesang über die erste Schwermut hinweghelfen, hingegen nicht auf Dauer gegen die Preußen. Nachschub muß her, und der kommt auch alsbald. 1230 erscheint Landmeister Hermann Balk mit einigen Kollegen, Knappen und Troßknechten und beginnt sofort mit dem Bau einer Befestigungsanlage, die man Nessau benennt. Nessau liegt am linken Weichselufer, und so glaubt man sich vor den Preußen einigermaßen sicher, weil sie den Strom erst überqueren müssen, um nach Masowien einzufallen.

Man hat sich gründlich getäuscht. Kaum ist die kleine Burg vollendet, dringen die Preußen ins Kulmerland ein. Ordensritter in voller Montur haben sie bis dahin noch nicht zu Gesicht bekommen. Sie schauen etwas verwundert drein und fragen ganz unschuldig, wer denn diese Kriegsmänner seien und woher sie kämen. Ein Masowier, den sie haben ergreifen können, antwortet ihnen, diese Leute seien Ordensritter und waffentüchtige Streiter; sie seien aus Deutschland vom Herrn Papst geschickt, um sie, die Preußen, zu bekämpfen, bis sie ihren harten und unbezwungenen Nacken unter das Joch der hochheiligen römischen Kirche gebeugt hätten. »Als die Preußen das hörten, lachten sie höhnisch und zogen ab«, fügt Dusburg lakonisch hinzu.

Schon jetzt, im Jahre 1230, zeichnet sich der schon kurz angedeutete Konflikt mit der Kirche ab, der den Deutschen Orden beschäftigen soll, solange er Bestand hat. Ein vorprogrammierter Konflikt. Es geht darum, wer den größeren Einfluß im Lande haben soll: Bischof oder Deutscher Orden. Zu schärfsten Auseinandersetzungen führt das später im Erzbistum Riga. Der Orden hat schwer mit dem machtbewußten Erzbischof zu kämpfen, der sich seine Verbündeten wechselseitig bei der Stadt Riga oder den Litauern sucht.

In Preußen beginnt es damit, daß Bischof Christian in jenem Jahr 1230 dem Orden ein Schreiben zustellen läßt, in dem er verkündet, zu kräftiger Verteidigung der so schwer verheerten Kirche im Kulmerland dem Orden freiwillig alles Land abtreten zu wollen, was er vom Herzog Konrad von Masowien und dem Bischof und Kapitel zu Plozk erhalten habe. Selbstredend auch das, was er selbst durch Kauf erworben habe. Der Orden solle ihm als Gegenleistung zum Kampf zur Verfügung stehen, wenn er, der Bischof, dazu auffordern würde.

Ein etwas befremdlicher Brief, der den Orden stutzig macht und Verhandlungen mit dem Kirchenmann erfordert. Es gilt die Frage zu klären, ob der Bischof dem Orden das Land als volles Eigentum oder nur als Lehen übergeben will. Der Orden vermutet – und dies zu Recht –, daß letzteres der

Fall sein soll. Aufschluß aber sollen Verhandlungen mit Christian bringen. Auf keinen Fall ist der Orden bereit, etwa lehensabhängig von Bischof Christian zu werden.

Genau dies aber hat der Diener Gottes beabsichtigt, und genau damit stößt er bei dem Orden auf Widerstand. Wenn hier überhaupt jemand Bedingungen zu stellen habe, so die Ansicht der Ordensritter, dann doch wohl eher sie, die man gegen die Heiden ins Land gerufen habe. Die Verhandlungen bringen keinen Erfolg; der Orden zeigt sich nicht mehr sonderlich interessiert und läßt die Dinge schleifen. Im nächsten Jahr, 1231, gibt sich Bischof Christian außerordentlich konziliant; von früheren Überlegungen keine Spur mehr.

Er will dem Orden alles zu eigen vermachen, was er bisher erhalten habe, ehrlich und ohne jede weitere Bedingung. Nur die bischöfliche Gerichtsbarkeit, die möchte er gern behalten.

Darüber läßt sich nun reden. Man ist hoch zufrieden, man läßt sich übereignen, was bisher bischöfliches Besitztum im Kulmerland war.

Auch der Bischof von Plozk zieht nach, auch er übergibt dem Orden alle Gebiete im kulmischen Lande, mit allen Einkünften, mit allen Patronaten über die Kirchen zu vollen Eigentumsrechten, ohne jede weitere Beschränkung. Auf diese Weise wird das gesamte Kulmerland Eigentum des Deutschen Ordens.

»Zur Vergebung eurer Sünden«

Inzwischen hat Hochmeister Hermann von Salza den Papst davon überzeugen können, daß ein Kreuzzugsaufraf dringend notwendig sei. Gregor IX. leuchtet das ein. Er richtet ein Schreiben an die Christen, vornehmlich in Norddeutschland, fordert alle auf, das Schwert zu erheben und gegen den Feind des Evangeliums zu kämpfen: »Bei Gott dem Allmächtigen ermahnen und ermuntern wir euch, wir empfehlen es euch zur Vergebung eurer Sünden, hinzublicken auf die Liebe, mit welcher Christus euch geliebt und noch liebet, und ihm etwas wiederzuleisten für alles, was er euch geleistet. Umgürtet euch mächtig und männlich mit dem Schwerte, im Eifer für Gottes Sache die Unbill seines Namens zu rächen und eure Mitchristen aus den Händen der Heiden zu befreien, indem ihr hinziehet und handelt nach dem Rate der Ordensbrüder, auf daß euch selbst ein ewiger Lohn werde, die Ungläubigen aber sich nicht ferner rühmen können, ungestraft den Namen Gottes zu befeinden.«

Einen Auftrag zur Verkündigung dieses Aufrufs erhalten die Dominikaner, der Predigerorden, die dann in die Lande auszuschwärmen haben, um den Kampf gegen die Heiden im Osten publik zu machen.

Es dauert naturgemäß eine Weile, bis sich eine solche Angelegenheit herumgesprochen hat und die Leute ihre Entschlüsse gefaßt haben. Bis sie sich dann tatsächlich aufmachen, vergeht wiederum eine gute Zeit. Zu lange für Landmeister Hermann Balk, der im fernen Nessau an der Weichsel sitzt und endlich losschlagen will. Er jedenfalls wartet nicht ab, bis womöglich die ersten Kreuzzügler eintreffen, sondern er tut, was ihm möglich ist.

Die Bedrohung seiner kleinen Truppe – und damit auch des masowischen Landes – geht vornehmlich von drei Burgen aus. Sie liegen drüben auf der anderen Weichselseite; die eine, direkt am Ufer gelegen, heißt Rogow, von ihr war auch jener Überfall auf die Burg Nessau ausgegangen; die zweite liegt unfern vom späteren Kulm; und in der Mitte dieser beiden Burgen gibt es eine weitere Befestigung, die, gut geschützt in einem See, einem pomesanischen Adligen namens Pipin gehört.

Von hier aus verheert Pipin die Umgebung mit Raub und Brandschatzung. Auf diese drei Burgen hat es Hermann Balk abgesehen.

Er und die Seinen setzen also bei Nessau über die Weichsel; mit dabei ist Herzog Konrad von Masowien mit seinen Mannen.

Insoweit sind sich die Historiker noch einig. Was aber nun

folgt, gerät manchen Fachleuten zum Possenspiel. Sie behaupten nämlich – und sie berufen sich dabei auf den Gewährsmann Peter von Dusburg –, daß die Ordensritter in das Gezweig eines großen Eichbaums geklettert seien und dort, wenn man so will, ihr erstes Feldlager auf feindlichem Gebiet aufgeschlagen hätten. Das heißt nichts anderes als dies: Die Kerls hocken auf dem Baum, bekleidet mit ihrem weißen Ordensmantel – eine Situation von nicht zu überbietender Komik.

Die hat auch schon vor hundertfünfzig Jahren der Königsberger Historiker Johannes Voigt so empfunden und nach einer plausibleren Deutung jener Stelle in der Dusburg-Chronik gesucht. Für ihn ist der Chronist einem Mißverständnis aufgesessen, und zwar müsse er davon gehört haben, daß die erste Befestigung auf dem rechten Weichselufer bei einem Ort namens Quercz oder Querczu gelegen habe. Dieses Quercz sei ihm dann lateinisch zu »quercus« geraten, was »Eiche« bedeute.

So wäre denn aus dem Dorf Quercz ein guter deutscher Eichbaum geworden, in dem die Ordensritter wie weiße Raben hockten. Voigt konnte nachweisen, daß es tatsächlich ein Dorf dieses Namens gegeben hat, und zwar an der Stelle, wo die Ordensritter über die Weichsel gegangen sein müssen.

Wie auch immer, ob auf dem Eichbaum oder darunter oder daneben: Hermann Balk greift mit seinen Leuten die Burg Rogow an. Während der Kämpfe können die Ritter den Burghauptmann gefangennehmen. Um sein Leben zu retten, bietet der die Übergabe der Burg an. Balk ist einverstanden.

Der Landmeister läßt den Mann aber nicht laufen, sondern benutzt ihn, um die zweite Burg zu erobern, die nahe bei Kulm. Man nötigt den Burghauptmann zu Spionagediensten. Die Ordensritter liegen im Hinterhalt verborgen, bis er mit der Nachricht zurückkommt, daß die Besatzung der Burg nach einem fröhlichen Trinkgelage völlig bezecht unter die Tische gesunken sei. Balk hat leichtes Spiel: Er überfällt die Burg, erschlägt die Mannschaft bis auf den letzten Mann und zündet sie an.

Bleibt noch die dritte Burg, die jenes Pipin. Aber Hermann von Balk will sich nicht übernehmen; er zieht sich zurück zu seinem Stützpunkt und wartet ab. Pipin aber zeigt sich von den Erfolgen der Ordensritter durchaus nicht erschreckt, wie man gehofft haben mag. Im Gegenteil: Er beginnt nun um so erbitterter, in der Gegend umherzustreifen und zu plündern. Christen, die ihm in die Hände gefallen sind, bringt er auf möglichst qualvolle Weise zu Tode, vielleicht aus Rache für seine Landsleute, die bei dem Überfall auf die Burg bei Kulm erschlagen worden sind. Er röstet zum Beispiel seine Gefangenen langsam über schwelendes Feuer oder hängt sie an den Beinen an Bäumen auf; anderen wiederum läßt er den Nabel ausschneiden, nagelt ihn an einen Baum und treibt die Unglücklichen so lange mit Peitschenhieben um den Stamm, bis die Eingeweide aus dem Leib herausgewunden sind.

Marienwerder. Holzstich aus dem 16. Jahrhundert

Hermann Balk kann diesem Treiben nicht länger untätig zusehen, soviel ist sicher. Er berät sich mit dem Hauptmann der Burg Rogow, wie man diesem fürchterlichen Pipin beikommen könne. Der Burghauptmann verspricht Hilfe, und tatsächlich gelingt es ihm, den Pipin zu überlisten. Er wird an die Ordensritter ausgeliefert, die ihn dann ihrerseits nach Landessitte zu Tode befördern: Man bindet ihn an einen Pferdeschwanz, schleift ihn bis vor die Burg Thorn, hängt ihn dann an einem Baum auf und freut sich, daß er tot ist.

Zu weiträumigeren militärischen Aktionen fehlen dem Landmeister aber die Leute. Mit der bescheidenen Streitmacht, über die er verfügt, verbieten sich größere Invasionen von selbst.

Da das natürlich ein unerfreulicher Zustand ist, ruft die Kirche wieder zum Kreuzzug auf; Bischof Christian hat sehr dringlich beim Papst darum gebeten. Trotz aller Bemühungen der Dominikaner, die wieder durch die Lande ziehen und das Kreuz predigen, ja sogar verkünden, daß das Kreuzzugsgelübde, geleistet für das Heilige Land, auch für Preußen gelte, kommt die Angelegenheit nur sehr schwerfällig in Gang. Auch Hermann von Salza schaltet sich ein: Er läßt in Deutschland ausstreuen, das Glück der Ordenswaffen an den Grenzen Preußens sei durch die besondere Gnade des Herrn sehr begünstigt; ja, man habe bereits eine große und sehr schöne Landschaft gewinnen können; die sei aber entvölkert und verwüstet und bedürfe vieler neuer Bewohner; wer dahin ziehe, könne sich daher eines ansehnlichen Besitztums und mancherlei Freiheiten erfreuen und das Land auch zu erblichem Eigentum oder Besitz erlangen.

Ein gewaltiges Heer

Das alles geschieht im Sommer 1231. Anfang 1232 macht Papst Gregor noch einmal mächtig Dampf auf: »Mehr als fünftausend Christen, die bei den Preußen in schmählicher Gefangenschaft schmachten, harren auf Befreiung«, tönt der Heilige Vater, »mehr als zehntausend Dörfer, Klöster und Kirchen in Preußens Nachbarlanden sind durch das heidnische Volk verbrannt, und über zwanzigtausend Christen sind im Verlauf der Zeit von ihm dem schmachvollsten Tod geopfert worden.«

Jetzt endlich zeigt die konzertierte Aktion Wirkung: Kreuzfahrer rücken nach Preußen vor und mit ihnen zahlreiche Siedler. Man gründet die Städte Thorn und Kulm, und der Deutsche Orden verleiht ihnen eine Rechtsordnung in Form der sogenannten Kulmer Handfeste.

So richtig in Schwung kommt der Kreuzzug aber erst 1233. Es erscheinen – wenn die Zahlen stimmen – riesige Truppenkontingente an der Weichsel. So rückt Herzog Heinrich von Breslau mit dreitausend Mann an, der Herzog von Großpolen mit über zweitausend; Konrad von Masowien ist mit viertausend Mann dabei, sein Sohn Kasimir mit zweitausend; dann kommen noch die pommerschen Herzöge Swantopolk und sein Bruder Sambor mit zusammen fünftausend; Magdeburger sind dabei – es sind mehr als zwanzigtausend Mann unter Waffen. Ein gewaltiges Heer.

Was hätten die Preußen diesem Aufgebot schon entgegensetzen können? In diesem immer wieder durch Kreuzzugsaufrufe stimulierten Zuzug liegt denn auch begründet, daß es dem Deutschen Orden verhältnismäßig rasch gelingt, die preußischen Lande zu unterwerfen – Herzog Konrad von Masowien hatte sich dagegen noch sehr schwergetan, war er doch zuvor ganz auf sich allein gestellt.

Der relativ friedlichen Eroberung des Kulmerlandes folgen dann die kriegerischen Eroberungen von Pomesanien, dann ist Pogesanien an der Reihe, Natangen schließt sich an, endlich Warmien und Barten, womit dann das Herrschaftsgebiet des Ordens fürs erste komplett ist ...

Zunächst also marschiert man von Kulm aus nach Pomesanien. Um vielleicht die übelsten Ausschreitungen der christlichen Krieger zu verhindern, bieten pomesanische Adlige und Priester an, sich freiwillig taufen zu lassen.

Hocherfreut nimmt Bischof Christian das überraschende Angebot an und macht sich mit einigen Kriegern auf ins Land der Heiden. Leider kann er das große Bekehrungswerk nicht in Gang bringen, denn kurze Zeit darauf wird sein Trüpplein überfallen – er gerät in Gefangenschaft.

Man sollte nun annehmen, das Kreuzheer, zumindest ein

Teil der Ritter, sei jetzt wutentbrannt auf den Spuren des Bischofs gleichfalls nach Pomesanien marschiert, um den Mann Gottes herauszuhauen. Weit gefehlt. Wie schon angesprochen, scheint es vielmehr so, daß der Deutsche Orden nicht unfroh darüber ist, seinen Bischof in heidnischem Gewahrsam zu wissen. Man ist auf diese Weise einen Widersacher losgeworden, der ohnehin im Heer der Kreuzfahrer nur Unruhe stiftet, weil er gegen den Deutschen Orden permanent Stimmung macht.

Der vergessene Bischof

Das Angebot der Pomesanier zur freiwilligen Taufe hatte nun nicht zur Folge, daß das Kreuzfahrerheer sich etwa als arbeitslos empfunden hätte. Auf den geplanten Kriegszug, also Raubzug, zu verzichten, wäre den Rittern des Kreuzes nicht im Traum eingefallen.

Im Augenblick freilich ist nicht viel zu machen. Sommer ist es mittlerweile geworden, und das Land nahezu unbegehbar. Weit und breit nichts als Wildnis, riesige Wälder, dichtmaschige Hecken und Gesträuche, jede Menge unberechenbarer Sümpfe und Moräste; Kulmerland und Pomesanien werden durch eine schier undurchdringliche Wildnis getrennt, wie alte Berichte wissen. In dem grundlosen Morast muß jeder Marsch steckenbleiben.

So verweilt die Truppe denn weiter in Kulm und um Kulm herum und versucht, die Zeit, so gut es eben geht, totzuschlagen mit Würfelspiel, Gelagen, Schmausereien und sonstigen Annehmlichkeiten, die die kärgliche Garnison zu bieten hat.

Die unruhigen Kreuzzügler, mit den Gepflogenheiten und den Gegebenheiten des Landes nicht so vertraut wie die Ritter des Deutschen Ordens, beginnen zu murren; sie wollen endlich losschlagen. Es kommt zu Streitereien zwischen ihnen und dem gastgebenden Orden. Papst Gregor IX. erfährt davon und mahnt zu Einigkeit; er fordert die Kreuzfahrer geradezu auf, dem Orden Folge zu leisten. Außerdem, und dies eher beiläufig, mahnt er an, doch bitte sehr des Bischofs Christian nicht zu vergessen und ihn aus den Händen der Heiden zu befreien.

Das ist eine päpstliche Pflichtübung. Der Orden versteht das auch gar nicht anders und wartet weiter darauf, daß der Winter endlich hereinbricht. Als es soweit ist, die Sümpfe und Moräste gefroren sind, begibt sich das Kreuzheer nach Pomesanien. Das geschieht Anfang des Jahres 1234, und es kommt zu ersten Plänkeleien, die aber ohne sonderliche Verluste für beide Seiten bleiben.

Dann zieht man weiter zur Sirgune, einem Flüßchen, das später Sorge heißt, und schlägt das Lager in der Gegend des nachmaligen Christburg auf.

Der Königsberger Ordenshistoriker Johannes Voigt vermutet nun, daß es für die Pomesanier nicht alleine um die Verteidigung von Haus und Hof, Frau und Kindern ginge, sondern daß sie sich von den Göttern selbst aufgerufen glaubten zur Rettung ihrer Heiligtümer, denn auf dem rechten Ufer jener Sirgune lag ein uralter Göttersitz – ein heiliger Hain und ein heiliges Feld.

Es ist anzunehmen, daß die Kreuzfahrer wußten, an welch prominente pomesanische Stelle sie sich begeben hatten. An jenem heiligen Wald nun hat sich das pomesanische Heer aufgestellt und erwartet die heranrückenden Kreuzritter. Sie haben sich geschickt aufgestellt, denn an der einen Seite befindet sich ein dichtes Gebüsch, daß notfalls als Deckung für einen möglichen Rückzug dienen kann.

Der Kampf beginnt am Mittag, und Historiker Voigt kann nur zu gut die Gefühle der Pomesanier nachempfinden: »Zum ersten Mal sollte dieser Tag beweisen, wer mächtiger im Leben wirke und walte, ob der Göttliche am Kreuze oder die schreckenden Götter in der ewig grünenden Eiche.«

Man verrät kaum ein Geheimnis, wenn man an dieser Stelle schon preisgibt, daß die grüne Eiche die schlechteren Karten hat. Den beiden Polen Swantopolk und Sambor gelingt es, sich mit ihren Mannen zum Gebüsch vorzuarbeiten, das die Pomesanier als Deckung ihres Rückzugs benutzen wollen.

Plötzlich brechen sie daraus hervor und stürmen seitwärts auf die Pomesanier ein, die sich nunmehr von zwei Seiten angegriffen sehen und sich jetzt nach zwei Seiten verteidigen müssen. Das geht nicht sehr lange gut: Bei Einbruch der Nacht sind sie so geschwächt, daß sie sich, noch bevor sie eine endgültige Niederlage ereilt, zu einem geordneten Rückzug entschließen. Ihr Ziel ist eine nahe gelegene Burg; sie liegt unweit von Alt-Christburg; dort verschanzen sie sich, so gut es eben geht. Ihr Ende freilich ist nahe, daran ist nicht zu rütteln. Am nächsten Morgen erscheinen die Kreuzritter vor der Burg und erstürmen sie kurzerhand. Der größte Teil der Verteidiger verliert dabei sein Leben.

Weitere Versuche, in das Landesinnere einzudringen, scheitern am erbitterten Widerstand der Pomesanier, die sich die Gunst ihres unwegsamen Geländes mit den dichten Wäldern zunutze machen. Die Kreuzfahrer beschließen, diesen Feldzug als Erfolg zu betrachten und fürs erste einzustellen.

Die mittlerweile landeskundigen Ordensritter ahnen, daß der Rachefeldzug der Geschlagenen nicht lange auf sich warten lassen wird. Vor allem muß es die Pomesanier erbittert haben, daß der polnische Herzog Swantopolk sie so übel in Bedrängnis gebracht hat. Tatsächlich fallen sie dann auch in des Herzogs Land ein und machen alles nieder, was sich ihnen in den Weg stellt. Das Kloster Oliva wird gebrandschatzt, die Mönche gefoltert und erschlagen. Einzig Danzig, die Hofburg Swantopolks, kann widerstehen.

Auch Hermann Balk, der Landmeister des Deutschen Ordens, fürchtet die Rache. Um sein Kulmerland möglichst gut zu schützen, läßt er die Burg Rheden bauen; dies im Eiltempo, so daß sie noch im Jahre 1234 fertig wird. Das Kreuzfahrerheer sieht danach seine Aufgabe als erfüllt an: Eine genügende Menge von Heiden hat man erschlagen und somit seiner Pflicht genüge getan. Die Heimat ruft; man begibt sich zurück nach Hause.

Gregor IX. zeigt sich geneigt

Im Verlaufe dieses Kriegszuges ist Bischof Christian freigekommen. Mit dem Erfolg, daß der Streit zwischen ihm und dem Deutschen Orden nur um so heftiger aufflammt. Nach wie vor geht es darum, wer letztlich in den neu eroberten und noch zu erobernden Gebieten die Oberherrschaft haben soll. Papst Gregor hat vorsichtshalber einen Legaten in das Land geschickt. Es ist Wilhelm von Modena, jener fähige Diplomat, der das Ränkespiel so perfekt beherrscht. Ihm gelingt es durch Überredung, nicht zuletzt auch durch massiven Druck, den Streit zwischen Orden und Bischof fürs erste zu beseitigen: In allen eroberten und noch zu erobernden Gebieten erhält der Deutsche Orden zwei Teile mit allen sich daraus ergebenden Einkünften. Christian bekommt lediglich den dritten Teil zugesprochen, aber in allen drei Teilen das Recht, als Bischof wirken zu können.

Ein weiterer Streit ist aufgeflammt, und zwar zwischen Herzog Konrad von Masowien und dem Deutschen Orden. Allmählich merkt wohl der Herzog, wen er sich da ins Land geholt hat – unter seiner Ägide nämlich war ja der Dobriner Ritterorden gegründet worden, jene wenig erfolgreiche Organisation mit ihrem Hauptsitz Dobrin. Verständlich, daß der Deutsche Orden keine Konkurrenz, und sei sie auch noch so unbedeutend, neben sich dulden will, und so verleibt er sich 1234 diesen Orden inklusive der dazugehörigen Burg mit ihren Besitzungen ein. Daß Herzog Konrad das nicht klaglos hinnehmen will, versteht sich von selbst. Offiziell erhebt er Einspruch gegen diese Aktion des Deutschen Ordens, aber der sonst so fähige Wilhelm von Modena weiß in diesem Fall auch keinen Rat. Die Verhältnisse sind darüber hinaus verwickelter, als es zunächst den Anschein hat. Modena berichtet nach Rom und wartet auf weitere Order vom Papst.

Für den Orden ist es von enormer Wichtigkeit, das Kulmerland rechtlich abgesichert in seinem Besitz zu wissen, und zwar so, daß niemand, auch in späteren Zeiten nicht, daran rütteln kann. Neben den allgemeinen Zusagen, die Kaiser

Friedrich II. schon 1226 in der Goldenen Bulle gemacht hat, bittet der Orden – wahrscheinlich durch Hermann von Salza persönlich – den Papst um die Ausstellung eines entsprechenden Privilegs. Gregor IX. zeigt sich geneigt, schließlich hat auch er seinen Vorteil davon. Im August 1234 erläßt er eine Bulle folgenden Inhalts: »... So wollen wir, daß euer Sinn zur Erwerbung des Landes um so mehr erstarke, als ihr und die dort lebenden Anhänger des katholischen Glaubens von uns eine besondere Gnade erlangen werdet: Deshalb nehmen wir, was von euch mit Unterstützung des christlichen Heeres und durch Gottes Fügung bekanntermaßen erworben ist, in Recht und Eigen des Heiligen Petrus auf, und verordnen unverbrüchlich, daß es für ewige Zeiten unter dem besonderen Schutz und Schirm des Apostolischen Stuhls bleiben soll ...«
So solle es auch, bestimmt der Heilige Vater, mit allen Gebieten geschehen, die der Orden noch erobern werde. Mit dem Vorbehalt allerdings, daß in diesen neu gewonnenen Gebieten nach Anordnung des Papstes Kirchen errichtet, Bischöfe und Prälaten eingesetzt werden können, wobei diesen einen Teil des Landes überlassen werde, und, darauf legt Gregor offenbar ziemlichen Wert, »daß die Versprechungen und Verträge, die ihr, wie wir wissen, den gegenwärtigen Bewohnern ebendieses Landes gemacht habt oder die ihr den zukünftigen machen werdet, in Zukunft von euch eingehalten werden«.

Der Orden darf es zufrieden sein. Angriffe, die sich in Zukunft auf die Besitzungen des Ordens richten würden, sind damit zugleich auch Angriffe auf den Heiligen Stuhl. Und sich mit dem anzulegen, ist noch allemal eine gefährliche Angelegenheit.

Und damit die Beutegier und Abenteuerlust der deutschen Ritterschaft nur ja nicht abflaue, läßt der Papst weiter den Kreuzzug gegen die Heiden im Osten predigen. Die Werbung kennt keine Skrupel, selbst Kriminelle dürfen in den Orden eintreten – ob dem das recht war, mag dahingestellt bleiben ... Kriminelle also, »welche vor dem Eintritt wegen gewalttätiger Handlungen, wegen Raub und Brand mit dem Bann bestraft waren, sind sofort loszusprechen, sofern der Schaden gutgemacht wurde«, verlautbart der Heilige Vater in Schreiben an den Erzbischof von Köln und den Bischof von Merseburg.

Das Heer erhält Verstärkung

Diese Kreuzzugspredigten von 1235 hört man vor allem in Sachsen und Thüringen, und dies aus einem besonderen Grund: Kaiser Friedrich II. ist mit seinem Sohn Konrad nach Deutschland gekommen, Hermann von Salza in seinem Gefolge. Vielleicht ist es die Gunst der Stunde, vielleicht sind die Thüringer und Sachsen besonders anfällig für solche Ostlandfahrten – es bitten jedenfalls um Aufnahme: Landgraf Konrad von Thüringen und sein Bruder Heinrich, mit ihm vierundzwanzig seiner Edlen; darüber hinaus beschenkt er den Orden reich. Aus der Hinterlassenschaft der nachmals heiligen Elisabeth erhält der Deutsche Orden – wie schon an anderer Stelle gezeigt – nach einigem Hin und Her das Franziskushospital in Marburg, das alsbald zum Hauptsitz des Landkomturs von Hessen wird. Auch Kaiser Friedrich II. läßt sich nicht lumpen: Er überläßt dem Orden Länder und Burgen im Reich. Doch damit nicht genug: Während des Reichstages 1235 in Mainz, an dem auch der Kaiser teilnimmt, gelingt es Hermann von Salza, den Markgrafen von Meißen, einen nicht unbedeutenden Fürsten, zur Teilnahme am nächsten Kreuzzug 1236 zu überreden.

Der schon hinlänglich bekannte päpstliche Legat Wilhelm von Modena ist zusätzlich noch auf einen Trick verfallen, Leute für diesen Kreuzzug zu aktivieren: Er hat verkünden lassen, daß nicht nur der Waffendienst und Kampf gegen die Heiden zur Gnadenverleihung führen würde, sondern auch der Dienst auf den Besitzungen oder Höfen der Ordensbrüder, sofern dieser Dienst um Gotteslohn geschehen würde. Von außen betrachtet, ist das natürlich eine Frechheit, die Leute schuften zu lassen, ihnen nichts dafür zu geben und sie auf die ewige Seligkeit zu verweisen. Aber die Zeiten, sie waren nun einmal nicht anders, und der Deutsche Orden wie auch der Heilige Stuhl wußten in jedem Fall, wo ihr Vorteil lag.

Der Markgraf von Meißen erscheint also zur angekündigten Zeit an der Weichsel, mit ihm das stattliche Aufgebot von fünfhundert Rittern und viel Volk, das sich im Ordensland ansiedeln will. Er und Hermann Balk machen sich weichselabwärts auf den Weg, um den begonnenen Kriegszug gegen die Pomesanier fortzusetzen.

Von denen ist aber im Augenblick nichts zu sehen; sie sind in die Wälder geflüchtet und halten sich versteckt. Das Kreuzheer kann Burg um Burg erobern. Wer sich freiwillig ergibt, behält wenigstens sein Leben, was ja nicht unbedingt selbstverständlich ist, und wird sofort von den Priestern, die im Troß mitreisen, getauft.

So erobert man allmählich das gesamte östliche Weichselufer, will dann weiter zum Haff, das man in nordöstlicher Richtung bis zur Preußenburg Honeda befahren will. Selbstverständlich soll diese Burg eingenommen werden – und es wird deutlich, welche strategischen Pläne Landmeister Hermann Balk verfolgt: Es sind die Wasserwege, an denen entlang er zunächst seine Befestigungswerke baut, um dann von diesen Stützpunkten aus ins Landesinnere vorzudringen. Flüsse und Seen sind im übrigen die einzigen sicheren Verkehrsadern, die verhältnismäßig schnelle Vorstöße und auch Rückzüge ermöglichen. Außerdem kann auf ihnen, was auf dem Landweg so ohne weiteres nicht möglich ist, viel Baumaterial und Truppen befördert werden.

Das Kreuzheer umgeht zunächst Pogesanien. Es kann auch gar nicht anders, denn das Haupteinfallstor in dieses Land ist durch den Drausensee geschützt, dem natürlichen Sperriegel Pogesaniens. Kreuzfahrer Heinrich von Meißen läßt zwei Schiffe bauen, die »Friedland« und die »Pilgrim«. Auf diesen Schiffen wird nun das gesamte Baumaterial verladen, das man für die Anlage einer ersten Befestigung auf pogesanischem Gebiet benötigt. Hermann Balk läßt sie bis in die Gegend des alten Handelsplatzes Truso segeln. Vor einer Insel im Fluß

Elbing sollen sie vor Anker gehen, da die Burg auf diesem Eiland errichtet werden soll. Sie ist die Keimzelle der späteren Stadt Elbing. Balk selbst kommt mit dem Heereszug hinterher.

Man schreibt inzwischen das Jahr 1237, und das Kreuzzugsgelübde Heinrichs von Meißen läuft ab. Er kehrt in die Heimat zurück, läßt aber große Truppenkontingente und Ausrüstung in Preußen zurück.

Über die Kämpfe der Ritter mit den Pogesaniern ist nicht viel bekannt. Statt dessen kolportieren die Chronisten ein Mirakel: Das Ordensheer und das Aufgebot der Pogesanier stehen sich gegenüber. Plötzlich drehen sich die Heiden um und verlassen fluchtartig das Schlachtfeld. Sie verschwinden in den Wäldern. Das verblüffte Ordensheer weiß gar nicht, was soeben geschehen ist, kann aber einen der Gegner in seine Gewalt bringen. Der berichtet nun zum Erstaunen der Ordensleute, sie, die Pogesanier, hätten vor lauter Ordensrittern kein Schlachtfeld mehr gesehen – und vor dieser gewaltigen Macht seien sie nun zurückgewichen. Die Chronisten, darunter auch unser Peter von Dusburg, nahmen keinen Anstand, die Unterwerfung der Pogesanier diesem gottgefälligen Ereignis zuzuschreiben.

Todbringende Keulen

In ebenjenem Jahr bestätigt der Papst auch die Vereinigung des livländischen Schwertbrüderordens mit dem Deutschen Orden in Preußen. Hermann von Salza versetzt seinen fähigsten Mann, Hermann Balk, nach Livland, obwohl die Eroberung der weiteren preußischen Gaue Warmien, Natangen und Barten noch auf dem Programm steht. Der Landmeister fügt sich selbstverständlich, läßt aber seine Befehle zurück, was während seiner Abwesenheit weiter zu geschehen habe: Man segele mit den Schiffen vom neugegründeten Elbing auf das Frische Haff hinaus, hoch bis zur Burg Honeda, und erobere dieselbe.

Unweit von Honeda in Warmien legen die Ritter an, allerdings ist ihre Zahl zu gering für eine Erstürmung der Burg. So vertreiben sie sich die Zeit mit der Plünderung der umliegenden Dörfer. Ein schwerer taktischer Fehler, wie sich alsbald herausstellt, denn die Warmier, die sich zunächst in Sicherheit gebracht hatten, sammeln sich jetzt wieder, worauf die Burgmannschaft einen Ausfall macht – und alle Ordensritter und begleitende Kriegsleute werden mit Keulen erschlagen. Einzig die Schiffe mit ihrer geringen Besatzung können sich zurück nach Elbing retten.

Für zwei Jahre hat Honeda nun Ruhe.

Erst 1239 erscheinen die Ordensritter wieder vor der Burg und beginnen mit einer erneuten Belagerung. Es ist ein bewegtes Jahr für den Orden: Zunächst stirbt Landmeister Hermann Balk, dann der Ordenshochmeister Hermann von Salza. Das Ordenskapital wählt Konrad von Thüringen zum Nachfolger Salzas. Den Feldzug nach Honeda befehligt nun Ordensmarschall Dietrich von Bernheim, auch er, wie Hermann Balk, ein Mann der ersten Stunde, auch er ein erprobter Waffengefährte seines Landmeisters. Bernheim weiß, was ihn erwartet; er rückt mit Sturmleitern und anderem Belagerungsgerät heran. Wie es so zu sein pflegt, macht die Burgbesatzung daraufhin einen Ausfall, vor der Feste kämpft man heftig miteinander, die Preußen müssen zurückweichen, können aber verhindern, daß die Ordensritter in die Burg eindringen. Bernheim ändert die Belagerungstaktik; er richtet sich jetzt auf Dauer ein und versucht, die Burgbesatzung durch Aushungern zu zermürben.

Der preußische Burghauptmann Kodrune will das Schlimmste verhindern und bietet Übergabe sowie Taufe gegen freien Abzug an. Kaum aber hat er seinen Plan den eigenen Leuten verkündigt, schwingen die ihre Keulen und hauen den Mann nieder. Die Belagerer nutzen die Gunst des Augenblicks und stürmen mit äußerster Anstrengung die Burg.

Honeda, jetzt vom Deutschen Orden Balga genannt, ist insofern sehr wichtig, weil es das Einfallstor in die nordöstlichen Landschaften Preußens bildet. Es ist ein sicherer und fe-

Balga am Frischen Haff. Kupferstich aus dem 17. Jahrhundert

ster Stützpunkt für die Ritter, die sich nun ihren Nachschub über das Haff herbeischaffen können. Über die Wasserstrecke ist auch die Verbindung zu den bereits eroberten Landschaften ständig gewährleistet.

Um die strategische Bedeutung der Burg wissen auch die Bewohner Warmiens – und sie setzen alles daran, sie wieder zurückzuerobern. In Windeseile bringen sie ein bedeutendes Kriegsheer auf die Beine, angeführt von einem gewissen Piopso, und sie rücken nun auf die Feste vor, um sie zu belagern. »Und da er das Haupt der übrigen war, wollte er sich auch als Anführer im Kriege vor den anderen kämpfend hervortun. Als er sich der Burg näherte, wurde er von dem Geschoß eines Bruders durchbohrt, fiel zu Boden und starb. Das versetzte die anderen in Schrecken, und sie zogen unverrichteter Dinge wieder ab«, weiß Chronist Peter von Dusburg.

Hoffnung für Warmien

Die Angst, die ihnen die Ordensritter einflößen, oder auch die Einsicht, es hier mit einem schier unüberwindlichen Gegner zu tun zu haben, bringen viele preußische Adlige dazu, zu den Rittern überzugehen und sich mit Weib und Kind taufen zu lassen. Dabei erfährt der Orden, daß man die Rückeroberung noch keineswegs aufgegeben habe, dies um so weniger, als eine neue Familie, die der Glottiner, an die Spitze der Warmier getreten sei.

Der Orden nimmt es zunächst noch gelassen, muß dann aber erfahren, daß es diesen Leuten tatsächlich gelingt, große Kontingente aufzustellen, mit denen sie dann auf Balga vorrücken. In aller Eile errichtet der Orden weitere Befestigungswerke, verstärkt die Burg und wartet in etwas bedrückter Stimmung, was wohl passieren wird.

Die Außenwerke werden von den Preußen alsbald erobert – und sie bauen ihrerseits Schanzen, um die Burg mit den Ordensrittern darin fest einzuschließen. Die Schanzarbeiten zu verhindern ist den Ordensrittern nicht möglich – binnen kurzem sind sie eingeschlossen und müssen zusehen, wie sie mit dem Nötigsten versorgt werden. Der Zugang zum Haff ist versperrt, und die Not wird allmählich so groß, daß die Besatzung daran denkt, die Burg aufzugeben und anzuzünden, als plötzlich auf unerwartete Weise berittener Beistand kommt. Es naht die Rettung – Herzog Otto von Braunschweig rückt an; er unternimmt im Winter 1239 einen Kreuzzug nach Preußen. Nicht nur das; er steht an der »Spitze von siebenhundert Lanzen und einer großen Pilgerschar«, wie es heißt.

Die Belagerer von Balga werden nun ihrerseits eingeschlossen. Sie aber militärisch niederzuzwingen erweist sich als unmöglich. Woraufhin Otto von Braunschweig und die Burgbesatzung durch einen geheimen Boten das bekannte Schurkenstück von Intrige und Verrat inszenieren ...

Ein zu den Ordensleuten übergelaufener preußischer Adliger begibt sich unter dem Schein der Flucht in das Lager seiner Landsleute. Dort berichtet er, wie der Historiker des Preußenlandes, Lucas David, in der Mitte des 16. Jahrhunderts weiß: »Ich habe alle Sitten und Gebräuche der Deutschen kennengelernt. Es sind fromme und gutgesinnte Menschen, aber Balga werden sie nicht behaupten können. Schon seit Wochen hungern sie ganz schrecklich, ihre Hoffnung auf Rettung und Hilfe aus Elbing und aus Deutschland ist vergeblich. Hilfe freilich könnte bald kommen, darum ist es jetzt an der Zeit, die Not der Ritter auszunutzen, um die Burg zu gewinnen. Deshalb rate ich, macht euch auf, zieht Krieger aus Natangen, Warmien und aus dem Barterland heran, ich selbst gehe zur Burg zurück, mir wird die Wache dort anvertraut, wenn ihr dann zum Sturm herankommt, gebe ich euch das Zeichen, wo ihr die Burg erobern könnt.« So spricht der vorgebliche Verräter, und die Preußen glauben ihm.

Natürlich verlieren sie den Kampf. Eingekeilt zwischen der Burgbesatzung, die einen Ausfall unternimmt, und den Truppen Ottos von Braunschweig, werden sie aufgerieben und müssen sich seitwärts in die Büsche schlagen. Otto nutzt das aus: Er erobert gleich noch andere Burgen in der Nähe und beschließt dann, ein Jahr lang auf Balga zu verbringen.

Von dort aus unternimmt er viele Kriegszüge in das umliegende Land, trifft aber nirgendwo auf bedeutenden Widerstand. Er läßt auch Burgen zur Sicherung dieser Gebiete anlegen; viele der nachmals bekannten Festungswerke entstehen auf diese Weise, zum Beispiel Heilsberg und Kreuzburg. Ein Jahr später dann zieht Otto zurück nach Deutschland; er versorgt den Orden mit Lebensmitteln für ein Jahr, läßt Waffen und Pferde zurück, vergißt auch nicht, zwei Jäger im Ordensland zu lassen nebst den Jagdhunden.

Ein Paulus wird wieder Saulus

Swantopolk, der Herzog von Pomerellen, der ja zu Beginn der Eroberung Preußens fleißig mitgemacht hatte, geht im Laufe dieser Zeit auf Distanz zu dem Deutschen Orden.

Noch ist nichts davon zu spüren, jedenfalls äußerlich nicht, aber die Reserviertheit nimmt zu. Sie wird sich in offene Feindschaft verwandeln.

Die Gründe für diesen Gesinnungswandel sind einleuchtend. Mit der wachsenden Ausbreitung der Deutschen, das heißt der ständigen Vergrößerung des Territoriums, das unter die Herrschaft der Ritter gerät, muß der Orden zwangsläufig in den Gegensatz zu den Herzögen westlich der Weichsel geraten. Zum Beispiel Pomerellen: Es ist zunächst politisch völlig unabhängig von den übrigen polnischen Herzogtümern, bevor das Land von Deutschland her missioniert und auch von der Ostsiedlung erfaßt wird. Die Pomerellen selbst gehören zu den Slawen, sie sprechen das Kaschubische, eine dem Polnischen verwandte Sprache. Die neuen Siedler, die aus Deutschland zugezogen sind, haben vielfach Städte gegründet, denen das deutsche Recht verliehen worden ist, oder sie haben sich in bereits bestehenden Städten niedergelassen und hierdurch stark erweitert. Danzig ist hierfür ein Beispiel.

Wenn die Entwicklung weiter so verläuft, steht auch Pomerellen vor dem Problem, sich ausweiten zu müssen – die Frage ist nur, wohin. Der Weg über die Weichsel ist versperrt, denn dort hat der Deutsche Orden bereits seine Herrschaft begründet. Und eine Ausweitung in die anderen polnischen Teilfürstentümer hinein verbietet sich von selbst. Swantopolk sieht also allmählich, wohin die Reise für ihn geht, er bemerkt, daß die Möglichkeiten zu eigener Expansion arg gestutzt sind. Das kann er und das will er auf Dauer nicht hinnehmen.

Swantopolk ist Herzog des unabhängigen polnischen Teilfürstentums Pomerellen. Durch väterliches Testament ist er Herr über das Gebiet von Danzig geworden; seine drei Brüder Sambor, Wratislaw und Ratibor teilen sich in das übrige Gebiet. Wie immer in solchen Fällen, bleibt der Streit unter den Geschwistern nicht aus. Als Wratislaw stirbt, zieht Swantopolk dessen Erbe für sich ein; Proteste der anderen nützen nichts. Im Gegenteil: Swantopolk, ein machtbewußter Herrscher, versucht, Sambor und Ratibor zu vertreiben. Die aber wenden sich in ihrer Not um Hilfe an den Deutschen Orden, der durchaus geneigt ist, den in Bedrängnis geratenen Fürsten zu helfen. Er ahnt, daß er seinen Schnitt dabei machen wird.

Herzog Swantopolk ist daher gezwungen, sich seinerseits Verbündete zu suchen, und er findet sie in den Preußen. Die Koalition von Swantopolk und den Preußen ist sozusagen naturgegeben: Beide betrachten den Deutschen Orden als ihren Gegner, wenn auch aus unterschiedlichen Motiven. Für den Herzog ergibt sich die Möglichkeit, den Haß der Preußen auf den Orden zu schüren, und er selbst kann mit ihrer Hilfe seine unachtsame Politik möglicherweise wieder korrigieren.

Ein Zusammengehen der beiden Mächte liegt auch deswegen nahe, weil die Preußen sich bei Swantopolk über die Härte und Grausamkeiten und nicht zuletzt die Unerbittlichkeit des Deutschen Ordens bitterlich beklagen. So hatte der Papst in der Bulle von 1237, in der er die Vereinigung der Schwertbrüder mit dem Deutschen Orden genehmigte, zwar ausdrücklich die Hoffnung ausgesprochen, daß den Unterworfenen und Bekehrten keine Rechte beschnitten werden – aber in Preußen gilt das Recht des Siegers. Und das bedeutet nur zu häufig Knechtung.

Swantopolk kann sich also zum Anwalt der Preußen aufwerfen; er wendet sich in diesem Sinn an den Landmeister Heinrich von Weida. Den interessiert das alles gar nicht; er bekommt einen Wutanfall, als sich Swantopolk höchstselbst bei ihm meldet und auf die Mißstände hinweist, beschimpft ihn als »Meuterer« und läßt ihn dann unverrichteter Dinge wieder seiner Wege ziehen. Der Pomerellenherzog veranlaßt nun die Preußen, eine Gesandtschaft nach Rom zu schicken, und beordert auch seinerseits einen Botschafter dorthin.

Die Klagen, die der Papst sich anhören muß, sind immerhin so schwer, daß Hochmeister Konrad von Thüringen sich höchstselbst in die Ewige Stadt begeben muß, um dort den Orden zu verteidigen.

Viel kann er leider nicht ausrichten; er stirbt überraschend am 24. Juli 1241. Die preußische Gesandtschaft und Swantopolks Mannen können keinerlei Vorteil daraus ziehen, denn schon einen Monat später, am 21. August, weilt auch Papst Gregor IX. nicht mehr unter den Lebenden. Und er wäre schließlich derjenige gewesen, der den Preußen hätte zu ihrem Recht verhelfen können.

Ohne jedes Ergebnis kehrt man nach Hause zurück. Dem Deutschen Orden gegenüber gibt sich Swantopolk jetzt wieder neutral, was ihn jedoch nicht daran hindert, seine Burgen Schwetz und Sartowitz stark zu befestigen und dort jeweils eine kampfkräftige Mannschaft als Drohung für den Orden hineinzulegen. Außerdem sperrt er die Weichsel für die Versorgungsschiffe des Deutschen Ordens. Das sind massive Feindseligkeiten, das ist der Beginn eines Krieges, der sich über Jahre erstrecken und den Orden zunächst alle bisher eroberten Gebiete kosten wird.

»Alle vereinigten Preußen standen auf wie ein Mann«, muß selbst Ordenschronist Peter von Dusburg voller Hochachtung zugeben. In der Tat: Es scheint ein allgemeiner Volksaufstand gewesen zu sein, der sich wie ein Flächenbrand im Jahre 1242 über Preußen ausbreitet. Die Verheerungen sind entsetzlich. Alle Burgen bis auf Balga und Elbing werden gestürmt und ihre Besatzungen samt den Menschen, die sich in die Burgen haben flüchten können, erschlagen.

Dann greift der Aufstand nach Pomesanien und ins Kulmerland über; diesen Ländern geht es nicht anders. Alles wird vernichtet, alles zerstört, einzig die Burgen Thorn, Kulm und Rheden können standhalten. Für den Orden scheint der Osten verloren, das letzte Stündlein des Ordensstaates gekommen. Auf fünf Burgen sind die Ordensritter und die Flüchtlinge eingepfercht; Rettung ist nicht in Sicht.

Es ist der in Ehren ergraute, alt gewordene und schon im Ruhestand befindliche Marschall Dietrich von Bernheim, der die Initiative ergreift. Er sitzt eingeschlossen auf der Burg Kulm, hat aber auskundschaften können, daß Swantopolks Burg Sartowitz am westlichen Ufer im Augenblick nur schwach besetzt ist. Es ist mehr ein Akt der Verzweiflung als der Klugheit, was der Haudegen (»ein Odysseus im Geiste, ein Hektor in Tapferkeit«, so Dusburg) plant. Er will die Burg erobern, will zeigen, daß der Orden keineswegs am Ende ist, und er will Swantopolk zwingen, Truppen abzuziehen, um seine eigene Burg zu verteidigen.

Es ist ein kühnes Unternehmen, und der Erfolg ist mehr als fraglich. Aber Bernheim ist ein alter Fuchs. In einer Winternacht Anfang Dezember 1242, am Vorabend des St.-Barbara-Tages, rückt er, so leise und unauffällig es eben geht, mit vier seiner Ritter und vierundzwanzig anderen Kämpfern aus und setzt mit bereitgehaltenen Kähnen über die Weichsel. Das Trüpplein sucht sich einen schwierigen Aufstieg zur Burg, dort, wo die Besatzung wohl kaum einen herannahenden Feind vermutet. Der Überraschungseffekt ist dann auch ganz auf der Seite der Ritter. Ein wütender Kampf entbrennt, an dessen Ende aber die Deutschen Sieger bleiben – der Handstreich gelingt also.

Fast die gesamte Burgmannschaft wird erschlagen; einigen glückt zwar die Flucht, aber eine große Anzahl Frauen gerät in Gefangenschaft; sie werden gefesselt, wie die Chronisten berichten. Danach plündert man die Burg, findet beträchtliche Schätze und ist hocherfreut, unter diesen auch den Kopf der heiligen Barbara zu entdecken, aufbewahrt in einem Schrein mit einer silbernen Dose.

Die Ordensritter sind entzückt. Bernheim kann sich kaum einen schöneren Tag in seinem Leben denken. Er läßt eine Besatzung zurück und macht sich wieder auf den Weg nach Kulm, den Kopf der heiligen Barbara im Gepäck.

»Das Heiligtum gebenedeit,
und trug es in der Zeit
auf die Burg durch Sicherheit,
da es in hoher Würdigkeit
rastet bis an diese Frist.
Die Burg der alten Kulmen ist.«

So besingt Chronist Jeroschin den Empfang des Barbarakopfes. Etwas länger als zwei Jahrhunderte wird er dort aufbewahrt, um dann im Verlaufe des Niedergangs des Deutschen Ordens nach Königsberg gebracht zu werden.

Die Burg Sartowitz in den Händen des Deutschen Ordens – das kann Swantopolk natürlich nicht auf sich sitzen lassen. Er versucht, die Burg zurückzuerobern, aber vergeblich. Das ist natürlich nicht nach seinem Geschmack, aber da er nun einmal gerüstet hat, unternimmt er einen Kriegszug ins Kulmerland, versäumt es auch nicht, Belagerungstruppen vor Sartowitz zurückzulassen. Die sind jedoch schwach, zu schwach, um einem plötzlichen Angriff Bernheims zu widerstehen: Der Ordensmarschall jagt das Belagerungsheer in die Flucht. Neunhundert Tote soll es dabei gegeben haben.

Obwohl er sich deswegen keinen Vorwurf zu machen hätte, gerät Swantopolk allmählich ins politische Abseits. Zunächst einmal agitiert der päpstliche Legat – es ist immer noch Wilhelm von Modena – mit Erfolg gegen ihn: Er kann die polnischen Herzöge von Krakau und Sandomir zu einem Bündnis gegen Swantopolk vereinigen. Daß der Deutsche Orden auf deren Seite steht, ist selbstverständlich. Hinzu kommt, daß im Juni 1243 endlich der neue Papst gewählt wird. Es ist Innozenz IV. – und der ist ein Gönner der Deutschordensritter.

Als er noch Sinibald Fiesco hieß und Kardinal war, zählte Hermann von Salza zu seinen Freunden. Innozenz läßt nun sofort wieder zum Kreuzzug predigen. Es ist immer das gleiche: Das Füllhorn päpstlicher Gnaden wird über den Kreuzfahrer ausgeschüttet, egal ob er nach Preußen oder nach Jerusalem fahren würde, »was der Eifer im Streite fordert und die Anordnung der Kriegsführung verlangt, darin folgt sorgsam den Brüdern des Hospitals von St. Marien, auf daß durch euch und die Kämpfer Christi die Verächter des christlichen Namens leicht zertreten werden und euch der Ruhm des Triumphes und endlich durch die milde Rechte des Schöpfers der Welt die Palme himmlischer Belohnungen zufalle«, psalmodiert der Papst in einem Schreiben an die Kreuzritter vor Ort in Preußen.

Der Friede von Christburg

Der Kreuzzug gilt zwar nicht Swantopolk, dennoch birgt er unübersehbare Gefahren auch für ihn, sind die Kreuzritter erst einmal im Land. Die päpstlichen Aktivitäten – besser die Wilhelms von Modena – bleiben nicht ohne Wirkung: Swantopolk entschließt sich zum Frieden. Der Legat als Vermittler bringt es zuwege, daß der Deutsche Orden seine Beute an Swantopolk zurückgibt. Der Herzog selbst überläßt die Burg Sartowitz als Pfand und stellt seinen ältesten Sohn Mestwin sowie andere pomerellesche Edle als Geiseln.

Der Krieg mit Swantopolk ist also beendet, jedenfalls fürs erste, der Krieg mit den Preußen geht weiter. Ein stattliches Heer haben sie am Rensensee versammelt, dicht bei Kulm an der Weichsel. Entgegen dem Rat Dietrichs von Bernheim läßt sich das Ordensheer auf einen Kampf ein und kassiert eine vernichtende Niederlage. Der alte Ordensmarschall und sein Nachfolger Berlewin finden dabei den Tod.

Swantopolks alter Kampfgeist flammt wieder auf: Bei den Burgen Schwetz (gegenüber Kulm) und Zantir (am Weichselunterlauf) baut er Sperren quer über den Strom – die Versorgung der Ordensburgen ist damit gefährdet. Der Herzog kann beinahe Elbing überrumpeln, wagt dann aber doch keinen Sturm auf die Burg, sondern zieht ab.

Dringende Hilferufe des Ordens gehen ins Reich – und tatsächlich: Es erscheinen zehn Brüder und zehn berittene Schützen. Das ist gewiß nicht viel, aber jeder Arm, der eine Waffe tragen kann, ist hochwillkommen. Der Bruder des Landmeisters, Heinrich von Weida, ist dabei; ihm gelingt es, mit drei vollbeladenen Schiffen die Sperre bei Zantir zu durchbrechen. Dies glückt ihm auch ein zweites Mal, und bei den Kämpfen, die dabei stattfinden, soll er nicht mehr als einen Backenzahn verloren haben. Dietrich von Grüningen, der 1245 livländischer und später preußischer Landmeister wird, hat weniger Fortune; er versucht vergeblich, die Burg Schwetz zu nehmen. – Durchschlagende Erfolge kann keine Seite erringen.

Eine wirkliche Wende tritt erst im Jahr darauf, 1246, ein, als neue Kreuzfahrer nach Preußen einrücken. Das Heer durchzieht neun Tage lang Pomerellen und verwüstet das Land; Swantopolk wagt keinen Kampf, hält sich im Hintergrund, folgt dem Kreuzfahrerheer aber auf dem Fuße. Kurze Zeit später berichten ihm Späher, sein eigenes Heer sei fast doppelt so groß wie das des Gegners; woraufsich Swantopolk zum Angriff entschließt.

Am Vorabend des Kampfes trommelt der Herzog sein Heer zusammen und hält vor ihm eine große Ansprache. Er spricht von der Stärke seiner Macht und von der Schwäche des Feindes, er ermuntert zur Tapferkeit im Kampfe und erinnert an die Knechtschaft, mit welcher die Ordensherren das Nachbarland gefesselt haben. Seine Rede endet mit den Worten: »Am morgigen Tag werden wir es erringen, daß die Pommern und Preußen auf immerdar von dem deutschen Joche erlöst werden.« – Peter von Dusburg hat mitstenographiert.

Der Kampf beginnt. Zunächst jagt die pommersche Reiterei dem Deutschen Orden den Raub ab, den er unterwegs gemacht hat; er besteht vor allem aus großen Viehherden und Pferden. Die Bewacher werden überwältigt und niedergemacht. Der zur Hilfe entsandte Truchseß Drusinger hat den Befehl, den pommerschen Reitern die Beute wieder zu entreißen, sieht aber die Erschlagenen und bemerkt das anrückende Heer des Herzogs; woraufhin er beschließt, daß Vorsicht der bessere Teil der Tapferkeit sei und Richtung Thorn entweicht.

Swantopolk hat sich inzwischen eine neue Kriegstaktik ausgedacht: Er läßt etwa tausend seiner Reiter absitzen – sie sollen die gegnerischen Ritter so dicht heranreiten lassen, daß sie deren Rosse abstechen können. Der Herzog weiß sehr wohl, daß ein schwergepanzerter Ritter zu Fuß viel zu plump ist, um sich wirkungsvoll zu wehren – eine leichte Beute also für die eigene Reiterei.

Aber es kommt ganz anders: Der gegnerische Befehlshaber bemerkt die List, befiehlt sofort Attacke, ehe noch die pomerellischen Reiter vom Pferd gestiegen sind, und erringt einen glänzenden Sieg.

Nach anfänglichen Friedensbeteuerungen Swantopolks gehen die Kämpfe weiter. Inzwischen ist aber die römische Kurie tätig geworden, und Papstlegat Wilhelm von Modena gelingt es, endlich zwischen den streitenden Parteien zu vermitteln: Man schließt 1249 den sogenannten Frieden von Christburg.

Er besteht aus zwei Verträgen, dem zwischen Swantopolk und dem Deutschen Orden und einem anderen zwischen Preußen und dem Deutschen Orden. Letzterer behandelt die Preußen als gleichberechtigt und nicht etwa, was naheliegt, als Apostaten, als Leute also, die vom christlichen Glauben wieder in ihr Heidentum zurückgefallen sind und darum der Vernichtung preisgegeben sein würden. Ihnen werden bestimmte Freiheiten garantiert wie zum Beispiel freies Besitz-, Erb- und Gerichtsverfahrensrecht, so, wie es die deutschen Neusiedler auch haben. Preußen können darüber hinaus in den Dienst des Klerus treten und Geistliche werden – damit ist ihnen auch die persönliche Freiheit garantiert. Stammen sie aus adliger Familie, können sie – man höre und staune – sogar Ritter werden. Allerdings werden auch bestimmte Bedingungen aufgestellt, so diese: Wer künftig vom Christentum beziehungsweise der Herrschaft des Deutschen Ritterordens abfalle, verliere die Freiheit. Es ist ein Danaergeschenk: Beim Widerstand gegen den Orden droht also der Verlust der Freiheit.

Die Preußen sollten das noch zu spüren bekommen ...

Kapitel 7
Die Jahre von 1249 bis 1283

Die Preußen in Not

Der Friede von Christburg gewährt beiden Seiten eine Atempause. Der Deutsche Orden hat jetzt im westlichen Preußen zunächst einmal Ruhe. Als nächstes steht er vor der Aufgabe, die Verbindung zwischen den preußischen und livländischen Ordensländern herzustellen. Das bedeutet: Das gesamte Gebiet zwischen Pregel und Memel muß unterworfen werden. Was wiederum Krieg heißt gegen die preußischen Samländer und – schlimmer noch – gegen die litauischen Samaiten. Das alleine würde schon genügen, den Orden in Atem zu halten, denn die Samaiten gelten als ein außerordentlich kriegerisches Volk. Hinter den Samaiten aber warten die Litauer, und die zu bezwingen wird sich der Deutsche Orden vergeblich bemühen ...

Zunächst aber geht es frohgemut gegen die Samländer, und zwar etwa zeitgleich von Norden und Süden. Der Landmeister von Livland, Andreas von Stierland, beginnt mit dem Bau von Burg und Stadt Memel. Die Samländer erkennen die Gefahr, rücken mit einem mächtigen Heer an, können aber zurückgeschlagen werden.

Die Samländer sind kluge Leute. Sie wollen wissen, mit welch einem Gegner sie es demnächst zu tun bekommen. Ordenschronist Peter von Dusburg erzählt dazu diese hübsche Geschichte: Bald nachdem die Burg Balga gebaut war, sandten die Samländer einen ihrer Ältesten in die Burg hinüber, um sich zu erkundigen, wie es wohl mit den Sitten und dem Leben der Ordensritter bestellt wäre. Auf Balga wußte man

Bescheid: Man nahm den Mann freundlich auf, zeigte ihm den Remter (also den Speisesaal), das Schlafgemach und die Kirche und machte ihn überhaupt mit allem bekannt. Woraufhin der Samländer zu den Seinen zurückkehrte und ihnen erzählte, die Ritter seien gerade solche Menschen wie sie. Sie hätten genau solche weichen Bäuche wie sie (was sie bislang wohl nicht geglaubt hatten wegen der Brustharnische), seien darüber hinaus mit ihren Waffen, in ihren Speisen und anderen Dingen mit ihnen, den Samländern, ziemlich gleich. Nur eine ganz gefährliche Gewohnheit hätten sie: Jede Nacht stünden sie von ihrem Lager auf und begäben sich ins Bethaus, wo sie, wie auch sonst mehrmals am Tage, ihrem Gott die Ehre geben würden. Was sie, die Samländer, bekanntermaßen nicht täten. »Daher werden sie uns im Kampfe ohne Zögern überwinden«, zitiert Dusburg den Mann. Eine besondere Essensgewohnheit schien dem freundlichen Kundschafter ebenfalls nicht geheuer, ja, er fand sie sogar ausgesprochen bedrohlich: Er hatte gesehen, daß die Ritter Kohl aßen, und er machte sich seine Gedanken: »Sie essen auch Grünzeug wie das Pferd und das Maultier. Wer kann Männern widerstehen, die in der Wildnis ohne Mühe Nahrung finden?«

Kurz und schmerzhaft

Die Probe aufs Exempel sollte alsbald folgen. 1253 beginnt der Deutsche Orden die Invasion, angeführt von Heinrich Stange, dem Komtur zu Christburg. Er zieht über das zugefrorene Frische Haff nordwärts, findet zunächst keinen Widerstand, als plötzlich die Heerhaufen hervorbrechen und die Ordensritter in die Flucht jagen. Ritter Heinrich Stange fällt vom Pferd und wird mit Keulen erschlagen.

Den Verantwortlichen im Ordensland und anderswo ist klar, daß hier ohne neuen Kreuzzug nichts zu machen ist. Da trifft es sich ganz hervorragend, daß König Ottokar II. von Böhmen (1253 bis 1278) sein Kommen ankündigt. Bischof Bruno von Olmütz reist ihm voraus, ein Schreiben seines Königs in der Tasche, das wie folgt lautet: »Wir fühlen uns berufen, Euch insgesamt zur Teilnahme an dem Ruhme der christlichen Erlösung aufzufordern und zu ermuntern, auf daß in Euch der Eifer erwache, Euch die Lehre des Christentums zuzueignen und die heilige Taufe im Namen Jesu Christi des Erlösers zu empfangen. Um das Heil Eurer Seelen zu gewinnen, sind wir entschlossen, im künftigen Winter nach Eurem Lande zu kommen und für Euer Heil zu sorgen.«

Anfang des Jahres 1255 trifft Ottokar tatsächlich mit seinem Kreuzheer an der Weichsel ein. Ein glänzendes Aufgebot ist es, was sich da aufgemacht hat, den Heiden aufs Haupt zu schlagen. Sie kommen aus Böhmen, aus Mähren, aus Österreich; unter ihnen ist der spätere König, Graf Rudolf von Habsburg; der Markgraf Otto von Brandenburg ist mit von der Partie; Streitkräfte aus den Bistümern Kulm und Warmien haben sich hinzugesellt – insgesamt soll der Heerbann über 60 000 Mann gezählt haben. Wahrscheinlich ist das aber zu hochgegriffen.

König Ottokar fackelt nicht lange. Getreu dem Grundsatz »Taufe oder Tod« macht er nieder, was sich ihm in den Weg stellt, sofern es abgelehnt wird, sich taufen zu lassen. Er rottet auf diese Weise ganze Landstriche aus. Kriegführung in einem gewohnten Sinn ist das nicht mehr; es ist ein Ausrottungsfeldzug, wie ihn die Preußen bis dahin nicht gesehen haben. In Windeseile hat sich herumgesprochen, wessen die christlichen Krieger fähig sind, und viele der preußischen Adligen ziehen es vor, sich und die Ihren taufen zu lassen.

Die Aktionen laufen immer nach dem gleichen Schema ab. Die militärisch überlegenen Kreuzritter belagern eine Heidenburg, wie zum Beispiel eine in der Nähe von Rudau gelegene, in die sich die Anführer der Samländer geflüchtet haben. Die Burgbesatzung kann den anfangs entschlossenen Widerstand nicht durchhalten, das Ende ist abzusehen, der samländische Anführer entschließt sich, eine Delegation zu König Ottokar zu schicken, und bietet Übergabe an, sofern man ihr Leben schone. Ottokar antwortet, daß er ein christlicher König sei und daß er das gegebene Wort halten werde – immerhin eine rühmliche Ausnahme unter den christlichen Heerführern. Siehe Palästina.

Ottokar hält tatsächlich Wort, als sich am anderen Morgen die Burgbesatzung auf Gedeih und Verderb dem böhmischen König ergibt. Taufe war die erste Bedingung gewesen, die Ottokar gestellt hatte, und sie hatten versprochen, die Taufe anzunehmen. Bischof Bruno von Olmütz vollzieht sie sofort, und König Ottokar höchstselbst steht Gevatter. Dem ersten der samländischen Adligen verleiht er gleich den christlichen Namen »Ottokar«. Desgleichen tut auch der Markgraf Otto von Brandenburg: Der Böhme beschenkt die beiden Neubekehrten mit kostbaren Kleidern und begrüßt sie als christliche Brüder.

Bischof Bruno hat zu tun wie lange nicht mehr. Überall, wo der christliche Heerbann hinzieht, kommen ihm schon die maßgeblichen Leute Samlands entgegen und wollen sich taufen lassen. Ottokars Schreckenszug zeigt Wirkung. »Danach kam er in die Gebiete Quednau, Waldau, Kaymen und Tapiau, und damit er hier nicht ebensolche Verwüstungen anrichte wie in den anderen Gebieten, übergaben ihm die einzelnen Samländer ihre Söhne als Geiseln und verpflichteten sich bei Todesstrafe, den Geboten des Glaubens und der Brüder demütig zu gehorchen« (Dusburg).

Zum Abschluß seines kurzen – er dauerte nur rund einen Monat –, aber aus christlicher Sicht höchst erfolgreichen Kreuzzugs läßt Ottokar auf der bewaldeten Berghöhe namens Twangste in der Nähe der Pregelmündung eine Burg anlegen. Er stiftet den Ordensrittern zu ihrem Aufbau das Notwendige und übergibt ihnen auch die von den Samländern gestellten Geiseln. Noch im Januar 1255 kehrt er mit stolzgeschwellter Brust in sein Königreich zurück. Er kann nun sagen, er habe das ganze Volk der Samländer der christlichen Taufe zugeführt – und in der Tat rühmt er sich noch später gern damit, die Grenzen des Christentums weit hinausgeschoben zu haben. So weit nämlich, daß die baltischen Gewässer mit dem Adriatischen Meer verbunden worden seien. Dies aus einer böhmischen Chronik.

Der Burgenbau beginnt. Man arbeitet zügig und nennt den Ort zu Ehren seines Stifters »Königsberg« – ein Ort, der dank seiner günstigen Lage bald zu einem der wichtigsten Handelsplätze im Ordensland wird.

Die Rache der Samländer läßt nicht lange auf sich warten. Der Orden begeht dann auch noch den Fehler, sie mit drückenden Abgaben zu belegen. Das wird als unbillige Knechtschaft empfunden und reizt die Gemüter zum Widerstand.

Was der Orden befürchtet, tritt ein: Die Samländer greifen Memelburg an, haben aber keinen Erfolg damit. Der Deutsche Orden, in dem Gebiet noch sehr schwach vertreten, bekommt Hilfe aus Livland.

Allmählich und sehr mühsam gelingt es dann, die Aufständischen zurückzudrängen und niederzuzwingen. Eine sichere Erkenntnis bringt diese Erhebung dem Deutschen Orden, der er sich nicht verschließen kann: Er hat zu wenig Ritter, er kann nicht genügend Krieger aufbieten, um ein so großes Gebiet wie das Samland letztlich zu befrieden – im Klartext: zu unterdrücken.

Also wieder das alte Spiel: Aufruf zum Kreuzzug, Heerfahrt nach Preußen und am besten die Ermordung all dessen, was da herumläuft. Wieder schaltet sich der Heilige Stuhl ein: Papst Alexander IV. ermahnt die Dominikaner zur Kreuzzugspredigt und verspricht den Kreuzfahrern denselben Ablaß wie bei einem Zug ins Heilige Land. Und nicht nur das: »Außerdem ... bewilligen wir ... jedem von denen, die das Zeichen des Kreuzes auf sich nehmen und ausziehen, sofern sie zur Strafe für Brandstiftung und Handanlegen an die Kirchenmänner und andere kirchliche Personen in die Exkommunikation verfallen sind, die Gnade der Absolution gemäß der Vorschrift der Kirche zu erteilen unter der Bedingung, daß sie denen, die Schaden und Unrecht erlitten haben, in ausreichender Weise Genugtuung geben ...«

Ein anderes Schreiben sichert dem Orden großzügig Privilegien: Wer zum Beispiel die Korporation verlassen wolle, um in der Heimat begangenes Unrecht wiedergutzumachen – bei Schulden, Raub und Brandstiftung –, der braucht dies nicht

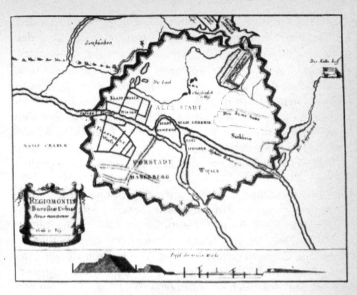

Plan der Festung Königsberg. Kupferstich aus dem
17. Jahrhundert

zu tun, denn sein Wille allein reiche dazu aus, die Tugend des Gehorsams dem Orden gegenüber genüge. Unbegrenzt dürfe der Orden auch Kleriker und geistliche Brüder aufnehmen, und nur wenn sie einem nahen Bischof untertan gewesen seien, müsse bei dem nachgefragt werden. Wer einen Ordensbruder tätlich beleidigt oder eine andere unehrenhafte Handlung an ihm begangen habe, der werde mit Exkommunikation bestraft. Im übrigen aber dürfe die Geistlichkeit keinerlei Kirchenstrafe gegen den Deutschen Orden verhängen. Der Heilige Vater gestattet dem Orden überdies, Handel zu treiben. Ritter, die in den Orden eingetreten sind, erhalten ihr verlustig gegangenes Erbrecht zurück.

Dieses Privilegienfüllhorn hat endlich Erfolg. Wie berichtet wird, legen sich viele junge Ritter aus dem Reich den Ordensmantel an.

Gefahr aus dem Osten

In den Jahren 1258 und 1259 rücken neue Kreuzfahrer in Preußen ein. Aus den geplanten Heidenbekehrungen wird aber nichts, denn an den entfernteren Grenzen des Landes hat sich ein neuer, noch furchtbarerer Feind gezeigt: Tataren sind es, ein wildes Reitervolk aus dem Osten, das 1259 schon zum zweiten Mal weit nach Westen vordringt. Rußland und Polen haben sie heimgesucht, haben Furcht und Schrecken verbreitet. In Windeseile hat sich dies in ganz Europa herumgesprochen.

Rasch versucht der Orden, seine Burgen und sonstigen Befestigungswerke in den möglichst besten Verteidigungszustand zu bringen. Burgen, die früher auf die Schnelle nur aus Holz errichtet worden waren, werden jetzt in aller Eile aus Stein und Ziegelwerk fest umbaut. Vor anderen Burgen wiederum werden Wehrschanzen, Gräben und Wälle aufgeworfen, da und dort auch neue Burgen errichtet. Der Orden verpflichtet viele Kreuzfahrer, bei diesem löblichen Werke mitzutun. Schließlich haben diese Arbeiten auch etwas mit Heidenkampf zu tun und sind somit als frommes und gottgefälliges Werk zu werten. Vor allem aber zieht der Orden die Einheimischen zur Arbeit heran. Und zwar fordert er nicht nur zusätzliche Frondienste, nein, er erhöht auch noch die Steuern und nimmt so die wirtschaftliche Leistungskraft seiner Untertanen über die Maßen in Anspruch – mit der Folge, daß Groll und Ingrimm gegen den Zwingherrn weiter wachsen ... Verweigern die preußischen Untertanen etwa den Dienst, werden Schergen ausgeschickt, die die Meuterer zum Bauplatz prügeln. So finden es die christlichen Ritter auch durchaus in der Ordnung, wenn sie den Preußen kleine Kinder als Geiseln wegnehmen, um den Widerstand der Väter und Mütter zu brechen.

Der Papst hat selbstverständlich nichts Eiligeres zu tun, als diese Willkür zu rechtfertigen. In einem Schreiben an die Bischöfe in Preußen heißt es: »Sofern es aber ihre trotzige Widerspenstigkeit erheischt, so treibet sie durch Wegnahme und

Einhaltung ihrer Kinder als Pfänder ohne weiteres dazu an, zumal es notwendig ist, daß da, wo es sich um ihre und der anderen Gläubigen Errettung aus der Gefahr handelt, keine Trägheit und Nachlässigkeit herrschen werde, sondern vielmehr alle Bereitwilligkeit stattfinde, weil sie selbst nur im Verein mit den anderen Gläubigen sicher und frei leben können.« Da steht es schwarz auf weiß: Not kennt kein Gebot, und man darf die widerborstigen Preußen auch erpressen, indem man ihnen die Kinder wegnimmt.

An die verheerenden psychologischen Wirkungen scheint offenbar niemand gedacht zu haben. Warum auch, schließlich sind die Preußen ja Menschen zweiter Klasse. Das etwa war die frohe Botschaft, die ihnen die Kirche übermittelte, das war das Erlösungswerk im Namen des Herrn – die Preußen mochten sich so manches Mal wehmütig erinnern, daß ihre Haus-, Wald-, Wiesen- und Flurgötter denn doch etwas mehr Mitleid und Verständnis für das Menschengeschlecht zeigten.

Es ist nur noch eine Frage der Zeit, bis die Volksseele kochen wird und die Unterdrückten sich mit Gewalt Luft machen ...

Eines Königs unergründliche Wege

König Mindowe von Litauen (1248 bis 1263) hat sich bislang ruhig verhalten. Er beobachtet das Treiben im Nachbarland, zieht seine Schlüsse und ist im übrigen hocherfreut, wie mies sich die Stimmung in Preußen allmählich entwickelt.

Man hat ihn zum Christentum bekehrt und getauft. Für ihn ist das sicher nichts anderes als eine Vorsichtsmaßnahme, um vor den aggressiven Ordensleuten und deren päpstlichen Helfern Ruhe zu haben. Mindowe hat sich spendabel gezeigt, hat den livländischen Ordenszweig mit sehr ansehnlichen Ländereien erfreut und auch die Kirche nicht vergessen, der er riesige Landstriche übereignet hat. Vorsichtshalber solche, die noch gar nicht erobert sind.

Mindowe läßt es zu, daß Missionare sich in Litauen tummeln und am königlichen Hof sogar einen Konvent errichten. Ein besonderer Knüller fällt ihm im Jahre 1257 ein: Er schenkt dem Deutschen Orden das gesamte Land Samaiten und übertrifft sich dann drei Jahre später, als er dem Ordensstaat Litauen, sein Königreich!, übereignet für den Fall, daß er ohne Erben sterben sollte.

König Mindowe zerfließt vor Dankbarkeit: ». . . Dennoch wurden sowohl wir als auch unser Reich Litauen, vor unserer Bekehrung und danach, durch einige Feinde des christlichen Glaubens und den Abfall einiger so in Wirren gestürzt und erschüttert, daß, wenn uns nicht bedeutender Rat und Hilfe des Meisters und der genannten Brüder beigestanden hätten, unser gesamtes Reich zugleich mit dem Untergang des Glaubens vernichtet worden wäre«, heißt es in der entsprechenden Urkunde. Und weiter: »Daher haben wir in Anbetracht der Mühen und des Aufwands sowie des Wohlwollens des Meisters und der vorgenannten Brüder . . . unser ganzes Reich Litauen und alle angrenzenden Ländereien . . . dem Meister und den oft genannten Brüdern vom Deutschen Hause in Livland gegeben, übertragen und geschenkt . . . und durch den Inhalt dieser gegenwärtigen Urkunde schenken wir es zu wahrem Recht und Eigentum ihres Ordens, jedoch so, daß für den Fall, daß wir ohne rechtmäßige Erben sterben sollten, wir ihnen die Herrschaft und den Besitz des oben genannten Reiches Litauen von jetzt ab wie von dann ab übertragen.«

Ob Mindowe diese Schenkung wirklich ernst gemeint hat, ist bis heute ein Rätsel geblieben. Der Orden jedenfalls, besonders der livländische Teil, hört nur, was er hören will – nämlich Mindowes Freundschaftsbeteuerungen; er hört nicht, was er hätte hören sollen: die Klagen und Stoßseufzer der unterdrückten Preußen.

Das muß sich um so schwerwiegender auswirken, als die Landverbindung zwischen Livland und Preußen noch immer nicht hergestellt ist. Dazu ist eben die Unterwerfung der Samaiten absolut notwendig, und das erweist sich als äußerst schwierig. Die Samaiten halten sich ständig angriffsbereit und sind noch nie endgültig zu bezwingen gewesen. Um diesen wehrhaften und gut geführten Feind endgültig in die Knie zu zwingen, beschließen der Landmeister von Livland und der Hochmeister von Preußen einen großen Heereszug für das Jahr 1260. Das Unternehmen sollte in einer Katastrophe enden ...

König Mindowe hat mittlerweile Ärger mit den Großen seines Volkes bekommen. Sei es, daß sie ihm den formalen Übertritt zum Christentum übelnehmen, sei es, daß sie nicht länger gewillt sind, die Kungeleien mit dem Deutschen Orden anzusehen, kurz und gut: Der König darf die mißliche Situation nicht länger ignorieren; er muß etwas unternehmen. Das tut er auch, und noch im Jahre 1260 fällt er zunächst in Polen, bald darauf auch in Masowien ein. Er verheert das Land bis nach Plozk, läßt Burgen und Dörfer brennen und schleppt reichlich Beute nach Hause. Polnische Chronisten wollen wissen, daß er auf dem Rückweg nach Litauen auch noch durch einen Teil Preußens zieht.

Danach wäscht er sich die christliche Tünche ab und kehrt zum Glauben seiner Väter zurück. Das Volk ist es zufrieden.

Die Aufgebote aus Preußen und Livland haben sich mittlerweile bei Georgenburg vereinigt; kurländische Krieger komplettieren die Streitmacht. Plötzlich erreichen wenig erbauliche Nachrichten das Heerlager: Viertausend Litauer wären soeben durch einen Teil Kurlands gezogen, gräßlich mit Raub und Brand, hätten überall die Christen ermordet und befänden sich mit einer großen Zahl gefangener Frauen und Kinder auf dem Rückweg nach Litauen.

In aller Eile erteilen die preußischen und livländischen Heerführer Marschbefehl; man setzt den Litauern nach und stellt sie in ihrem Lager am Fluß Durbe, nordöstlich von Libau.

Man hält Kriegsrat. Der pomesanische Heerführer Matto, Sohn des schon bekannten Pipin, antwortet, als ihn der Ordensmarschall Heinrich fragt, wie man denn am besten mit den Feinden fertig werde, dieser Matto also antwortet mit einem ausgesprochen kühnen Vorschlag: »Wir wollen unsere Pferde weit zurücklassen, daß uns keine Aussicht bleibt, zu ihnen zurückzukehren, und wir wollen zu Fuß angreifen. Dann wird das Volk, ohne die Hilfe des Pferdes, in der Schlacht standhalten, sonst aber ohne Zweifel die Flucht ergreifen.«

Das ist schon ein starkes Stück, so unverblümt an der Tapferkeit der Ordensritter zu zweifeln. Aber Matto kennt seine Pappenheimer – und er kennt den Gegner. Selbstverständlich, daß dieser Rat empört zurückgewiesen wird. Man könne wegen des Gewichts der Waffen unmöglich auf die Pferde verzichten, nicht wahr, und nun gar ein Kampf zu Fuß ... Das sei ja wohl das letzte.

Andere jedoch zeigen mehr Vertrauen in die Kriegskunst der Ordensbrüder. So die Kuren, die der Schreckenszug Mindowes ebenfalls nicht verschont hat. Sie bitten die Krieger des Kreuzes, man möge ihnen doch – ohne Lösegeld zu fordern – ihre Frauen und Kinder zurückgeben, wenn Gott den Christen den Sieg schenke und so die Gefangenen aus den Händen der Litauer befreite. »Die Brüder waren zwar geneigt, ihren Bitten zu willfahren, das gemeine Volk aus Preußen und Livland aber widersprach und bestand darauf, mit seinen Gefangenen nach dem bisher eingeführten Kriegsrecht zu verfahren« (Dusburg). Das heißt nichts anderes: Wer die Seinen freiwünscht, darf sie mit Geld aus der Gefangenschaft lösen – aus der Gefangenschaft des Ordenshauses. Die Kuren sind empört, und ein dumpfes Gemurre läuft durch das kurländische Kontingent. Man beschließt, Rache an diesen Unmenschen zu üben, sobald sich dazu Gelegenheit bietet.

Kurz darauf kommt es zur Schlacht. Daß man die kurländischen Krieger im Nachtrab gelassen hat, damit sie nicht in vorderster Linie stehen und vielleicht eine Schurkerei aushecken, erweist sich als tödlicher Fehler – rächen können sie sich nämlich auch als Nachhut: Sie kehren ihre Waffen gegen die Ordensritter und die verbündeten Truppen.

Wenig Rühmliches spielt sich im Anschluß ab. Ein großer Teil des Heeres ergreift bei dieser aussichtslos erscheinenden

Lage die Flucht. Nur die Ordensritter mit ihren Hilfsmannschaften und wenige andere tapfere Krieger schlagen sich weiter.

Acht Stunden lang dauert der wilde und verzweifelte Kampf, dann ist die Metzelei vorbei. Als zuletzt auch noch Landmeister Burkhard von Hornhausen und Ordensmarschall Heinrich Botel fallen, löst sich das Ordensheer auf. Dusburg berichtet, daß hundertfünfzig tapfere Ritter den Tod finden, darunter auch Matto mit vielen seiner Pomesanier. Nur vierzehn Ordensritter sollen in Feindeshand geraten sein, doch denen wird übel mitgespielt: Acht von ihnen werden den Göttern zu Ehren lebendig verbrannt, den übrigen Arme und Beine abgehackt und die Körper zerrissen. Wer sich hat retten können, ist in die Wälder geflüchtet. Von einem Ordensheer kann von diesem Tag an nicht mehr gesprochen werden. Jedenfalls nicht für die nächste Zeit.

Die Niederlage an der Durbe ist das Zeichen zu einem allgemeinen Aufstand. Überall im Lande brechen die Preußen hervor, erstürmen die Burgen und machen alles nieder, was irgend mit dem Deutschen Ritterorden zu tun hat. Der über Jahre angestaute Haß schafft sich gewaltsam Luft. Mehr oder weniger fällt ganz Preußen vom christlichen Glauben ab und huldigt wieder seinen alten Göttern.

Kreuzheere, die befähigt gewesen wären, dieser Erhebung entgegenzutreten, sind nicht mehr im Lande. Von den christlichen Nachbarn ist ebenfalls keine Hilfe zu erwarten: Die pommerischen Herzöge haben sich seit Jahren kaum noch um die Sache der christlichen Ritter gekümmert; Polen hat noch mit den Tataren zu tun und interessiert sich für das Wohlergehen des Deutschen Ordens herzlich wenig; die Lage der Kuren ist auch nicht gerade rosig, da ihnen die Preußen übelnehmen, daß sie auf deutscher Seite gegen die Litauer gekämpft haben; und der litauische König Mindowe hat durch seinen Abfall vom Christentum und die Unterstützung der Preußen unmißverständlich kundgetan, daß er mit dem Orden nichts zu tun haben will.

Mancherorts haben es die Aufständischen besonders auf

Priester abgesehen. Im Samland zum Beispiel ergreifen sie einen Ordensgeistlichen, quetschen seinen Hals zwischen zwei Brettern und erwürgen ihn auf diese Weise. Sie spotten, ein solcher Tod gezieme wohl allein heiligen Männern, deren Blut man nicht zu vergießen wage.

Nichts und niemand ist mehr vor den Aufständischen sicher. Sie streifen in größeren und kleineren Herrhaufen durch das Land, angeführt von ihren Häuptlingen, und versuchen sich in Raub und Plünderung, wo es immer nur geht. Die strategisch wichtigen Burgen, wie zum Beispiel Balga, leisten erbitterten Widerstand und können sich meist auch halten. In Elbing aber sitzen zwei Ritter, die den nervlichen Anspannungen nicht mehr gewachsen sind. Sie nehmen Verbindung zu den Preußen auf, reiten insgeheim in deren Heerlager und wollen die Burg ausliefern. Der Plan wird entdeckt, die beiden Verräter werden zum Tod auf dem Scheiterhaufen verurteilt und, zum Schrecken aller, in Elbing öffentlich verbrannt.

Nun sehen die Ordensstatuten vor, daß kein Ordensbruder den anderen mit dem Leben bestrafen darf. Der Papst erhält Nachricht von dieser Hinrichtung, gibt sich äußerst erzürnt und ersucht den preußischen Hochmeister, seinen Landmeister, der für das Urteil verantwortlich ist, aus dem Amt zu entfernen und zu bestrafen. So geschieht es auch.

Der Heldentaten gibt es viele

Selbstverständlich hat der Deutsche Orden schon längst flehentliche Notappelle wegen neuer Kreuzzugsaufrufe nach Rom geschickt. Papst Urban IV. greift dann auch sofort zur Feder: »Nicht ohne Tränen haben wir gehört, wie für des Glaubens Sache, die bisher in jenen Landen unter so unendlichen Mühen und Bedrängnissen gefördert wurden, jüngst fast tausend der Ordensbrüder durch die grausame Hand der Ungläubigen erschlagen worden sind« (Bulle vom Dezember 1261).

Schon Anfang des Jahres 1262 findet sich ein neues Kreuzheer in Preußen ein. Die Chroniken berichten in solch schlimmen Zeiten gern über beispielhafte Heldentaten einzelner, vor allem dann, wenn es sich um Ordensritter oder Kreuzzügler handelt. Eine kleine Auswahl sei daher gestattet ...

Mit jenem Kreuzheer von 1262 ist auch der westfälische Ritter Stenzel von Bentheim ins Ordensland gekommen. Stenzel zeichnet sich durch eine nachgerade selbstmörderische Tapferkeit aus. Schon bei seiner ersten Schlacht gegen die Natanger stellt er seinen abartigen Mut unter Beweis. Die angreifenden Natanger sind überlegen, aber sie kennen unseren Stenzel nicht, »der in der Predigt eines Bischofs gehört hatte, daß die Seelen der in Preußen gefallenen Gläubigen ohne jegliches Fegefeuer in den Himmel emporfliegen würden«. Er legt also die Lanze ein, gibt seinem Streitroß die Sporen und durchbricht tatsächlich die feindlichen Reihen, rechts und links alles niederwerfend, was Widerstand leistet. Er schafft es, den feindlichen Heerhaufen zu durchqueren, wendet sein Pferd und versucht sein Glück noch einmal, diesmal von der Rückseite des Feindes her. Ein zweites Mal sollte es dem nicht passieren, diesen Verrückten ungeschoren davonkommen zu lassen. Sie kriegen ihn zu fassen und erschlagen ihn. Die Schlacht übrigens haben die Natanger gewonnen. Trotz Stenzel.

Als sich die Sieger nach getaner Arbeit am häuslichen Herd einfinden, ist ein Dankopfer für die Götter fällig. Diesen Zwecken dienen unter anderem die Gefangenen, und man lost, wer diesmal die Ehre haben würde. Es trifft den Kreuzfahrer Hirtzhals aus Magdeburg. Ausgerechnet den Hirtzhals, den Natangerführer Heinrich Monte seit seinen Kindertagen kennt. Klein-Monte – bester natangischer Adel – hatten die Rittersleut' damals nach Deutschland geschickt, damit er das deutsche Waffenhandwerk erlerne und deutsch erzogen, ein richtiger Mensch also werde. Untergebracht hatten die

Entwicklungshelfer ihn bei Familie Hirtzhals, reichen und vornehmen Patriziern.

Und Vater Hirtzhals, Kreuzfahrer Hirtzhals, gerät ihm in Gefangenschaft, ausgerechnet ihm, und das Todeslos fällt, noch bevor er etwas für ihn tun kann. Bei allen Göttern! Woraus erhellt, was für ein Nichtsnutz dieser Christengott ist. So läßt man seine Anhänger nicht im Stich.

Monte spricht den Hirtzhals los. Er weiß, daß er sich damit reichlich Ärger bei seinen Leuten einhandelt.

Na schön, dann wird eben noch einmal gelost. Aber der Hirtzhals bleibt weiter erste Wahl, klar?

Wieder erwischt es den Unglücksmenschen.

Und wieder legt sich Heinrich Monte mächtig ins Zeug, und wieder kann er die Krieger auf seine Seite ziehen.

Als dann das Los zum drittenmal auf den Magdeburger zeigt, weiß Monte, daß sein früherer Gastvater verloren ist. Er kann nichts mehr für ihn tun.

Tapfer nimmt Kreuzfahrer Hirtzhals sein Schicksal auf sich; er wird mit seinem Märtyrertod den wahren Glauben bezeugen. Wenigstens diese letzte Gewißheit bleibt ihm, als man ihn auf sein Pferd setzt, festbindet und den rings errichteten Scheiterhaufen anzündet. »Die Götter mögen es dir lohnen«, ruft Heinrich Monte ihm nach, als die Flammen über ihm zusammenschlagen – und das dürfte nicht einmal blasphemisch gemeint gewesen sein. Später soll der erschütterte Heinrich unter Eid versichert haben, daß er aus dem Mund dieses Mannes eine schneeweiße Taube habe emporfliegen sehen, bevor er – menschliche Fackel – den Geist aufgegeben habe.

Nach bewährtem Muster von Verrat, List und Rache ist eine Geschichte gestrickt, die sich auf der Lenzenburg, unweit von Brandenburg gelegen, ereignet. Bei Vogt Volrad Mirabilis (»der Wunderbare«), Herr auf der Lenzenburg, erscheint eine Abordnung preußischer Adliger mit der Bitte, ihnen die Lieferung von Korn zu erlassen. Sie hätten wegen der schweren Fronarbeit ihre eigenen Äcker nicht genügend bestellen können. Der Burgvogt: Darüber könne er nicht selber entscheiden; er müsse seinen Ordensmeister fragen, wolle aber auf jeden Fall die Sache weitergeben. Woraufhin er die Abordnung einlädt, bei ihm zu bleiben und seine Gastfreundschaft zu genießen. Plötzlich verlöscht das Licht; niemand weiß, warum. Die Gäste springen auf und stürzen mit blanken Schwertern auf die Bank, wo der Vogt sitzt. Das Attentat schlägt fehl; der Burgherr trägt unter seinem Hemd einen Harnisch.

Inzwischen haben Diener Licht gebracht. Der Vogt blickt finster in die Runde, zeigt sein zerfetztes Hemd und fragt, welche Strafe wohl jener verdiene, der auf solch heimtückische Weise ihn habe ermorden wollen.

Den Tod im Feuer! antworten sie einstimmig. Einer oder mehrere Gäste müssen den Anschlag verübt haben. Wer es ist, weiß Volrad nicht. Er hebt das Gastmahl auf und bittet sie, doch in ein paar Tagen wiederzukommen. Dann werde er die Antwort vom Ordensmeister haben, die Lieferung des Korns betreffend.

Sie erscheinen pünktlich und setzen sich wieder zu einem Mahl zusammen. Bei Gelegenheit verläßt Vogt Volrad den Raum, verrammelt die Türen und steckt die Lenzenburg in Brand.

Und noch eine Geschichte. Den Preußen ist es gelungen, Burg um Burg zu erobern. Die Ordensritter hocken derweil auf den verbliebenen Festungen und harren der Dinge, die da kommen sollen. Was Bartenstein betrifft, so sind es etwa dreizehnhundert preußische Krieger, die sich vor die Burg legen und vierhundert Ordensleute belagern. Sie werfen drei Wehrschanzen ringsumher auf, haben drei Belagerungsmaschinen zur Verfügung und berennen die Burg ständig. Aber man wehrt sich tapfer und kann jeden Angriff zurückschlagen. Durch besonderen Wagemut glänzt bei solchen Gelegenheiten ein gewisser Miligedo, ein Preuße, der zusammen mit anderen Stammesgenossen für den Orden ficht.

Die Belagerer meinen, daß ihnen dieser kraftvolle und behende Mensch mehr zu schaffen mache als alle übrigen Ordenskrieger zusammengenommen; sie wollen ihn vernichten. Zu diesem Zweck haben sie folgenden Plan ausgeheckt: Einer ihrer besten Krieger wird vor der Burg erscheinen und Miligedo zum Zweikampf auffordern; währenddessen sollen im Hinterhalt die Kollegen lauern und eingreifen, wenn sich Miligedo zeigt.

Es geschieht wie geplant. Der Auserwählte erscheint vor der Burg und brüllt: »Ist einer unter euch, der mit mir den Kampf wagen will, der komme heraus!« Man weiß in der Burg Bartenstein schon, wer gemeint ist, gibt dem Miligedo die Erlaubnis und läßt ihn gehen. Der Herausforderer ergreift, wie es scheint, die Flucht; Miligedo setzt nach – und dies so lange, bis der Preuße ihn vor die Lanzen seiner im Versteck liegenden Mitkrieger gelockt hat. Der Haufe bricht hervor.

Miligedo erfaßt blitzartig die Lage, erschlägt noch schnell seinen Gegner, bevor er zu einem nahe gelegenen Wald rennt und verschwindet. Auf Umwegen gelangt er dann glücklich wieder in die Burg Bartenstein.

Die Belagerer geben aber nicht auf, den flinken Miligedo in ihre Gewalt zu bekommen. Dieser Mensch ist dann auch unvorsichtig genug, sich eines Tages in einen Kampf mit zehn Kriegern verwickeln zu lassen. Was ihn normalerweise nicht in Verlegenheit gebracht hätte, wenn nicht plötzlich noch weitere fünfzig Feinde dazugestoßen wären ... Miligedo ist nicht mehr. Die Ordensleute in der Burg lassen vor lauter Wut dreißig preußische Geiseln an einem Galgen aufknüpfen.

Fast gelingt es den Eingeschlossenen – auch ohne Miligedo –, sich bei einem Ausfall zu befreien. Sie können die drei Schanzen schleifen, müssen sich dann aber schleunigst wieder zurückziehen, als ein weiteres Belagerungsheer von dreitausend Mann heranrückt. Es bleibt alles beim alten, nur daß das Belagerungsheer jetzt stärker ist als je zuvor. Den Rittern gehen allmählich die Lebensmittel aus – sie wissen: Lange können sie das nicht durchhalten.

Eines Nachts stehlen sie sich davon, ruhmlos, zerknirscht,

wütend. Sie teilen sich; ein Trupp schleicht Richtung Königsberg, der andere pirscht sich gen Elbing. Sie haben Glück; die Belagerer sind offenbar blind und taub.

Ein alter Ordensbruder, fußkrank und blind, bleibt zurück. So, als gehe alles seinen gewohnten Gang, läutet er zu den üblichen Stunden des Gottesdienstes die Glocke. Zunächst merken die Belagerer nichts, dann aber läßt sie die Ruhe in der Burg allmählich stutzig werden, eine unnatürliche Ruhe. Sie rücken heran und finden niemanden mehr, außer den alten Mann. Kommentarlos erschlagen sie ihn.

Was bleibt, ist Hoffnung

Die Kämpfe dauern bis zum Jahre 1273. Solange benötigt der Deutsche Orden, um die aufständischen Preußen endlich doch zu bezwingen. Aus eigener Kraft freilich war ihm das nicht möglich gewesen – der Heilige Vater in Rom hatte mehrfach mit Kreuzzugsaufrufen im deutschen Reich nachhelfen müssen, »damit das wiederauferstandene Untier des alten Götzendienstes von neuem überwältigt werden kann« (Bulle vom April 1265). Die Vergünstigungen für Kreuzfahrer grenzen ans Abstruse: Jetzt dürfen sie außerhalb ihrer Städte oder Kirchsprengel innerhalb dreier Jahre nicht einmal vor Gericht zitiert werden. Dennoch: Dieser Kreuzzugsaufruf verpufft, der erwartete Erfolg bleibt aus, Abnutzungserscheinungen machen sich bemerkbar.

Hoffnung schöpft der Deutsche Orden, als 1266 sein alter Widersacher Swantopolk stirbt.

Die Hoffnung ist verfrüht, denn seine Söhne und Nachfolger in den Herzogtümern Pommern und Danzig führen die väterliche Politik gegen den Orden weiter. Sie bauen auf die Preußen, die dann auch prompt einen Einfall ins bislang verschonte Kulmerland und das Bistum Pomesanien unternehmen. Dennoch schließen die Parteien 1267 Frieden.

Ende 1267 macht sich dann der schon bekannte König Ottokar von Böhmen zu einer Kreuzfahrt nach Preußen auf, wohl hauptsächlich von dem Wunsch geleitet, seine Herrschaft in Galinden, Litauen und den anderen angrenzenden Gebieten zu erweitern. Dem Deutschen Orden muß er aber zusichern, daß er sich nichts einverleiben werde, wodurch die Rechte des Ordens beeinträchtigt werden könnten.

Der Heereszug wird ein Schlag ins Wasser: Die Witterung ist milde, Frost will nicht aufkommen, größere Truppenbewegungen in den Sümpfen und Brüchen sind unmöglich. Unverrichteter Dinge zieht man wieder nach Hause.

Bis zum Jahr 1270 wird der Orden so weit zurückgedrängt, daß er wieder – zum zweiten Male – um den Bestand des Staates fürchten muß. Seine Herrschaft ist auf wenige Burgen zurückgeworfen; ohne fremde Hilfe kann er sich nicht mehr halten.

Woher aber soll sie kommen?

Auf den Erfolg der Kreuzzugsaufrufe ist weniger denn je Verlaß. Dazu kommt, daß Papst Clemens IV. im November 1268 stirbt. Es dauert drei Jahre, bis das in sich zerstrittene Kardinalskollegium einen neuen Papst wählt – und ohne Papst kein Aufruf zum Kreuzzug, ob mit oder ohne Resonanz.

Das deutsche Reich leidet unter dem Interregnum. Die Thronkrise hat dem Land zwei Könige beschert: Richard von Cornwall (1257 bis 1272), ein Bruder des englischen Königs Heinrich III. (1216 bis 1272), und Alfons X. von Kastilien (1257 bis 1284) – die Preußen und der Deutsche Orden sind ihnen herzlich gleichgültig.

Von Pommern ist auch keine Hilfe zu erwarten. Swantopolks Söhne und Erben, Mestwin und Wartislaw, leben in offener Fehde miteinander. Mestwin hat sich Danzig gegriffen, woraufhin sich Wartislaw eng an den Deutschen Orden anlehnt. Um gegen seinen Bruder Schutz und Hilfe zu finden, überträgt er seine gesamten Besitzungen dem Markgrafen von Brandenburg zu Lehen, wird also Vasall dieses deutschen Fürsten.

Polen hat im Augenblick andere Sorgen. Die Tataren konnten zwar 1241 bei Liegnitz zurückgeschlagen werden, ob das aber für alle Zeiten gilt, ist fraglich. Polen befürchtet weitere Kriegszüge des Reitervolkes und versucht, sich entsprechend vorzubereiten.

Livland fällt ebenfalls aus. Der Deutsche Orden ist dort in ebensolcher Bedrängnis wie in Preußen. Außerdem intrigiert die Geistlichkeit, wie gehabt, gegen die weltlichen Machthaber. Die schlagen zurück und überfallen den Erzbischof Albert von Riga in seiner Kapelle. So geschehen 1269.

Kläglich ist manchmal das Ende

Die Wende zum Besseren kommt in den Jahren 1270 und 1271. Es ist eine verhältnismäßig ruhige Zeit; die kriegsverwüsteten Landstriche können sich ein bißchen erholen; der Orden kann etliche Burgen ausbessern und verstärken. Unverhofft stellt sich auch Zuzug aus dem Reich ein; seit drei Jahren herrscht dort eine große Hungersnot, und viele Menschen versuchen, ihr zu entfliehen; sie machen sich auf nach Osten.

Endlich hat man auch einen neuen Papst gewählt; es ist Gregor X. Flugs ruft er zum Kreuzzug auf, der 1272 in Pomesanien startet, auf wenig Widerstand stößt, sich dann über Pogesanien und Warmien gegen Natangen richtet und von dort weiter ins Landesinnere führt.

Die Kreuzritter sind sehr erfolgreich; sie erobern Burg um Burg zurück und töten dabei viele, wenn nicht die meisten der preußischen Heerführer. Darunter auch unseren Heinrich Monte.

Der Edelmann stirbt eines unwürdigen Todes. Seit seine Streitmacht während der Ordensoffensive bei Braunsberg aufgerieben worden war, hielt er sich in den dichten Wäldern verborgen, lebte von Wurzeln und Kräutern und versuchte, dann und wann ein Kaninchen oder einen Fasanen zu fangen. Bei einer solchen Jagd gerät er in die Hände des Komturs von Christburg, der mit seinen Rittern die Gegend durchkämmt. Man bemächtigt sich Montes, knüpft ihn an einen Baum, zieht ihm das Hemd aus und stößt ihm das Schwert in die Brust.

Ähnlich kläglich verläuft das Ende so manchen preußischen Häuptlings und Heerführers. Die Kreuzfahrer kämpfen nicht, sie richten hin. Allmählich gewinnen die Ordensritter mit ihren Hilfstruppen wieder die Oberhand. Da und dort flackert noch der Widerstand auf – Pogesanien unter seinem Häuptling Auctuno macht noch die meisten Schwierigkeiten –, als dann aber die Burg Heilsberg zurückerobert werden kann, ist es mit den Kriegen endgültig vorbei: »So ruhte seitdem Preußenland in Ruhe und Frieden«, weiß Chronist Dusburg zu berichten.

Ruhe und Friede ist für den Deutschen Ritterorden ein höchst unbefriedigender Zustand, vor allem dann, wenn er längere Zeit dauert. Mittlerweile hat er sein Auge auf die noch nicht unterworfenen preußischen Randlandschaften Schalauen, Nadrauen und Sudauen geworfen. Er kann um so eher Eroberungspläne aushecken, als es auch in Deutschland wieder aufwärtsgeht: Rudolf von Habsburg (1273 bis 1291) ist König geworden. Vor zwanzig Jahren war er als Kreuzfahrer im Ordensland gewesen und erinnert sich noch gern an die glorreichen Tage. Er ist dem Deutschen Ritterorden wohlgesonnen, wie es auch Papst Gregor X. ist.

In dieser Zeit läßt Ordensmarschall Konrad von Thierberg die Marienburg auf einem Uferberg der Nogat errichten. Sie wird schon wenige Jahrzehnte später zum Hauptsitz des Hochmeisters und damit zum Mittelpunkt des Deutschen Ordens werden.

Die Erorberung Nadrauens und Schalauens kommt zügig voran; mit Sudauen tut man sich schwerer. Es ist ein volkreiches Land, weit östlich der späteren Grenzen Ostpreußens gelegen, und es verfügt über einen herausragenden Heerführer und Häuptling; Skomand heißt er. Diesem Skomand wird es gelingen, die endgültige Niederlage seines Landes zehn Jahre, bis 1283, hinauszuzögern, obwohl Ordensmarschall Konrad von Thierberg den totalen Ausrottungskrieg ausgerufen hat.

Als Skomand merkt, daß seine Sudauer am Ende sind, läßt er sich und die Seinen taufen, in der Hoffnung, damit Land und Leute vor der Vernichtung zu retten. Das gelingt auch insoweit, als die Menschen nicht wahllos erschlagen werden. Dafür werden sie dann zwangsdeportiert, und ein Teil von ihnen wird in das immer noch unruhige Samland umgesiedelt. Doch nicht alle ereilt dieses Schicksal: Viele können sich nach Litauen retten.

Mit der Eroberung dieser drei preußischen Landschaften hat der Deutsche Orden seine größte Ausdehnung nach Osten hin erreicht. Was er dabei außer acht läßt: Litauen wird diese Ausdehnung nicht ohne weiteres hinnehmen – wie sie einst Herzog Swantopolk von Pomerellen auch nicht dulden konnte, weil der Orden dessen Interessen verletzte. Die nächsten kriegerischen Auseinandersetzungen sind also vorprogrammiert – sie lassen denn auch nicht mehr lange auf sich warten.

Dazu kommt, daß die Landverbindung zwischen Preußen und Livland – samaitisches Gebiet – nach wie vor ungesichert ist. Aufstände sind zu erwarten, unterstützt von Litauen und Polen, die nur zu schnell das von den Deutschordensrittern so mühsam erworbene Gebiet zurückgewinnen wollen ...

Kapitel 8
Dritter Exkurs

Regeln für ein Leben in Demut

Jede Gemeinschaft braucht Statuten, die das Leben der Mitglieder untereinander regeln. So auch der Deutsche Orden, dieser Zwitter aus Mönchstum und ritterlichem Dasein. Bekanntlich haben die Templer Pate gestanden, soweit es sich um die Statuten für den Kriegsdienst handelt, während die Johanniter Vorbild waren, was die Kranken- und die Armenfürsorge angeht.

Das Paragraphenwerk, so wie es in zahlreichen Exemplaren vorliegt, ist das Ergebnis einer längeren eigenständigen Entwicklung des Deutschen Ordens. Dank einer päpstlichen Erlaubnis aus dem Jahr 1244 dürfen die Regeln neu gefaßt werden; spätestens 1264 ist deren Redaktion dann abgeschlossen. Wahrscheinlich hat der schon erwähnte Papstlegat Wilhelm von Modena ein ums andere Mal die Feder geführt.

Die Ordensstatuten sind dreigeteilt in »Regeln«, »Gesetze« und »Gewohnheiten«. Die Regeln enthalten Vorschriften allgemeiner Art für das Leben eines Rittermönchs; die Gesetze erläutern diese Regeln, sind also ein Kommentar; die Gewohnheiten schließlich führen Bestimmungen über die Ordensverfassung auf, die hierarchische Gliederung und die Rechte der einzelnen Ordensbeamten in Krieg und Frieden.

Der Kampf gegen die Heiden, oberster Daseinszweck des Ritterordens, wird im »Prolog« der Statuten festgeschrieben. Daneben existieren noch eine Reihe liturgischer Vorschriften für den Gottesdienst in den Ordenshäusern mit einem eigens dafür aufgestellten Kalendarium. Spätere Beschlüsse des Generalkapitels und Anordnungen des Hofmeisters, denen Gesetzesrang zugebilligt wird, werden jeweils in einem Anhang den Statuten beigegeben.

Die Statuten unterscheiden vier Klassen von Brüdern: Ritterbrüder, Priesterbrüder, Sariantbrüder und Laienbrüder.

Ritterbrüder. Als der Deutsche Orden zu einem Ritterorden erhoben wird, verdrängen die Ritterbrüder innerhalb kurzer Zeit die Klerikerbrüder aus deren führenden Stellungen. Schon 1220 bestimmt der Papst, daß die Kleriker niemand anderem mehr als dem Hochmeister und dem Ordenskapitel unterstehen sollen.

Notwendig ist beim Eintritt in den Orden der adlige Ahnenpaß. Edle Herkunft ist nachzuweisen; wahrscheinlich geschieht dies durch eidliche Aussagen glaubwürdiger Männer. Deutsches Blut hingegen ist nicht erforderlich.

Priesterbrüder. Von Anfang an gehören Kleriker zu den Ordensmitgliedern. Aus ihren höheren Ämtern werden sie, wie erwähnt, nach und nach von ihren ritterlichen Kollegen verdrängt, was sich unter anderem bei der Wahl des Hochmeisters zeigt: Dreizehn Wahlmänner sollen das Oberhaupt wählen; acht von ihnen entstammen dem Rittertum des Ordens, vier aus der Gruppe der anderen Brüder, und nur einer ist Priester.

Die Klerikerbrüder haben die religiösen Feiern auszurichten und sind als Seelsorger ihrer Mitbrüder, aber auch an Pfarrkirchen des Landes tätig. Der Orden hat das Recht, diese Pfarrstellen mit seinen Brüdern zu besetzen; der zuständige Bischof darf diesen Vorgang lediglich bestätigen. Es liegt auf der Hand, daß die Bischöfe gegenüber dieser Praxis häufig Widerstand leisten. Ihr grundsätzliches Recht, vakante Planstellen zu besetzen, ist durch den Orden praktisch aufgehoben.

Traditionell kümmern sich Mönche um Kunst, Kultur und Wissenschaft; das ist beim Deutschen Orden nicht anders. Sie geben ihren Mitbrüdern Unterricht, vor allem über die Art

Ritterbruder des Deutschen Ordens. Holzschnitt aus dem 15. Jahrhundert

und Weise, geistlich zu leben, und geben ihr Wissen auch an Scholaren weiter, jene herumziehenden Schüler und Studenten, die sich in vielen Ordenshäusern einfinden. Kalligraphisch Begabte schreiben Bücher ab, andere wiederum gehen in den Kanzleidienst.

Sariantbrüder. An den Kreuzzügen ins Heilige Land beteiligten sich auch nichtritterliche Krieger. Die Templer nahmen sie als Ordensbrüder auf, aber sie gewährten ihnen nicht die vollen ritterlichen Rechte. Der Deutsche Orden macht es den Templern nach. Äußeres Zeichen der Sariantbrüder ist ein Mantel in der Farbe ihrer sonstigen Obergewänder; das weiße Tuch der Ritterbrüder dürfen sie nicht tragen. Sie kämpfen nicht in der vollen, schweren Ritterrüstung; sie sind leichter bewaffnet, etwa nur mit Brustpanzer und Schild. Dennoch haben sie den Status vollgültiger Kämpfer und nicht etwa nur den von Knappen.

Gern werden sie als Kämmerer oder Reisebegleiter höherer Ordensbeamter verwendet, sind aber auch als Kuriere unterwegs. In der Anfangszeit des Ordens ist die Zahl der Sariantbrüder beträchtlich; später ist von ihnen keine Rede mehr.

Laienbrüder. Es sind Leute niederen Standes, die mit häuslichen, landwirtschaftlichen und gewerblichen Arbeiten beschäftigt werden. Sie werden auch als »Halbbrüder« oder »Graumäntler« bezeichnet, unterliegen derselben Gehorsamspflicht wie alle ihre Mitbrüder, teilen aber längst nicht deren zahlreiche Rechte und Pflichten.

Diese Halbbrüder sind hochwillkommen, weil sie die niedere Arbeit bis hinunter zur Dreckarbeit machen. Wenn sich jemand um Aufnahme als Laienbruder bewirbt, so wird er laut Ordensregel gefragt, »ob kein Gebrechen an ihm sei, Krankheit, Hörigkeit, Schulden oder Bindung an ein Weib oder an einen anderen Orden«. Verschweigt er nur eines und wird dies später bekannt, so wird er aus dem Orden ausgestoßen; das wird ihm bei der Bewerbung eindringlich klargemacht. Dann wird ihm mitgeteilt, was er alles zu tun hat:

Vieh zu hüten nämlich, auf die Äcker zu gehen und zu arbeiten und überhaupt alle Arbeit zu tun, die der Komtur befiehlt und deren das Haus bedarf. Darauf soll er geloben, gehorsam, keusch und ohne Eigentum sein zu wollen. Ein Probejahr braucht er nicht zu absolvieren.

Mitunter wird Met gereicht

Wie viele Ordensbrüder wann und wo gelebt haben, ist weitgehend unbekannt. Bis zum Jahr 1400 sind Nachrichten äußerst dürftig; um diese Zeit dürfte es etwa zweitausend Ritterbrüder in Preußen gegeben haben, 1418 beziehungsweise 1430 dann nur noch rund fünf- beziehungsweise dreihundert; für 1379 ist der Personalbestand der dem Deutschmeister unterstehenden Balleien dagegen bekannt: Es sind genau 701 Ordensbrüder.

Diese Brüder wohnen und leben auf den Ordensburgen; manche in sehr kleinen Konventen (Gollub zum Beispiel mit fünf Brüdern), andere in Konventen mittlerer Größe (Brandenburg mit zweinundzwanzig Brüdern); für Königsberg werden im Jahre 1439 immerhin dreiundsechzig Brüder gezählt, ein stattlicher Konvent.

Die Garderobe der Ordensbrüder ist, wie könnte es anders sein, sehr bescheiden. Vorschriftsgemäß tragen sie Unterkleider aus ungefärbtem Leinen und wahrscheinlich wollenes Oberzeug; letzteres besteht aus einem geschlossenen Rock, einem Überwurf mit Kapuze und einem Mantel.

Bescheiden nimmt sich auch das tägliche Essen aus. Alle Brüder nehmen das Mahl gemeinsam im Remter zu sich, alle die gleiche Speise, selbst der Komtur (oder Gebietiger) ißt das, was auch den anderen vorgesetzt wird; allerdings erhält er viermal soviel wie die anderen, um damit büßende Mitbrüder oder andere Bedürftige mildtätig zu atzen. Gereicht wird gute und deftige Hausmannskost, ohne jeden Leckerbissen freilich oder Naschwerk. Anzumerken wäre noch, daß kein Bruder außerhalb des Konvents sein Mahl einnehmen darf.

Zum Essen wird gewöhnlich Bier getrunken und nicht Wein. Hohe Festtage kommen dagegen auch dem leiblichen Wohl zugute: Das Essen wird merklich besser, und mitunter wird sogar Met gereicht.

Gewöhnlich sitzt man an drei Tafeln; die erste ist dem Komtur und den Ritterbrüdern vorbehalten, die zweite den Laienbrüdern und die dritte den Knechten. Wer krank ist, darf sich mit Erlaubnis des Komturs an die sogenannte Firmarientafel setzen; dort ist das Essen besser.

Während man ißt, hat man zu schweigen. In den Konventen liest währenddessen ein besoldeter Vorleser Erbauliches vor, »damit«, wie das Gesetz sagt, »nicht allein die Gaumen gespeist werden. Auch die Ohren hungern nach Gottes Wort.«

An Fastentagen versammeln sich die Brüder abends zur Kollation, zu einem kärglichen Abendessen also, das abrupt abgebrochen wird, wenn die Glocke zur Komplet, dem letzten Tagesgebet, ruft.

Nach der Komplet kehrt im Ordenshaus allgemeine Ruhe ein. Niemand darf von jetzt an bis zur Prim, also bis zum Morgengebet des nächsten Tages, mit seinem Bruder schwatzen.

Strenge Disziplin allerorten

Alles andere als üppig sind die Wohnverhältnisse. Wohnräume sind nur der Speisesaal (Refektorium), Remter genannt, und der Schlafsaal (Dormitorium). Hierhin begeben sich nun die Brüder und legen sich in ihrem Unterzeug zur Ruhe – auf einen schlichten, mit Wollabfällen gestopften Bettsack nebst Kopfkissen; vorhanden sind noch ein Leinentuch und eine Decke, geeignet als Laken beziehungsweise Zudecke; nur Kranke dürfen auf Federbetten liegen. Spartanisch einfach ist auch die Ausstattung der Räume: Der Kapitelsaal – der Versammlungsraum – der Marienburg zum Beispiel kennt nur umlaufende, gemauerte Steinbänke; Wandschmuck, Fresken vor allem, sind lediglich im Kapitelsaal und in der Kapelle erlaubt.

Selbst Mönche verfügen über Freizeit, trotz aller Gebets- und Andachtsübungen. Man vertreibt sich die Mußestunden mit allerlei Spielen, unter anderem Schach; Würfel sind verboten, ebenso Spiel um Geld. Für Kurzweil und Unterhaltung sorgen auch fremde Spielleute, wandernde Musikanten, Barden, Kunstpfeifer, Akrobaten und Gaukler, Bärenführer und Possenreißer, wie sie überall zu finden sind.

Einen Hund zu halten ist dem einzelnen Ordensbruder untersagt. Will der Konvent sie als Wächter beschäftigen, so steht dem nichts im Wege, nur müssen sie sich außerhalb des Ordenshauses aufhalten.

Verboten sind den Rittern die Jagd mit Hunden und die Beize mit Federspiel. Sie dürfen zwar Jäger beschäftigen und diese auf der Jagd begleiten, aber nicht dem Wild durch Wald und Feld nachsetzen, ausgenommen Wölfen, Luchsen und Bären, sofern der Abschuß dem Allgemeinwohl und nicht dem privaten Pläsier dient. Um die Treffsicherheit bei solchen Jagden zu erhöhen, wird mitunter ein Vogelschießen veranstaltet – eine verbesserte Zielgenauigkeit ist den Brüdern natürlich auch bei den kriegerischen Auseinandersetzungen von Nutzen. Die Jagd als Vergnügen zu betreiben ist einzig dem Hochmeister, den Gebietigern und den Komturen erlaubt; ebenso dürfen sie der Beizjagd frönen, ein in Preußen eifrig und kunstfertig betriebener Sport. Das Recht, Falken als Staatsgeschenke ins Ausland zu schicken, steht dagegen allein dem Hochmeister zu.

Ein Ostpreuße von rechter Art
Trägt seinen Pelz bis Himmelfahrt,
Und wenn wir schreiben Sankt Johann,
So zieht er ihn schon wieder an.

So reimt der Volksmund. Da ist schon etwas dran, auf das auch der gestrenge Orden Rücksicht nehmen muß. Preußen hat ein rauhes Klima, und selbst den gewiß nicht zimperlichen Ordensrittern stehen in der kalten Jahreszeit Umhänge aus Schaf- und Ziegenfell sowie Handschuhe zu, damit sie nicht allzusehr frieren.

Sollte das doch der Fall sein, sorgt meist der nächste Feldzug für die nötige Erhitzung. Winterzeit ist Kriegszeit. Zumindest für zwei, drei Wochen ist man unterwegs und schleppt außer seiner dürftigen Kleidung noch die Waffen mit sich herum: Lanze, Speer, Bogen, Armbrust, Dolch und natürlich das Schwert, das der mönchisch-ritterliche Kriegsmann wie seinen Augapfel zu hüten hat und es nie jemand anderem überlassen darf, und sei es auch nur zum Tragen. Vor Feindeinwirkung schützt er sich durch Harnisch, Helm und Schild.

Überflüssig zu erwähnen, daß beim Kriegszug strengste Disziplin herrscht. Nimmt der Hochmeister nicht daran teil, hat der Ordensmarschall den Oberbefehl; auf sein Kommando hören dann selbst seine Gebietiger-Kollegen. Der Ausmarsch aus der Ordensburg oder vom Sammelplatz unterliegt einer strengen Marschordnung: Jeder muß Reihe und Glied halten und bei seiner Rotte bleiben. Von der Fahne darf sich nur der entfernen, der die ausdrückliche Erlaubnis dazu hat; ohne Erlaubnis darf auch niemand seinen Schild und die Waffen ablegen.

Im Lager wird ebenfalls auf strenge Disziplin geachtet. So müssen sich beispielsweise vier Mann ein Zelt teilen. Bei jedem Lager wird auch ein kleiner Platz für den Feldgottesdienst hergerichtet; dort wird der tragbare Altar, »Kapelle« genannt, aufgestellt und der sakrale Bezirk mit einer Schnur umspannt. Teilnahme am Gottesdienst ist Pflicht, ihn etwa durch Schlaf zu versäumen ein Vergehen.

Der Heerhaufe lagert sich, wo immer das Gelände es zuläßt, kreisförmig um die in der Mitte aufgestellte Fahne, in deren Nähe sich auch die Pferde, die Waffen und Vorräte befinden.

Erteilt der Marschall Befehle, dient ihm ein Adjutant als Lautsprecher: Was ihm der Marschall sagt, brüllt er über das Lager. Befehle müssen sofort ausgeführt werden – und: Kein

Ritter darf sich so weit entfernen, daß er das Adjutantenorgan nicht mehr hören kann.

All dies und noch viel mehr wird in den Statuten behandelt, die wesentlich das interne Verhältnis der Ordensbrüder zu ihrem Orden beziehungsweise untereinander regeln. Dieses »Grundgesetz« überdauert – aufs Ganze gesehen – alle wechselvollen Zeiten. Auch die wenigen Reformen der Statuten ändern daran nichts.

Eine festgefügte Hierarchie

In seinen Territorien am Mittelmeer hat der Deutsche Orden bis zur Mitte des 13. Jahrhunderts Verwaltungspraxis entwickelt und gelernt; Preußen hat in dieser Beziehung nichts vorzuweisen. Erst Deutschmeister Eberhard von Seyn, als Vertreter des Hochmeisters nach Preußen geschickt, kann 1251 eine gewisse Verwaltungsordnung schaffen. Die Strukturen der Staatsverwaltung festigen sich nach dem großen Aufstand von 1274 und der Verlegung des Hochmeistersitzes 1309 nach Marienburg. Danach weist die Tendenz allmählich in Richtung einer immer stärkeren Zentralisierung, bis schließlich Anfang des 16. Jahrhunderts – noch vor der Liquidierung Preußens als Ordensstaat im Jahre 1525 – dessen Verwaltung derjenigen der Territorialfürstentümer im Reich gleicht. Was Wunder: Die letzten beiden Hochmeister bis 1525 sind Fürstensöhne, die von einem Teil ihrer Berater in den Osten begleitet werden.

Zur Blütezeit des Ordens, während des 14. Jahrhunderts, werden die Verwaltungs- und staatsrechtlichen Probleme wie folgt geregelt ...

Der Hochmeister des Ordens ist zugleich Landesherr, obwohl in den Statuten von dieser Funktion nichts zu finden ist. Das Generalkapitel wählt ihn auf Lebenszeit. Die Statuten schreiben vor, daß er bei wichtigen Entscheidungen den Rat seiner Gebietiger einzuholen hat. In seiner Eigenschaft als Landesherr muß er sich auch noch mit den Ständen beraten, sofern seine Pläne das Land betreffen. Wie das nun im einzelnen zu geschehen hat, ist nicht bekannt. Die Statuten schweigen dazu.

Als Berater stehen dem Hochmeister die fünf sogenannten Großgebietiger zur Seite: der Großkomtur, der oberste Marschall, der oberste Treßler, der oberste Trappier und der oberste Spittler. Diese Ordensoberen sind nicht etwa eine Art Fachminister, sondern echte Ratgeber des Hochmeisters.

Das wichtigste Amt bekleidet der Großkomtur. Er vertritt den Hochmeister in dessen Abwesenheit, und er führt die Oberaufsicht über den Ordensschatz, alle Vorräte und Magazine sowie über Handel und Schiffahrt. Er ist sozusagen die rechte Hand des Hochmeisters und kümmert sich auch um die Verwaltung des Landes.

Der Marschall hat die Aufsicht über das gesamte Heereswesen. Er ist Oberbefehlshaber im Krieg, selbst wenn der Großkomtur mitzieht. Sein Dienstsitz wird später Königsberg.

Der Treßler verwaltet die Ordenskasse und den Ordensschatz.

Dem Trappier untersteht das gesamte Bekleidungswesen, soweit es sich nicht um Rüstung, wie Panzer und ähnliches, handelt. Für die ist der Marschall verantwortlich.

Für alle Spitaleinrichtungen des Ordens ist der Spittler zuständig. Sein Dienstsitz ist Elbing, wahrscheinlich deshalb, weil sich dort das älteste Spital des Ordens in Preußen befindet.

Die Verwaltungseinheit des Ordenslandes ist die Komturei mit dem Komtur an der Spitze. Diese Verwaltungsbezirke sind im Verlauf der Eroberungen entstanden; sie haben die Jahrhunderte hindurch mannigfaltige Entwicklungen durchgemacht; große wurden geteilt, kleinere zusammengelegt.

Dienstsitz des Komturs ist die Hauptburg seines Bezirks, wo er einem Konvent von zwölf Ritterbrüdern, einigen Priesterbrüdern und Laienbrüdern vorsteht. Jeder der Brüder hat ein bestimmtes Amt inne, bei dessen Verwaltung ihm die Laienbrüder helfen.

Die Zwölfzahl der Konventbrüder, der Bibel nachgebildet,

kann naturgemäß nur eine Idealnorm sein. Die Entwicklung in Preußen bringt es mit sich, daß einzelne Konvente bedeutend mehr Mitglieder aufweisen: 1311 leben in Königsberg vierundachtzig Ordensleute, 1451 in Elbing neunundvierzig Ordensbrüder. Der Komtur ist Festungskommandant und Verwaltungschef in einer Person, hat auch auf den meist recht umfangreichen Domänenbesitz zu achten. Darüber hinaus ist er oberster Polizeiherr und hat auch die Gerichtshoheit inne.

Ihm obliegt es, den Zins für sein Gebiet einzuziehen und die Überschüsse nach Abzug dessen, was seine Komturei benötigt, nach Marienburg zu überweisen. Ferner untersteht ihm die Ansiedlung von Bauern in seinem Gebiet.

Die meisten Komtureien gliedern sich wieder in kleine Einheiten, die von Vögten, Pflegern, Waldmeistern und Fischmeistern verwaltet werden. Auch diese Beamten sind Mitglieder der Konvente; sie haben ihren Sitz meist auf besonderen Burgen. Worin der Unterschied zwischen Vogt und Pfleger besteht, ist nicht ganz klar; wahrscheinlich hat der Pfleger in erster Linie wirtschaftliche, der Vogt eher gerichtliche und militärische Aufgaben wahrzunehmen.

Im Reich und am Mittelmeer sind mehrere Komtureien zu einer Landkomturei, das ist eine Ballei, zusammengefaßt. Diese Organisationsform hat sich in Preußen nicht durchgesetzt, ebensowenig in Livland.

Von neuen und weniger neuen Ämtern...

Während des 14. Jahrhunderts beteiligt sich der Deutsche Orden mehr und mehr am internationalen Handelsverkehr. Daß er damit in den Gegensatz zu den Hansestädten in Preußen geraten muß, irritiert ihn nicht weiter. Er gründet das Amt des Großschäffers; es gibt zwei von ihnen; der eine residiert in Marienburg, der andere in Königsberg. Sie sind die obersten Handelsbeamten des Ordens, sie sorgen für die Ausfuhr der Landesprodukte wie Getreide, Wachs, Felle und nicht zuletzt auch Bernstein, und sie kümmern sich um den Import. An den wichtigsten Handelsplätzen der Hanse haben sie Agenten, die sogenannten Lieger, etabliert.

Der wichtigste Beamte der Marienburg, dem Haupthaus des Ordens, ist der Hauskomtur. Er hat das gesamte Transport-, Verkehrs- und Bauwesen unter sich, ihm untersteht die Verpflegung für den Konvent, und er ist Chef der gesamten Dienerschaft. Außerdem ist er für den Unterhalt der hochmeisterlichen Hofhaltung zuständig.

Weitere Hausämter um 1400 sind: Kelleramt, Pferdemarstall, Karwan (Wagenhaus), Viehamt, Kornamt, Tempelamt (Lebensmittel), Glockenamt (gottesdienstliche Geräte), Küchenamt, Schnitzamt (Waffenmeisterei) und andere mehr.

von Schreibern und Versdichtern ...

Für geistliche Nahrung sind naturgemäß die Priester zuständig, die auch in den Kanzleien Sekretariatsdienste versehen. Sie gehören zur eigentlichen Bildungsschicht der Ordensbrüder, und aus ihren Reihen gehen denn auch die bedeutendsten Chronisten hervor.

Einer von ihnen ist Peter von Dusburg, wahrscheinlich dem Königsberger Konvent angehörend, der das »Chronicon terrae Prussiae« niederschreibt. Es ist ein lateinisch abgefaßtes Werk, das die Geschichte des Ordens von seiner Gründung bis zum Jahre 1331 abhandelt.

Um 1340 dichtet der Kaplan des Hochmeisters, Nikolaus von Jeroschin, die Dusburg-Chronik in Verse um. Hat Dusburg sein Werk noch unter erbaulichen und belehrenden Gesichtspunkten niedergeschrieben, so mischt sich bei Jeroschin schon ein weltlich-ritterlicher Ton darunter.

Diese Tendenz kommt zu voller Blüte bei Wigand von Marburg, Wappenherold des Hochmeisters, der 1393 eine gereimte Ordensgeschichte verfaßt, die die Welt der Litauerreisen schildert.

Johann von Posilge bringt die Geschichtsschreibung des

Ordens zu einem gewissen Abschluß. Er ist Offizial des Bischofs von Pomesanien und beginnt mit dem Jahre 1360. Die Chronik wird von einem unbekannten Verfasser in deutscher Sprache etwa 1405 fortgesetzt und endet 1419. Es ist das erste Geschichtsbuch des Ordenslandes in deutscher Sprache.

und von Wahlmodalitäten und Gelagen

Die Wahl des Hochmeisters ist ein Staatsakt von größter Bedeutung. Man sollte meinen, daß Sicherungen im Wahlverfahren mögliche Fehlentscheidungen verhindern oder nachträglich korrigieren. Dem ist aber nicht so. »Der merkwürdige Wahlmodus zeigt, daß man der reinen Gesinnung und dem Pflichtbewußtsein des Wahlkomturs fast unbegrenzt vertraute«, äußert Marian Tumler, Hochmeister des Deutschen Ordens von 1948 bis 1970.

Das Wahlverfahren – merkwürdig und umständlich. Der alte Hochmeister ist gestorben. Und nun?

Zunächst ernennt der Konvent einen sogenannten Statthalter, der die hochmeisterlichen Geschäfte bis zur Neuwahl führt. Zu denen gehört als erstes, den gesamten Orden vom Hinscheiden des Chefs zu benachrichtigen und die Landmeister sowie Landkomture von Armenien, Romanien, Apulien und Österreich zur Meisterwahl einzuladen.

Am Wahltag wird ein feierlicher Bittgottesdienst abgehalten, der aus einer heiligen Messe und fünfzehn Vaterunser jedes einzelnen Bruders besteht. Nach dem Gottesdienst versammelt sich der Konvent im Kapitelsaal. Der Statthalter tritt hervor und ernennt einen ritterlichen Mitbruder zum Wahlkomtur. Ist dieser dem Konvent genehm, stimmt er der Ernennung zu, wenn nicht, verlangt er, daß ein anderer dieses Amt bekleidet.

Nun begibt sich der Wahlkomtur gemessenen Schrittes hinüber in einen der angrenzenden Räume, der als Wahllokal dient, um das Wahlkollegium aufzustellen. Von hier aus bittet er einen Mitbruder zu sich herüber; diese beiden bestimmen einen dritten, die drei dann einen vierten und so fort, bis ihrer dreizehn sind. Wie schon angesprochen, sehen die Statuten vor, daß acht von ihnen Ritterbrüder, vier »andere Brüder« und einer Priesterbruder sein soll – und dies möglichst aus verschiedenen Balleien.

Auch hier kann der Konvent wieder einschreiten, jeden ablehnen und an dessen Stelle einen anderen nominieren. Stellt sich heraus, daß einer der dreizehn schon in die engere Wahl zum Hochmeisteramt genommen worden ist, wird er gebeten, das Wahllokal zu verlassen, und ein neuer Wahlmann wird ausgeguckt. Nach diesen Präliminarien schreitet das Dreizehn-Männer-Kollegium würdevoll in den Kapitelsaal und schwört angesichts des Konvents, »daß sie nicht aus Liebe, Haß oder Furcht vom rechten Weg sich abbringen lassen, sondern nach reinem Gewissen jenen erwählen wollen, den sie nach seinen Eigenschaften für den Würdigsten zur Übernahme des Meisteramts erachten«. Noch einmal legt dann der Statthalter den Wahlmännern die Bedeutung dieser Wahl nachdrücklich ans Herz. Dann müssen alle Brüder auf das Evangelium schwören, den als Meister anzuerkennen, den das Wahlkollegium oder die Mehrheit von ihnen küren wird.

Daraufhin begibt sich die Dreizehnergruppe wieder zurück in ihr Wahllokal. Man setzt sich. Der Augenblick ist gekommen, die Wahl kann beginnen: Der Wahlkomtur nennt einen Namen. Das gleiche tun jetzt die anderen zwölf, immer der Reihe nach. Sobald man feststellt, daß die absolute Mehrheit sich auf einen Namen vereinigt hat, ist die Wahl zu Ende und den Vorschriften gemäß abgeschlossen. Die Wahlmänner begeben sich zurück in den Kapitelsaal und verkünden das Ergebnis.

Ob es dem Gewählten nun paßt oder nicht – er muß die Wahl annehmen. Woraufhin er sofort unter dem Geläut aller Kirchenglocken vom Statthalter zum Altar geführt wird, währenddessen die Geistlichkeit ein Tedeum anstimmt. Es folgt eine letzte Ermahnung des Statthalters an den frischgebackenen Hochmeister, sein Amt nur ja würdig zu verwalten, und endlich erhält er Ring und Siegel als Insignien seiner neuen Würde ausgehändigt.

Während noch die freudige Nachricht von Dorf zu Dorf, von Stadt zu Stadt durchs Land eilt, setzt man sich in Marienburg und anderswo an die reichgedeckten Tafeln und beginnt festlich zu schmausen.

Ein Glückstag auch für die Bedürftigen: Auf der Marienburg dürfen sich immerhin dreizehn von ihnen den Bauch vollschlagen, wie sie es lange schon nicht mehr getan haben. Auch in anderen Konventen führt man sie zur Tafel – das ganze Land feiert ein Freudenfest, das am Abend mit Gesang, Tanz und Gaukelspiel fröhlich ausklingt ...

Kapitel 9
Vierter Exkurs

Die Seite des Geldes

Bis zum 15. Jahrhundert zahlen die Untertanen des Deutschen Ordens in Preußen keine allgemeinen Steuern, abgesehen vom Pfundzoll, eine Abgabe, die von jeder Schiffsladung erhoben wird. Erst nach dem 1. Thorner Frieden von 1411 wird das anders, als sich der Orden durch den Krieg mit Polen und Litauen so ziemlich verausgabt hat, sich plötzlich vor gewaltigen Reparationszahlungen an Polen gestellt sieht und seine Söldner entlohnen muß, aber in weitgehend leere Kassen blickt.

Wovon hat der Orden bisher gelebt?

Seine Finanzen speisen sich vornehmlich aus den Untertanen-Abgaben in Form von Bargeld und Naturalien, den Erträgen der Regalien, zur Hauptsache jedoch aus der Eigenwirtschaft.

Naturalabgaben, Geldzins und Einkünfte aus den Regalien fließen aber dann nur reichlich, wenn das Land wirtschaftlich erschlossen ist und viele Untertanen es bevölkern. Folglich liegt dem Landesherrn die Ansiedlung von Bauern, Rittern und Städtern sehr am Herzen. Abgesehen davon, kann er nach der endgültigen Eroberung des Landes auch die einheimische Bevölkerung heranziehen, die Preußen nämlich, aber auch die ansässigen Slawen.

Rechtsgrundlage aller Ansiedlungen – egal, ob deutscher Bauer oder deutscher Freie (Ritter) – ist das kulmische Recht, ein Gewohnheitsrecht, das sich aus der Kulmer Handfeste entwickelt hat. Es setzt voraus, daß der Deutsche Orden unumschränkter Herr des gesamten Grund und Bodens ist. So verleiht er seinen Siedlungsbewerbern den erblichen und zum Teil auch verkäuflichen Besitz an diesem Land; der Siedler genießt persönliche Freiheit – ist also nicht etwa Leibeigener; darüber hinaus darf das Land auch in der weiblichen Linie vererbt werden. Dennoch bleibt der Deutsche Orden eine Art »Obereigentümer«.

Im Gegenzug verlangt der Orden bestimmte Leistungen, die an dem verliehenen Besitztum, der Sache, nicht aber an der Person hängen, die das Land besitzt. Es sind dies die »Reallasten«, die bei den Bauern im wesentlichen aus Geld- und Naturalabgaben, bei den Freien vornehmlich in Kriegsdienst bestehen.

Hufen und Zinshühner

Die Ansiedlung deutscher Bauern delegiert der Orden per Vertrag an einen Siedlungsunternehmer, den Lokator. In einer solchen Urkunde, am 17. Dezember 1282 in Kulm ausgestellt, heißt es unter anderem: »Wir bezeugen mit diesem Schreiben, daß wir mit Zustimmung unserer Brüder den Konrad von Leiwitz als Lokator über 108 Hufen bestellen und ihm die Lokation unter folgenden Bedingungen übertragen: Der genannte Konrad und seine Erben werden den sechsten Teil der genannten Hufen für immer ohne Dienst und ohne Abgaben von unserem Hause aufgrund der Lokation haben, ausgenommen, daß er mit seinen Leuten bei der Landesverteidigung mitwirke. Von den ihm zugeteilten Hufen kann dieser Konrad sechs aus drei nebeneinanderliegenden Äckern und Gründen nach Belieben wählen, die übrigen wird er wie die anderen Leute erhalten. Die Bauern sollen unserem Haus jährlich neun Schott Silber [ein Schott Silber ist ein halber Schilling] für jede Hufe bezahlen. Dafür sollen sie von unserem Hause Ruhe und Freiheit vom nächsten Walpurgisfest an auf elf Jahre haben, in denen sie uns nichts bezahlen ... im zwölften Jahre werden sie dann den Zensus bezahlen ...«

Den Bauern wird außerdem erlaubt, in den nahe gelegenen Seen zu fischen, aber »nur für den eigenen Tisch«; eine Schenke dürfen sie ebenfalls betreiben; auch ist es ihnen gestattet, im Dorf Lebensmittel, Brot und Tücher zu verkaufen. Schließlich: »Der genannte Konrad soll das Amt des Schultheißen erblich haben.«

Verträge mit einzelnen Bauern schließt der Orden nicht. Sein Vertragspartner ist ausnahmslos der Lokator, der den zehnten bis fünften Teil der Dorfmark als abgabenfreien Besitz erhält. Unter Umständen darf er auch eine Brauerei oder Mühle betreiben. Gegen entsprechende Abgaben, versteht sich, denn das Mühl- und Fischereirecht zum Beispiel sind Regalien – Rechte, die der Deutsche Orden als Hoheitsträger für sich reklamiert, aber zur Nutzung durch andere freigibt.

Die Feldmark solcher Dörfer ist unterschiedlich groß; sie reicht von 30 bis – wie überliefert ist – 108 Hufen, liegt aber meistens zwischen 40 und 60 Hufen. Der Schultheiß verteilt die Fläche nach Abzug seines Anteils in Stücken von zwei bis zweieinhalb Hufen an die Neusiedler; anscheinend eine großzügige Regelung, denn eine Hufe reicht im Normalfall für die Ernährung einer Familie aus.

Nach Ablauf der Frist muß jeder Bauer das »Pflugkorn« von jeder Hufe abliefern, das heißt ein Scheffel Weizen und Roggen, und er hat auch Bargeld zu zahlen, normalerweise eine halbe bis eine Mark, aber auch zwei bis vier, zum Teil sogar sechs bis zehn Mark – eine happige Summe, eine erhebliche finanzielle Belastung für damalige Verhältnisse. Dazu kommen noch Naturalabgaben, wie etwa Federvieh (»Zinshühner«), und die Leistung von Scharwerksdiensten (Frondienste) auf den Ordensdomänen.

Zum eigentlichen Dienst mit der Waffe ist der Bauer dagegen nicht verpflichtet. Sein Beitrag zum Kriegsdienst besteht in der »Landwehr«, das heißt in der Heimatverteidigung, der Bereitstellung von Troßwagen mit Mannschaften und der Versorgung der Truppe mit Lebensmitteln – angesichts der schier unaufhörlichen Kriegszüge des Ordens und seiner Kreuzzugsgäste keine geringe Leistung.

Deutsche Dörfer werden als Reihen- beziehungsweise Angerdörfer angelegt. Die Gehöfte liegen beiderseitig eines langgestreckten, 150 bis 300 Meter langen Angers. Auf diesem Anger befinden sich die Gemeinschaftseinrichtungen wie Schmiede, Hirtenstall, Backhaus und anders mehr. Hier können auch die Kirche gebaut und der Dorfteich angelegt werden.

Die Haustypen entsprechen denen, die die Siedler aus ihrer ursprünglichen Heimat kennen: Neben dem westgermanisch-mitteldeutschen Wohnstallhaus – eine dreiteilige Anlage mit dem Eingang an der Längsseite, die Wohntrakt und Stallung unter einem Dach vereinigt – findet sich das sogenannte Niedersachsenhaus, ein Gebäude mit großer durchgehender Diele, das immer mit dem Giebel zur Straße steht. Diese beiden Grundformen werden im Laufe der Zeit mannigfaltig verändert. So hat man etwa im Gebiet zwischen Weichsel und Passarge häufig eine Vorlaube angefügt.

Die Ansiedlung von Freien, von Rittern also, hat überwiegend militärische Gründe: Der Orden möchte stets eine gut ausgerüstete Kriegsmannschaft zur Verfügung haben. Die Ländereien – Normalgröße zwischen 10 und 40 Hufen, vereinzelt auch 80 Hufen – werden dementsprechend als »Dienstgüter« bezeichnet. Selbstverständlich ist es mit dem Kriegsdienst allein nicht abgetan; die Freien sind auch sonst noch abgabepflichtig. Auch sie haben, wie die Bauern, das Pflugkorn zu entrichten. Der Orden kassiert darüber hinaus eine geringe Gebühr »zur Anerkennung seiner Herrschaft«, das heißt seines Obereigentums an den Ländereien. Dieser Geldbetrag kann mitunter durch Naturalleistung wie Wachs oder dergleichen ersetzt werden.

Als am Ende des 13. Jahrhunderts die Kämpfe mit den Litauern beginnen, erhebt der Deutsche Orden von Rittern wie Bauern zwei Sonderabgaben: das »Wartgeld«, mit dem Agenten im litauischen Gebiet bezahlt werden, und das »Schalwenkorn« (Schalauerkorn, so genannt nach der Grenzlandschaft Schalauen), eine Naturalleistung zum Unterhalt der Grenzburgen, vor allem Ragnits.

Aus Freien werden Unfreie

Wesentlich schlechter als die deutschen Siedler stehen sich die Preußen. Der Deutsche Orden hat im Frieden von Christburg 1249 den Preußen Pomesaniens, Ermlands und Natangens die persönliche Freiheit, das Recht auf Eigentum und das Erbrecht garantiert, sofern sie sich taufen lassen und ihr bisheriges Brauchtum, wie etwa Vielweiberei und Frauenkauf, aufgeben. In Naturalien sollen sie den Zehnten entrichten, kein unbilliges Verlangen.

1260 erheben sie sich gegen ihren Zwingherrn, aber sie werden ein zweites Mal niedergekämpft, diesmal endgültig. Es gilt das Recht des Siegers, und das ist hart. Der Deutsche Orden ist der Ansicht, daß die Aufständischen die ihnen zugesicherte Freiheit und Rechtsfähigkeit verwirkt haben, dies aber nicht als schuldig gewordene Individuen, sondern in ihrer Gesamtheit als preußisches Volk. Die Kollektivschuld-These hat, wie man sieht, Tradition.

Die Bauern haben es zu büßen. Vor dem Aufstand freie Menschen, sehen sie sich jetzt rechtlich zu Unfreien zurückgestuft. Haus und Hof wird ihnen gelassen, schließlich leisten sie Scharwerk auf den Ordensdomänen und sind auch Hintersassen deutscher und preußischer Grundherren. Sie dürfen auch ein kleines Stück Land bewirtschaften, ohne es jedoch vererben zu können oder es überhaupt zu vollem Besitz zu haben.

Diese preußischen Bauern wohnen auf Einzelhöfen oder in besonderen Dörfern, grundsätzlich getrennt von den deutschen Zinsdörfern, haben aber außer Scharwerk noch – wie gehabt – Kriegsdienste und den Naturalzehnten zu leisten. Erst Mitte des 14. Jahrhunderts werden auch sie als Kolonisten angesiedelt. Später dürfen sie dann in deutschen Dörfern wohnen.

Weit besser verfährt der Deutsche Orden mit den slawischen Bewohnern, die überwiegend im Kulmerland und in Pommerellen leben. Schon Landmeister Hermann Balk, der erste Eroberer Preußens, hatte ihnen ihre Rechte und Besitztümer bestätigt, und daran änderte sich in den nächsten Jahrhunderten nichts Wesentliches. Auch sie müssen den Naturalzehnten abliefern und für Kriegsdienste bereitstehen.

Äußerst wichtig: Städte, Domänen, Eigenhandel

Die dritte Gruppe deutscher Siedler besteht, neben Bauern und Rittern, aus Stadtbewohnern. Stadtentwicklung und -förderung betrachtet der Deutsche Orden als mindestens so wichtig wie die Ansiedlung ackerbautreibender Untertanen. Mit der Kulmer Handfeste schafft er einen Rahmen, innerhalb dessen sich eine städtische Siedlung entfalten kann. Anderen Städten wiederum wird lübisches Recht verliehen (Elbing, Braunsberg, Frauenburg zum Beispiel).

Die Bürgerschaft darf sich die Richter ihres Stadtgerichts selber wählen; sie erhält das Mühlen-, Fischerei- und Jagdrecht, soweit der Orden nicht bestimmte rechtliche Vorbehalte trifft; Marktfreiheit wird ebenfalls zugesichert.

Die bedeutendsten Städte des Landes gehören der Hanse an. Es sind Danzig, Thorn, Kulm, Elbing, Braunsberg und Königsberg. Sie überragen die Konkurrenz anderer Städte an Wirtschaftskraft, an Macht, Einfluß und Wohlstand, verfügen über internationale Handelsverbindungen und sind – allen voran Danzig – die damaligen Weltstädte des Ordenslandes.

Was die Eigenwirtschaft des Ordens betrifft, so sind es vor allem die riesigen Domänen und der Eigenhandel, die nicht unwesentlich dazu beitragen, daß das Land prosperiert.

Wichtig sind diese landwirtschaftlichen Großbetriebe vor allem wegen ihrer Vieh- und Pferdezucht, weniger hingegen für den Anbau von Getreide, das der Orden zur Hauptsache von seinen Bauern als Zehntleistung erhält. Es ist natürlich verständlich, daß der Ritterorden auf die Pferdezucht größten Wert legt. Um 1400 verfügt er bereits über einundsechzig Gestüte, aber erst der als »Soldatenkönig« bekanntgewordene Friedrich Wilhelm I. (1713 bis 1740), Vater Friedrichs des

Großen (1740 bis 1786), faßt die über das Land verstreuten »Stutereien« zu einem Gestüt zusammen: 1732 entsteht das nachmals weltberühmte Trakehnen.

Mit den Pferden ist das so eine Sache: Die einheimischen Tiere, Sweiken genannt, sind zwar ungemein genügsam, zäh und leistungsfähig, aber für so einen Eisenklotz von Ritter doch zu schwach. Schlachtrösser müssen daher zunächst importiert werden, bevor man sie selber züchtet, was den Orden sehr teuer kommt: Sie kosten 15 bis 20 Mark Silber (im Vergleich: ein Ochse kostet nur 1,50 bis 2,00 Mark Silber).

Aber auch die Sweiken züchtet der Orden weiter. Er braucht diese Tiere zum Beispiel für seine Meldereiter.

Um den Eigenhandel des Deutschen Ordens kümmern sich die beiden Großschäffer zu Marienburg und Königsberg. Unübersehbar wird der Ritterstaat binnen kurzem zu einer Wirtschaftsmacht erster Ordnung, und der Deutsche Orden ist – neben der Hanse – an dieser Entwicklung maßgeblich beteiligt.

Schon um 1300 tauchen auf den hansischen Märkten im Westen Holz und Holzprodukte, aber auch der heißbegehrte Bernstein auf. Nach 1530 beginnt der Export von Weizen und Roggen, ein Handelsgut, das zu den großen Aktivposten in den Ordensrechnungen zählt. Die damalige Welt ist auf das Getreide der Kornkammer Preußen angewiesen.

Wichtig ist auch der abgabenträchtige Transitverkehr. Aus Polen schaffen Kaufleute neben Wachs und Honig auch Holz heran und verschiffen es nach Deutschland, England oder Frankreich – eine besonders willkommene Ware in letzteren beiden Ländern, wenn sie Eibenholz ist: Aus diesem Gewächs werden die gefürchteten Langbogen für die Schützen gefertigt.

Lemberg ist der Umschlagplatz für kostbare Seide und Erzeugnisse der Levante; Gold und Kupfer kommt aus den Gebieten jenseits der Karpaten; Hanf, Flachs, Hopfen, böhmisches Glas, österreichischer Wein und Safran, wichtigstes Färbemittel der Zeit, besorgen Kaufleute des Ordenslandes und exportieren es nach dem Westen.

In umgekehrter Richtung wird Salz herangeschafft, das im Ordensland mangels Solquellen so gut wie nicht gewonnen werden kann; Gewürze werden importiert, Weine und weißes flandrisches Tuch, das der Trappier für die Ordensmäntel seiner Mitbrüder benötigt.

Über Wert und Menge des Umsatzes liegen verläßliche Zahlen kaum vor; genauere Angaben für die preußischen Hansestädte finden sich nur für das Jahr 1369: Da erreicht der Export das Rekordergebnis von 700 000 Mark preußisch; dazuzurechnen ist noch der Eigenhandel des Ordens, geschätzt auf rund 70 000 Mark Silber.

Verkehrswege sind in erster Linie die Flüsse; für den Massentransport geeignete Straßen gibt es nicht. Aber der Deutsche Orden sorgt für die Entwicklung der Infrastruktur; noch vor 1376 nimmt er zum Beispiel ein zukunftsträchtiges Projekt in Angriff: den Deime-Graben, der einen Schiffahrtsweg von Königsberg durch das Kurische Haff memelaufwärts bis nach Kowno erschließt.

Zur Erleichterung des Weges über Land werden zahlreiche Brücken gebaut; bei großen Flüssen allerdings vertraut man doch lieber den Fähren. Zwei bedeutende Brücken werden dennoch errichtet: bei Dirschau und Marienburg. Über Dirschau führt die große Ost-West-Verbindung über die Weichsel; die Marienburger Brücke schafft einen bequemen Zugang zum Weichselwerder, die hauptsächliche Anbauregion für Getreide.

Es liegt in der Natur der Sache, daß es zu einem Konflikt des Deutschen Ordens mit der Hanse kommen muß, als er zunehmend kraftvoller als Kaufmann für eigene Rechnung auftritt. Konkurrenz belebt nicht nur das Geschäft, sie kann es auch erheblich schädigen – und dagegen wehrt sich vor allem Lübeck mit Vehemenz. Dennoch gelingt es immer wieder, die Interessen auszugleichen und ein – aufs Ganze gesehen – gedeihliches Miteinander zu erreichen.

So läßt Hochmeister Konrad von Jungingen sich auch gar nicht lange bitten, als gegen die Ostseepiraten – die Vitalienbrüder – gerüstet werden soll. Die Zusammenarbeit mit den preußischen Städten, besonders mit dem mächtigen Danzig, verläuft höchst harmonisch.

Die Vitalienbrüder machen der Schiffahrt auf der Ostsee schwer zu schaffen. Sie haben sich auf der Insel Gotland niedergelassen und starten von hier aus zu ihren gefürchteten Raubzügen. Der Deutsche Orden kann sie, als sie sich noch in ihren Winterquartieren aufhalten, überrumpeln. Völlig überraschend landet die Flotte am 21. März 1398 bei Västergarn. Gotland wird praktisch kampflos besetzt.

Soziales Signal: Der Dienst an den Kranken

Die beträchtlichen Einkünfte versetzen den Orden in die angenehme Lage, jederzeit zum Krieg rüsten zu können, aber auch den Untertanen gewisse Wohltaten zu erweisen. Zum Beispiel – erstmalig in Europa – eine staatliche Krankenversicherung einzurichten.

Zu keiner Zeit hat der Ritterorden verleugnet, daß er aus einer Spitalbrüderschaft hervorgegangen ist, und er hat diese menschenfreundliche Aufgabe auch bis zu seinem Ende wahrgenommen.

Der oberste Spittler, der Großgebietiger, dem das gesamte Spitalwesen untersteht, ist als einziger Amtsträger des Ordens über seine Geldausgaben nicht rechenschaftspflichtig. Seine Fürsorge für Kranke und Schwache soll nicht dadurch behindert werden, daß er fiskalische Rücksichten zu nehmen braucht.

Seit 1312 ist Elbing sein Dienstsitz; er ist zugleich Komtur des dortigen Ordenshauses. Ihm unterstehen alle »Firmarien« der Ordenshäuser; das sind die Lazarette für Kranke und altersschwache Mitbürger sowie für das Gesinde. Er überwacht die Amtsführung ihrer Vorsteher (Spittler oder Firmarienmeister), und er hat die Oberaufsicht über alle Krankenanstalten, die der Orden in den meisten Städten des Landes außerhalb der Burgen eingerichtet hat.

Ende des 14. Jahrhunderts schätzen sich immerhin einundachtzig Städte glücklich, ein solches Spital in ihren Mauern zu wissen. Die Krankenhäuser tragen landauf, landab den gleichen Namen – »Zum Heiligen Geist« – und sind mit der Kirche verbunden.

Bauten von herber Schönheit

Bauen war schon immer teuer, und der Deutsche Orden baut gern und viel. Zwischen 1280 und 1410 entstehen die meisten dieser so bemerkenswerten Deutschordensburgen, welche die Architekturgeschichte bereichert haben.

In den ersten Jahrzehnten der Eroberung sind die Ritter auf schlichte Erd- und Holzkonstruktionen angewiesen; zum Teil werden vorhandene preußische Wehrbauten erweitert und benutzt. In der Mitte des 13. Jahrhunderts dann werden diese Anlagen mit Stein befestigt; Thorn ist wahrscheinlich die erste Burg, die in dieser Weise verstärkt wird.

In den Jahren 1270 bis 1280 bahnt sich ein epochaler Wandel an: Der Grundriß des Haupthauses (Hochschloß, Konventhaus) wird quadratisch – ein Viereck mit Ecktürmen wird zum Kern der eigentlichen Burganlage, die dann wieder unterschiedliche Ausformungen haben kann. »Es weht eine herbe und strenge Größe um diese Bauten«, so gibt Ordenshistoriker Bruno Schumacher Mitte unseres Jahrhunderts seine Eindrücke wieder, »die in ihrer Einheitlichkeit den Geist, den Machtwillen und die reichen Mittel der einst alles sich unterordnenden, aber auch für alle sorgenden Bruderschaft verraten.«

Und er fährt fort: »Vergessen wir nicht, daß der Orden eine mönchische Korporation war, der zugleich alle Aufgaben einer Landesherrschaft oblagen. Somit stellen sich seine Burgen nicht als Ritterburgen individueller Art nach süd- und westdeutschem Muster, sondern als Staatsfestungen dar, die zugleich klösterlichem Leben und wirtschaftlich-administrativem Getriebe Raum verstatten, ›Häuser‹, wie sie in der Ordenssprache heißen.«

Teilansicht der Marienburg

Das vierflüglige, auf quadratischem Grundriß errichtete Haupthaus bildet das zentrale, mehrgeschossige Bauwerk der Burg – von außen betrachtet eine hoch aufragende, äußerst wehrhafte Backsteinfestung mit nicht allzu vielen und großen Fensteröffnungen nach außen und einem umlaufenden Dach, unter dem sich ein Wehrgang mit seinen Luken befindet.
Der Innenhof dieses Gevierts wirkt vergleichsweise anheimelnd mit seinen über zwei Etagen reichenden Galerien (dem Kreuzgang), der Dachtraufe, dem Torweg, dem Kopfsteinpflaster und dem Brunnen in der Mitte. Ein Sonntag mit strahlend blauem Himmel ist durchaus in der Lage, bei dem Besucher südliche Gefühle hervorzulocken, sofern die Burg nach dem Zweiten Weltkrieg wieder restauriert wurde.
In den mächtigen Kellergewölben lagern die Vorräte, wie auch auf den Dachböden und den Söllern der oberen Geschosse. Vorratshaltung heißt, immer auch auf lange Belagerung vorbereitet zu sein und sehr viele Menschen versorgen zu müssen – zum Beispiel die Flüchtlinge aus der Umgebung sowie die in die Burg gelegten Truppen.
Das Erdgeschoß gehört den Wirtschaftsräumen, so der Küche, die weit mehr Essen zubereiten kann, als der Konvent normalerweise benötigt; dann das Brauhaus – Bier ist ein alltägliches Getränk, verglichen mit heute aber ein recht dünnes Gesöff; weiter die Backstube und was sonst immer an Räumen notwendig ist.
Die erste Etage: Drei Flügel beherbergen die Kapelle, den Kapitelsaal, das Refektorium (Remter, Speisesaal) und das Dormitorium (Schlafsaal). Der vierte Flügel ist dem Komtur vorbehalten. Ihm stehen hier zwei kleine Remter, ein Schlafgemach und eine Stube für die Dienerschaft zur Verfügung.
Architektonisch fällt der gewaltige Wartturm ein bißchen aus dem Rahmen. Er überragt das Hochschloß auf eine anmaßende Weise, hat aber als letzte Zuflucht eine höchst sinnvolle Funktion zu erfüllen. Vier kleinere Türme betonen die Ecken des würfelförmigen Hochschlosses und setzen harmonische Akzente.
An dessen einer Seite – getrennt durch einen Wassergra-

Der obere Gang des Hochmeisterschlosses auf der Marienburg

ben – schließt sich die sogenannte Vorburg an, ein meist rechteckiger Gebäudekomplex, der Stallungen, Magazine, Arsenale und Unterkünfte für fremde Soldaten und Dienstpersonal enthält.

Das größte Klo Europas, wenn nicht gar der ganzen Welt, steht noch heute in Marienwerder – eine imposante Anlage (zu der auch eine Ordensburg gehört), die einer überdachten, auf massiven Bogenpfeilern ruhenden und in einem Turm endenden Brücke nicht unähnlich sieht. Wobei der Eindruck entstehen könnte, daß diese Brücke gedacht war, einen Fluß zu überspannen, aber leider nur zur Hälfte fertiggestellt worden ist. »Dansker« heißt ein solches Bauwerk.

Die Rittersleute wissen, wie förderlich Hygiene der Gesundheit ist und wie schwierig es damit in Krisen- und Kriegszeiten werden kann, dann nämlich, wenn die Burg mit Kriegsvolk vollgestopft ist. Also sorgt man beizeiten für entsprechende Kapazität und vertraut im übrigen auf die Transportkraft fließenden Wassers, im Falle Marienwerders auf die der Nogat.

Kapitel 10
Die ersten Jahrzehnte des 14. Jahrhunderts

Intrige und Ränkespiel

Konfliktfrei war das Verhältnis zwischen dem Deutschen Orden und seinem westlichen Nachbarn Polen nie gewesen. Stürmischen Auseinandersetzungen während des 13. Jahrhunderts, namentlich mit Herzog Swantopolk, waren Zeiten relativer Ruhe gefolgt. Nie aber hatte es der Deutsche Orden mit einem Königreich Polen, einem geeinten Staat, zu tun gehabt, stets waren es Teilfürstentümer gewesen, die dem Orden zu schaffen gemacht hatten.

Das ändert sich in dem Augenblick, als es Herzog Wladislaw – genannt »Lokietek«, was »ellenlang« heißt und »kleinen Wuchs« meint – gelingt, das Land 1320 unter seiner Krone (1320 bis 1333) zu einen.

Zwar ist dieses polnische Königreich kein sonderlich stabiler Staat, aber immerhin, König Wladislaw muß daran gelegen sein, nicht nur die vorhandenen Fürstentümer, sondern auch die verlorengegangenen Länder unter seiner Krone zu versammeln. Verlorengegangen ist den Polen Pommerellen – und dies schon vor einem Dutzend Jahren. Wladislaw hatte dies nicht verhindern können und den Verlust auch nie verwunden. Er versucht jetzt alles, Pommerellen zurückzugewinnen.

Begonnen hatte diese unselige Entwicklung mit Herzog Swantopolks Tod im Jahre 1266. Um die Nachfolge stritten sich, wie schon kurz angedeutet, Swantopolks Brüder Sambor II. und Ratibor sowie seine Söhne Mestwin II. und Wartislaw II. Zunächst traten die beiden Söhne gegeneinander an:

Mestwin verbündete sich gegen seinen Bruder Wartislaw mit dem Markgrafen von Brandenburg und unterstellte den von ihm regierten Landesteil 1269 dem Markgrafen als Lehen. Tatsächlich kamen die Brandenburger dem Mestwin gegen seinen Bruder zu Hilfe. Sie rückten in Danzig ein und blieben auch dann noch in der Stadt, nachdem Wartislaw gestorben war. Als Besatzer gewissermaßen.

Wie nun die Geister wieder loswerden, die man gerufen hat? Mestwin hält nach einem neuen Bundesgenossen Ausschau und findet ihn in dem Herzog Boleslaw von Großpolen. Gemeinsam gelingt es ihnen, Danzig zu erobern. Das Lehensverhältnis zwischen Mestwin und den Brandenburgern bleibt von der Auseinandersetzung aber unberührt.

Wladislaw Lokietek – noch ist er Herrscher eines Teilstaats und nicht König Polens – hat mittlerweile Absichten auf Danzig. Die Stadt ruft deswegen den Markgrafen von Brandenburg zu Hilfe, der ja aus dem Lehensvertrag mit Mestwin noch Rechte auf Pomerellen hat. Die Folge: 1308 marschiert ein brandenburgisches Heer in das Land, die Stadt Danzig schlägt sich zu den Brandenburgern, die polnische Besatzung der Burg Danzig leistet aber erbitterten Widerstand. Die Burgleute sind Realisten: Den Widerstand können sie auf Dauer nicht durchhalten, abgeschnitten von allen Hilfsquellen. So bitten sie den Deutschen Orden zu Hilfe, eine Bitte, welcher der nur allzugern nachkommt.

Er zwingt die Brandenburger zum Abzug. Kaum sind die verschwunden, beginnen die Stänkereien zwischen Polen und dem Orden. Mit dem Ergebnis, daß die Ordensritter die Polen hinauswerfen. Der Stadt Danzig selbst, bislang auf Seiten Brandenburgs, bleibt nun nichts anderes mehr übrig, als sich dem Deutschen Orden zu unterwerfen. Pommerellische Adlige, die sich bis zuletzt gegen die Übergabe an den Orden gewehrt haben, werden – sofern sie nicht im Kampf getötet worden sind – nach der Kapitulation hingerichtet. Auch den Danzigern und der Stadt ergeht es nicht viel besser: Sie wird zum großen Teil zerstört, viele der Bürger meuchlings umgebracht.

Da man sich nun im Besitz der »Hauptstadt« Pommerellens befindet, liegt der Gedanke nicht fern, sich auch des übrigen Landes zu bemächtigen – immerhin ist es ein polnisches Herzogtum und ein christliches obendrein.

Verhältnismäßig rasch werden die Burgen Dirschau und Schwetz erobert; es folgen die mehr oder minder befestigten Burgen wie Konitz, Tuchel, Schlochau und andere – bald ist das Land vollständig unterworfen. Der Orden führt sich auf als ein Sieger, dem jedes Maß verloren scheint: So werden der Adel des Landes und die Ritterschaft aus dem Land getrieben, sofern sie verdächtig sind, noch ihrem Herzog anzuhängen. Dirschau zum Beispiel hat Reparationszahlungen zu leisten, denen es unmöglich nachkommen kann; das Eigentum der gesamten Bürgerschaft reicht nicht aus, die aberwitzigen Forderungen zu erfüllen, woraufhin sich im Februar 1309 der Rat und die Bürgerschaft notariell verpflichten müssen, nach Pfingsten die Stadt zu verlassen und nie wieder in ihre Mauern oder überhaupt nach Pommerellen zurückzukehren. Es sei denn, der Hochmeister hat dazu eine besondere Erlaubnis erteilt.

Eine Wende zum Schlimmen

Der Einmarsch nach Danzig und Pommerellen markiert einen bedeutsamen Umschwung im Dasein des Deutschen Ritterordens. Es ist eine Wende zum Schlimmen – eine Wende, die ihn wegführt von seinen eigentlichen Aufgaben und Zielen, nämlich die Heiden zu unterwerfen und dafür zu sorgen, daß sie sich – wenn auch zwangsweise – zum Christentum bekennen.

Diese Ziele, diese Aufgaben hat der Deutsche Orden in dem Augenblick verraten, als er das polnische Herzogtum Pommerellen annektiert. Es ist der Verrat an Gesetzen, nach denen der Orden in Preußen angetreten ist und nach denen er ein Staatswesen begründet hat. Jetzt spätestens, in den Jahren 1308 und 1309, spätestens jetzt entlarvt er sich als ein Raubstaat — ein Raubstaat, der nicht davor zurückschreckt, christliche Völker zu unterjochen.

Um diesen Eroberungen noch nachträglich einen legalen Anstrich zu verleihen, versucht der Orden, dem Markgrafen von Brandenburg seine Rechte an Land und Leuten abzuhandeln. Das gelingt. Als unmöglich erweist es sich dagegen, auch von Wladislaw Lokietek entsprechende Zusagen zu erhalten. Er und seine Nachfolger finden sich nicht mit der Herrschaft des Deutschen Ordens über Pommerellen ab.

Militärisch können sie alle nicht sehr viel gegen den starken Ordensstaat ausrichten, und so verlegen sie denn ihre Aktivitäten auf juristisches Feld und klagen bei der Kurie. Den Anfang macht der Bischof von Leslau, zu dessen Diözese der größte Teil Pommerellens gehört. Papst Johannes XXII. — er residiert in Avignon — nimmt »mit großem Kummer« die Klagschrift entgegen, in der die Verletzung bischöflicher Rechte behauptet, vor allem aber angezeigt wird, daß der Orden den Peterspfennig, eine besondere, zugunsten des Papstes erhobene Steuer, nicht zahle, wie es sonst in Polen üblich sei. Außerdem macht der Kirchenmann auf die Zerstörung Danzigs aufmerksam, wo wahre Ströme von Blut geflossen seien. Angeschlossen hat sich dieser Klagschrift der Erzbischof Friedrich von Riga, der ohnehin mit dem Orden in ewigem Streit lebt.

Sie hätten den Orden besser nicht verklagt, denn sie verlieren die Prozesse. Dies nicht etwa, weil sie erkennbar im Unrecht gewesen wären, nein, sie verlieren, weil der Orden die Kurie besser schmiert. Und der Orden ist reich, sehr reich; er läßt sich nicht lumpen. Dazu kommt, daß die Ritter eine ständige Gesandtschaft — die Prokuratoren — bei der Kurie unterhalten. Es sind sehr geschickte Botschafter, die die Sache des Ordens, verbunden mit den finanziellen Transaktionen, auf das trefflichste fördern.

Das nächste Verfahren strengt dann Wladislaw Lokietek an. Man schreibt inzwischen das Jahr 1319, aber mehr Erfolg als den Bischöfen ist auch ihm nicht beschieden. Der Orden hat sich denn auch entschlossen, dieses Verfahren nicht sonderlich ernst zu nehmen und betreibt Obstruktionspolitik, die damit beginnt, daß man als Prozeßvertreter einen untergeordneten Ordensbruder namens Siegfried an den Gerichtsort Neu-Leslau beordert. Die Rechtsvertreter des Klägers – noch ist er Herzog, nicht König –, unter ihnen immerhin sein Berater Philipp, merken natürlich die Absicht und sind erbost. Zunächst zweifeln sie die Gültigkeit der Vollmacht Siegfrieds an; ohne Erfolg. Woraufhin der Deutsche Orden die Aussetzung dieses Verfahrens bis zu Weihnachten beantragt. Als man dann wieder zusammentritt, erklärt der Ordensprokurator, was er von einem für den Orden ungünstigen Spruch halten würde: nämlich gar nichts. Er sei null und nichtig, eine weitere Apellation dagegen sei deshalb nicht einmal notwendig.

Unbeeindruckt verkünden die Vertreter des Papstes das Urteil: »Wir verurteilen den Meister und den Orden zur Rückgabe des Landes Pommern mit allem, was dazugehört, ferner zur Zahlung von 30 000 Mark Silber polnisches Gewicht als Vergütung für die Einkünfte, welche daraus gezogen oder zu ziehen gewesen sind, und endlich zur Erstattung aller in dieser Streitsache verwandten Kosten der polnischen Sachverwalter im Betrage von 150 Mark Prager Groschen.«

Noch während der Erzbischof von Gnesen diesen Spruch verliest, läßt sich der Prozeßvertreter des Ordens lautstark vernehmen, daß dieser Spruch völlig unzulässig sei und gegen alle Gesetze verstoße. »Dieses Urteil streitet wider Gott, wider die Gerechtigkeit und gegen alle Ordnung«, brüllt er, »darum ist es ungültig und nichtig.«

Alle Sprüche des Papstes hätten auf die Dauer doch nicht verhindern können, daß die Auseinandersetzung zwischen dem Deutschen Orden und Polen irgendwann in kriegerische Bahnen führt. Wie immer auch ein Spruch ausgefallen wäre: Eine der beiden Parteien muß sich benachteiligt fühlen und sich außerstande sehen, freiwillig auf Ansprüche zu verzichten.

Noch in diesem Jahr 1320 läßt sich Wladislaw Lokietek die polnische Königskrone aufs Haupt setzen, und der Deutsche

Orden verliert einen Bündnispartner, als die Brandenburger Linie des Dynastengeschlechts der Askanier ausstirbt. Wladislaw Lokietek will die Gunst der Stunde nutzen und sieht. sich nach Verbündeten um. Vergeblich. Erst 1326 gelingt es ihm, Litauen auf seine Seite zu ziehen, ein Land, das sich seit einem Jahrzehnt unter dem Großfürsten Gedimin (1316 bis 1341) staatlicher Einheit erfreut.

Ein Jahr später, 1327 also, eröffnet Polen den Krieg gegen den Orden und verwüstet mit päpstlichem Einverständnis die Mark Brandenburg. Der Kurie ist an diesem Feldzug sehr gelegen, denn Brandenburg ist inzwischen in bayerische Hände übergegangen, und das will der Heilige Vater aus machtpolitischen Gründen nicht dulden.

Der alte Freund des Deutschen Ordens, Böhmens König, steht auch jetzt wieder an dessen Seite. Ungarn, mit Böhmen ständig im Streit, hat sich der polnischen Partei angeschlossen.

Nennenswerte Fortschritte freilich erzielt die große Koalition zwischen Polen, Litauen und Ungarn nicht. Der Deutsche Orden ist militärisch zu stark; er hält die Gegner sechzehn Jahre lang in Schach.

Als Wladislaw Lokietek 1333 stirbt, steht es um die polnische Sache sehr schlecht. Alle Versuche, Pommerellen und das Kulmerland zurückzuerobern, sind mißlungen – schlimmer noch: Der Orden hat Teile Kujawiens sowie das Dobriner Land besetzt, das Königreich Polen also noch mehr verkleinert; Masowien muß wohl oder übel König Johann von Böhmen (1311 bis 1346) als Lehensherrn anerkennen, der aufgrund dynastischer Zufälligkeiten die Erbfolge im gesamten Polen beansprucht; und um das Maß voll zu machen, löst Schlesien sich durch den Trentschiner Vertrag endgültig aus dem polnischen Staatsverband und begründet ein festes Lehensverhältnis mit Böhmen. Das bedeutet am Ende den Anschluß an Deutschland.

Wladislaw Lokieteks Sohn und Nachfolger Kasimir der Große (1333 bis 1370) steht, genau gesehen, vor einem Trümmerhaufen, und er weiß das auch. Militärisch ist für sein

Land nichts mehr zu gewinnen, Siege auf diplomatischer Ebene sind mehr als fraglich geworden. So entschließt er sich zum Nachgeben.

»Aus wohlwollendem Vorbedacht«

Seit zwei Jahren, seit 1331 also, hat sich der Papst in die Friedensverhandlungen eingeschaltet. Die Könige von Ungarn und Böhmen unterbreiten 1335 ihrerseits Friedensvorschläge, denen Kasimir 1336 zustimmt. Heftig aber sperren sich Polens Klerus und Adel gegen das, was ausgehandelt worden ist; der Abschluß des Vertrages verzögert sich. Dann aber, am 8. Juli 1343, können in Kalisch die Urkunden ausgefertigt werden. Endlich wird für den 23. dieses Monats beim Dorfe Wirbizino zwischen Neu-Leslau und Morin der feierliche Austausch der Urkunden vereinbart.

In pompösem Aufzug kommen sie daher, die Vertreter der verfeindeten Parteien. Zwei prächtige Zelte hat man aufgeschlagen, eines für den polnischen König, das andere für den Hochmeister des Deutschen Ordens.

Vor dem Zelt des Hochmeisters erscheint der Erzbischof Jaroslaw von Gnesen mit dem Anerbieten seines Königs, alles in dessen Namen zu verbessern und zu ergänzen, was der Meister dem Inhalt nach oder in den Siegeln an der Urkunde zu verändern wünsche. Danach begrüßen sich der König und der Hochmeister persönlich, jeder einen Schweif Hofschranzen hinter sich. Man stellt sich in Positur, der Erzbischof von Gnesen tritt vor und verkündet feierlich den soeben geschlossenen Frieden. Er beginnt zu lesen: »Kasimir von Gottes Gnaden, König von Polen, entbietet allen und den einzelnen, die diese Urkunde einsehen, Gruß und daß sie die Wahrheit der Handlung erkennen mögen. Schon lange um einen friedlichen Zustand unseres Königreiches in vielfachem Nachdenken wirklich bemüht ...« Das sind so die üblichen Einleitungsfloskeln. Dann endlich einer der Kernpunkte: »Also haben wir aus wohlwollendem Vorbedacht ... die Schenkung des Kulmerlandes und der Burg in Nessau eingeräumt und bestätigen es durch das Zeugnis der vorliegenden Urkunde.« Und weiter: »So verzichten wir und unsere Erben und Nachfolger auf diese Gebiete: Auf Pommerellen, Kulm und die Michelau, auch auf irgendeinen Teil davon, sei es aus unmittelbarer, sei es aus abgeleiteter Erbfolge oder aus irgendeinem anderen Rechtsspruch oder aus einer Gewohnheit ... Wir verzichten auf diese Ansprüche, welche es auch immer in der Gegenwart geben möge, ausdrücklich, gänzlich, eindeutig und völlig.«

Es leuchtet ein, daß polnischer Adel und Geistlichkeit dagegen einiges einzuwenden hatten, auch wenn der Orden im Gegenzug Kujawien und das Dobriner Land zurückgibt. Der Knackpunkt Pommerellen dagegen ist durch diesen Friedensschluß nunmehr mit polnischem Willen in den Besitz des Deutschen Ordens gekommen – der Raub ist somit durch dieses Opfer legalisiert worden. Vorerst aber, auf der grünen Wiese beim Dorf Wirbizino, am 23. Juli 1343, tauschen die beiden Hochmögenden Friedensküsse und überreichen einander die Ausfertigungen der Urkunde. Dann beschwört man die Angelegenheit: Der Ordensmeister legt den Eid ab und küßt dabei das Ordenskreuz, der König seine Krone. Jetzt kann der Friede im gesamten Land bekanntgemacht werden. Was die Regelung der Schadensersatzansprüche kirchlicher Besitzungen betrifft, so verzichtet man beiderseitig auf jede Forderung.

Jerusalem liegt in Preußen

Niemand kann zufriedener über diesen Erfolg sein als der Orden, geht er doch letztlich nach seinem militärischen Sieg auch noch als Sieger am Verhandlungstisch vom Platz.

Zu Beginn dieses Jahrhunderts, 1309 nämlich, hatte der Deutsche Orden unübersehbar ein Zeichen seiner Macht gesetzt: Die Marienburg war zum Sitz des Hochmeisters gewählt worden – man hatte das Zentrum des Ordens nach

Preußen verlegt, hier die Hauptstadt etabliert und damit unmißverständlich den Neuanfang demonstriert. Einen neuen Beginn, nachdem alle bisherigen Haupthäuser verlorengegangen waren.

Akkon hatte den Anfang gemacht. Die Gründungsstätte des Deutschen Ordens war 1291 endgültig von den Muslimen zurückerobert worden. Schon vorher aber hatten sich die deutschen Ritter abgesetzt, zuletzt nach Venedig. Als es ihnen dort zu mulmig wurde, weil der Doge nicht gut auf sie zu sprechen und die allgemeine Stimmung für die geistlichen Ritterorden überhaupt nicht eben günstig war – den Templern drohte in Frankreich der Ketzerprozeß, der auch zur Verurteilung und Auflösung dieses altehrwürdigen Ordens (1312) führte –, konnte nach Lage der Dinge nirgendwo anders als im Ordensland der Hauptsitz liegen.

Eine Kuriosität am Rande: Nach wie vor gilt im Orden das Gesetz, daß jeder Reisige, der neu aufgenommen werden will, vor seinem Eintritt eine Pilgerreise ins Heilige Land, womöglich gar nach Jerusalem, zu unternehmen hat. Die meisten Ritter hatten wahrscheinlich diese Vorschrift befolgt, zumindest dürften sie bis nach Akkon gekommen sein. Derlei Reisen verbieten sich jetzt. Der Ausweg: Man legt in Preußen bei den wichtigsten Ordensburgen gewisse Örtlichkeiten an, umpflanzt sie mit Bäumen, hegt sie ein, versieht sie bisweilen mit einer Kapelle oder einem Grab – und nennt sie »Jerusalem«. In alten Beschreibungen, beispielsweise von Königsberg, Elbing, Marienburg und Graudenz, finden diese Jerusalems jedenfalls Erwähnung. – Wer faul ist, ist bekanntlich auch klug: Man hätte ja die Ordenssatzung ändern müssen ...

Der ewige Konflikt

In völlig andere Auseinandersetzungen, nämlich innenpolitische, ist der Deutsche Orden in Livland verstrickt. Es geht jetzt um die Machtfrage, wer letztlich in Livland das Sagen haben soll: Orden oder Geistlichkeit. Das Verhältnis zwischen dem Ritterorden und dem Erzbischof von Riga war ja stets gespannt gewesen – und daran sollte sich auch im Laufe der Zeit nichts ändern.

Die Gegensätze sind eine Folge der historischen Entwicklung: Geistliche Mächte waren es gewesen, die die Eroberung Livlands und den damit verbundenen Heidenkampf vorangetrieben hatten; die bedeutende Handelsmetropole Riga war eine Gründung der Geistlichkeit; ebenso war sie verantwortlich für das Entstehen des Schwertbrüderordens, der von dem Deutschen Orden nachmals geschluckt worden war.

Nie war die Kirche gewillt gewesen, sich dem Deutschen Orden zu unterwerfen. Sie versuchte, ihre starke Stellung im Lande zu behaupten, und dies mit zum Teil großen Erfolg.

Die Situation spitzt sich in den neunziger Jahren des 13. Jahrhunderts ständig zu. Beide Seiten wollen dieser Reise ins Verderben im Jahre 1292 durch eine Art Freundschafts- und Verteidigungsbündnis zuvorkommen, aber es ist ein nutzloses Unterfangen. Der Erzbischof von Riga schätzt seine Lage immerhin als so bedroht ein, daß er schon ein Jahr später die feste Burg Marienhausen erbauen läßt. Was ihm herzlich wenig nützt, denn der livländische Landmeister geht zur Offensive über, überfällt Burg samt Erzbischof und setzt den Kirchenmann fest. Der Landmeister stirbt zwar kurz darauf – daß der Erzbischof aber auf nichts anderes als Rache sinnt, nimmt weiter nicht wunder.

Der neue Landmeister versucht nun, die Koalition der Bischöfe Livlands zu spalten, indem er mit dem Würdenträger von Dorpat einen besonderen Vertrag abschließt. Der Erzbischof von Riga, dies hörend und mit allen geistlichen und weltlichen Waffen gegen den Orden dreinschlagend, ist sich mit seinen Beratern einig: Zunächst läßt er in allen Kirchen Gebete zur Vertilgung des Ordensmeisters und seiner Ritter aufsagen, dann wiegelt er die Bürgerschaft Rigas gegen den Orden auf – was nicht sonderlich schwer ist, denn der Orden ist den Rigaern ohnehin nicht grün.

Eine kurze Unterbrechung der Auseinandersetzungen gibt

es, als der Kirchenfürst stirbt und kurz darauf auch sein Gegenspieler, der Landmeister. Deren Nachfolger aber, und zwar beide, betrachten Streit und Krieg als legitimes Erbe und fühlen sich der Tradition verpflichtet, setzen also den Strauß nach Kräften fort. Der Klerus erneuert sein Bündnis mit den Litauern – immerhin einem Volk von Heiden. Die der Kirche verbündeten Rigaer, Leute der Tat und unternehmungslustig, wollen jedoch nicht so lange warten, bis die Litauer herangerückt sind – sie schlagen schon einmal los. Ziel ist die Ordensburg in ihrer Stadt, Sitz des Landmeisters und Heimstatt eines Konvents. Die Burg wird im Handstreich genommen und bis auf die Grundmauern zerstört. Den Komtur des Hauses schleppt man an seinem Bart unter Schimpf und Schande zum Galgen, sechzig der Konventbrüder werden erschlagen oder aufgehängt, Kirche und Ordenskapelle niedergerissen.

Natürlich kann der Deutsche Orden das nicht hinnehmen. Die Ordensgebietiger bringen eine starke Heeresmacht zusammen und greifen ihren Feind innerhalb von achtzehn Monaten neunmal an. Zur Sicherheit hat sich der Erzbischof auf die feste Burg Toreide geflüchtet, der livländische Landmeister setzt ihm nach und belagert ihn. Zu halten ist die Burg nicht sehr lange, das ist dem Erzbischof klar, und so übergibt er sie und gerät auf diese Weise in Gefangenschaft.

Im Jahre 1298 laden die Rigaer Bürger dann den litauischen Großfürsten Witen herzlich ein, doch bitte sehr den Orden aus Livland zu vertreiben. Großfürst Witen läßt sich denn auch nicht lange bitten; er rückt an. Währenddessen vereinigen sich Kontingente des Erzbischofs mit Rigaer Truppen und stoßen alsbald auf die Krieger Witens. Gemeinsam geht es nun gegen die Ordensburg Karkus, die nur von wenigen Rittern und einigen anderen Leuten besetzt ist.

Karkus freilich ist stark befestigt und ist so einfach im Sturm nicht zu nehmen. Was also tun? Wie immer in solchen Fällen, sucht man sich einen Verräter. Man kann die Burg erobern und zündet sie an. Fürst Witen, diesen schönen Erfolg vor Augen, schwärmt nun ins Land aus, erschlägt alle Geistlichen, die er aufstöbern kann, und schleift alle Kirchen bis auf die Grundmauern. Chronisten berichten, daß bei diesem Heereszug etwa fünfzehnhundert Menschen das Leben oder die Freiheit verloren haben sollen.

In aller Eile versucht der livländische Landmeister Bruno, ein paar Truppen zusammenzuziehen, und setzt dem Großfüsten nach. Es kommt zu einem Treffen im Juni 1298, aus dem allerdings der Litauer als Sieger hervorgeht und Landmeister Bruno sein Leben verliert. Die Truppen des Deutschen Ordens sind, fürs erste wenigstens, vernichtet, weitere Störungen seiner Raubzüge muß Großfürst Witen im Augenblick nicht befürchten, und so zieht er mit seinen Leuten kreuz und quer durchs Land, plündert, raubt, brennt, wie es stets zu sein pflegt.

Die Anstrengungen des Deutschen Ordens in Preußen haben Erfolg. Es gelingt, Krieger zusammenzubringen. Tatsächlich können dann auch die vereinigten Litauer und Rigaer Truppen von den vereinigten preußischen und livländischen Ordensrittern überwältigt werden. Da Riga nicht weit entfernt ist, nimmt der Sieger des Tages, der Königsberger Komtur Berthold von Brühaven, die erzbischöfliche Burg Rigas ein und plündert sie. Auch die Lehnsgüter des Erzbischofs müssen dran glauben: Sie werden restlos ausgeraubt.

Mittlerweile hat sich das Domkapitel von Riga um Hilfe gegen den Deutschen Orden an den dänischen König Erich VII. (1397 bis 1439) gewandt. Man lockt ihn mit riesigen Gebieten, die der Krone Dänemarks gehören sollen, sofern der König die nötige Hilfe leistet. Erich hat bereits zugesagt, noch vor Einbruch des Winters einen Heerhaufen aus Estland und Kurland, seinen lehensabhängigen Ländern im Baltikum, zu schicken.

Gefahr ist für den Orden also im Verzug, denn das Bündnis mit Erich kann ihm höchst gefährlich werden. Im Augenblick beschränkt sich der Hochmeister jedoch noch darauf, von Preußen aus dem Papst einen Bericht über den Stand der Dinge zu schicken, natürlich eine reine Propagandaschrift, in dem er den Erzbischof von Riga madig macht. Selbstverständlich hat auch die Gegenseite ihre Berichte längst abgeliefert. Der Papst weiß nun nicht so recht, woran er ist – wie soll er auch –, und so verdonnert er die streitenden Parteien dazu, binnen sechs Monaten vor ihm zu erscheinen, anderenfalls drohe der Bann für den Deutschen Orden oder die Entsetzung des Erzbischofs.

Eine gerichtliche Auseinandersetzung scheint wohl nicht gerade angestrebt zu werden. Dreck genug haben beide Teile am Stecken, und der muß nicht auch noch vor der Kurie zur Sprache gebracht werden. Die Einsicht bricht sich Bahn, daß es wohl besser sei, den Streit auf dem Wege des Vergleichs beizulegen.

So geschieht es denn auch. Der Vertrag sieht vor, daß der Erzbischof den Ordensrittern allen Schaden und alle Gewalttätigkeiten verzeiht und auf Schadensersatzansprüche verzichtet. Außerdem erklärt er, er wolle eventuelle Forderungen auch vor keinem weltlichen Gericht einklagen. Im Gegenzug gibt ihm der Orden alle eroberten Burgen und Befestigungen zurück.

Vorsichtshalber hält der Deutsche Orden den Erzbischof noch gefangen; er solle aber freikommen, sobald der Vertrag in Kraft treten werde. Nun müssen zu diesem löblichen Werk alle Beteiligten ihr Jawort geben. Das tun sie auch, nur das Domkapitel von Riga sperrt sich heftig; es behauptet, dieser Vertrag sei dem Erzbischof aufgenötigt worden, und versagt mit Vehemenz seine Zustimmung. Wieder kommt es zu kriegerischen Auseinandersetzungen, in deren Folge Rigas Bürger die Güter des Ordens verheeren und diesen zwingen, den Erzbischof freizulassen. Jetzt endlich kann das Friedenswerk in Kraft treten.

»Nach Neros Art«

Dies war im Jahre 1299 geschehen, und es wäre ein Wunder gewesen, hätte das Abkommen Bestand gehabt. Die grundsätzliche Machtfrage blieb weiterhin gestellt; entschieden war sie keinesfalls. Der Deutsche Ritterorden war es jetzt, der die Glut wieder zu einer hellen Flamme anfachte.

Es beginnt damit, daß er das befestigte Kloster Dünamünde kauft. Es ist ein Zisterzienserkloster, ist derzeit aber verwaist, denn kein Mönch wandelt mehr in seinen Mauern; sie alle sind als Opfer eines Heidenüberfalls zu beklagen. Den zuständigen Äbten scheint es unmöglich, das Kloster wiederherzurichten; sie befürchten weitere Raubzüge der Litauer; so verkaufen sie es an den Deutschen Orden. Der nun macht daraus eine veritable Festung; zusammen mit der Burg Dünamünde gestaltet er es zu einer Trutzburg um, läßt Wälle anlegen und Mauern ziehen.

Leider haben die Vertragsparteien die Rechnung ohne den Erzbischof gemacht, der von diesem Verkauf nichts weiß; auch Riga ist nicht informiert worden. Das Kloster liegt innerhalb des erzbischöflichen Herrschaftsgebiets, und es ist daher nur zu verständlich, daß er höchst erbost über das ist, was hinter seinem Rücken gespielt worden ist.

Natürlich sind dem Orden die Interessen des Erzbischofs geläufig; ebenso ist ihm bekannt, daß Dünamünde der Hafen der Stadt Riga ist und für den Handel dieser Hansestadt von größter Bedeutung. Nun sitzen die Deutschordensritter dort, und die Kaufleute Rigas können sehen, wo sie bleiben, wenn es dem Orden einmal nicht gefällt, ihre Schiffe see- oder binnenwärts segeln zu lassen. Immerhin, der Erzbischof versucht alles, um auf friedlichem Wege wieder in den Besitz von Dünamünde zu kommen. Freilich ohne Erfolg.

Die vergeblichen Mühen des Würdenträgers erklären sich mit Sicherheit daher, daß dem Orden mittlerweile zu Ohren gekommen ist, Riga habe auf Betreiben des Erzbischofs ein Bündnis mit den heidnischen Litauern geschlossen. Spätestens das riecht nach Obstruktion, nach Sabotage des seinerzeit abgeschlossenen Vertrages und nach einer neuen handfesten Auseinandersetzung.

Der livländische Landmeister versammelt daraufhin zu Dorpat seine Ordensgebietiger und schließt mit dem dortigen Bischof und mit den dänischen Vasallen einen Hilfsvertrag zum Schutz und Trutz gegen alle Feinde der Christen. Außerdem – und daran ist dem Orden am meisten gelegen – fordert er von Riga, das Bündnis mit den Litauern aufzukündigen.

Da ist Erzbischof Friedrich ganz anderer Ansicht: Er rät seinen Städtern, die Verbindung nur ja aufrechtzuerhalten.

Schon beim nächsten Feldzug gegen die Litauer schlägt der Orden dermaßen drein, daß denen, wie es heißt, nichts anderes bleibt, als unter die Mauern Rigas zu flüchten. Damit haben die Litauer wohlgetan: Sie befinden sich jetzt im unmittelbaren Wirkungsbereich der rigaischen Truppen. Was wiederum der Orden ungern sieht: Zu Recht fürchtet er, daß die Rigaer den in Bedrängnis geratenen Litauern helfen werden – und wie häufig in solchen Fällen, greifen die Ordensritter in die Schatztruhe. Sie bestechen die guten Bürgersleut mit 700 Mark, ebenjenes nicht zu tun.

Daraufhin greift der Orden an, doch die Litauer zeigen sich wenig beeindruckt: Sie metzeln zunächst einmal alle christlichen Gefangenen nieder. Letztendlich entscheiden die Ritter das Treffen dennoch für sich, jagen dem Feind alle Beute ab und ermorden überdies mehr als tausend heidnische Gefangene. Und dies alles unter den Türmen von Riga – der Haß auf den Deutschen Orden bekommt reichlich neue Nahrung. Erzbischof Friedrich und die Bürger sind sich dann auch einig, daß der beste Umgang mit dem Deutschen Orden seine Bekämpfung sei.

Bei nächster Gelegenheit greift der Gottesmann zur Feder, tunkt sie ganz tief in bittere Galle und schreibt: »Die Ordensritter zwingen unsere Vasallen und Rigas Bürger unter ihr Gericht. Überhaupt haben sie sich so vieler Besitzungen unserer Kirche bemächtigt, daß sie statt eines Teils wohl zwei Teile und wir kaum noch den dritten besitzen, und selbst in diesen wenigen belästigen sie uns noch Tag für Tag ... Nach Neros Art blutdürstig, morden sie die unschuldigsten Menschen ohne alles Erbarmen, wovon der Beweis ihrer neuerlichen Tat in Ösel zeugt ... Brachen sie mit einem starken Heere in das Bistum ein und erschlugen versteinerten Herzens dort Tausende von Menschen ohne Unterschied des Geschlechtes, Greise, Jünglinge und Kinder, als meinten sie, Gott damit einen Dienst zu tun ... ohne Reue zu empfinden über ihre Missetaten.«

Seitenlang geht das so weiter; das Schreiben listet alles auf und übertreibt natürlich gebührend, wessen sich der Orden alles schuldig gemacht hat, zumindest in den Augen des Erzbischofs. Das Briefchen geht zum Papst. Kaum ist es dort und wird von dem Vertreter des Erzbischofs erläutert, erscheint der Vertreter des Ordens vor dem Heiligen Stuhl mit einer ausführlichen und gründlichen Verteidigung, in der die Anklagepunkte des Rigaer Erzbischofs Punkt für Punkt zurückgewiesen werden. Der Papst – was soll er anderes machen – weiß sich auch keinen besseren Rat, als die leidige Geschichte von Sonderbotschaftern untersuchen zu lassen. Das dauert seine Zeit; währenddessen geht der Hickhack munter weiter, bis er schließlich, für den Augenblick jedenfalls, wieder beigelegt werden kann.

Die Briefe des Großfürsten

Auf beiden Seiten spielt man mit gezinkten Karten, das ist keine Frage; das Problem ist einzig und allein, die besseren und glaubwürdigeren Falschspielertricks anzuwenden.

In diesem Zusammenhang sei auf mehrere Briefe eingegangen, die während der litauischen Feldzüge im Jahre 1322 und 1323 verfaßt werden ...

Litauen war das einzige Land im Umfeld des Ordensstaates, das sich beharrlich weigerte, zum Christentum überzutreten. So wurden denn fast jedes Jahr sogenannte Litauerreisen veranstaltet – hier handelte es sich nicht etwa um Reisen mit touristischem Hintergrund, wie ein unvoreingenommener Zeitgenosse des 20. Jahrhunderts vielleicht glauben mag, nein, es waren schlicht und einfach Kriegszüge in das Land der Litauer, in deren Verlauf in bewährter und gewohnter Manier all das verwüstet wurde, was sich im Wege befand ...

Plötzlich kursiert diese Nachricht in Preußen: Der litauische Großfürst Gedimin habe überallhin Briefe geschickt, die seinen Wunsch nach christlicher Taufe verkünden. Erstaunt horcht man allerorts auf, und dann werden den Preußen tatsächlich auch Briefe bekannt. In einem, der sowohl an den Papst als auch an die Kardinäle gerichtet ist, schreibt Gedimin, sein Vorgänger, Mindowe, der sich bekanntlich mit seinem ganzen Volk dem christlichen Glauben zugewandt hatte, sei durch die trotzigen Freveltaten und unzähligen verräterischen Handlungen des Deutschen Ritterordens wieder abtrünnig geworden.

Überhaupt kommt der Deutsche Orden in diesen Briefen sehr schlecht weg. Denn immer, wenn sich die Litauer zur christlichen Taufe entschlossen gehabt hätten, sei der Orden dazwischengefahren und habe den Empfang der christlichen Sakramente verhindert. Endlich bittet Gedimin den Papst inständig, doch auf seine traurige Lage Rücksicht zu nehmen, und erklärt: »Wir sind bereit, euch wie andere christliche Fürsten in allem Gehorsam zu bezeigen und den christlichen Glauben anzunehmen, sofern wir nur den Henkern, nämlich dem Meister und den Ordensrittern, dadurch in nichts verpflichtet werden.«

Dann tauchen weitere Briefe auf, so in Sachsen bei dem Orden der Minoriten, in den Hansestädten Lübeck, Rostock, Greifswald, Stettin, und selbst Gotland zählt zu den Empfängern. Alle beteuern das gleiche: Gedimin will sich taufen lassen, aber der böse Orden hat dies bisher immer zu verhindern gewußt. Der Großfürst verspricht das Blaue vom Himmel: »Wir wollen gewiß die kirchlichen Rechte in Schutz nehmen, dem Klerus Ehre erweisen und den Gottesdienst verbreiten. Kriegsleuten, die zu uns kommen, wollen wir Einkünfte und Land geben, soviel sie mögen. Kaufleute und Handwerker, Waffenschmiede, Fertiger von Kriegsmaschinen, Schuhmacher, Steinmetze, Stellmacher, Salzwirker, Goldschmiede, Fischer und überhaupt Leute jeglichen Handwerks mögen mit Frau und Kind in unser Land frei ein- und ausziehen, ohne Zölle und Abgaben zu entrichten oder irgendsonst belästigt zu werden.« Gedimin verspricht goldene Berge, und alle, die das lesen, sind verblüfft.

Wer Gedimin und seine Litauer kennt, den beschleichen denn doch leise Zweifel an der Echtheit dieser Episteln, aber zu beweisen ist vorerst nichts. Der Heilige Vater, immer schnell dabei, wenn es gilt, mit Hilfe frischer Seelen seinen Einflußbereich auszudehnen, schickt zwei Sonderbotschafter nach Preußen, den Gedimin zu taufen. Zusammen mit dem Hochmeister des Ordens reisen sie nach Riga und kommen dort im September 1324 an.

Der Friede zwischen dem Erzbischof von Riga und dem Deutschen Orden ist vom Papst noch einmal ausdrücklich bestätigt worden. Außerdem sprechen die Botschafter vorsorglich schon den Bannfluch über den Hochmeister, alle Gebietiger und überhaupt den gesamten Orden aus, sofern der es wagen würde, den Frieden in irgendeiner Weise zu brechen. Und dieser Friedensvertrag soll natürlich nicht nur für den livländischen Teil des Ordens, sondern selbstverständlich auch für den preußischen Teil gelten.

Die Dinge spitzen sich zu. Gedimin, auf den man so sehnsüchtig wartet, läßt sich nicht blicken. Statt dessen treffen beunruhigende Nachrichten ein: Die Litauer haben mehrere Heereszüge unternommen; der eine hat sogar bis nach Masowien geführt. Die päpstliche Gesandtschaft will endlich wissen, was hier gespielt wird; sie schickt Botschafter an den litauischen Hof. Die Botschafter kehren alsbald zurück, in ihrer Begleitung ein sehr vornehmer Litauer, der zweite Mann nach dem Großfürsten sozusagen.

Was die Papstlegaten sich jetzt anhören müssen, läßt sie denn doch im Glauben an die Menschheit verzweifeln. Man hat sich versammelt, und es tritt hervor jener vornehme Litauer, der im Auftrag seines Herrn diese Erklärung abgibt: »Unter Mitwissen und Willen des Herrschers sind niemals irgend Briefe über seine oder seiner Untertanen Bekehrung zum Christentum ausgegangen, und er selbst hat weder jemals an den Papst geschrieben noch auch befohlen, solches an die Seestädte oder an andere Länder zu verkünden. Vielmehr hat der Fürst, mein Herr, bei der Macht unserer Götter geschworen, daß er nie einen anderen Glauben annehmen will, als in welchem seine Vorfahren gestorben sind.« Spricht's, tritt zurück und läßt die Worte wirken. Kurze Zeit später sieht man zwei päpstliche Legaten ihr Bündel schnüren und eiligst sich auf den Rückweg an den Heiligen Stuhl machen.

Bestellte Arbeit

Erst nach Jahren klärt sich auf und wird dann allgemein bekannt, wer der Autor dieser Briefe gewesen ist: Niemand anderer als der Erzbischof von Riga, der nach wie vor unversöhnliche Gegner des Deutschen Ordens, der mit diesem Coup versucht hatte, seinen Erzfeind beim Papst einmal mehr unmöglich zu machen.

Mit dieser Wendung der Dinge dürfte der Erzbischof wohl kaum gerechnet haben. Daß da ein vornehmer Litauer erscheint und im Namen seines Herrschers erklärt, der denke gar nicht daran, zum Christentum überzugehen, das ist schon ein starkes Stück und nicht vorhersehbar gewesen. Was soll der Kirchenmann nun machen in dieser verfahrenen Situation? Er entschließt sich – tatkräftig, wie er ist – zur Flucht nach vorn. Den erbosten Heiligen Vater kann er beschwichtigen, wie es scheint, schiebt er doch die Wankelmütigkeit Gedimins vor. Dann setzt er sich hin und verfaßt eine neue Epistel nach bewährtem Muster. Er schildert darin anhand zahlreicher Beispiele, wie der Deutsche Orden trotz Bann und Abmahnungen des Heiligen Vaters immer weiter Verbrechen auf Verbrechen häuft, wie er Geistliche, die vom päpstlichen Hof kommen oder dorthin gehen wollen, gefangensetzt, sie mißhandelt und ihnen das Versprechen abpreßt, nie wieder an den päpstlichen Hof zu gehen. Er, der Erzbischof, habe erst jüngst versucht, den Ordensmeister und die Ritter durch Bitten und Ermahnungen dahin zu bringen, daß sie wieder gehorchen, daß sie nicht länger gegen die Kirche agieren, daß sie reuig in den Schoß der Kirche zurückkehren. Ja, meint der

Erzbischof treuherzig, er habe sie dazu mit väterlicher Liebe ermuntert, aber alles sei ohne Erfolg geblieben, »denn sie achten weder Bann und Interdikt in ihrer frechen und halsstarrigen Gesinnung, noch liegt es ihnen am Herzen, wieder in den Schoß und zum Gehorsam der Kirche zurückzukehren«. Und dann belegt der Erzbischof in Gegenwart des päpstlichen Legaten Bernhard den Orden erneut mit dem Bann – als zeitigte dies irgendeine Wirkung.

Der Orden schert sich natürlich einen Teufel um diesen Spruch. Die päpstlichen Abgesandten zeigen indes wenig Neigung, die Angelegenheit zu untersuchen, sondern verlassen mehr oder weniger fluchtartig das Land, nicht ohne den Bischöfen und dem Orden in Preußen ein Reisegeld von 380 Goldgulden abgefordert zu haben.

Rigas kirchliche Würdenträger haben wohl doch überzogen. Es lassen sich mehr und mehr Stimmen vernehmen, die für den Orden sprechen, auch, wie naheliegt, wenn sie gekauft worden sind. Da gibt es zwei Herzöge von Masowien und den Bischof von Plozk, die sich direkt an den Papst wenden: Wenn gesagt worden sei, und zwar von den Legaten, daß man eine vierjährige Waffenruhe mit Litauen halten würde, während derer der litauische Herrscher bekehrt werden würde, so sei das schlichtweg Betrug gewesen. Denn der Litauer sei nur mit Waffengewalt zu diesem Schritt zu zwingen. Freiwillig nicht.

Danach berichten sie über die schauderhaften Verwüstungen ihres Landes beim letzten Einfall dieser Heiden in Masowien – man sieht, woher der Wind weht, und der Gedanke an bestellte Arbeit in diesem Zusammenhang ist nicht fern. Es meldet sich ferner zu Wort der Bischof von Ermland und sein ganzes Domkapitel. Aber dieser Kirchenmann tut sowieso immer das, was der Orden gerne hören will. In diesem Fall: »Es gibt gewisse Menschen, die unter Erdichtung dieser und jener Ereignisse, alle Nächstenliebe verleugnend und bei dem gemeinen Haufen ihren Unterhalt mit nichtswürdigem Geschwätz erkaufend, lügnerisch die Behauptung verbreiten, daß die Litauer, die bisher so viel christliches Blut vergossen, sich gerne zum Christenglauben bekennen möchten, von den Brüdern des Deutschen Ordens aber nicht zugelassen würden. Wir erklären diese Behauptung hiermit vor aller Welt und vor allen Gottesgläubigen für eine offene Lüge«, heißt es markig. Und nicht genug damit: »Es ist unglaublich, wieviel Menschenblut an Christgläubigen aufs Grausamste von diesen Heiden vergossen worden ist. Darum bitten wir auch dringend, leiht solchen Verleugnern der Ordensritter, solchen Unterdrückern der Wahrheit und Gerechtigkeit weiter kein Gehör, sondern wenn sie zu euch kommen, so antwortet ihnen als entlarvten und offenbaren falschen Anklägern.«

Auf jeden Fall steht der Orden jetzt wenigstens nach außen in etwas günstigerem Licht. Außerdem bekommt er etwas Luft. Die braucht er aber auch dringend: Mit vermehrter Kraft kann er sich jetzt nämlich dem sich anbahnenden Unheil widmen – der vorläufigen Allianz zwischen Polen und Litauen.

Im Augenblick jedenfalls herrscht Ruhe zwischen den Streithähnen, mit der es allerdings zur Jahrhundertmitte zu Ende ist. Erst 1394 kommt es bezüglich Riga zu einem gewissen Abschluß, als der Orden durch üppige Zahlungen die Kurie veranlaßt, ihm das Domkapitel der Stadt zu inkorporieren.

Kapitel 11
Litauen bis zum Jahre 1386

Eine tödliche Gefahr

Wenn Geschichte einen Sinn fürs Tragische hätte, würde sie dem Deutschen Ritterorden einen hervorragenden Platz einräumen. Er war angetreten, die Heiden zu bekämpfen, und mußte doch befürchten, daß mit jedem bekehrten oder erschlagenen Heiden Grund und Zweck seines Daseins dahinschwand. Der Zeitpunkt war denkbar, wo keine Heiden mehr herumliefen. Alle getauft: Halleluja. Womit der Orden sich überflüssig gemacht hätte. Vielleicht lag darin der tiefere Sinn seiner Staatsgründung; ein Staat trägt seinen Zweck in sich selbst; er bedarf keiner Rechtfertigung.

Der Hauptgegner des Deutschen Ordens im 14. Jahrhundert ist Litauen. Der heilige Ernst der Heidenkriege aber, mit dem man noch gut hundert Jahre zuvor ins Feld gezogen ist, der ist vorbei. Was Litauen betrifft, so ist der Heidenkampf nur noch ideologische Tünche; nur allzu schnell ist sie abgewaschen. Es geht um handfeste machtpolitische Interessen. Bekehrung ist dem Orden unter diesem Gesichtspunkt herzlich gleichgültig; er ist jedoch gezwungen, dieses Fähnlein nach wie vor zu schwenken, und zwar um so heftiger, je mehr er von anderen Mächten Europas angegriffen wird, die dem Orden, aus welchen Gründen auch immer, seine Daseinsberechtigung bestreiten.

Der Ordensstaat will und muß Samaiten erobern, um eine Verbindung zwischen Preußen und Livland herzustellen. Das bedeutet einen ununterbrochenen Krieg zwischen Litauen und dem Deutschen Orden.

Litauen ist ein unwegsames Land mit uralten dichten Waldungen. Berichterstatter schildern, daß in solchen Wäldern weder Weg noch Steg zu finden war. Wollte ein Heer da hindurch, so mußte meist zuvor eine Schneise gehauen werden – eine mühsame Angelegenheit; war das glücklich überstanden, so traf man nicht selten auf undurchdringliche Verhaue, die die Litauer angelegt hatten und die den Heereszug stoppten; Wegstrecken über die Heide aber waren allein schon deswegen nicht ratsam, weil man nie Futter für die Pferde finden konnte; Hindernisse von besonderer Schwierigkeit waren allemal die Flüsse, denen jeder Steg und jede Brücke fehlte; es geschah nicht selten, daß auf kürzeren Strecken bis zu neun Brücken – so berichten jedenfalls die Chroniken – geschlagen werden mußten, damit der Heerzug über die Gewässer kam. Fiel die Kriegsfahrt ausgerechnet noch in den Sommer, so zählten riesige Brüche und Moräste, die manchmal auch im Winter nicht begehbar waren, zu den allergrößten Hindernissen; dann mußte man über weite Strecken Dämme aufwerfen oder Knüppeldämme anlegen, damit die Wagen mit der Verpflegung für Mensch und Tier überhaupt vorwärts kamen.

Die Truppe mußte genügend Vorräte mitnehmen, sich aus dem Land selbst zu versorgen, konnte schwierig werden. Über viele Tagesreisen war mitunter kein Ort zu finden, und wenn doch, so waren die Bewohner meist mit all ihrem Hab und Gut auf die Nachricht vom Herannahen des Feindes in die dichten Wälder oder unzugänglichen Brüche geflüchtet. Ein Heer konnte sich selten lange im Feindesland halten; eine Ausnahme war lediglich dann gegeben, wenn es ihm glückte, einige Dörfer zu überfallen und auszuplündern.

Wegen dieser Schwierigkeiten schickte man vor einem Kriegszug einige Kundschafter voraus. Häufig waren es Litauer, also Leute, die der Landessprache mächtig waren. Sie erkundeten die Wege und die Beschaffenheit des Gebietes und hatten vor allem darauf zu achten, wo Nachtlager günstig angelegt werden konnten. Ihre Berichte lauteten dann so: »Robutte will diesen Weg führen. Das erste Nachtlager nach dem Haff ist auf dem Welbin, das andere Nachtlager an der Seisdirappe, das dritte an der Lumpe, das vierte an der Wilke, das fünfte an der Ariske.« Die Topographie aller erwähnten Örtlichkeiten ist heute mitunter nur noch schwer zu ermitteln; damals jedenfalls wußten diejenigen, die es anging, Bescheid. Ein anderer Wegebericht, diesmal etwas ausführlicher: »Aufgezeichnet am 4. September 1384 in Labiau. Diese nachbeschriebenen Wege sind Tile und Materne, unsere Knechte, gegangen sowie auch Scodete von Labiau und Scorbete von Laukischken. Von Laukischken auf Mehlauken zu 30 Meilen, dort muß man das erste Nachtlager anlegen, dort findet man genügend Futter. Die Hälfte muß man aber aufheben für die Weiterreise. Von Mehlauken eine Meile auf den Parwefluß zu, den man überbrücken muß. Von der Parwe geht es weiter auf die Ossa, die man überbrücken muß. Von der Ossa dann 30 Meilen auf den Fluß, der Arge heißt, auch dort muß man eine Brücke bauen. Dann weiter von diesem Fluß Arge eine Meile auf die Taüre zu, wo man mit dem Heer lagern mag, dort findet man genug Futter. Von der Taüre geht es eine Meile auf die Tilsete zu, dort muß man eine Brücke bauen. Dort kann man mit dem Heer wieder lagern während der Weiterreise nach Ragnit. Von der Tilsete eine Meile bis nach Ragnit.«

Solche Aussagen wegekundiger Leute ließen die Ordensgebietiger an der litauischen Grenze sammeln, ließen daraufhin Berichte schreiben, die dann nach Königsberg gesandt, dort vervielfältigt, abgelegt und bei Bedarf hervorgeholt wurden. Die Informanten waren zum größten Teil sogenannte Leitleute aus preußischen Grenzorten, insbesonders aus den Komtureien Balga, Brandenburg, Königsberg, Ragnit und Memel. Nicht selten waren sie aber auch Bewohner des feindlichen Gebietes gewesen – entweder waren es Flüchtlinge oder aber Preußen, die sich in Litauen als Kolonisten angesiedelt hatten.

*Stärker als Samson, heiliger als David,
weiser als Salomon?*

Die Kriegszüge nach Litauen sind seit 1283 üblich geworden, seit der Zeit also, als Preußenland als befriedet gelten kann. Zu Ausgangspunkten der dann alsbald Litauerreisen genannten Kriegszüge läßt der preußische Landmeister Meinhard von Querfurt die Burgen Tilsit und Ragnit ausbauen – jenes Ragnit, zu dem zurückzufinden der oben wiedergegebene Wegebericht schildert.

Grenzburgen brauchen tapfere Leute, Männer, die von sich und noch immer von ihrer Mission durchdrungen sind. Berthold von Brühaven ist so einer; er ist österreichischer Ritter und bisheriger Komtur von Balga, bevor er Chef von Ragnit wird und später dann von Königsberg; der Ritter des Kreuzes gilt als ein Muster an Enthaltsamkeit. Ordenschronist Peter von Dusburg widmet dem wackeren Mann folgende Zeilen: »Als er sich auf Gotteseingebung hin dem Orden anschließen wollte, bedachte er, daß jene zwei Tugenden, nämlich die Armut und der Gehorsam, deren Beachtung nach der Ordensregel vorgeschrieben ist, in geistlichen Gemeinschaften wie außerhalb befolgt werden, daß freilich die dritte Tugend, nämlich die Keuschheit, zu den Schwierigkeiten gehört, denn niemand kann in Keuschheit leben, wenn es Gott nicht will. Daher wollte er herausfinden, ob er der Einhaltung der Keuschheit genüge tun würde, und begann so eine ungewöhnliche und gefahrvolle Sache. Er nahm ein jungfräuliches Mädchen zu sich, das wegen seiner außerordentlichen Schönheit seinesgleichen im Umkreis nicht hatte, und lag fast jede Nacht auf seinem Lager nackt mit der Nackten, ein Jahr und länger, wie sie selbst später durch Eid bekräftigte und es die Zeichen ihrer Unberührtheit erwiesen: Niemals hatte er sie fleischlich erkannt.« – Ein starkes Stück und wenig glaubwürdig, wie auch Peter von Dusburg findet. Dies um so mehr, als selbst Brühavens biblische Vorbilder bei ähnlichen Gelegenheiten Flagge gezeigt hatten: »Denn der riesenstarke Samson, der sehr heilige David und auch der allerweiseste Salomon fielen den Reizen der Frau zum Opfer. Dieser Bruder jedoch suchte freiwillig die Gemeinschaft mit ihr, und er bestand und langte auf den Gipfel der Tugend an. War er etwa stärker als Samson, heiliger als David, weiser als Salomon? Wenn ich das zu sagen wage, dann in diesem Falle sicher mit ihrer Erlaubnis.« Solche Männer braucht der Deutsche Orden.

Die Kriegszüge hinüber und herüber nehmen ihren Fortgang; mal verwüstet der Deutsche Orden den Litauern einige Landstriche, mal ist es umgekehrt; mal stellt sich der eine dem anderen nicht zum Kampf, mal der andere nicht dem einen. Nennenswerte Landgewinne kann der Deutsche Orden nicht verbuchen, bedeutende Eroberungen bleiben ihm versagt; eine Bedeutung erhalten diese Kriegszüge ohnehin nur dann, wenn europäische Fürsten und ihr Gefolge daran teilnehmen.

Die Teilnahme der Fürstlichkeiten aus dem Reich und dem Ausland hat einen großen Propaganda-Effekt: Seht her, der Heidenkampf geht weiter! Hier sind noch welche, die für das Christentum gewonnen werden müssen. Wenn nicht, schlagen wir sie eben tot. Die Beziehungen zu den Fürstenhöfen sind auch wichtig, weil dem Deutschen Orden an jedem Bundesgenossen gelegen sein muß, der ihm im Verhältnis zu Polen, zum Papst und möglicherweise auch zu Litauen oder allen dreien gemeinsam beistehen kann.

An einer Litauerreise teilzunehmen gilt dem deutschen und ausländischen Adel alsbald als Nachweis gehobener Lebensart. Es ist schick und gruselig, das Weiße im Auge eines heidnischen Feindes zu sehen, ihn dann niederzuschlagen und später zu Hause von seinen Heldentaten zu erzählen.

Als besonders ehrenvoll gilt es, den Ritterschlag im Heidenland Litauen zu empfangen. Daraus kann man auch eine Massenveranstaltung machen, wie im Winter des Jahres 1304, als verschiedene Edle aus Deutschland, darunter zahlreiche aus dem Rheinland, in Preußen erschienen sind. Der Deutsche Orden läßt sich nicht lumpen, rüstet ein kräftiges Heer und rückt aus nach Litauen. Der böse Feind freilich hat sich zurückgezogen und nimmt es hin, daß die Gebiete ausgeraubt, gebrandschatzt und die Bewohner erschlagen werden. Ein unbefriedigender Zustand für den Orden und seine Gäste, gewiß, aber leider nicht zu ändern. Man zieht weiter und läßt sich auf einem Hügel gegenüber einer feindlichen Burg nieder. Hier nun soll das große Ereignis stattfinden. Aug' in Aug' mit dem Feind – Gott, wie aufregend!

Zunächst wird die Ordensfahne in der Mitte des Hügels gehißt, die Heerfahnen der anderen gesellen sich dazu, und als die bunten Tücher lustig im Wind flattern, baut sich ein Herold vor den Kriegern auf und verkündet: »Wer es wagt, den Edlen vom Rhein den Ritternamen abzustreiten, oder wer eine Tat von ihnen weiß, die dem Rittertum Schmach bringt, der möge, solange des Ordens Fahne weht, hervortreten und mit dem Angeschuldigten den Zweikampf beginnen.«

Natürlich will niemand dem anderen den Ritternamen abstreiten oder mit ihm gar einen Zweikampf austragen. Als dann der Mittag heraufgezogen ist und keiner erscheint, um Protest anzumelden, erkennt die Heeresleitung einmütig die Edlen vom Rhein der ritterlichen Ehre für würdig, und die Ordenskomture erteilen ihnen in üblicher Weise den Ritterschlag. Daß sie dieser neuen Würde gewachsen sind, können sie kurz darauf beweisen: Als sie auf dem Rückweg nach Preußen in einen Hinterhalt geraten, dreschen sie so wacker auf die Heiden ein, daß zwanzig von denen tot zu Boden sinken und der Rest die Flucht ergreift.

Die Strafe folgt auf dem Fuß

Sehr erfolgreich verlaufen die Kriegszüge des litauischen Großfürsten Witen im Jahre 1311. Viertausend auserlesene Krieger sind es, mit denen er plötzlich im April Preußens Grenzen überschreitet und durch Ermland bis hin nach Braunsberg zieht und alles wie üblich brandschatzt und niedermacht. Die Kirchen des Landes werden vernichtet, die Kultgeräte geraubt und die Priester aufs schrecklichste mißhandelt – die Beute ist gewaltig. Außerdem berichten die

Chroniken von zwölf- bis vierzehnhundert gefangenen Christen.

Nachdem der Litauer das Ermland verwüstet hat, wendet er sich dem Barterland zu und plündert es ebenso. Danach gönnt er sich und seinem Heer in der Nähe von Rastenburg Ruhe. Wie immer wissen die Chronisten auch jetzt, was während dieser Zeit geschieht: Witen stolziert übermütig im Lager umher, um sich am Anblick der gewaltigen Beute und der zahlreichen Christen zu erfreuen. Als er dann im Beutegut eine Monstranz erblickt, läßt er sie sich geben, nimmt die Hostie heraus, fragt die christlichen Gefangenen höhnisch: »Ist das nicht euer Gott? Warum hilft er euch nicht, wie unsere Götter uns helfen? Seht, wie ohnmächtig er ist, ich will es euch beweisen!«, wirft die Hostie auf die Erde und trampelt darauf herum. »Kümmert euch nicht um diesen euren Gott. Was ist es denn, das ihr anbetet? Niemals kann Brot Gott sein«, erläutert er. »Es ist ein eitler Wahn, den ihr hegt. Seht doch meine Macht an, die mir unsere Götter verliehen haben, und wendet euch zu unserem Glauben. Während euer Gott weder euch noch sich selbst zu helfen vermag, haben es unsere Götter bewirkt, daß ihr in meiner Gefangenschaft auf ewig bleibt.«

Nun sind unsere ehrenwerten Chronisten aber auch brave Kirchenmänner. So folgt denn die Strafe für solche Freveltat auf dem Fuße.

Sie naht in Gestalt des Großkomturs Heinrich von Plotzke und achtzig Ordensrittern. Der nämlich hat dem Witen nachgesetzt und bei der Verfolgung weitere Ritter rekrutieren können. Der Großkomtur und seine Mannen erreichen das Heerlager Witens; es kommt zum Kampf. Wer gewinnt, ist klar; der Orden selbstverständlich. Die Litauer zerstreuen sich in wilder Flucht, werden von den Ordensleuten verfolgt und erschlagen. Nur Großfürst Witen selbst, obgleich am Kopf schwer verwundet, entrinnt mit wenigen Begleitern dem Massaker. Sein Heer freilich wird aufgerieben.

Die christlichen Gefangenen hatten zuvor schon zur Selbsthilfe gegriffen – und dabei zeigten gar Frauen und Jungfrauen

Courage: Als sie merken, daß der Orden siegen wird, zersprengen sie ihre Fesseln, fallen über ihre Wächter her und bringen sie um.

Mord und Opfertod

Selbst gewaltige Hungersnöte können Ordensritter und Litauer nicht davon abhalten, sich gegenseitig die Schädel einzuschlagen. Der Hunger ist 1313 über das Land gekommen, nachdem man in den Jahren zuvor eine Mißernte nach der anderen hat hinnehmen müssen. Betroffen ist vor allem Preußen, aber auch Livland, Kurland und Litauen und, wie der polnische Chronist Jan Dlugosz berichtet, auch Polen.

Die Zustände werden so schlimm, daß Katzen, Hunde, Würmer, ungenießbare Vögel, Wurzeln und vieles andere verzehrt werden. Gerüchte laufen um, daß sogar Mordtaten geschehen seien, damit man das Opfer anschließend verspeisen könne, und dies sogar unter Verwandten. Selbst Leichen sollen ausgegraben worden sein ...

Allgemeine Überzeugung: Schuld an diesem Elend ist ein Komet, der in den drei Jahren, seit er erschienen ist, für den Regen, die Kälte und die dauernde Nässe verantwortlich ist. Keine Saat kann dabei gedeihen. Mit dem Fischfang vor der Küste Preußens geht es auch zurück, seit der Hering verschwunden ist.

Die Folgen sind Seuchen und Krankheiten. Des weiteren sorgt ein horrender Preisanstieg dafür, daß die unglücklichen Leute kaum mehr etwas kaufen können, sofern es überhaupt etwas zum Kaufen gibt. Der Schwarzhandel blüht wie nur selten.

Gerade in solchen schlimmen Zeiten aber, befindet die christliche Ritterschar, gerade dann dürfe man den Kampf gegen die Heiden nicht schleifen lassen. Gute Werke seien nötiger denn je, um der Gnade des Himmels teilhaftig zu werden, ja, um sie geradezu herbeizuzwingen. Und so wetzen sie dann die Schwerter gegen die Litauer und rücken wieder aus.

Dann, im Jahre 1315, wird der gefürchtete Großfürst Witen ermordet. Im Amt folgt ihm nach sein Bruder Gedimin, der seinen Vorgänger zwar nicht an Tapferkeit und kriegerischem Geist, wohl aber an Verstand, Klugheit und List übertreffe, wie seine Zeitgenossen meinen. Gedimin versteht Politik in größeren Zusammenhängen: Für ihn gibt es außer dem Erzfeind im Westen, dem Deutschen Orden, auch einen Feind im Osten, Rußland nämlich – und dorthin gedenkt er, seine Herrschaft auszudehnen. Was dem Orden nur gelegen sein kann, denn das heißt möglicherweise Entlastung.

So nehmen die Litauerreisen denn frisch und fröhlich ihren Fortgang, und manch erprobter Kämpfer bleibt auf der Walstatt, weniger zum höheren Ruhme Gottes als zu dem des nimmersatten Ordens, wie 1320 Ordensmarschall Heinrich von Plotzke. Ihn und neunundzwanzig seiner Mitbrüder erwischt es bei einem Scharmützel – der Orden hat einen Haudrauf und Schlagetot verloren. Das traurigste Los aber trifft den Vogt von Samland, Gerhard von Rüden, der bei ebenjenem Gefecht in Gefangenschaft gerät. Man zieht ihm eine dreifache Rüstung an, setzt ihn auf ein an vier Pfählen gefesseltes Pferd, errichtet rings einen Scheiterhaufen, zündet den gewaltigen Holzstoß an, und Roß und Reiter verbrennen elend. Wir kennen das schon von Hirtzhals. »Damite wart irboten ein opfer iren goten«, reimt Ordenschronist Nikolaus von Jeroschin – man hat dem Gott also ein Opfer dargebracht.

Daß Großfürst Gedimin als eine seiner ersten Amtshandlungen sich angeblich taufen lassen wollte, wurde schon erwähnt, und daß die Briefe, die dies landauf, landab verkündeten, vom Erzbischof von Riga gefälscht waren, ebenfalls. Gedimin dachte nicht im Traum daran, christlich zu werden.

Das ständige Einerlei der Feldzüge hinüber und herüber aufzuzählen ist ein langweiliges Geschäft, um so mehr, als keine Seite durchgreifende Erfolge erringt. Dem Deutschen Orden gelingt es während des ganzen 14. Jahrhunderts nicht, auf Dauer in Litauen Fuß zu fassen, ja überhaupt nur eine dauerhafte Landbrücke zwischen Preußen und Livland zu schaffen. Umgekehrt geht es den Litauern nicht anders: Landgewinne bleiben auch ihnen versagt.

Manchmal fällt ein bißchen Glanz auf diese trüben Veranstaltungen, so zum Beispiel, wenn König Johann von Böhmen, ein dem Orden stets gewogener Monarch, sich ansagt. Er hält sich in den Jahren 1328/1329, 1337 und 1345, insgesamt also dreimal, in Preußen zwecks Teilnahme an Litauerreisen auf. 1345 bringt er seinen Sohn Karl mit, der zehn Jahre später, 1355, als Karl IV. Kaiser des Heiligen Römischen Reiches Deutscher Nation werden wird (bis 1378); in seinem Gefolge auch König Ludwig von Ungarn (1342 bis 1382), den sie nachmals den Großen nennen sollten; dann Graf Günther von Schwarzburg, der spätere Gegenkaiser Karls IV., wenn auch nur für ein knappes halbes Jahr (1349); weiter Graf Wilhelm IV. von Holland, der seinerseits schon zweimal in Preußen gewesen ist und dem die Kaufleute des Ordenslandes die Privilegierung ihres Handels in den niederländischen Grafschaften und Herzogtümern verdanken. Außer diesen allen ziehen noch zahlreiche Fürsten und andere Große gen Litauen.

1336 nimmt Ludwig von Brandenburg, der Sohn Kaiser Ludwigs IV. von Bayern (1328 bis 1347), an einem solchen Zug teil. Das bayerische Haus erweist sich dem Orden als dankbar: Kaiser Ludwig belehnt ihn mit Litauen – Gedimin dürfte schallend gelacht haben.

Viel Zeit zum Lachen bleibt dem litauischen Großfürsten jedoch nicht mehr: Er wird 1340 ermordet. Für den Orden bedeuten das zunächst unübersehbare, möglicherweise bedrohliche Veränderungen: Man vernimmt mit einigem Schrecken, daß Gedimin das litauische Reich unter seinen sieben Söhnen aufgeteilt hat, von denen Olgierd und Kinstutte als besonders kriegerisch und gefährlich gelten. Tatsächlich haben sie auch wenig später ihre anderen Brüder verdrängt und beherrschen das gesamte Land. Beide Brüder, eine Seltenheit, kämpfen nicht gegen-, sondern miteinander. Ihre interne Aufteilung bringt es dann mit sich, daß es der Deutsche Orden im Laufe der Zeit am meisten mit Kinstutte und weniger mit Olgierd zu tun bekommen wird. Olgierds Pläne gehen in Richtung Rußland, Kinstutte hingegen wählt sich Livland und das Ordensland zu seinem Zielgebiet.

Aus dem schon erwähnten Kreuzzug von 1344/1345 unter der Führung von König Johann von Böhmen will nichts Rechtes werden. Die Heere haben sich in Breslau versammelt und sind noch vor Eintritt des Winters 1344 in Preußen, aber das Wetter spielt nicht mit; Frost bleibt aus; der Winter ist mild und naß. Das erschwert das Fortkommen der Heere beträchtlich, macht es manchmal sogar unmöglich. Dennoch, der Hochmeister weiß, was er seinen Fürsten schuldig ist: Er bricht mit dem gesamten Heer auf und marschiert Richtung Litauen, noch ungewiß, wo er überhaupt in das feindliche Land einbrechen soll.

Die Litauer, informiert von dem, was sich da auf sie zubewegt, umgehen den christlichen Heerhaufen und fallen ins östliche Samland ein. Dort machen sie reichlich Beute. An der mangelt es auch den Christen nicht, obwohl sich die Litauer rechtzeitig haben zurückziehen können, so daß das Beutemachen ein wenig schwerer wird als sonst üblich. Große Kriegstaten bleiben denn auch aus; alsbald muß man sich zum Rückzug entschließen. Zehn Tage lang ist man im Feindesland gewesen, und zehn Tage lang hat man nicht sonderliches Glück gehabt, was das Kämpfen anbelangt. Die Kriegsgäste aus dem Reich machen es sich einfach: Schuld daran, daß kein Heidenblut geflossen ist, hat der Hochmeister des Ordens, woraufhin man sich beleidigt in die Heimat zurückbegibt.

Weitaus mehr Ruhm ernten können die Teilnehmer einer Kriegsfahrt vier Jahre später, 1348 also, an der zahlreiche Große aus Frankreich, England und auch aus dem deutschen Reich teilnehmen. Der Kriegszug selbst läuft nach dem üblichen Schema ab: Verheerung, Beute machen, totschlagen. So geht es sieben Tage lang; am achten Tag erscheint dann endlich der Feind mit gewaltiger Macht. Es ist Olgierd, der ein großes Heer hat zusammenziehen können und sich dem Orden entgegenstellt.

Die preußische Heeresführung beschließt den eiligen, aber

geordneten Rückzug; sie schlägt ihr Lager am Flüßchen Strebe auf (bei Kowno) und harrt nun der Dinge, die da unausweichlich kommen.

Olgierd eröffnet den Kampf; am Abend desselben Tages verläßt er als geschlagener Mann das Schlachtfeld. Ein glänzender Sieg für den Deutschen Orden und seine Kriegsgefährten, erzwungen freilich mit hohen Verlusten, muß der Sieger doch viertausend seiner Krieger betrauern, wenngleich der Gegner weitaus mehr verliert.

Der Rückmarsch gerät zu einem wahren Triumphzug. Erhabener Gefühle über den Sieg voll, läßt der Hochmeister in Königsberg ein Kloster bauen. Gewidmet wird es der Schutzheiligen des Deutschen Ritterordens, der Jungfrau Maria.

Das Strafgericht des Himmels

Die Pest, die Mitte des 14. Jahrhunderts über Europa kriecht, erreicht 1350 auch Preußen. Eine Heimsuchung Gottes, an der niemand andere als die Juden schuld sein können. Zu Tausenden werden sie verfolgt, erschlagen, verscharrt. Ganze Landstriche werden von der Seuche entvölkert, in Preußen wie anderswo; mancherorts veröden Städte und Dörfer. In einem Jahr sterben in Danzig über dreizehntausend, in Elbing gegen sechzehntausend und in Thorn viertausend Menschen; Königsberg verliert achttausend seiner Einwohner, während im Orden hundertsiebzig Ritter dieser Seuche erliegen.

Nicht genug damit. Das schwere Strafgericht, das der Himmel offenkundig über das Land verhängt hat, erzwingt weitere Genugtuung ...

Das Kloster Oliva brennt ab, als die Küchenjungen mit einer großen Menge brennenden Strohs den Schornstein vom Ruß reinigen wollen. Rasch breitet sich das Feuer aus, greift auf das Dormitorium über, dann auf die Kirche, und binnen kurzem stehen sämtliche Klostergebäude in hellen Flammen; wenige Stunden später liegt der gesamte Gebäudekomplex in Schutt und Asche. Landauf, landab große Anteilnahme ob dieses schweren Unglücks; der himmlische Zorn fordert, wie man sieht, so nachdrücklich zu Werken frommer Mildtätigkeit auf. Das geschieht denn auch: Durch reich gespendete Abgaben des Hochmeisters, des Großkomturs und der übrigen Gebietiger sowie der geistlichen Würdenträger kann das Kloster noch schöner, besser und bequemer aufgebaut werden, als es vorher war.

Der Ordenshochmeister Heinrich von Dusemer ist schwerkrank; er fühlt das Ende nahen und legt im selben Jahr 1350 sein Amt freiwillig nieder. Zu seinem Nachfolger wird Großkomtur Winrich von Kniprode gewählt. Mit diesem Hochmeister hat der Orden einen Glücksgriff getan; er gilt bis auf den heutigen Tag als einer der fähigsten Amtsinhaber.

Seine Regierungszeit beginnt nicht gerade verheißungsvoll: Noch ist die Pest nicht abgeklungen, noch fordert sie weitere Opfer; Handel und Gewerbe liegen darnieder; beklagt wird auch der allgemeine Sittenverfall, die Zerrüttung alter Ordnungen. Und als ob es nicht schon genug Übel in der Welt gäbe, zeigt sich zu allem Überfluß auch noch ein Komet am Himmel, der die Menschen in Angst versetzt. Ein Komet – der Schrecknisse sind kein Ende. Danzig bekommt die Wirkungen der himmlischen Erscheinung zu spüren: 1351 tobt ein so fürchterlicher Sturm, daß sechzig Schiffe im Hafen kentern und siebenunddreißig große und kleine Türme von den Kirchen herunterstürzen.

Der entzürnte Himmel scheint also Werke der Versöhnung zu fordern, und dies sehr dringlich. Während viele Menschen in ihrer trostlosen Verzweiflung sich in wunderliche Andachtsübungen und Kasteiungen flüchten, wieder andere Juden ermorden und sich auf Wallfahrten begeben, weiß der Deutsche Orden, was von ihm erwartet wird: Er nimmt die Litauerreisen wieder auf. Das gottgefällige Werk hat vier Jahre geruht.

Die Litauer haben es wohl geahnt; 1352 fallen sie vorsorglich in Preußen ein. Der Gegenschlag verläuft dann nicht gerade erfolgreich; es beginnt vorzeitig zu tauen, Heer und der Troß kommen nicht weiter und müssen wieder umkehren.

Nicht wenige der Schlachtrösser verenden, zum Teil aus Futtermangel, zum Teil versinken sie in dem brüchigen Eis der Flüsse. Kaum besser ergeht es den Kriegern; auch sie hungern gewaltig, auch sie ertrinken in den eisigen Fluten.

Bei anderer Gelegenheit zeigt der Führer der deutschen Ordenstruppen, so sollte man meinen, edle Menschlichkeit, als er bei einem Gemetzel den Fürsten von Smolensk – es ist der Sohn Kinstuttes – eigenhändig vor dem nassen Tod rettet. Er zieht seinen Gegner aus den Fluten – und hat mit ihm ein hervorragendes Faustpfand für ein hübsches Lösegeld in der Hand.

Der Orden weiß jedoch nicht nur auf solche Weise dem Feind zu begegnen ...

Raffiniert nimmt es sich aus, wenn der Deutsche Orden durch gezielte Falschinformation den litauischen Gegner verwirren will. Plant man beispielsweise einen Zug gegen Litauen oder nach Samaiten, so schreibt man einen Brief nach Livland, man wolle Polen überfallen oder man werde einen Verhandlungstag mit dem Markgrafen von Brandenburg halten. Diese Episteln spielt man dann dem Feind zu und kommt sich ganz furchtbar gerissen vor. Man hat sich auch eine Geheimschrift ausgedacht, von der man hofft, daß sie der böse Feind nicht würde entziffern können, falls ihm Briefe in die Hände fallen, die ihn nun wirklich nichts angehen. So bedeutet zum Beispiel ein Punkt mit einem Strich aufwärts »Kurland« und »Livland«; ein anderer Punkt mit einem Strich aufwärts bezeichnet »Rußland«, ein weiterer »heidnisches Land«; ein Punkt mit einem Strich abwärts ist »Preußen«, einer mit einem schrägen Strich aufwärts die »Häuser auf der Memel«. Ob der Orden nun mit dem listigen Verwirrspiel viel Erfolg hatte, ist nicht überliefert ...

Ein christlicher Litauer ist zuerst einmal Litauer

Einen Höhepunkt bringt das Jahr 1361: Der litauische Fürst Kinstutte gerät in die Gefangenschaft des Deutschen Ordens.

Und das kommt so: Eine Truppe von Ordensrittern ist unterwegs, Litauen zu verheeren, nichts Besonderes also. Man bewegt sich in Richtung der galindischen Wildnis, von Preußen aus gesehen die südöstliche Flanke des Landes. Am Spirdingsee entdecken sie zahlreiche Spuren und tippen auf etwa fünfhundert Reiter, eine ziemliche Streitmacht also. Kundschafter finden alsbald heraus, daß die litauischen Fürsten Olgierd und Kinstutte in dieser Gegend ihrer Jagdleidenschaft frönen. Eiligst sendet man zu den nächst gelegenen Burgen um Verstärkung. Die erscheint auch, und es kommt zu einem Gefecht, im Verlaufe dessen Kinstutte gefangengenommen wird. Gefesselt und streng bewacht, schafft man ihn nach Marienburg. Der Hochmeister und alle Gebietiger sind voller Freude, ist doch dieses glückliche Ereignis »wie eine besondere Gabe des Himmels« anzusehen – frohlocken jedenfalls die Chronisten.

Hochmeister Winrich von Kniprode behandelt den Fürsten, wie es einem Fürsten geziemt, mit vieler Schonung nämlich, läßt ihn zur Sicherheit aber doch in ein festes Gelaß bringen und von zwei Rittern bewachen.

Viele Wochen lang passiert nichts. Dann tauchen zwei Emissäre aus Litauen auf, die um die Freilassung ihres Fürsten bitten, freilich vergeblich.

Dann geschieht das Unglaubliche: Kinstutte flieht.

Der Hochmeister hatte seinem Gefangenen, der der deutschen Sprache nicht mächtig ist, seinen Kammerdiener Alff, einen getauften jungen Litauer, zur täglichen Bedienung zugesellt. Und wie das Leben so spielt – die täglichen Plaudereien, die bald einen vertraulichen Ton annehmen; sehnsuchtsvolle Seufzer in Richtung Heimat: Litauen, du mein liebes Vaterland! Du bist wie die Gesundheit, die nur der so recht zu schätzen weiß, der sie verloren; zuletzt auch handfeste materielle Versprechungen – es kommt, wie es kommen muß: Kinstutte kann den Alff auf seine Seite ziehen.

Der Litauerfürst hat in seinem Gemach nach der Seite des Burggrabens hin hinter den Wandteppichen eine Mauernische entdeckt, in der sonst ein Wandschrank steht. Alff, jetzt

Der Hochmeisterpalast auf der Marienburg

Fluchthelfer seines fürstlichen Landsmannes, bringt heimlich eiserne Werkzeuge mit, und mit viel Geduld und vereinten Kräften können sie die an dieser Stelle nicht sehr starke Mauer durchstemmen. Natürlich entweicht Kinstutte nicht sofort, nein: Man setzt die Steine wieder lose in ihren Verbund, hängt den Teppich darüber, und alles sieht so aus, als sei nichts geschehen. Nun verabreden die beiden die Stunde der Flucht.

Alff bringt ein Seil, und Kinstutte entweicht durch das Mauerloch. Er läßt sich bis auf den Burggraben hinunter. Dort wartet schon Alff, hilft ihm über die Mauer am Graben und legt ihm einen weißen Ordensmantel mit schwarzem Kreuz um. Der gute Alff hat auch für zwei Pferde gesorgt. Man sitzt auf, der Wächter öffnet dem vermeintlichen Ordensritter und seinem Knappen das Tor, und im gestrecktem Galopp reiten die beiden davon.

Kinstutte ist nicht irgendein kleiner Gauner. Als er in Sicherheit ist, schickt er dem Hochmeister die beiden entliehenen Rösser zurück und bedankt sich artig in einem Brief für die freundliche Aufnahme. Der Vollständigkeit halber sei erwähnt, daß Kinstutte noch ein zweites Mal in Gefangenschaft gerät, aber wiederum fliehen kann.

Edler Rebensaft und erlesene Speisen

Zu einer der bekanntesten Litauerreisen wird die des Jahres 1377. Gar nicht einmal wegen der illustren Teilnehmerschar – sie wird angeführt von Herzog Albrecht III. (1365 bis 1395) und unzähligen Edlen seines Reiches –, sondern wegen des Propagandisten, den er mitbringt. Peter Suchenwirt heißt der Mann, ist ein genauer Beobachter und legt sich für seinen Herrscher mächtig ins Zeug. – Die Geschichtsschreibung ist ihm bis heute zu größtem Dank verpflichtet.

Im Frühjahr 1377 treffen sie also in Preußen ein, hoch zu Roß und hochgemut, der Herzog wild entschlossen, den Ritterschlag zu empfangen. Der Orden weiß, was er seinen Gästen schuldig ist: Großer Bahnhof ist angesagt.

In Thorn setzt Herzog Albrecht zum ersten Mal seinen Fuß auf Ordensland, und es wird ihm selbstverständlich ein großes Fest unter Beteiligung der Thorner Bürgerschaft ausgerichtet. »Man sah die Frauen und Jungfrauen der Stadt mit Perlen, Borten und Spangen aufs herrlichste geschmückt bei einem fröhlichen Tanze« (Suchenwirt).

Die Heerfahrt beginnt also verheißungsvoll. Man begibt sich weiter auf das Haupthaus Marienburg. Hochmeister Winrich von Kniprode empfängt die Kriegsgäste mit hohen Ehren; zwei prächtige Gastmähler schließen sich an. Weiter geht es nach Königsberg, wo vom ersten Tage an ein Gelage dem anderen folgt. »Man sah da früh und spät die Gäste ... Mit tugendhaften Sitten ward viel gehoft und wohl gelebt, bis das die Reihe an den Herzog Albrecht kam.«

Albrecht von Österreich läßt sich nicht lumpen; er entfaltet Glanz und Pracht, wie sie selten hier gesehen; die ausgesuchtesten Gerichte, Wein aus Griechenland und der welschen Region, edler Rebensaft vom Rhein, in goldenen und silbernen, mit Edelsteinen verzierten Bechern, dazu Musik mit Pfeifen und Posaunenschall: Alles an der fürstlichen Tafel lädt zu Heiterkeit und Freude ein, und ehe noch das Mahl zu Ende ist, läßt der Herzog mehrere goldene und silberne Ehrengeschenke herbeibringen, um sie den tapfersten und tadellosesten Rittern des Heeres zu überreichen ... noch bevor der Kriegszug überhaupt begonnen hat.

Nun ist wieder der Hochmeister an der Reihe. Am zehnten Tag ihres gefräßigen Aufenthalts in Königsberg bittet er zur Tafel, und zwar zu einer ganz besonderen, zu der nur handverlesene Gäste geladen werden: Er bittet nämlich zum Ehrentisch, eine Sitte, die sich im Laufe der Zeit beim Deutschen Orden eingebürgert und internationale Berühmtheit erlangt hat.

Nur zehn bis zwölf Plätze werden bereitgestellt, auf die sich nach dem feierlichen Aufruf Fürsten, Grafen und sonstige Edle niederlassen. Ausgewählt werden stets nur die, die sich in Kämpfen und bei sonstigen ritterlichen Taten ausgezeichnet haben und die über einen guten Leumund verfügen. Jeder Gast erhält den Platz nach seinem Rang: Auf Platz eins sitzt der Berühmteste aus ihrer Mitte.

Der Deutsche Ritterorden ist schwerreich, und bei einer solchen Gelegenheit zeigt er es. Alle Tischgeräte sind aus Gold und Silber, was gewisse Ansprüche an die Charakterfestigkeit der Gäste stellt. Gold und Silber lieben sie alle sehr, und kostbare Trinkbecher gibt es reichlich, und da verschwindet schon einmal einer in den faltenreichen Gewändern. Als unfreiwilliges Ehrengeschenk sozusagen, obwohl der Hochmeister mit Geschenken nicht geizt. – Musik spielt auf, Gesänge schallen, erlesene Speisen und edle Weine werden aufgetragen; so geht es fünf, sechs Stunden, bis die Korona sich kaum mehr erheben kann. An einem solchen Ehrentisch des Deutschen Ordens in Preußen teilzunehmen gilt als ganz besondere Auszeichnung; man darf sich viel darauf zugutehalten und damit angeben.

Während man sich in Königsberg noch gepflegter Gastlichkeit hingibt, trommelt der Ordensmarschall im Land alles zusammen, was eine Waffe tragen kann. Dann endlich geht es los; Herzog Albrecht und der Hochmeister Winrich von Kniprode stehen an der Spitze des Heerhaufens; man marschiert durch Samland, zieht über Insterburg hinaus und macht sich bereit, mit sechshundert Kriegern und zehn Fahrzeugen über die Memel zu setzen.

Es ist einigermaßen schwierig, die Truppe durch die dichtverwachsene Wildnis zu führen, und man kommt nur langsam vorwärts, obwohl ein Kommando vorauseilt und die Wege freischlägt.

Dieser Heereszug selbst bleibt ohne jedes aufregende Ergebnis; es ist ein unbedeutendes Unternehmen. Auf Kämpfe wollen sich die Litauer nicht einlassen; sie haben sich in die Wälder zurückgezogen und gestatten dem Feind, nach alter Väter Sitte ein paar Dörfer zu verwüsten oder abzubrennen.

Was ziert den echten Kriegsmann mehr, als angesichts des (nicht vorhandenen) Feindes Mut und Tapferkeit zu beweisen: Graf Hermann von Cilli richtet dem Herzog Albrecht zu Ehren ein glänzendes Gastmahl aus; schließlich müssen die Vorräte vernichtet werden. Geladen werden dazu alle jüngst zu Rittern geschlagenen Edle; immerhin zweiundachtzig an der Zahl. Womit sie sich diese Ritterwürde verdient haben bei diesem mickrigen Heereszug, das bleibt weitgehend unklar. Mitten in der Wildnis also werden die Becher mit Rheinwein, mit Lutenberger und Wippacher gefüllt und geleert. Dem Suchenwirt läuft das Wasser im Mund zusammen. Weitere Ritterschläge sind fällig – am Ende werden einhundertacht dieser Würdenträger gezählt. Womit denn auch in den Augen der meisten vornehmen Kriegsgäste der Hauptzweck des Zuges erreicht ist: den Ritterschlag auf heidnischem Boden zu erhalten, egal, ob mit oder ohne Feindeinmischung.

Acht Tage hat man sich jetzt schon in Litauen herumgetrieben, als ein schreckliches Unwetter aufzieht. Regenstürme lösen Hagelschlag ab, Blitz und Donner schlagen drein, die Elemente toben, als erscheine Gottvater höchstpersönlich. Man

Steilküste am Frischen Haff. Zeichnung von Lieselotte
Plangger-Popp, Bozen
(Quelle: Eugen Diederichs Verlag, München)

ist froh, einen Anlaß zu haben, schleunigst umzukehren. Als man dann endlich sich wieder in Königsberg versammeln kann, greift Herzog Albrecht noch einmal in sein Reisegepäck und zeichnet zehn edle Herren mit goldenen und silbernen Bechern aus. Hochmeister Winrich von Kniprode und seine obersten Gebietiger bedanken sich artig für die tatkräftige Hilfe beim Heidenkampf, derweil Herzog Albrecht sich auf sein Roß schwingt und heimwärts zieht.

Olgierds Nachfolger

Die politischen Verhältnisse zwischen Litauen und dem Ordensstaat beginnen etwas unübersichtlich zu werden, als

Großfürst Olgierd stirbt. Er hinterläßt mindestens ein Dutzend Söhne, und es ist sein Lieblingssohn Jagiello, der ihm auf dem Throne nachfolgt. Nun gibt es aber noch den besagten Onkel Kinstutte, den Bruder von Vater Olgierd, mit dem sich Jagiello das Reich teilen müßte. Der Konflikt ist unausweichlich. Beide, Neffe und Onkel, geraten in einen Gegensatz, der nach gewaltsamer Lösung drängt. Dazu kommt, daß im Hintergrund Witold, der Sohn Kinstuttes, nur darauf wartet, aktiv zu seinen Gunsten ins Geschehen eingreifen zu können.

Jagiello möchte, wie es scheint, zunächst freie Hand nach innen haben: Er signalisiert dem Orden Frieden. Hochmeister Winrich von Kniprode ist darob natürlich sehr erfreut. Tatsächlich treffen sich die Verhandlungsdelegationen auch alsbald, beide hochrangig besetzt. Nach einem üppigen Gastmahl und einem Jagdausflug setzt man sich dann zu Tisch und beginnt mit den Verhandlungen. Man kommt schnell zur Sache und ist sich ebenso schnell einig: Jagiello verspricht, in Livland und Preußen vollen Frieden zu halten, und garantiert die Sicherheit für Land und Leute. Sollte der Deutsche Orden sich zu einem Heereszug gegen Kinstutte aufmachen, so würde Jagiello zwar seinem Onkel zu Hilfe eilen, aber dies würde nicht als ein Bruch des Friedens gelten.

Ohne öffentlich als Freund des Deutschen Ritterordens dazustehen, hat Jagiello erreicht, was er anstrebt: Er hat den Rücken frei und kann sich verstärkt dem Kampf gegen Onkel Kinstutte widmen. Vorerst aber sorgt der Deutsche Orden dafür, daß es in dieser Weltgegend nicht ruhig bleibt – 1380 und 1381 fällt er in das Land Kinstuttes ein. Jagiello, wiewohl von Vertrags wegen dazu berechtigt, eilt seinem Onkel aber nicht zu Hilfe.

Kinstutte muß Wind von der Absprache zwischen Jagiello und dem Ordensstaat bekommen haben. Er will dem Neffen die Schweinerei heimzahlen und lauert nur auf eine gute Gelegenheit. Sie bietet sich, als Jagiellos Truppen fernab stehen. Kinstutte wirft seine Krieger auf Wilna, Hauptstadt und Hauptburg des jagiellonischen Litauens, und kann den Ort von allen Seiten einschließen. Jagiello – er hält sich in Wilna auf – ist überrascht. Auf diesen Angriff ist er nicht vorbereitet; er verfügt über zu wenig Soldaten, um sich erfolgreich gegen seinen Onkel wehren zu können. Die Burg Wilna muß alsbald kapitulieren; Jagiello und seine Mutter gehen in Gefangenschaft.

Der Deutsche Orden interveniert. Massive Drohungen bewegen Kinstutte, Jagiello wieder freizulassen. Aber der muß seinem Onkel schwören, den Vertrag mit dem Deutschen Orden von sofort an für null und nichtig zu erklären. Selbstverständlich hält sich Jagiello nicht daran, selbstverständlich rüstet man gegeneinander, und 1382 kommt es zu einer militärischen Auseinandersetzung, in deren Verlauf Kinstutte und dessen Sohn Witold von Jagiello gefangengenommen werden. Der Nachfolger Olgierds hat sein Ziel erreicht. Zurück in Wilna, läßt er seinen Onkel in eiserne Ketten schmieden und auf die Burg Krewen bringen, wo er in einen finsteren und stinkenden Turm geworfen wird.

Vier Tage später ist Kinstutte tot. Erwürgt. Selbstverständlich streitet Jagiello heftig ab, seine Hand im Spiel gehabt zu haben; er ordnet ein feierliches Begräbnis an; einer seiner Brüder, Skirgal, überführt den Leichnam nach Wilna, wo er nach heidnischem Brauch, geschmückt mit einem prächtigen Harnisch und mit Waffen, zusammen mit seinen besten Pferden, Jagdhunden und Jagdvögeln, auf dem Scheiterhaufen verbrannt wird.

Weitere Verhandlungen zwischen dem Deutschen Orden und Jagiello führen zu nichts; offene Feindseligkeiten zwischen beiden Parteien drohen. Dazu kommt, daß Jagiellos Vetter Witold sich stärker ins Spiel bringt und sich dem Orden als möglicher Bündnisgenosse andient. Er geht sogar soweit, sich taufen zu lassen; Witold verspricht dem Orden Treue und Ergebenheit und erwartet, daß der Orden ihn bei der Durchsetzung seiner Erbansprüche gegen Jagiello unterstützt.

Inzwischen haben sich in Polen so manche Probleme wegen der Thronfolge ergeben: König Kasimir der Große stirbt 1370 und hinterläßt keinen männlichen Erben; Nachfolger auf dem Thron wird der Sohn seiner älteren Schwester, Ludwig von Ungarn; Ludwig ist aber nicht mehr der Jüngste, und schon 1382 stellt sich die Nachfolgefrage erneut. Die Schwierigkeiten sind geblieben, auch diesmal gibt es keinen männlichen Erben; wohl aber hat Ludwig zwei Töchter, Maria und Hedwig, beide verlobt; Maria mit Sigmund, dem Sohn Kaiser Karls IV., Hedwig mit Herzog Wilhelm von Österreich.

Weibliche Thronfolge ist im Königreich Polen möglich; das Land aber, das heißt der Adel, kann sich nicht einigen auf eine der beiden Prinzessinnen. So wählt man kurzerhand beide zu Herrschern Polens. Die Frage ist jetzt, wer von den anverlobten Männern das Rennen machen wird. Er muß vor dem polnischen Adel bestehen, der ihn schließlich zu wählen hat. Sigmund ist alsbald aus dem Rennen; bleibt Herzog Wilhelm von Österreich, der Verlobte Hedwigs.

Der und König von Polen? Kommt nicht in Frage, beschließt der Adel.

Der Deutsche Orden wirft den Herzog von Masowien in die Debatte.

Wird abgelehnt.

Der südpolnische Adel hat die Faxen mittlerweile dicke. Litauens Jagiello hat sich inzwischen erbötig gezeigt, Polens Krone zu tragen und Hedwig zu heiraten. Wenn es denn sein muß.

Es muß. Ohne Hedwig keine Krone.

Jagiello wird gewählt. Man schließt am 14. August 1385 einen Vertrag, worin sich der Thronaspirant verpflichtet, sich und alle seine Landsleute taufen zu lassen, sein Land mit Polen zu vereinigen und sich um die Rückgewinnung aller Gebiete zu bemühen, die Polen verloren hat.

Und wie geplant, so geschieht es auch. Anfang 1386 bricht Jagiello mit großem Gefolge nach Krakau, Polens Hauptstadt, auf, um dort die Taufe und die Hand Hedwigs zu empfangen. Der Hochmeister des Deutschen Ordens ist eingeladen worden zu dem Staatsakt, er soll sogar Gevatter stehen, was er aber dankend ablehnt und die Einladung ausschlägt.

Hedwig, deren Verlobung man gewaltsam aufgelöst hat, muß sich dreinschicken und macht gute Miene zum staatstragenden Spiel. Der Erzbischof von Gnesen tauft den hartgesottenen Heiden Jagiello, der sich nunmehr den christlichen Namen Wladislaw beilegt. Vetter Witold, frischer Christ auch er, heißt von Stund an Alexander, und alle Großen des litauischen Reiches folgen dem Beispiel ihrer Fürsten. Jedenfalls, soweit sie in Krakau sind.

Wenige Tage später werden Hedwig und Jagiello unter gewaltigem Gepränge vermählt, und am 17. Februar steigt Wladislaw Jagiello auf den Thron Polens.

Der Ordensstaat gerät in tödliche Gefahr ...

Kapitel 12
Die Jahre von 1386 bis 1411

Die Söhne Belials

Der Deutsche Orden muß gefühlt haben, was durch die Heirat 1386 auf ihn zukommen würde, muß gewußt haben, daß mit der Union Polen/Litauen seine Existenz auf dem Spiele steht, womöglich in der schlimmsten Konsequenz. Er sträubt sich denn auch auf das heftigste, Litauen als christlichen Staat anzuerkennen. Litauen ist und bleibt für ihn ein Staat der Heiden, und was er von der Taufe Jagiellos hält, demonstriert er augenfällig durch einen Einmarsch in das Land. Der Orden setzt die Heidenkriege fort. Er muß es tun. Es ist seine einzige Chance, die ideologische Basis seiner Existenz nicht aufzugeben.

War seinerzeit Großfürst Gedimin ja nicht dazu zu bewegen, seine Untertanen dem christlichen Glauben zuführen zu lassen, so ändert sich das unter König Jagiello gründlich: Er hält sein Versprechen und beginnt mit den Taufen. Nach damaliger Auffassung ist es durchaus nicht nötig, sich inhaltlich mit der christlichen Lehre zu identifizieren. Die christliche Form ist das wichtigste; ist die gewahrt, so wird man Christ. Jagiello geht tatkräftig zu Werke: Überall werden die heiligen Haine ausgehauen, die Bilder zertrümmert, die Opfersteine umgestürzt, die heiligen Schlangen getötet und überhaupt alle Spuren des Heidentums beseitigt. In Jagiellos Hauptstadt Wilna, wo bislang ein heiliges Feuer für den Gott Perkunos gebrannt hat, wird jetzt eine Kirche gebaut und vom Erzbischof von Gnesen geweiht.

Taufen sind Massenveranstaltungen — wie auch anders —,

und Jagiello kann sein Volk in kürzester Zeit christlich einfärben: Man treibt oder lockt die Landsleute, die bisher nur an Leinenkleider und an Pelze gewöhnt sind, durch Geschenke von Wollröcken zu Tausenden herbei, schart hier die Männer, dort die Frauen, hier die Jünglinge und dort wieder die Mädchen zusammen, ein Gottesmann besprengt sie am Flußufer mit geweihtem Wasser und verleiht dem einen wie dem anderen Haufen pauschal einen Namen, so daß unversehens fünfzig Hedwigs und fünfzig Wladislaws beieinanderstehen – die Verleihung eines christlichen Namens bei der Taufe ist üblich, und Chronisten berichten, daß in wenigen Tagen bis zu dreißigtausend Menschen getauft werden.

Jagiello ist überhaupt ein sehr eifriger Mann, was die neue Lehre anbelangt. In Wilna wird 1388 ein Bistum gegründet nebst Domkapitel. Zum ersten Bischof wird Andreas Vasillo, Beichtvater Königin Hedwigs, ernannt. Und päpstliche Gesandte, die das alles mit Wohlwollen berichten, äußern sich sehr zufrieden nach Rom. Mit dem Ergebnis, daß man den Deutschen Orden dringlichst zum Frieden ermahnt.

Was den Rittern höchst ungelegen sein muß. In dieser Lage halten sie Ausschau nach Verbündeten. Da ist zunächst einmal Herzog Wilhelm von Österreich, der Zwangsentlobte der jetzigen polnischen Königin. Er reist nach Krakau, um sich zu beschweren, wird aber sofort verscheucht. Woraufhin er Jagiello als Ehebrecher beim Papst verklagt, ohne jedes Ergebnis freilich.

Verbündete findet der Orden dann in Pommern. Es sind die Herzöge Wartislaw und Boguslaw, die sich »wegen auch uns und den nahen Christen drohender Gefahr, die für unsere Lande entstanden sind«, mit dem Deutschen Ritterorden verbünden. Und zwar »ewig, stetig, freundschaftlich, brüderlich und unzerbrechlich, gegen Jagiello, der sich für einen König von Polen hält«.

Es ist schon verständlich, daß diesen polnischen Fürsten die Felle wegzuschwimmen beginnen, weil ein Litauer die polnische Krone trägt und die beiden Staaten Litauen und Polen ein großes Machtpotential darstellen. Auch für sie liegt ein

Bündnis mit dem Orden in der Natur der Sache. Die Frage ist nur, ob es von Dauer sein kann.

Das gleiche gilt für ein Abkommen mit Herzog Semowit von Masowien. Der Orden nimmt hier seine nicht unbeträchtlichen Geldmittel zu Hilfe, um den ewig in finanziellen Verlegenheiten befindlichen Fürsten an sich zu binden.

Bündnisse entstehen, Bündnisse vergehen

Wenn der Deutsche Orden damit gerechnet haben sollte, daß irgendwann die Zerwürfnisse innerhalb der Union Polen/Litauen zutage treten, so sieht er sich bald auf das schönste bestätigt. Immerhin, man weiß ja: Jagiello hat noch mit seinem Vetter Witold zu rechnen – und wie sich die Machtfrage zwischen den beiden klären wird, ist noch nicht auszumachen.

Zum Eklat kommt es Anfang des Jahres 1390. Jagiello hat Vetter Witold zugesagt, er, Witold, könne Großfürst über Litauen werden. Insgeheim aber hat er seinen Bruder Skirgal, ein Fürst mit einer denkbar schlechten Presse (»ungleich roher und eingebildeter als sein königlicher Bruder, nur seinen Lüsten und Leidenschaften hingegeben und täglich sich unmäßigen Gelüsten frönend«), das dem Witold zugesagte väterliche Erbland übertragen.

Alle Klagen und Vorstellungen bei Jagiello sind bis dato fruchtlos geblieben, mehr noch: Jagiello beginnt allmählich, Witolds Verwandte auszuschalten und, wenn nötig, auch ermorden zu lassen. Witold selbst fühlt sich in Litauen mehr und mehr als Gefangener, ihm kommen sogar Gerüchte zu Ohren, daß Großfürst Skirgal ihn umbringen lassen will.

Es ist wohl in der Tat eine schmachvolle und unwürdige Behandlung, die dem Witold widerfährt. Es kusieren Gerüchte, daß er trotz allem listig versucht habe, sich der Hauptstadt Wilna zu bemächtigen. So soll er eine große Anzahl Schlitten mit Fleisch und Wildbret und anderen Leckereien beladen haben, die für ein Hochzeitsmahl benötigt werden. Die Fuhre wird mit Planen zugedeckt – in Wirklichkeit aber halten sich Krieger unter den Decken versteckt. Sie werden entdeckt und in die Kerker geworfen.

Witold bleibt nichts anderes übrig, als sich dem Deutschen Orden in Preußen nochmals in die Arme zu werfen. Dem Hochmeister kommt das natürlich sehr gelegen, und er ist entzückt, daß er dazu beitragen kann, die Zwietracht zwischen den litauisch-polnischen Herrschern zu vertiefen. Man einigt sich auf ein Bündnis.

Skirgal sieht nun keine Veranlassung mehr, auf die Burgen und Ortschaften Rücksicht zu nehmen, die dem Witold treu ergeben sind. Er erobert sie. Die einzige Anhängerschaft, über die Witold jetzt noch gebietet, sind die Samaiten. Zu ihnen reist er, verhandelt mit Bojaren, also Angehörigen des Adels, und es gelingt ihm, denen eine Erklärung abzuringen, daß sie mitsamt ihrem Volk bereit seien, mit dem Deutschen Orden in Frieden und Freundschaft zu leben. Man schließt sogar einen Vertrag, wonach die Samaiten dem Fürsten Witold und dem Deutschen Orden Hilfe und Beistand leisten wollen gegen alle Feinde und wonach sie im Gegenzug zu freiem und sicherem Handel und Verkehr nach Georgenburg, Ragnit und Memel kommen dürfen. Den Untertanen des Deutschen Ordens wird ein gleiches Recht für Samaiten eingeräumt.

Das Bündnis mit Witold sollte noch im selben Jahr 1390 seine Bewährungsprobe bestehen. Allerhöchster Besuch steht dem Orden ins Haus: Es hat sich angesagt Graf Heinrich von Derby, der älteste Sohn Herzog Johanns von Lancaster, der nachmals als Heinrich der IV. (1399 bis 1413) auf Englands Thron steigen sollte. Dreihundert Reisige bringt er mit und viele jener gefürchteten englischen Bogenschützen, jener Longbows. Es begleiten ihn ferner zahlreiche Mitstreiter aus Deutschland und Frankreich – der Orden beeilt sich, in Preußen und in Livland mobil zu machen. Und auch Witold schart die seinen um sich.

Heinrich von Derby reist zu Schiff an, geht in Danzig an Land und begibt sich weiter nach Marienburg. Die letzten

Vorbereitungen werden getroffen, ehe man sich in Bewegung setzt.

Großfürst Skirgal, der selbstverständlich von dem Kriegszug weiß, versucht, die Feinde an einem Fluß abzufangen, was aber nicht gelingt, weil sie ihn umgehen und ihm in den Rücken fallen. Die siegreiche Truppe zieht schließlich bis auf Wilna zu und kann dort einige Erfolge verzeichnen – man hat schließlich modernstes Belagerungsgerät mit, so Feuerbüchsen und Bliden (Wurfmaschinen), weiß sich außerdem der Unterstützung der englischen Bogenschützen sicher, die ihrem internationalen Ruf als wahre Kunstschützen auch gerecht werden (das Eibenholz für die Bögen stammt oft genug aus Preußen; der Orden handelt damit). Trotzdem will es einfach nicht gelingen, die Burg zu knacken. Fünf Wochen belagert man sie, dann muß man sich zum Abzug bequemen.

Für die Aufhebung der Belagerung gibt es aber noch einen anderen, zwingenden Grund: Mittlerweile ist es Oktober geworden, der Winter steht vor der Tür, und die Ausrüstung ist einfach nicht dafür geeignet, eine Belagerung im Winter durchzustehen. So kehrt man um, betrauert alle Gefallenen und verspricht, recht bald wiederzukommen.

Dazu ist schon im nächsten Jahr, 1391, Gelegenheit. Anlaß gibt ein Heerhaufen von fünfhundert Kriegern, der sich in Deutschland Richtung Ordensland aufgemacht hat. Ihm schließen sich Edle aus Frankreich, England und Schottland an – alle lockt die Lust am Heidenkampf und der damit verbundene Ritterschlag.

Man versammelt sich in Königsberg, und wie üblich soll für ausgewählte Krieger der berühmte Ehrentisch gedeckt werden. Ordensmarschall Engelhard Rabe ist noch mit den Vorbereitungen beschäftigt, als plötzlich ein Riesenlärm anhebt. Was ist geschehen? Engländer und Schotten haben einen solchen Streit untereinander bekommen, daß sie die Waffen blankziehen. In dem anschließenden tumultartigen Handgemenge wird einer der angesehensten Schotten, William von Douglas, nebst einem Verwandten erstochen.

Allgemeine Verwirrung und Aufruhr. Jetzt droht ein Streit

zwischen Engländern und Franzosen auszubrechen, kann aber gerade noch verhindert werden. Ordensmarschall Engelhard Rabe läßt indigniert die weiteren Vorbereitungen für den Ehrentisch einstellen, verspricht aber gnädig, ihn später an den Grenzen des feindlichen Landes decken zu wollen. Man bricht auf – inzwischen ist die Kunde eingetroffen, daß auch Witold wieder ein bedeutendes Heer aufgestellt hat – und beschließt, noch einmal gen Wilna vorzurücken.

Wie dieser Kriegszug ausgegangenen ist, bleibt ungewiß – in den Chroniken herrscht jedenfalls heillose Verwirrung. Was verschmerzt werden kann, denn in diesem Jahr 1391 bahnt sich ein entscheidender Wechsel in dem Dreiecksverhältnis Jagiello–Witold–Deutscher Orden an: Jagiello versucht, seinen Vetter Witold aus der Allianz mit dem Orden herauszubrechen.

Der König trägt ihm die Würde des Großfürsten von ganz Litauen an. Wilna soll der Hauptsitz sein, wenn er das Bündnis mit dem Orden aufkündige. Und Skirgal? Der hat sich, wie es mittlerweile scheint, äußerst unbeliebt gemacht, sogar bei seinem Bruder Jagiello. Trunksucht und allerlei Ausschweifungen, wie es so nett heißt, sollen mit Ursachen dafür gewesen sein, daß er ihn an den Rand des litauischen Reiches, nämlich nach Kiew, verbannt.

Witold vollzieht die Kehrtwendung, und der Deutsche Orden ist einen seiner wichtigsten, wenn nicht gar den wichtigsten Verbündeten losgeworden.

Alsbald aber schon sieht man Witolds Abgesandte beim Hochmeister antichambrieren – der Litauerfürst braucht einen freien Rücken, um sich seinen Eroberungsgelüsten Richtung Rußland, das heißt in Richtung des noch bestehenden, aber brüchig gewordenen Tatarenreiches, widmen zu können. 1386 beginnen die Verhandlungen, und schon zwei Jahre später enden sie im sogenannten Vertrag von Sallinwerder, in dem Witold feierlich auf Samaiten verzichtet.

Das darf der Orden ganz gewiß als Erfolg verbuchen, versucht er doch seit Jahrzehnten, gerade dieses Samaiten zu erobern. Bislang immer vergeblich. Der Orden gibt im Gegenzug einen Teil der preußischen Grenzregion preis und begradigt somit seine Ostgrenze.

Dem Orden ist es natürlich hoch willkommen, daß Witold sein Litauen stärken will, was naturgemäß nur zu Lasten seines Vetters Jagiello gehen kann. Infolgedessen nehmen die Ordensritter auch keinerlei Anstand daran, im Heer Witolds mitzukämpfen, als es darum geht, nach Süden gegen die Tataren des Tamerlan (um 1370 bis 1405) aufzubrechen.

Scheinheiligkeit und Selbstmitleid

Wenn es hier nicht um handfeste Machtinteressen gehen würde – ein Außenstehender müßte schier verzweifeln ob der so großartig vor sich hergetragenen Überzeugung: Eben noch hat der Deutsche Orden die Litauer allesamt als hartgesottene Heiden diffamiert, jetzt steht er selber Seit' an Seit' mit ihnen, um mitzuhelfen, die Grenzen des Litauerreiches sehr weit nach Süden zu verschieben. Kommt noch hinzu, daß im gleichen Lager sich Angehörige der Ostkirche befinden, vom Papst zu Schismatikern erklärt, also zu fast noch schlimmeren Leuten als die Heiden; kommt weiter hinzu, daß auch von der Goldenen Horde abtrünnig gewordene Tataren sich auf Witolds Seite geschlagen haben. Angesichts dieser Konstellationen wird nur zu schnell deutlich, daß der »Heidenkampf« lediglich als ideologischer Überbau für die Daseinsberechtigung des Deutschen Ordensstaates und seiner Ritter dient.

Der Kriegszug gerät zu einer Katastrophe. Tamerlans Feldherr, der auf dem Schlachtfeld ergraute, durch seine Klugheit und seinen Mut berühmte Fürst Edegei, überwältigt Witolds Streitmacht in einer blutigen Schlacht an der Worskla, einem Nebenfluß des Dnjepr. Fast das gesamte Heer wird aufgerieben; nahezu alle Führer fallen oder geraten in Gefangenschaft. Witold kann sich mit knapper Not durch Flucht retten. Die wenigsten kehren zurück in die Heimat, die wenigsten des Deutschen Ritterordens sind es auch, die Preußen wiedersehen.

Großfürst Witold selbst gerät durch diese verheerende Niederlage in größte Bedrängnis. Das Heer der Tataren verfolgt die Überreste der litauischen Streitmacht bis an den Dnjepr, brandschatzt Kiew, verheert Litauen, wo immer es etwas zu verheeren gibt, und zieht sich danach ungefährdet wieder in seine Ausgangslager zurück.

Dies alles geschieht im August 1399, und diese Katastrophe soll sich in den nächsten Jahren als ein epochales Ereignis erweisen. Denn mit dieser Niederlage ist der Aufstieg Litauens zur osteuropäischen Hegemonialmacht erledigt – mit der Folge, daß die Union Polen/Litauen weiter Bestand hat, denn Litauen kann nun Polen gegenüber keinen Führungsanspruch geltend machen. Als zweite Folge ist vorauszusehen, daß Witold sich nunmehr wieder gegen die Deutschherren wenden wird, denn die Geschäftsgrundlage, auf der der Vertrag von Sallinwerder gewissermaßen beruht, ist weggefallen – eine gravierende, ja fatale Folge aus der Sicht des Ordens.

Diese Folge stellt sich alsbald ein: Samaiten geht dem Ritterstaat verloren. Um es zu halten, hätte Witold ihn unterstützen müssen, aber er tut genau das Gegenteil: Er stachelt die Samaiten gegen den Orden auf. Das wiederum hat zur Folge, daß der Deutsche Orden den Witold lauthals zum Heiden erklärt, wie er es stets auch mit seinem Vetter Jagiello getan hatte. Die Konstellationen sind also wieder die klassisch herkömmlichen: Auf der einen Seite der Deutsche Orden, ihm gegenüber Polen/Litauen mit seinen Führern Jagiello und Witold, diesen hartgesottenen Heiden, diesen Söhnen Belials, diesen Mächten der Finsternis.

Der Deutsche Orden hat durchaus nicht das Gefühl, in Argumentationsnöte zu kommen, was die Heidenfrage betrifft. Nur: Treiben lassen kann er die Dinge auch nicht. Er muß schon etwas tun, damit er selbst vor der Welt im besten Licht erscheine, wohingegen sein Feind Polen/Litauen in den dunkelsten Farben zu malen sei.

Schon 1395 hatte König Wenzel IV. von Böhmen (1363 bis 1419) dem Orden unmißverständlich bedeutet, hinfort keine Heereszüge gegen die Litauer und die russischen Lande mehr zu unternehmen. Weil nämlich zwischen dem Orden und dem König von Polen als Großfürsten von Litauen und den Erbherren von Rußland seit langem beständiger Friede bestehe. Soll heißen: Du, Deutscher Ritterorden, gib endlich Ruhe und höre auf, herumzuquengeln wegen der »Heiden«. Und Jagiello, der polnisch-litauische Gegner, bläst mit Bedacht in die Glut: Er läßt geflissentlich an allen Fürstenhöfen Europas die Nachricht verbreiten, daß die Litauer im Durchschnitt schon recht brauchbare Christen seien und daß Witold streng auf christlichen Gottesdienst halte. Wenn der Orden nun über sie herfalle, dann bekämpfe er in ihnen nicht mehr die Heiden, sondern richtige Christen, nicht wahr?

In den kommenden anderthalb Jahrzehnten, also bis zur Schlacht von Tannenberg 1410, entdecken die Gegner die psychologische Kriegführung, die sie keineswegs daran hindert, auch physisch aufeinander einzuschlagen. Aber immerhin: Die Kanzleien bekommen reichlich Arbeit. Und dies um so mehr, je stärker sich der Hickhack in der Öffentlichkeit zu einem regelrechten Propagandakrieg ausweitet.

Die Scheinheiligkeit und das Selbstmitleid, von denen diese wechselseitig vorgetragenen Angriffe nur so triefen, geht auf das Konto Imponiergehabe. Als Beispiel mag hier der Reichstag zu Frankfurt am Main im Jahre 1397 dienen ...

Der Orden hat zwei hochrangige Vertreter entsandt. Die versuchen, Stimmung zu machen: »Der Orden leidet mächtige Anfechtung, denn täglich werden die Ungläubigen, Litauer und Russen, durch den König des Polenlandes mehr und mehr gestärkt ... Tag für Tag versorgt man von Polen aus die Heiden mit Waffen, Panzern, Platten, Harnisch, Büchsen, Pferden, Werkmeistern, Büchsenschützen und dergleichen, also daß die Bekämpfung der Feinde Christi fort und fort schwieriger wird.« Es kommt noch schlimmer: »Alle, die den Ungläubigen zu Hilfe kommen wollen, läßt der König durch seine Lande ziehen ... In allen Verhandlungen des Ordens mit den Litauern, um sie zum Christentum zu bewegen, tritt der König durch die Seinen hinderlich entgegen.« Solche Anklageschriften erstrecken sich mitunter über Seiten, und nach der Lektüre dieser Episteln muß jeder Mitleid mit dem Deutschen Orden bekommen.

Bitter beklagt sich auch der Hochmeister in einem Brief an den deutschen König, an dessen Kollegen in Frankreich, an die deutschen Reichsfürsten, an viele Grafen und Edle: »Unsere Stetigkeit im Geschäfte des Christenglaubens nennt er [Jagiello] Hochmut. Unsere Gerechtigkeit heißt er sein Unrecht ... In selbst erdachten Beschuldigungen schmäht er uns, daß wir seine Hauptkirchen und andere, die er in Litauen und Rußland mit großen Kosten erbaut, vernichtet und umgestürzt haben sollen ...« Das alles hat natürlich der böse Jagiello erstunken und erlogen. Der Orden muß sich also dagegen verwahren, vor allem auch dagegen, daß der böse Fürst fortwährend von neuen Bekehrungserfolgen berichtet: »Er rühmt sich freilich seiner neuen Christen, wir sehen sie indes noch fremd vom christlichen Glauben, denn wie können die schon Christen sein, an denen sich der alte Irrwahn und ihr altes verdummtes Leben noch jeden Tag offenbart!«

Über die Zustände im Feindesland ist der Hochmeister wohlunterrichtet. Sogenannte Zeitungsboten sind es, die ihm berichten, was drüben so alles vor sich geht. »Zeitung« heißt im alten Sprachgebrauch nichts anderes als »Nachricht«. Diese Leute sind, modern gesagt, Agenten, die verdeckt oder offen Nachrichten sammeln, um sie an den Auftraggeber Deutscher Orden weiterzuleiten. Jagiello wird wohl auf die gleiche Weise Informationen erhalten, indem polnische oder litauische Nachrichtenleute für ihn in Preußen beziehungsweise Livland arbeiten.

Inzwischen hat sich Jagiello mit aller gebotenen Demut und Bescheidenheit an den Heiligen Vater in Rom gewandt, mit der Bitte, den Orden zu maßregeln.

1403 trifft die Bulle ein, und der Deutsche Orden ist ziemlich erstaunt darüber, was dort zu lesen steht. Der Papst nämlich erklärt, er habe durch die Klagschriften Jagiellos »nicht ohne bitteren Schmerz« erfahren, daß sich der Orden, statt dem König und den neu Getauften in Litauen Schutz und Schirm zu gewähren, sie dort ohne Grund und Ursache mit

Krieg überziehe, auf unmenschliche Weise die Leute zu Tode bringe und mehr als sonst irgendein Feind alles verheere und überhaupt zum Nachteil des Seelenheils wirke. Der Papst macht dem Hochmeister die bittersten Vorwürfe, daß er, statt, wie früher seine Vorgänger, sich mit löblichem Eifer um die Neuchristen zu bemühen, genau das Gegenteil verfolge. Da es dem Orden unzweifelhaft zu großer Schmach gereichen müsse, wenn er die neu Bekehrten auch noch ferner mit solcher Ungerechtigkeit belästigen würde, so verbiete er hiermit mit aller Strenge, den König und das Land und die Städte Litauens und die neu Bekehrten zu überziehen – und dies so lange, bis die Streitigkeiten eine endgültige Entscheidung friedlicher Natur angenommen haben würden. Sollte man etwa wagen, diese Anordnung zu ignorieren, so werde er den Orden bannen.

Über die Androhung des Bannes kann der Hochmeister nur lachen; das ist längst eine stumpfe Waffe. Dennoch: Er muß sich dagegen zur Wehr setzen und sich rechtfertigen. So ruft er denn seine obersten Gebietiger zusammen, und man beschließt, einen Brief nach Rom zu schreiben des Inhalts: Der Orden sei von jeher den Geboten des apostolischen Stuhles streng und auf das pünktlichste gefolgt. Diese vorliegende Bulle sei ja wohl nur dadurch zustande gekommen, daß der Papst falsch unterrichtet worden sei, nämlich einzig und allein von dem Gegner, dem polnischen König, nämlich.

Scharf werden alle Anschuldigungen Jagiellos zurückgewiesen. Man geht zum Gegenangriff über, stellt fest, daß Witold – man denke! – schon dreimal seinen Glauben gewechselt und dabei immer wieder gottlose und abscheuliche Verbrechen an Kirchen und Heiligtümer begangen habe. Folgt der milde Vorwurf an den Papst, sich doch bitte in Zukunft besser unterrichten zu wollen und nicht länger zu ignorieren, daß sich der Orden täglich neuen Gefahren aussetze, um Kirchen, Städte und Menschen zu schützen.

Der Hinweis auf die Gefahren ist nicht einmal weit hergeholt; rasch wechseln im ersten Jahrzehnt des 15. Jahrhunderts Friedensbemühungen und Friedensschlüsse mit den bekann-

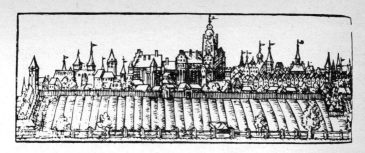

Dieser Holzstich aus dem 16. Jahrhundert läßt die gewaltigen
Ausmaße der Marienburg erahnen

ten Kriegen ab. Die Tendenz weist dabei eindeutig auf eine
große Auseinandersetzung; der Deutsche Orden jedenfalls
will sich, so gut es eben geht, darauf vorbereiten. Vor allem
die Burgen an den Grenzen Preußens, in Samaiten und in der
Neumark werden verstärkt und dort mehr Truppen hineingelegt. Inzwischen hat die Kunst, Geschütze zu gießen, auch
beim Deutschen Orden Einzug gehalten. In Marienburg fertigt man solche Waffen, und der Hochmeister – seit 1407 ist
es Ulrich von Jungingen, der seinem Bruder Konrad im Amt
nachgefolgt ist – läßt die Kanonen auf die Grenzburgen verteilen.

Auch im Reich ist der Deutsche Orden nicht untätig geblieben. Soweit ihm möglich und soweit er auf Interesse gestoßen
ist, hat er mit Fürsten und Adligen, vor allem in Mitteldeutschland und in Schlesien, Soldverträge abgeschlossen. Im Bedarfsfalle würden nun also bezahlte Söldner mit ihren Hauptleuten anrücken, um den Deutschherren zu helfen.

Was die Könige Sigismund von Ungarn (1387 bis 1437) und
Wenzel von Böhmen angeht, so glaubt der Orden, sie in der
Hand zu haben. Diese Fürsten, ewig in Geldverlegenheit,
werden kräftig von den Deutschordensrittern finanziell unterstützt. Tatsächlich werden sie sich auch noch König Wenzels
als Vermittler in den Waffenstillstandsverhandlungen bedienen, als der Krieg ausgebrochen ist . . .

Ein Fehdebrief für Jagiello

Zusätzlich hat sich zwischen dem Staat des Deutschen Ritterordens und Polen/Litauen ein weiteres Problem ergeben: Es geht um die Neumark und das Land Dobrin, die der Deutsche Orden gekauft hat. Dobrin ist dem Orden von einem unzufriedenen Vasallen Jagiellos angeboten worden – und der Ritterstaat kauft es, obwohl ihm im Grunde genommen nichts daran gelegen ist. Die Neumark, ein riesiges Gebiet in Pommern, hat er dagegen von König Sigismund erworben, der zugleich Markgraf von Brandenburg ist.

Der Orden mag geahnt haben, was an Ärger er sich in der Neumark selber und darüber hinaus mit Jagiello aufladen würde, als er dieses Land seinem Staat zuschlägt. Zweimal hat Sigismund die Neumark dem Orden angeboten, zweimal hat dieser das Angebot ausgeschlagen. Erst als Sigismund damit droht, die Neumark an Polen zu verkaufen, greift der Orden, wenn auch lustlos, zu.

Die Entrüstung hätte in Polen größer nicht sein können, selbst bei Abzug von gut der Hälfte gespielter Entrüstung. Natürlich kann Polen die Ausbreitung des Ordensstaates überhaupt nicht recht sein.

Bald regt es sich in der Neumark. Der bodenständige Adel dieser Region wird unruhig und verübt Überfälle auf Überfälle; er weiß sich dabei der Hilfe Polens sicher; und Polen tut alles, Aufstände und Mißhelligkeiten zu schüren, damit dem Deutschen Orden die Neumark so recht verleidet wird. Jetzt melden auch die Komture an den Grenzen zur Neumark in immer kürzeren Abständen, daß große Truppenteile zusammengezogen werden – da kommt es in Samaiten 1409 zu einem allgemeinen Aufstand. Dem Orden ist sofort klar, wer dahintersteckt: Großfürst Witold. Man schickt zu ihm, damit er sich über die Ereignisse in Samaiten erkläre. Seine Antwort ist Schweigen. Nun schickt man zu Jagiello, mit der Frage, wie er sich verhielte, wenn ein Krieg zwischen Witold und dem Deutschen Orden wieder ausbrechen würde.

Jagiello läßt sich mit der Antwort Zeit. Endlich erscheint

eine Delegation beim Hochmeister, angeführt vom Erzbischof von Gnesen. Sie überreicht folgende Botschaft: Der König von Polen und Litauen und der Großfürst von Litauen seien blutsverwandt. Der Großfürst habe sein Land von der Krone Polens nur als Schenkung erhalten. Darum werde ihn der König nicht verlassen, und nicht nur in diesem Kriege, sondern in jeder Bedrängnis ihn mit Macht unterstützen. Ziehe man aber den Weg einer gütlichen Vermittlung vor, so wolle der König etwa geschehenes Unrecht auf billige Weise wiedergutmachen.

»Mitnichten!« erwidert der Ordensmeister Ulrich von Jungingen heftig. »Dann werde ich lieber selbst auf der Stelle in Litauen einfallen.«

»Hütet euch!« entgegnet der Erzbischof. »Denn überzieht ihr Litauen, so sucht euch der König mittlerweile in Preußen heim.«

Auf diese unmißverständliche Erklärung des Kirchenmannes antwortet Jungingen: »So will ich lieber das Haupt als die Glieder fassen, lieber ein bewohntes und bebautes als ein wüstes und ödes Land aufsuchen!« Also Krieg gegen Polen.

Mit jenen Worten entläßt der Hochmeister die Gesandtschaft. Diese kleine, aber für den Gang der Geschichte entscheidende Szene findet sich in den Urkunden des Deutschen Ordens aufgezeichnet.

Am 6. August 1409 sendet der Hochmeister aus Marienburg dem polnischen König Jagiello den Fehdebrief. Darin setzt er ihm die Gründe zum Kampf noch einmal auseinander. Dieser Brief ist die offizielle Kriegserklärung.

Der Hochmeister zögert keinen Augenblick. Zusammen mit seinem Ordensmarschall überschreitet er die Grenzen des Dobriner Landes. Auf viel Widerstand trifft er nicht; was ihm in den Weg kommt, wird niedergebrannt, so die Burg Dobrin, die Burg Bebern, die man sogar noch mit Kanonen beschossen hat; das gesamte Dobriner Land ist rasch erobert. Mittlerweile sind die Ordensheere auch in anderen Grenzgebieten tätig geworden; so haben die Komture von Schlochau und Tuchel acht Tage lang das Land Krain verheert und verbrannt; dabei gehen die dem Erzbischof von Gnesen gehörenden Burgen Zempelburg und Kammin in Rauch und Flammen auf; Bromberg wird erobert, die Burg besetzt, die Stadt niedergebrannt. Der Vogt der Neumark unternimmt von diesem, dem Ordensgebiet verhältnismäßig unbekannten Land mehrere Einfälle nach Polen; die Komture von Osterode und Brandenburg fallen in Masowien ein, dessen Herzog Johannes ein Verbündeter Jagiellos ist. Es ist wie ein Wunder: Fast nirgends stellt sich der Feind zum offenen Kampf, am allerwenigsten der König. Doch leider ist nicht bekannt, wohin er mit seiner Streitmacht gezogen ist.

Der Erzbischof von Gnesen drängt auf einen Waffenstillstand. Die Zeit freilich ist noch nicht reif dafür, und erste Verhandlungen scheitern.

Großfürst Witold hat seine Truppen bei Kowno gesammelt und ist sofort nach Ausbruch der Feindseligkeiten Richtung Samaiten gezogen, gewissermaßen in ein befreundetes Land. Viele Landeskinder schließen sich denn auch seinem Heereszug an. Als erste Festung muß die Friedburg aufgeben; die Besatzung, durch Mangel an Nahrungsmitteln schon sehr geschwächt, übergibt die Burg den Litauern. Ähnliches widerfährt den Burgen Dubissa und Ragnit, deren Verteidiger zum Teil erkrankt sind; nennenswerten Widerstand können sie Witold deshalb nicht engegegensetzen. Binnen kurzem ist der Großfürst Herr über Samaiten.

Witold fällt danach in Nadrauen ein und verheert das Land, wie es bei solchen Kriegszügen gang und gäbe ist. Woraufhin er sich dann nordwärts wendet, nach Memel zu. Aber diese Burg kann sich behaupten.

Hochmeister Ulrich von Jungingen schützt mit seinen Streitkräften das Kulmerland, während der Ordensmarschall mit den Komturen von Balga und Brandenburg aufgebrochen ist, sich Witolds Heer entgegenzustellen. Daraus wird nichts, weil heftige Regenfälle sowie Krankheit in seinem Heer dies vereiteln.

Jagiello hebt noch immer in seinem Land Truppen aus und zieht dann Ende September bis vor Bromberg. Als der Hochmeister das erfährt, will er ihm entgegenmarschieren. Der Plan kann nicht ausgeführt werden, denn noch im selben Augenblick erreicht ihn die Nachricht, daß eine Gesandtschaft des böhmischen Königs Wenzel bei Jagiello eingetroffen sei, um in Wenzels Namen zu vermitteln. Beide Heere versuchen daraufhin eiligst, ihre strategische und taktische Lage zu verbessern – Jagiello und der Hochmeister liegen sich auf nur zwei Meilen Distanz zwischen Schwetz und Bromberg gegenüber ...

Ein königlicher, doch kein weiser Schiedsspruch

Dort also nimmt man die Waffenstillstandsverhandlungen auf, und man kommt zu dem Ergebnis, daß ein »fester und unverbrüchlicher Friede« bestehen soll bis zum nächsten Johannistag (also Ende Juni 1410). Was die Klagen über erlittenes Unrecht und über andere Streitpunkte betreffe, so wollen die kämpfenden Parteien auf den Schiedsspruch des böhmischen Königs warten. Dieser Schiedsspruch soll bis zur nächsten Fastnacht (Februar 1410) ergehen.

Weiter wird vereinbart: Jede Partei behält und benutzt die Städte, Burgen und Lande, die sie im Besitz hat, bis zu diesem Schiedsspruch. Außerdem: Wer durch die Kriegsereignisse vertrieben wurde, soll zurückkehren dürfen. Dieser Waffenstillstand wird am 8. Oktober 1409 im Feldlager zwischen Schwetz und Bromberg unterzeichnet.

Ruhe herrscht nur zwischen den Waffen – schriftlich wird der Kampf aufs heftigste fortgesetzt. Die Fürsten Deutschlands, die Könige, sie alle verdrießt es angesichts einer ständig steigenden Briefflut, worin sich die Streithähne gegenseitig der erdichteten und lügenhaften Artikel bezichtigen. Selbstverständlich benutzt man auch die Ruhezeit, um Burgen wieder instandzusetzen, Waffen zu reparieren und neue zu schmieden und überhaupt sich auf das nächste Treffen vorzubereiten.

Als die Zeit herangekommen ist, begeben sich die Vertreter

des Ordens und des Königs Jagiello nach Prag, um sich König Wenzels Schiedsspruch anzuhören. Er lautet: Das Land Dobrin wird dem polnischen König zurückgegeben, Samaiten hingegen soll beim Orden bleiben.

Der König hat gesprochen – und keiner ist zufrieden. Die polnischen Gesandten um so weniger, als sie erfahren, daß Wenzel eine Schenkungsurkunde ausgestellt hat, durch die er die an Grodno angrenzende sudauische Wildnis dem Orden zur Besiedlung mit Bewohnern und zur Gründung neuer Dörfer als Eigentum vermacht. Wenzel behauptet kühn, daß seine Vorfahren einst diese Gegend mit Kriegsmacht an sich gebracht und gewonnen hätten.

Das ist für die Polen denn doch zu starker Tobak. Sie weigern sich schlankweg, Wenzels Schiedsspruch anzuerkennen. Das treibt denn wiederum dem guten Wenzel die Zornesröte ins Gesicht: »Wollt ihr Krieg? Wohlan! Wir und unser Bruder, der König von Ungarn, wollen dem Orden wieder zur Seite stehen und mit des Herrn Hilfe euch in eure Grenzen zurücktreiben.« Woraufhin die polnische Gesandtschaft kommentarlos Prag verläßt.

Beide Seiten rüsten auf, so viel und so schnell sie nur können.

Jagiello läßt in Böhmen und in Mähren Rottenführer und Söldner anwerben, in Masowien werden die Heerwege von Hindernissen geräumt, überall hält man Heerschau. Er hat auch Spione nach Preußen geschickt: Sie treiben sich als Bettler verkleidet in den Städten und auf den Burgen herum und machen lange Ohren.

Fieberhaft arbeitet auch der Deutsche Orden an den Kriegsvorbereitungen: Alle Burgen werden noch einmal inspiziert und, wo nötig, nachgebessert; Kanonengießerei und Pulvermühle in Marienburg arbeiten rund um die Uhr; militärisch wichtige Posten im Orden werden um- oder neubesetzt.

Die Parteien hatten zur Pfingstzeit 1410 einen zweiten Termin vereinbart. In Breslau will man sich treffen. Eine Delegation des Deutschen Ordens erscheint auch, von polnischer

Der glücklose Hochmeister Ulrich von Jungingen. Holzstich aus dem 16. Jahrhundert

Seite läßt sich dagegen kein Mensch blicken. Die letzte Aussicht auf eine friedliche Beilegung ist damit geschwunden.

Die Rüstungen werden weiter mit Hochdruck betrieben. Inzwischen erläßt der Hochmeister an den Meister von Livland den Befehl, sofort den immer noch bestehenden Frieden zwischen Livland und Witold aufzukündigen, damit ein livländisches Heer in das Land Witolds einfallen könne; es soll dort die litauischen Kräfte binden, um eine Vereinigung mit den polnischen Heeren zu verhindern; was dann der livländische Meister an Truppen noch erübrigen könne, möge er eiligst nach Preußen in Marsch setzen. Die Bischöfe von Livland, Reval, Kurland und Ösel werden ersucht, mit all ihren Rittern und Knechten dem Orden zu Hilfe zu kommen. So geht es weiter – überall sucht der Hochmeister seine Streitkräfte zu verstärken. Der Komtur von Thorn wird genötigt, noch einmal dreihundert Leute auf die Beine zu bringen, um sie dem Ordensheer einzugliedern.

Ulrich von Jungingen wendet sich auch an die Fürsten in Deutschland. Wortreich schildert er ihnen die Gefahr und was doch für Schufte der polnische König und der litauische Großfürst seien, die mit allerlei heidnischen Völkern, wie Russen, Tataren und anderen Horden, paktierten. Er bitte sie dringlichst, ihm Ritter und Knechte nach Preußen zur Beschirmung der Christenheit zu schicken.

An die schon vor einiger Zeit angeworbenen Söldner ergeht der Befehl, sich jetzt nach Preußen in Marsch zu setzen.

Böhmens König Wenzel leistet den gewünschten Beistand, auch wenn der nur diplomatischer Natur ist. Er bestätigt, daß der Deutsche Orden den königlichen Schiedsspruch treu und unverbrüchlich gehalten habe, der König von Polen hingegen nicht. Damit sei der Hochmeister aller im Schiedsspruch übernommenen Verpflichtungen ledig.

Inzwischen sind eine große Zahl Söldner aus Deutschland eingetroffen, vor allem aus Meißen, Schlesien, Franken, aber auch aus Böhmen und vom Rhein. Die Zeit des Waffenstillstands nähert sich dem Ende, und dem Orden stellt sich die bange Frage: Wo stehen Jagiellos Truppen?

Aufklärung darüber vermögen offenbar auch Späher nicht zu bringen. Hochmeister Ulrich von Jungingen erwartet offenbar, daß Witold mit seinem Heer im Norden oder Osten die Grenze Preußens überschreiten, während er annimmt, daß Jagiello in Pommerellen oder im Kulmerland die Kampfhandlungen eröffnen werde. Entsprechend postiert er seine Truppen. Er zieht an der Drewenz entlang und läßt ein Lager bei Kauernick errichten. Dort sammeln sich auch die übrigen zerstreuten Kräfte, während Jagiello zu dieser Zeit noch in seinem riesigen Heerlager bei Plozk wartet ...

Ein Ort namens Tannenberg

Beide Seiten haben gewaltige Streitkräfte zusammengezogen. Die Zahlen sind, wie gewöhnlich, übertrieben, auf Seiten des Ordens dürften aber, vorsichtig geschätzt, etwa zwölf- bis fünfzehntausend Krieger kämpfen, auf polnisch-litauischer Seite etwa zwanzigtausend. Außerdem verfügt der Orden über zahlreiche Kanonen – was sich hier anbahnt, hat gute Aussichten, eine der bedeutendsten Feldschlachten des Mittelalters überhaupt zu werden.

Wie es scheint, ist der Deutsche Orden nicht darauf vorbereitet, es mit einem vereinigten polnisch-litauischen Heer zu tun zu bekommen. Des weiteren scheint er auch überrascht zu sein von dem Feldzugsplan des polnischen Königs.

Jagiello überschreitet die Grenze am 6. Juli 1410 in der Nähe von Lautenburg; er schwenkt dann aber nach Osten gegen Soldau zu, womit auf Seiten des Ordens offenkundig niemand gerechnet hat, und läßt von dort nach Norden marschieren; eine Woche später, am 13. Juli, erstürmt er Gilgenburg und verwüstet es.

Das Ordensheer, das inzwischen der polnisch-litauischen Streitmacht eiligst nachsetzt, ist inzwischen in Löbau eingetroffen. Nach einem anstrengenden Nachtmarsch erreicht es endlich am Morgen des 15. Juli den Feind bei Tannenberg (Polen nennt den Ort Grunwald). In der Nacht ist ein schweres Unwetter über die Gegend gezogen; Donner- und Hagelschlag, strömender Regen und ein gewaltiger Sturm haben dem marschierenden Ordensheer schwer zu schaffen gemacht. Es regnet auch noch am Morgen, als der Hochmeister seine Streitmacht südwärts von Grunwald in drei Schlachtenreihen aufstellt. Der Wind zerrt an den nassen Kleidern, die Leute frieren.

Das polnische Heer hat sich noch nicht zum Kampf aufgestellt, als Ordensmarschall Friedrich von Wallenrode nach gutem altem Brauch dem polnischen König zwei Herolde schickt. Sie überreichen Jagiello und Witold zwei blanke Schwerter und erklären: »Es ist dies Sitte kriegerischer Streiter: Wenn ein Kriegsheer zum Kampfe des anderen Heeres wartet, so sendet es diesem zwei Schwerter, um es zum gerechten Streit auf den Kampfplatz zu fordern. So reichen auch wir euch jetzt zwei Schwerter, das eine für euch, den König, das andere für euch, den Herzog, im Namen des Hochmeisters, des Marschalls und der Ordensritter, auf daß ihr den Kampfplatz wählt, wo ihr ihn wollt.«

Darauf Jagiello, vollkommen Christ: »Wir haben nie von einem anderen Hilfe erbeten außer von Gott. In seinem Namen nehmen wir diese Schwerter an. Doch die Walstatt zu wählen, geziemt uns nicht. Wo sie Gott uns gibt, wollen wir sie nehmen als gegeben und erwählt.«

Die Herolde machen kehrt und begeben sich zurück in die eigenen Reihen. Der Form ist Genüge getan, es kann losgehen. Rasch ordnet sich das polnisch-litauische Heer mit seinen Verbündeten zur Schlacht, dann marschieren sie durch eine Bodensenke, das alte polnische Marienlied »Boga Rodzicza« auf den Lippen, den Truppen des Ordens entgegen.

Die Artillerie des Ordens erweist sich zwar als ziemlich nutzlos, nicht jedoch die Reiterei: Ihr Gegenstoß auf den rechten Flügel des Feindes zu, wo Witold sich mit seinen Litauern, den verbündeten Russen und Tataren befindet, ist so heftig wie erfolgreich. Die Deutschen stimmen schon den Siegeschoral »Christ ist erstanden« an – als sich das Schlachtenglück plötzlich wendet.

Hingerissen von seinen Erfolgen, hat sich der linke deutsche Flügel zu sehr aufgelöst, als er den fliehenden Feind verfolgt. Frisch herangeführte polnische Reservetruppen greifen ein, und es entbrennt ein Kampf Mann gegen Mann, etwa in der Mitte der polnischen Streitmacht, wo das königlich-polnische Banner von den Ordenskriegern verbissen berannt wird.

Ein zeitgenössischer Holzschnitt dokumentiert das Geschehen bei der Schlacht von Tannenberg

Aber die durch den nächtlichen Eilmarsch strapazierten deutschen Krieger beginnen zu wanken, werden müde. Die Polen sind zudem in der Überzahl. Als es dann auch noch zu einem Verrat in den eigenen Reihen kommt – der Bannerführer des kulmischen Adels, Nickel von Renys, signalisiert seinen Leuten, zu fliehen –, greift Witold rasch und beherzt ein und entscheidet den Kampf. Bei diesem Gefecht finden Hochmeister Ulrich von Jungingen und alle obersten Ordensgebietiger, zusammen mit etwa zweihundert Ordensrittern, den Tod.

Das ist auch das Ende der Schlacht. Das Ordensheer ist vollständig vernichtet worden, Jagiello und Witold unbestritten die Sieger. Insgesamt etwa, so die Schätzungen, sind vier- bis fünftausend Mann gefallen. Der polnische König behält von den Gefangenen nur die vornehmsten zurück, um ein möglichst hohes Lösegeld zu erpressen; des Hochmeisters Leiche läßt er jedoch ehrenvoll nach Marienburg überführen; die einundfünfzig erbeuteten Banner des Ordensheeres werden als Siegeszeichen in die Stanislauskapelle des Krakauer Doms gebracht, wo sie bis zum Jahre 1603 zu besichtigen sind. Seither sind sie verschollen.

Die psychologische Wirkung dieser Niederlage auf das Ordensland und seine Bewohner ist niederschmetternd. Entsetzen, Mutlosigkeit und Wehklagen laufen durch das Land; niemand, der noch auf Rettung zu hoffen wagt; die Herrschaft der Deutschherren scheint unwiederbringlich verloren.

Dieser Lage zufolge ist es fast selbstverständlich, daß Jagiello das gesamte Ordensland für eine leichte Beute hält und sofort alle Landschaften, Burgen und Städte zu bedingungsloser Übergabe, das heißt freiwilliger Unterwerfung und Huldigung, auffordert. Die Marienburg zu kassieren, wie er es verkündet hatte, scheint ihm nicht vordringlich. Zwei Tage noch verweilt er in Grunwald, gönnt sich und seinen Mannen Erholung, benutzt aber auch die Zeit, um die vielen zerstreuten Heerhaufen wieder zusammenzuführen. Erst am dritten Tag bricht er auf, marschiert über Osterode, Morungen und Christburg in Richtung Marienburg. Überall, wo er durchzieht, macht er reichlich Beute und Gefangene; fast alle Städte und das flache Land ergeben sich ihm, ohne Widerstand zu leisten. Die Ordensburgen fallen ihm zu wie reife Äpfel; teils ist dabei Verrat im Spiel, teils fehlt eine Besatzung, die die Burg hätte verteidigen können. Mancher Ordensritter rafft auch noch die Habe zusammen, die er laut Ordensstatut gar nicht besitzen dürfte, und macht sich schleunigst davon. Hier und da werden die Ordensritter auch von den Städtern und dem Adel gezwungen, ihre Burgen dem Feind zu übergeben.

Der nimmermüde Komtur

Wie immer in Augenblicken, in denen alles verloren zu sein scheint, in solchen Augenblicken tiefster Niedergeschlagenheit naht dann ein Retter. Dieses Mal in Gestalt des Grafen Heinrich von Plauen, Komtur von Schwetz und noch vor Kriegsausbruch mit seinem Heer nach Pommern entsandt zum Schutz der Grenzen. Kaum haben ihm Boten die Nachricht der Tannenberg-Katastrophe überbracht, ruft er auch schon sein Heer zusammen und führt es in rücksichtslosen Tag- und Nachtmärschen in Richtung Marienburg. Ihn treibt die schreckliche Vorstellung, daß Jagiello vor ihm in Marienburg ankommen könnte und das Haupthaus des Deutschen Ordens, die »Königin der Landesburgen«, besetzen würde.

Heinrich von Plauen hat Glück; er kann nicht ahnen, daß sich sein Gegenspieler Jagiello so viel Zeit bei Tannenberg lassen würde. Wieviel Zeit ihm aber noch bleibt, um die Burg zur Verteidigung herzurichten, das weiß er nicht; höchste Eile ist daher geboten.

Die Marienburg selbst zu verteidigen sollte wohl möglich sein, überlegt Heinrich von Plauen, die Stadt hingegen kann auf keine Weise dem Feind trotzen. Sollte Jagiello aber die Stadt in Besitz nehmen, so stellt sie einen idealen Unterschlupf für seine Truppen und einen hervorragenden Aufstellungsplatz für die Belagerungsmaschinen dar. Grausame, aber notwendige Konsequenz: Die Stadt Marienburg muß dem Erdboden gleichgemacht werden. Wohl oder übel fügen sich die Bewohner in ihr Schicksal, diskutiert wird ohnehin nicht. Heinrich von Plauen gibt Befehle, und das ist schon alles. Sämtliche Vorräte und was auch immer in allen Speichern, Vorratskammern, Ställen und auf allen Weiden zu finden ist, muß auf die Burg geschafft werden; Heinrich von Plauen treibt zu größter Eile. Jenseits der Nogat besitzt der Orden noch einige Höfe; Komtur Plauen läßt sie geradezu plündern und die Habe über die Nogat in die Burg schleppen. Dann wird die Nogat-Brücke eingerissen, weil der Brückenkopf auf dem anderen Ufer nicht verteidigt werden kann.

So schuften sie Tag und Nacht, gönnen sich keine Ruhe; Plauen ist der nimmermüde Antreiber; auf ihn hört alles, und auf ihn blickt alles mit Hoffen und mit Bangen.

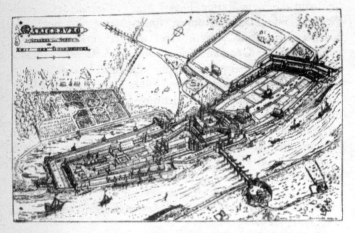

Der Sitz des Hochmeisters überragt Schloß und Stadt Marienburg

Der Komtur ist jetzt nach dem Ordensspittler Werner von Tettingen der ranghöchste Ordensritter. Aber Tettingen ist ein alter Mann und residiert in Elbing. Die wenigen Ritterkollegen, die noch in Marienburg wohnen, wählen Heinrich von Plauen kurzentschlossen zum Statthalter des Hochmeisters.

Unterdessen trifft Verstärkung ein; mancher Söldnerführer und Ritter, der sich nach der Schlacht von Tannenberg hat retten können, erhöht die Zahl der Verteidiger; Danzig entsendet vierhundert Seeleute, alle bewaffnet mit Harnisch und Streitäxten; viele andere Kriegsleute aus dem Ordensland finden sich auf der Marienburg ein – in wenigen Tagen vergrößert sich so die Besatzung auf vier- bis fünftausend Mann. Man wartet auf Jagiello.

Am 26. Juli erscheint eine Vorausabteilung des polnisch-litauischen Heeres vor der Marienburg. Bei dem Zug der Truppen hat sich praktisch das gesamte Land unterworfen – einzig die Burg Rheden steht noch unbezwungen da. Alle vier Bischöfe des Ordenslandes haben dem polnischen König und Sieger ihre Huldigung dargebracht, ebenso Stadt und Burg Elbing, auch die Stadt Danzig, wie überhaupt fast alle Städte und Burgen in dieser Landschaft. Dem Orden sind nur noch die Burgen Danzig, Schwetz, Rheden, Schlochau, Balga, Brandenburg, Königsberg und die weiter ostwärts gelegenen Festungen geblieben.

Frohgemut war Jagiello herangerückt. Er mochte gehofft haben, daß ihm die Marienburg genauso leicht zufallen würde wie die anderen Festungen. Er sieht sich getäuscht: Die Tore der Marienburg bleiben geschlossen. Was kann er anderes tun, als eine Belagerung beginnen – die Belagerungsmaschinen, die Wurfgeschütze, die Bliden und die Kanonen werden also in Stellung gebracht und feuern auf die Mauern.

Die Marienburg wird umzingelt. Militärisch freilich gelingt dem Feind sonst nichts; die Burgbesatzung hält allen Angriffen stand; im Gegenteil, sie unternimmt häufig Ausfälle und fügt den Belagerern damit reichlich Schaden zu. Langsam dringen auch Nachrichten auf die Marienburg, was mit dem umliegenden Land geschehen ist – deprimierende Nachrichten von den zahllosen Huldigungen. Sie zeigen allmählich Wirkung. Heinrich von Plauen entschließt sich daher, Jagiello gegen Zusicherung freien Geleits im Lager aufzusuchen, um über einen Waffenstillstand zu verhandeln. Großspurig lehnt Jagiello ab: Erst müsse sich Marienburg ergeben und geräumt werden, dann könne man über Frieden sprechen. Worauf sich Heinrich von Plauen nicht einlassen kann und umkehrt.

Von diesem Augenblick aber wendet sich das Glück; fromme Seelen vermuten ein Wunder. Unten bei den Belagerern brechen Lagerseuchen aus, selbst die Streitrosse erkranken und sterben. Man stöhnt, weil sich das Ungeziefer so entsetzlich vermehrt hat, leidet unter der drückenden Sommerhitze und hat im übrigen die jetzt täglichen Kämpfe mit den aus der Burg hervorbrechenden Truppen satt. Dazu werden Lebensmittel knapp, das Futter für die Tiere geht allmählich zu Ende; die Stimmung sinkt auf den Nullpunkt.

In solchen Situationen kommen Gerüchte auf, die auch nicht eben zur Hebung der Moral beitragen und nur zu gern als böses Vorzeichen angesehen werden, wie zum Beispiel dies: Als eines Tages ein Kanonier Jagiellos sein mächtiges Geschütz auf das große Marienstandbild an der St.-Annen-Kapelle richtet und auch abfeuert, erblindet er zum Schrecken aller, die zugegen sind – ein Ereignis, das naturgemäß im Lager einen gewaltigen Eindruck hinterläßt.

Die Laune der Belagerten bessert sich, als sicher ist, daß ein alter Ordenspriester sich durch das feindliche Lager hat mogeln können, trägt er doch Briefe an die Komture in Deutschland unter der Kutte, in denen Plauen um eiligste Anwerbung von Soldtruppen bittet, damit sie der Marienburg helfen. Eines Tages gelangt dann ein Schreiben des ungarischen Königs auf Umwegen zu Heinrich von Plauen, der ob des Inhalts so entzückt ist, daß er die Besatzung unter Trompeten- und Posaunengeschmetter antreten läßt und den Brief vorliest. Der ungarische König ermuntert die Verteidiger der Marienburg, nur tapfer auszuhalten – er werde herbeieilen, um das Ordenshaus zu entsetzen.

Wenn da nicht Freude aufkommt...

Ein anderer Brief wiederum gibt Nachricht, daß der Marschall von Livland mit einem starken Heer unterwegs und bereits in Königsberg angekommen sei. Die Belagerer reagieren unsicher: Jagiello befiehlt Witold, mit einem Heerhaufen aufzubrechen und den livländischen Marschall abzufangen.

Auf dem Weg aber erreicht ihn die bedrohliche Kunde, daß das ganze nördliche Preußenland bereits unter Waffen stehe. Man warne ihn, noch weiter vorzurücken. So kehrt Witold nach Marienburg zurück.

Jagiello versucht es mit Bestechung, aber niemand will Verrat an der Burg und den eingeschlossenen Menschen begehen. Einen Umstand allerdings hat Jagiello in Erfahrung bringen können: Er weiß jetzt, daß der Statthalter Heinrich von Plauen sich zu bestimmten Zeiten mit seinen Ordensrittern und den Hauptleuten der Söldner in dem großen Remter versammelt, der nach der Nogat hin gelegen ist und sein hohes Gewölbe auf einen einzigen mächtigen Granitpfeiler stützt. Jagiellos kühner Plan: Ein gut gezielter Kanonenschuß müßte den Pfeiler treffen, woraufhin dann die gesamte Decke einstürzen und die Ordensleute unter sich begraben würde. Man findet auch einen Kanonier, der sich dieses artilleristische Kunststück zutraut ... er schießt – die Steinkugel fliegt am Pfeiler vorbei und schlägt in die gegenüberliegende Wand. Dort läßt man sie zur Erinnerung an die Belagerung stecken.

Die Situation für Jagiellos und Witolds Heere und die Truppen ihrer Verbündeten wird allmählich unhaltbar. Die Gegend ringsumher ist weit und breit verwüstet, die nächst gelegenen Städte geplündert oder gebrandschatzt, die Getreidefelder weitgehend zerstört, die Ernte deshalb unzulänglich. Dazu rückt der Feind jetzt von allen Seiten heran; aus der Mark und aus Pommern werden neue Söldnerhaufen gemeldet. Die livländische Ordensstreitmacht ist inzwischen bis ins Ermland vorgedrungen und wird in den nächsten Tagen vor Marienburg eintreffen – das etwa ist die Lage, als Witold vor König Jagiello tritt und lautstark beklagt, daß die Ruhr täglich Hunderte seiner Krieger hinwegraffe und daß darüber die Unruhe in der Truppe zunehme. Er verlange daher, daß der König in den Abzug seiner Truppen, der Litauer und der Tataren, einwillige.

Was auch bleibt Jagiello anderes übrig? Er gibt die Zustimmung.

Wenige Tage später verzieht sich auch der Herzog von Masowien mit seinem Heer; die Söldnerführer werden grimmig, weil sie bisher unbezahlt geblieben sind; das Heer dünnt sich aus durch Desertation; als dann auch noch die Nachricht eintrifft, daß der ungarische König in Polen eingefallen sei, bequemt sich Jagiello endlich, die Belagerung abzubrechen. Das geschieht am 19. September 1410, acht Wochen, nachdem er die Marienburg eingekreist hatte.

Der 1. Thorner Friede

Schnell gelingt es den Deutschherren wieder, die abgefallenen Burgen und Städte zurückzugewinnen. Vierzehn Tage dauert es, dann ist das Land wieder fest in der Hand des Ordens. Was sich noch in Feindeshand befindet, Burgen vor allem, kann Heinrich von Plauen alsbald erobern. Der Unermüdliche wird am 9. November 1410 zum neuen Hochmeister gewählt.

Einmal im Zuge, will der Hochmeister in Polen einfallen. Aber die Livländer und mehrere deutsche Verbündete bestehen auf einen Waffenstillstand. Der kommt am 9. Dezember 1410 zustande, und am 1. Februar 1411 wird dann bei Thorn auf einer Insel in der Weichsel der Friede endgültig besiegelt.

Man sollte nun meinen, daß der Orden, dessen gesamtes Ansehen, dessen gesamte Macht bei Tannenberg weitgehend vernichtet worden ist, in diesen Friedensverhandlungen gewaltige Zugeständnisse hätte machen müssen. Dem ist aber nicht so. Ihm verbleibt sein gesamtes Staatsgebiet, einschließlich der Neumark. Er verzichtet aber auf das Land Dobrin, was ihn nicht so arg trifft wie der Verzicht auf Samaiten – ein Verzicht, der immerhin abgemildert wird, weil er nur zu Lebzeiten Jagiellos und Witolds gelten soll.

Jagiello geht bei diesem – später 1. Thorner Friede genannten – Vertrag leer aus, soweit es territoriale Eroberungen anbelangt. Ein Zusatzvertrag allerdings bringt dann reichlich Vorteile: 100 000 Schock böhmischer Groschen soll es kosten, die zahlreichen vornehmen Gefangenen freizukaufen. Das Geld ist zahlbar zu bestimmten Terminen.

Es ist eine ungeheure Summe, die der Orden – durch die kriegerischen Ereignisse ohnehin am Rande des finanziellen Ruins – bereitstellen muß. Er muß tun, was er bisher noch nie nötig hatte: seinen Untertanen Steuern aufbürden – Jagiello besteht nämlich auf pünktliche Zahlung. Säumigkeit dulde er nicht – anderenfalls werde er sofort wieder zur Waffe greifen.

Kapitel 13
Die Jahre von 1411 bis 1440

Bedrohliche Vorzeichen

Die Lage des Ordensstaates ist prekär. Nichts hat dies deutlicher zeigen können als der ungeheuer rasche Abfall der Burgen, der Städte und Landschaften von ihrem Oberherrn, dem Orden nämlich. Es muß gute Gründe dafür geben, die weit über das Maß opportunistischer Feigheit hinausreichen, wie sie gewöhnlich einem Sieger – hier dem polnischen König – entgegengebracht wird.

In Wahrheit dürfte der Deutschritterorden nur noch als eine machtbesessene Clique empfunden worden sein, die einzig zu ihrem eigenen Vorteil das Land regiert. Entwicklungen, wie sie im Reich und anderswo beginnen, ignorieren die Ordensritter. Die Stände, vor allem der Adel und das städtische Bürgertum, rühren sich, nehmen nicht länger hin, daß über ihre Köpfe hinweg regiert wird, und zwar von zunehmend arroganter und blasierter auftretenden Rittern, deren Moral nur zu oft in krassem Widerspruch zu ihren Ordensregeln steht und die ihre Privilegien nicht mehr als Verpflichtung, sondern als gutes Recht ansehen. Kurz und gut: Der Orden ist überständig geworden, er hat abgewirtschaftet.

So hat sich im Land viel Unmut angesammelt, ein Sprengsatz, der dem Orden bei Gelegenheit um die Ohren fliegen wird. Vorerst aber gilt es, die nächstliegenden Dinge zu erledigen, und das heißt: Geld auftreiben, wie es im Thorner Friedensvertrag festgeschrieben ist.

Viel Geld haben die Kriegsrüstungen verschlungen, der Ausbau der Burgen war sehr teuer, und jetzt braucht man

Mittel, um das verwüstete Land wieder zu sanieren, die zerstörten Burgen wieder aufzubauen. Aber in der Ordenskasse herrscht Ebbe. Woher Geld nehmen? Die angespannte Lage, in der sich der Hochmeister befindet, wird zusätzlich verschärft durch die zahlreichen Söldner, die bisher auf ihr Geld gewartet haben und nun massiv auf Zahlung drängen. Heinrich von Plauen kann sie auf Ostern des nächsten Jahres, 1412 also, vertrösten und mit Schuldscheinen ruhigstellen.

Der Hochmeister muß schon ziemlich verzweifelt sein, wenn er den König von Böhmen anzupumpen versucht. Die Ordensballei Böhmen will er ihm verpfänden. Aber wo hätte ein Fürst je über Geld verfügt ...

Was soll der Hochmeister in dieser Lage machen? Er hat keine andere Wahl: Er wird eine allgemeine Steuer erheben – eine üble Sache, denn in Preußen sind derlei Beschwernisse bisher unbekannt. Diese Steuer wirkt wie eine Sense: Alle Einwohner des Landes werden in gleicher Weise gestutzt – Bürger, Bauern, Geistliche, Mönche und überhaupt jeder Untertan, natürlich gestaffelt in Tarife. Als Bemessungsgrundlage gilt aber nicht Grund und Boden, sondern das Vermögen und Einkommen des einzelnen. Wie das nun hat geschätzt werden können, ist bisher unbekannt geblieben.

Die aufrührerischen Städte wittern ihre Stunde. Sie rechnen sich große Chancen aus, eine Beteiligung am Landesregiment durchzudrücken oder aber sich offiziell und ohne jede Ziererei in Opposition zu dem Landesherrn, dem Deutschen Ritterorden, setzen zu können. Vor allem die schwerreichen Danzig und Thorn zeigen mächtiges Selbstbewußtsein. Wer zahlt, bestimmt. Das gilt auch damals schon.

Die erste Rate an den König von Polen in Höhe von 25 000 Schock Groschen kann einigermaßen mühelos gezahlt werden. Die zweite Rate zu begleichen fällt schon wesentlich schwerer. Bei der dritten Rate endlich sieht es reichlich trübe aus. Vom Orden und seinen Balleien im Reich ist nichts zu holen. An mehreren Orten erklären die Brüder, daß sie in einen anderen Orden übertreten wollen, wenn man sie weiterhin unentwegt zur Kasse bitte.

Heinrich von Plauen ist verzweifelt; er weiß, daß der Ritterorden im Reich nicht sonderlich beliebt ist; auch der livländische Ordensteil ist auf Distanz gegangen und rührt keinen Finger.

In seiner Not wendet sich der Hochmeister an die Könige von England und Frankreich, die Kaufmannschaft zu Paris, an den Lord Mayor in London, an die Städte Hull, Brügge, Gent, Dordrecht und andere; Hamburg, Köln und Bremen werden angeschrieben, kein Hansekontor wird vergessen – allen Institutionen, Gruppen und Gremien, die überhaupt Geld haben könnten, flattern Bettelbriefe ins Haus, worin der Hochmeister in herzbewegenden Worten das Unglück schildert, in welches der Orden durch die Ereignisse der Zeit gestürzt sei. In den schlimmsten Farben malt er die Gefahren, die dem Land und dem Orden drohen, und er vergißt auch nicht, die Verdienste zu rühmen, die sich der Ritterorden um das Christentum erworben hat. Zaghafte Gemüter dürfen nun glauben, das christliche Abendland sei in Gefahr, wenn man ihn, den Hochmeister, und das Ordensland nicht unterstütze.

Vorsichtshalber kalkuliert Heinrich von Plauen einen neuen Krieg ein. Er weiß noch immer nicht, woher er das Geld für die dritte Rate nehmen soll; so versucht er zunächst, auf diplomatischem Wege Zeit zu schinden. Er schickt zum polnischen König und bittet um Verhandlungen; die kommen sogar zustande, haben aber keinen Erfolg. Der Zahltag – es ist Martini – rückt heran, des Hochmeisters Kassen, das heißt die des Treßlers, seines Finanz-Oberbeamten, sind nach wie vor leer; er fürchtet Jagiellos Angriff. Die Lage ist noch bedrohlicher dadurch geworden, daß die Städte Nowgorod und Pleskau, beide aufs engste mit der Hanse verbunden, sich zu einem Bündnis mit Witold und Jagiello bereitgefunden haben und nur auf den Befehl warten, in das livländische Ordensland einzufallen, sowie auch nur die geringste Verletzung des Thorner Friedens ruchbar werden sollte.

Die Fürsten, an die sich der Hochmeister gewandt hat, lassen ihrerseits Episteln ausgehen, in denen sie den Orden halb-

Ordensritter in Livland. Holzschnitt aus dem 16. Jahrhundert

herzig in Schutz nehmen; es sind kaum mehr als Pflichtübungen. Einzig Ungarns König Sigismund scheint den Hochmeister ernst zu nehmen: Er läßt Jagiello mitteilen, daß er, der Kollege König, doch mit dem Deutschen Orden Frieden halten solle; er jedenfalls werde keine Gewalt gegen den Orden dulden und diesem notfalls zu Hilfe eilen; denn was dem Orden, »diesem festen Schild der ganzen Christenheit«, geschehe, geschehe ihm, dem Römischen König, dem Reiche und der ganzen Christenheit. Auch König Karl VI. von Frankreich (1380 bis 1422) ermahnt Jagiello: »Daher ersuchen wir Euch mit allem uns möglichen ernstlichen Nachdruck und bitten Euch gelegentlich ... Stärke und Kraft den Abmachungen des genannten Abkommens und ewiggültigen Friedensschlusses [1. Thorner Friede 1411] in unverletzlicher Weise angedeihen lassen, wie es das Rechtsgefühl verlangt.«

Der »Eidechsenbund« sorgt für Veränderungen

Es mag sein, daß diese Äußerungen den polnisch-litauischen König zum Einlenken bewegt haben. Zeit gewonnen, alles gewonnen – der Deutsche Orden hat im Augenblick Ruhe. Jedenfalls, soweit es die Außenpolitik betrifft. Im Ordensland freilich ist es keineswegs ruhig, wenngleich den Ereignissen noch nicht die Brisanz innewohnt, die sich vier Jahrzehnte später offenbaren wird ...

Es ist der sogenannte Eidechsenbund, der sich gegen den Ordenshochmeister verschwört, ein Komplott, das aber rechtzeitig aufgedeckt wird. Was war geschehen? 1398 hatten sich vier Ritter zusammengefunden, darunter der unrühmlich bekannte Nickel von Renys, und die »Eidechsen« gegründet. Zweck dieser Vereinigung: Den immer mächtiger werdenden Städten Paroli zu bieten, ihren immer stärker werdenden Einfluß einzudämmen. Letztlich ein aussichtsloses Unterfangen, aber die Betroffenen haben wenigstens das Gefühl, sich auf diese Weise gegen die hochnäsigen Städte mit deren enormer Finanzkraft zu wehren. Außerdem repräsentiert man ja auch noch einen Stand und nicht den unwichtigsten dazu, und da möchte man doch, bitte sehr, gefragt werden, wenn es um die Landespolitik geht. Einigkeit macht stark.

Diese Eidechsenritter nun – im Reich gibt es bereits einige solcher Gesellschaften –, höchst unzufrieden mit dem Regiment der Deutschherren, zetteln eine Verschwörung gegen den Hochmeister an. Die Sache fliegt durch Verrat auf; man kann den Nickel von Renys schnappen und verurteilt ihn zum Tode. Mitbeteiligt ist immerhin auch der Komtur der Burg Rheden; das Ordenskapitel der Marienburg bestraft ihn mit lebenslangem Kerker. Bis 1429 muß er sitzen, dann läßt man ihn frei.

Eine Spur hat der mißlungene Putsch des Eidechsenbundes möglicherweise im Gemüt des Hochmeisters doch hinterlassen: Er mag merken, daß er auf die Dauer nicht ohne und schon gar nicht gegen die Landstände regieren kann, und dies um so weniger, wenn er von ihnen Geld eintreiben will. So setzt er sich denn mit seinen Gebietigern zusammen, und sie etablieren ein Beirätegremium, dessen Mitglieder dem ritterlichen Adel und der Bürgerschaft der bedeutendsten Stände entstammen. Sie sollen in den Rat des Hochmeisters aufgenommen, auf ihn vereidigt werden und an der Landesverwaltung, soweit es irgend geht, teilnehmen. In einem Schriftstück heißt es dazu: »Der Hochmeister und seine Gebietiger wollen keine wichtigen und ernsten Sachen anheben, zum Beispiel Bündnisse und Kriege, ohne Wissen und Willen der geschworenen Räte.«

So geschieht es dann auch. Außerdem soll, so der Beschluß weiter, einmal im Jahr in Elbing eine große Versammlung abgehalten werden, auf der sämtliche Probleme zur Sprache gebracht werden sollen.

Das alles ist noch nicht viel, das sind gezwungenermaßen zugestandene Konzessionen, aber es ist ein Anfang. Dieser Anfang bewährt sich; der Landesrat, wie dieses Gremium heißt, ist einverstanden mit der Erhebung neuer Steuern; es fließt also wieder Geld in die Ordenskassen. Nun beileibe nicht nur, um es dem polnischen König auszuhändigen, sondern um auch wieder zum Kriege zu rüsten. Was just die Gegenseite tut.

Daß man wieder auf eine militärische Auseinandersetzung zusteuere, war zumindest die Meinung des Hochmeisters Heinrich von Plauen. Seine Gebietiger hingegen, allen voran der Ordensmarschall Michael Küchmeister, sehen das ganz anders.

Zu einem Eklat kommt es, als Küchmeister dem Komtur von Danzig, einem Bruder des Ordenshochmeisters, verbietet, gegen den Herzog von Stolpe zu Felde zu ziehen. Der Komtur hält sich nicht daran, und als dann am Michaelistag mehrere andere Komture mit ihren Truppen Richtung masowische Grenze marschieren, verweigert plötzlich die gesamte Mannschaft den Dienst, weil sie den Frieden mit Polen nicht brechen will. Ein unerhörter Vorgang, eine offene Befehlsverweigerung, eine Meuterei. Aber den Führern bleibt nichts anderes übrig, als umzukehren – ein Staatsstreich hat begonnen.

Unerhörte Vorgänge

Seit langem schon hat sich der Deutsche Ritterorden in zwei Parteien gespalten: Die eine, an deren Spitze der oberste Marschall Michael Küchmeister steht, will um jeden Preis Frieden. Sehr viele Ordensgebietiger, wenn nicht die meisten, weiß Küchmeister auf seiner Seite. Er hat aber auch die Städte hinter sich und große Teile des verarmten und ausgeplünderten Landes.

Die »Kriegspartei« unter dem Hochmeister Heinrich von Plauen sucht die Auseinandersetzung mit Polen und Litauen. Ihr erscheint es undenkbar, daß der Frieden lange eingehalten werden kann. Diese Partei sucht – wenn es denn schon sein muß – deshalb eher das Ende mit Schrecken herbeizuführen, als einen Schrecken ohne Ende mit Polen/Litauen auszuhalten.

Wie hoch das Mißtrauen zwischen Kriegs- und Friedenspartei gewachsen ist, erhellt ein schier unglaublicher Umstand: Der Hochmeister hat sich mit einer Leibgarde umgeben und läßt die Türen seiner Gemächer bewachen. Einzig sein Bruder, der Komtur von Danzig, hat Zugang. Das berichtet der Ordenschronist Johann von Posilge.

Allen ist klar, daß diese Zustände auf Dauer unhaltbar sind. So hat denn der Hochmeister zu einem Generalkapitel am 14. Oktober 1413 nach Marienburg geladen. Zu irgendwelchen Verhandlungen kommt es erst gar nicht. Die Friedenspartei, zu der auch die Landmeister von Deutschland und Livland zählen, präsentiert Heinrich von Plauen eine Anklageschrift. Sie tragen vor, daß der Hochmeister den Rat seiner obersten Gebietiger, die ihm von den Ordensstatuten wegen beigeordnet sind, nicht hören wolle, sondern nur seinem eigenen Willen und dem fremden Rat weltlicher Leute folge. Das gesamte Land klage über die harten Beschwernisse durch die hohen Steuern; obwohl man diese zur Beförderung des Friedens auf sich genommen habe, stehe dem Meister der Sinn nach Krieg; und dies gegen den Willen aller seiner Gebietiger und Prälaten des Landes. Ohne ihr Wissen habe nämlich der Hochmeister Kriegsgäste und Söldner herbeigerufen und so den Orden in einen bösen Ruf gebracht. Das derzeit im Land viel Mord und Raub geschehe, soviel wie nie zuvor, und daß er dies auch wissen müsse, weil aus allen Ecken des Landes ihm davon Mitteilung gemacht worden sei, kümmere ihn vermutlich überhaupt nicht. Die innere Sicherheit sei gefährdet – man könne fast annehmen, daß dies mit seinem, des Hochmeisters, Willen geschehe. Statt auf gute Ratgeber zu hören, umgebe er sich mit Sternguckern und Weissagern.

Nachdem sie die Klagschrift – selbst der Konvent von Marienburg hat sich damit identifiziert – verlesen haben, schreiten sie zur Tat: Die obersten Gebietiger eröffnen dem Hochmeister, er sei abgesetzt. Sie nehmen ihm die Ordens- und die Meistersiegel ab sowie die Schlüssel zum Haupthaus. Dann verbannen sie ihn auf die kleine Komturei Engelsburg.

Was an jenen Vorwürfen, die zu diesem unerhörten Vorgang geführt haben, nun berechtigt, was an den Haaren herbeigezogen ist, ist kaum mehr festzustellen. Mit Sicherheit hat sich hier der jahrelang angestaute Zorn, der Ingrimm über die möglicherweise sehr selbstherrliche Herrschaft des Heinrich von Plauen Luft gemacht – wahrscheinlich lastet man ihm auch Dinge an, für die er gar nicht verantwortlich ist. Es bleibt aber festzuhalten: Nach diesem Gewaltstreich läuft ein befreites Aufatmen durch das Ordensland.

Trotz allem ist Plauen ein einflußreicher Mann gewesen, und er hat auch jetzt noch seine Anhänger. Ob er nun tatsächlich kurz darauf, wie es spätere Untersuchungen seines Nachfolgers Michael Küchmeister angeblich ergeben haben, Hochverrat verübt hat oder ob dies Erfindungen der Verschwörer gewesen sind, läßt sich mit Sicherheit nicht mehr ermitteln. Küchmeister jedenfalls wirft ihn aus der Komturei Engelsburg und läßt ihn als Gefangenen nach Burg Danzig schleppen. Dort sitzt er sieben Jahre lang in Haft; für drei weitere Jahre wird er nach Brandenburg verlegt. 1424 gewährt man ihm einige Vergünstigungen; er wird nach Lochstädt gebracht und ist hier 1429, zuletzt als Pfleger der Burg, gestorben. Das Begräbnis hingegen ist wieder ehrenvoll: Er wird in der Hochmeistergruft der Marienburg zur letzten Ruhe gebettet.

Beinahe wie ein Mensch

Das Konzil von Konstanz (1414 bis 1418) – üblicherweise werden bei solchen Gelegenheiten auch weltliche Dinge verhandelt – kann für den Deutschen Orden unübersehbare Risiken bergen. Mehrfach hat er Sigismund – seit 1410 Römischer König und somit oberster Herrscher des Heiligen Römischen Reiches Deutscher Nation – im Vorfeld des Konzils gebeten, auf den polnischen König einzuwirken, daß dieser doch seine ständigen Störaktionen einstelle und aufhöre, mit Krieg zu drohen. Geschehen ist bisher nichts.

Die Zeiten haben sich gewandelt. Europas Fürsten, der König eingeschlossen, nehmen allmählich Abschied von der

Vorstellung, daß es an den östlichen Grenzen noch Heiden gebe. Die Überzeugung herrscht vor, daß die Aufgabe des Deutschen Ordens in Preußen als abgeschlossen zu gelten habe. Ausdrücklich ist das zwar noch nirgends formuliert worden, außer in der erwähnten Bulle des Papstes von vor zehn Jahren (1404), aber in der Zwischenzeit haben sich ja umstürzende Dinge ereignet, die den Orden in noch schlechterem Licht erscheinen lassen, als er es eigentlich verdient.

Wieder und wieder bedrängt die Delegation des Deutschen Ordens die königlichen Abgesandten, damit der hohe Herr doch endlich einen Spruch fälle. Erfolglos.

Inzwischen beginnt man hinter den Kulissen, seine Verbündeten zusammenzukaufen; viel Geld, viele Kostbarkeiten wechseln den Besitzer; Papst, Könige, Kardinäle und Fürsten erfreuen sich so mancher Gabe von polnischer Seite.

Der Erzbischof von Riga, seltsamerweise im Augenblick Parteigänger des Ordens, teilt dem Hochmeister mit, daß ohne solche Bestechungen nichts Gedeihliches für den Orden geschehen könne. Antwortet der Hochmeister: »Als ihr schreibt, daß der Papst, die Kardinäle und jeder Mann nach Geld und Gaben bestrebt sind und ihr euch wohl besorget, mit leeren Händen wenig Frommen zu erwerben, so wißt ihr ja alle miteinander unsere Macht, daß wir es nicht haben und vermögen auf keine Weise. Darum müssen wir unsere Sache auf Gott setzen.«

Das heißt im Klartext: Der Orden verfügt nicht über das nötige Geld, um Stimmen zu kaufen. Was also bleibt ihm in dieser Lage anderes übrig, als seine Sache »auf Gott« zu setzen!

Das Konzil hat sich natürlich nicht nur mit den Querelen des Deutschen Ordens und Polens zu befassen; andere, wichtigere Dinge – wie die Ketzerfrage – treten zeitweilig in den Vordergrund. Aber die polnische Seite sorgt dafür, daß die Ordensangelegenheit nicht vergessen wird. Sie bringt Propagandaberichte in Umlauf, die von den außerordentlichen Erfolgen bei der Bekehrung der Samaiten schwärmen. Man weiß, was man seinen Zuhörern schuldig ist – und hat doch tatsächlich ein paar dieser ehedem so wilden Heiden mit nach Konstanz gebracht und reicht sie herum. So sieht also ein getaufter Samaite aus; beinahe wie ein Mensch.

Man beglückwünscht die Polen zu ihrem Missionserfolg.

Zwischendurch und immer mal wieder erfreuen sie die Kardinäle, einflußreiche Hofbeamte und die unvermeidlichen Advokaten mit kleineren und größeren Aufmerksamkeiten – die so Bedachten beginnen Wirkung zu zeigen. Polen hat sich bestens auf das Konzil vorbereitet.

Dann lassen die Polen ein Schriftstück kursieren, dessen fünfzig Artikel beweisen, daß weder der Deutsche Orden noch die Johanniterbrüder je ein Recht hatten, die Heiden mit Gewalt zu taufen. Sich dieses Heidenland angeeignet zu haben, habe nichts mit rechtmäßiger Eroberung zu tun, sondern sei glatter Raub; das Land müsse dem Recht gemäß zurückgegeben werden. Und überhaupt mache eine zukünftige Existenz dieser Orden keinerlei Sinn, denn sie seien nicht zu dem Zweck gestiftet worden, sich etwa an fremden Ländern zu bereichern. Wenn die Untertanen des Deutschen Ordens in Preußen Front gegen ihren Zwingherrn machten, dann sei das auch nur gerecht, denn dieser unterdrücke ja bekanntermaßen sein Volk, und wenn es sich dagegen auflehne, so handele es rechtens.

Verfasser dieser Schrift ist Pawel Wladimiri, Domherr und Rektor der Universität Krakau, zugleich auch Kanzler des polnischen Königs Jagiello. Wladimiri gilt bis auf den heutigen Tag als einer der fähigsten Köpfe, die je für die Sache Polens gefochten haben. Meisterhaft habe er es verstanden, so die Meinung vieler Chronisten, den Deutschen Orden mit juristischen Argumenten in die Defensive zu drängen.

Was auch soll Ordensvertreter Peter Wormditt überzeugend vorbringen, wenn ihm entgegengehalten wird, die Tage seiner Korporation seien abgelaufen, es gebe schließlich keine Heiden mehr ...

Gewaltiges Aufsehen erregt dann eine Schmähschrift, die wahrscheinlich – lieb gedacht – zur Verteidigung des Deutschen Ordens gedacht ist, aber genau das Gegenteil bewirkt.

Verfaßt hat sie ein Johannes Falkenberg, seines Zeichens Dominikaner und Magister der Theologie, aus einem Kloster in Pommern stammend. Falkenberg ist auch beim Konzil zugegen. Angesichts des Inhalts dieser Schmähschrift kann Jagiello gar nicht umhin, sie als bestellte Arbeit des Deutschen Ordens anzusehen.

In den schwärzesten Farben schildert der streitsüchtige Ordensbruder den polnischen König, der ein götzendienerischer Verführer seines Volkes, ein Begünstiger des Irrglaubens sei, und überhaupt sei das ganze polnische Volk eine Rotte von abtrünnigen Ketzern. Es sei die Pflicht aller Fürsten, mit dem Schwert der Rache gegen sie aufzustehen, denn die ewige Seligkeit sei nicht sicherer zu gewinnen als durch gänzliche Vertilgung des polnischen Volkes samt seinem König und allen Großen des Reiches.

König Jagiello kocht wahrscheinlich vor Wut; sein Vertreter auf dem Konzil, der Erzbischof von Gnesen, bewahrt dagegen kühles Blut. Sachlich und emotionslos setzt er der Versammlung auseinander, dieses Machwerk strotze nur so vor ketzerischen Äußerungen; der Autor müsse sich fragen lassen, ob vielleicht er selber ...

Falkenberg wird auf der Stelle verhaftet.

Als das Konzil endlich zu Ende gekommen ist, kann der Ordensstaat kaum Pluspunkte verbuchen; er wird mit dem Rücken zur Wand kämpfen müssen. Europa hat ihm vor Augen geführt, wie wenig es seiner noch bedarf. Die Deutschordensritter spüren dies schmerzlich, haben aber kein rechtes Mittel mehr, den Trend umzukehren. Wenn der Orden noch eine Überlebenschance auf Dauer hat, dann nur dank seiner noch immer bedeutenden militärischen Stärke; das beachtliche Potential der Zeit vor Tannenberg freilich sollte nie mehr erreicht werden.

Immer mehr Gegner

Das zeigt sich schon in dem Krieg mit Polen, der von 1419 bis 1422 dauert und ohne jeglichen Erfolg für den Deutschen Orden verläuft. Er verliert im Frieden von Melnosee unter anderem das Land Nessau sowie litauische Gebiete und muß außerdem auf Samaiten verzichten.

Im Jahre 1430 stirbt Großfürst Witold von Litauen. Kurz darauf brechen polnisch-litauische Streitigkeiten aus, und der Deutsche Orden versucht – analog zu früheren Zeiten – seinen Vorteil daraus zu ziehen, indem er militärisch mitmischt. Das gelingt ihm aber nicht.

Dann fallen die Hussiten – sie sind mit dem polnischen König Jagiello verbündet – in die Neumark und in Pommerellen ein. Mit den Hussiten hat es seine eigene Bewandtnis: 1415 hatte man den tschechischen Reformator Jan Hus beim Konstanzer Konzil auf dem Scheiterhaufen verbrannt – seine Lehre war den alten Mächten denn doch zu gefährlich; ihm schien es möglich und notwendig, auch dem eigenen Gewissen zu folgen und nicht nur auf die Worte der Geistlichkeit zu vertrauen; daraus hatte sich in diesen gärigen Zeiten eine kriegerische und zugleich doktrinäre Bewegung gebildet, die bald über die tschechischen Grenzen ausgriff und halb Europa das Fürchten lehrte.

Die hussitischen Heerscharen gelten als wahre Heimsuchung – und jetzt stehen sie auch an den Grenzen der Neumark. Der Vogt bittet auf das dringendste um Verstärkung seiner Kriegsmacht. In aller Eile rüstet der Komtur von Elbing – gefordert ist ein Höchstmaß an Improvisation, um waffenfähige Leute auf die Beine zu bringen.

In den ersten Tagen des Juni 1430 durchstürmen die Hussiten die Neumark und erobern ohne große Schwierigkeiten die beiden Städte Friedeberg und Woldenberg. Landsberg und Soldin sind die nächsten Etappen auf dem Vormarsch, an dem sich mittlerweile polnische Kontingente beteiligen.

Den Orden hindert chronischer Geldmangel, die dringend benötigten Söldner anzuwerben und zu bezahlen. Ohnehin warten noch fünf- bis sechstausend Söldner auf ihr Geld. Der Hochmeister, seit 1422 ist es Paul von Rußdorf, weiß nicht, woher er es nehmen soll.

Aufs neue durchkämmt er das Land, und an sämtliche Komture geht der Befehl, ihre Konventbrüder aufzufordern, alles gehortete Gold und Silber zu deklarieren.

Verheimlichungen oder falsche Angaben ziehen strengste Strafe nach sich. Äußerst hart ist auch die Strafe, wenn sich herausstellt, daß die von den Ständen bewilligte Kriegssteuer nicht gewissenhaft abgeliefert worden ist. Diese Finanzierungsquelle sprudelt allerdings nur spärlich; der Komtur von Althaus zum Beispiel erklärt, daß es unmöglich sei, dem Hochmeister zu Hilfe zu kommen, weil er mit den kärglichen Einkünften seines Landes kaum die Bedürfnisse des Konvents bestreiten könne. Überhaupt wird die Entrichtung der Steuer teils wegen zu großer Armut, teils wegen Widersetzlichkeit und Unmut und sonst allerlei Vorwänden verweigert. Das Kulmerland tut sich dabei besonders hervor. Manche Städte lehnen es rundweg ab, ein Truppenkontingent aufzustellen. Danzigs Rat beispielsweise will erst dann seine Krieger ausrücken lassen, wenn der Hochmeister selbst ins Feld ziehe.

Die hussitischen und polnischen Heere dringen weiter vor. Bald stehen sie, ohne je auf Widerstand gestoßen zu sein, bei Konitz und Tuchel. Zu einer offenen Feldschlacht dürfen es die Ordensleute nicht kommen lassen – sie wären hoffnungslos unterlegen. So müssen sie sich begnügen, Burgen und Städte gegen den Angriff zu verteidigen. Konitz wird mittlerweile von dem entschlossenen und kriegserfahrenen Komtur von Balga, Erasmus Fischborn, befehligt. Unermüdlich treibt er Ritter, Bürger, unter ihnen selbst Frauen und Kinder, Tag und Nacht an, die Befestigung zu vervollständigen.

Die Anstrengungen lohnen sich; alle Bemühungen der Hussiten und Polen können die Festung nicht zu Fall bringen. An Entsatz war nicht zu denken gewesen; Konitz muß diese schlimme Zeit ohne jede Hilfe durchstehen.

Die Hussiten wenden sich nach Dirschau. Fahrlässig hat man bei der Verteidigung einige Häuser an der Stadtmauer stehen lassen; die Angreifer stecken sie sofort in Brand. Der Wind steht für die Verteidiger sehr ungünstig, das Feuer schlägt über die Mauer und entzündet dort Gebäude. Rasch breiten sich die Flammen aus; binnen kurzem ist von Dirschau nichts weiter übrig als ein rauchendes Trümmerfeld.

Dann zieht der marodierende Haufe weiter nach Danzig, aber die Stadt kann sich halten. Statt dessen wird das Kloster Oliva geplündert und das platte Land bis nach Weichselmünde verwüstet.

Am Ostseeufer angelangt, baut sich Hussitenhauptmann Czapko vor seinen Leuten auf und rühmt sich, daß er sein Kriegsvolk bis ans Ende der Erde geführt habe, habe doch nur das Meer seinen Eroberungen ein Ziel setzen können. Zum Andenken an diese ruhmreichen Tage werden mehr als zweihundert vornehme Polen am Ufer der Ostsee zu Rittern geschlagen. Auch den Hussitenhauptmann Czapko schmückt man mit dieser Würde, worauf die Hussiten unter Triumphgeschrei ihre Feldflaschen mit Seewasser füllen, um das als Siegessymbol mit nach Hause zu nehmen.

Unverkennbar allerdings breitet sich im Land Kriegsmüdigkeit aus, wenn denn überhaupt je Kriegsbegeisterung bestanden hat. Das gleiche Phänomen widerfährt den Polen. So bequemt man sich denn zu Waffenstillstandsverhandlungen. Ein solcher Vertrag kommt dann auch zustande: Er solle bis Weihnachten 1433 dauern, danach würde man weitersehen.

Tobsuchtsanfälle, Unzufriedenheit, Willkür

Wesentlich beigetragen zu dieser Friedensbereitschaft hat auf polnischer Seite eklatanter Geldmangel, ein Umstand, der dem Deutschen Orden aus eigener Erfahrung hinreichend vertraut ist. Tatsächlich versammeln sich dann in den letzten Novembertagen die Abgesandten der Kontrahenten, um über einen Friedensschluß zu verhandeln. Es fehlt nicht an Obstruktion, ein bißchen Quertreiberei hier, ein bißchen Sabotage dort, damit die Bedingungen für die eigene Seite sich günstiger gestalten. Ein formeller Friedensvertrag braucht es nun auch nicht gleich zu sein, ein ausgedehnter Waffenstillstand tut es wohl auch: Am 15. Dezember 1433 einigt man sich auf eine Verlängerung des Waffenstillstands für zwölf Jahre.

Die preußischen Stände freilich drängen auf einen formellen Friedensvertrag. Der wird 1435 zu Brest – südwestlich von Leslau – unterzeichnet. König Jagiello ist ein Jahr zuvor hochbetagt gestorben.

Der König und die maßgeblichen Ordensoberen empfinden den Friedensvertrag als Schmach, auch wenn er ein bißchen Ruhe schafft. Der Deutsche Ritterorden hat sich aber verpflichten müssen, von jeder Einmischung in die litauische Thronfolge abzusehen. Alle jahrzehntealten Überlegungen des Ordens, die Union zwischen Polen und Litauen mit Hilfe dynastischer Mätzchen eventuell zu sprengen, sind damit hinfällig geworden.

Aufgenommen worden ist auch die Bestimmung, daß die Untertanen beider Staaten die Aufrechterhaltung des Friedens mitgarantieren sollen. Eine solche Einbeziehung der Stände hatte man schon in Melnosee ins Auge gefaßt, dann aber fallengelassen. Jetzt ist sie zum ersten Mal festgeschrieben worden. Das bedeutet nichts anderes, als daß der Orden eine Art Aufsichtsrecht der Stände über seine Außenpolitik, also Kriegspolitik, zugestehen muß.

König Sigismund tobt, als ihm der Vertrag vorgelegt wird. Immerhin: Er als oberster Herrscher des Reiches muß ja den Frieden garantieren. Seine erste Reaktion: Kurzerhand wirft er die Delegation des Ordens hinaus. Doch damit nicht genug: Es wird noch bedenklicher für den Hochmeister, als die Gebietiger in Deutschland sich gegen den Frieden erklären. Es sind nahezu alle Komture der Balleien Franken, Marburg, Utrecht, Thüringen, Westfalen, Lothringen und Sachsen, die einhellig bei einer Tagung in Frankfurt am Main dieses Abkommen verwerfen.

Der Hochmeister muß wohl gespürt haben, daß er auf gänzlich verlorenem Posten steht, wenn er auch noch den Rückhalt bei den eigenen Leuten im Reich verliert. Er muß zumindest detailliert erläutern, warum es so gekommen ist, wie es kam, damit er wenigstens den Deutschmeister, den obersten Ordensbruder aller Balleien im deutschen Reich, auf seine Seite ziehen kann. Er tut dies auch und legt dar, wie weit er hintergangen worden sei – durch die Verrätereien – und wie weit es die politischen Umstände überhaupt ermöglichten, ihn so ins Hintertreffen geraten zu lassen. Dann das leidige Geld: »Die Söldner haben uns ausgesogen. Wir hatten keine Hilfe mehr, nur Gott allein konnte helfen. Da mußten wir aus Not Frieden schließen. Als das der Kaiser erfuhr, gebot er uns, Krieg zu beginnen. Er wollte uns helfen und in eigener Person mit großer Macht zu Felde ziehen. Auf diese Zusage hin verzögerten wir den Abschluß des Friedens von Tag zu Tag. Die Polen aber drängten, wir erinnerten den Kaiser durch Brief und Botschafter an seine Zusage, es geschah aber nichts.«

Der Deutschmeister mag das wohl akzeptieren, zumal das hochmeisterliche Schriftstück sachlich und ohne Aufschneiderei abgefaßt ist, aber die Angelegenheit bietet ihm doch die seltene Möglichkeit, endlich seinen Einfluß auf den Orden in Preußen ausdehnen zu können, endlich einmal eine Handhabe zu besitzen, den selbstherrlichen und niemandem unterworfenen Orden in Preußen zu zügeln.

Von allen Seiten hageln die Proteste auf den Hochmeister und den Friedensschluß herab. In Livland formiert sich der Widerstand; die gesamte Ritterschaft sperrt sich; Geld tröpfelt nur sehr spärlich in die Kassen. Wladislaw III. (1434 bis 1444), Jagiellos Nachfolger auf dem polnischen Thron, will jedoch Geld sehen, so wie es im Friedensvertrag von Brest vereinbart worden ist.

Die Hälfte hat man bisher zahlen können, die andere Hälfte steht aus. Wieder wird eine Sondersteuer beantragt, wieder sind die Schwierigkeiten, an das Geld zu kommen, unüberwindlich groß. So meldet der Vogt von Brathean, daß das Landvolk weder Steuer noch Zins zahlen könne und aus seinem Komturbezirk kaum 50 bis 60 Mark zusammenzubringen seien. Andernorts blockiert der Landadel die Steuerforderung: Ist zum Beispiel auch der Bischof von Ermland durchaus willens, den Hochmeister mit einer Geldsteuer zu unterstützen, so stemmt sich der ermländische Adel dagegen. Es kommt einfach nichts zusammen. Und ein Grund findet sich immer: Bei einer Tagung der Komture von Elbing, Christburg, Balga, Brandenburg und anderen wird offenkundig, daß Osterode zwar grundsätzlich bereit ist, eine Sondersteuer zu erheben, deren Höhe aber selbstherrlich festsetzt. Sofort beschließen die anderen Komture, es dem Osteroder Kollegen gleichzutun.

Mühsam wird das Geld zusammengekratzt und mit reichlicher Verzögerung dem polnischen König übergeben.

Ein weiteres großes Problem stellen die Söldnerhauptleute dar. Sie mit Geld zu bezahlen, wie man es ihnen ursprünglich versprochen hat, ist unter den gegebenen Umständen unmöglich geworden. So überträgt ihnen der Orden Ländereien zur Bewirtschaftung und versucht, sie auf diese Weise zufriedenzustellen. Dies gelingt mancherorts nicht. Einer dieser Heerführer, Heinrich von Maltitz aus Sachsen, zeigt sich besonders sperrig: Schon im Jahre 1434 erhebt er seine Forderung gegen den Orden wegen nicht vollständig entrichteten Soldes und ausgebliebenen Schadenersatzes; 1436 begibt er sich schließlich nach Marienburg und trägt seine Forderung noch einmal vor. Der Hochmeister konfrontiert ihn mit Quittungen, die Maltitz aber nicht anerkennt. Woraufhin sich der Meister erbötig macht, die Sache untersuchen zu lassen.

Ob die Forderung nun zu Recht oder zu Unrecht, die Quittungen echt oder gefälscht waren, weiß heute niemand mehr. Maltitz jedenfalls läßt nicht locker und schreibt dem Hochmeister: »Nun können meine Freunde und ich nichts anders erkennen, als daß Ihr mit Leckerei, Bosheit und Untreue umgeht, und alles, was Eure Gnade je geschrieben und Eure Boten zu mir geworben haben, das ist allzumal Untreue, Bosheit und Lüge gewesen. Ihr haltet uns das Unsere gegen Gott, gegen Ehre und Recht vor. Das tut kein Fürst. Mit Euren süßen Worten, die Ihr mir selbst gesagt, habt Ihr mich schändlich und schimpflich betrogen. Es wäre besser gewesen, Ihr hättet das Ordenssiegel einem Esel auf den Hintern gedrückt, so hätte der Schwanz darüber gehangen, daß es die Leute nicht hätten sehen können.«

An diese Ausführungen hängt er einen Fehdebrief, den achtzig sächsische Edelleute und Ritter mit unterzeichnet haben, um die Sache ihres Landsmannes zu unterstützen. Der Streit zieht sich bis ins nächste Jahr. Wie er ausgegangen ist, darüber fehlen die Nachrichten.

Die Auseinandersetzung mit seinem mächtigsten Gegner, dem »Preußischen Bund«, sollte dem Orden noch bevorstehen. Dieser Bund, am 14. März 1440 zu Marienwerder von dreiundfünfzig preußischen Edelleuten und neunzehn Städten gegründet, macht mobil ...

Kapitel 14
Die Jahre von 1440 bis 1466

Abenddämmerung:
Der Preußische Bund

Die Auflösungserscheinungen sind nicht mehr zu übersehen: Noch vor der Mitte des 15. Jahrhunderts hat der Hochmeister sich mehr und mehr mit seinen Konventen im Land auseinanderzusetzen; die Komture gehen auf Kollisionskurs mit dem eigenen Hochmeister; auch der Deutschmeister im Reich übt massiven Druck aus, um Einfluß zu gewinnen; der livländische Zweig des Ordens geht zunehmend seiner eigenen Wege, statt Solidarität mit den Brüdern in Preußen zu bekunden. Nicht zuletzt regt sich Widerstand gegen die Obrigkeit: Die Stände handeln höchst selbstbewußt gegenüber ihren Machthabern auf den Ordensburgen; Unzufriedenheit ist allenthalben mit den Händen greifbar – es gärt im Land.

Keine Seite will die Dinge auf die Sptize treiben, aber jede möchte ihre Interessen gewahrt sehen. Für Juni 1439 hat man sich zu einer Konferenz verabredet, zu der auch die Vertreter aus Livland und dem Reich erscheinen.

Der Deutsche Orden hat seine Bedingungen für eine friedliche Beilegung des Konflikts in fünf Punkte gefaßt: Unmißverständlich wird festgelegt, daß der Hochmeister als das Haupt des gesamten Ordens anerkannt werden müsse – das gelte sowohl für den Deutschmeister im Reich als auch für den Landmeister in Livland; die ständigen Nörgeleien haben zu unterbleiben; außerdem müsse der Autoritätsverfall gestoppt werden; des weiteren sei es unbedingt notwendig, gemeinsam alle bekanntgewordenen Mißstände zu beseitigen, zu welchem Zweck eine Untersuchungskommission zu bilden sei, die durch die Lande zu reisen habe, um festzustellen, was verbesserungsbedürftig sei; auf einem Generalkapitel endlich wolle man den Kommissionsbericht diskutieren, um dann zu beschließen, wie man die Mängel abstellen könne. »Daß aber ihr«, so der Vertreter des Hochmeisters, »uns in Preußen ein Regiment setzen wollt, stimmt uns unbillig, denn wir sind alle eines Ordens, unter einer Regel, alle ein Kreuz tragend und andere wohl ebenso oder doch mehr gebrechlich und sträflich als wir.« Es ist aber längst zu spät, die gemeinsame Vergangenheit zu beschwören, um daraus Kraft für eine gemeinsame Zukunft zu schöpfen; die Zeiten haben sich gründlich geändert; weder Livland noch das Reich stimmt den Ordensvorschlägen zu; man geht auseinander und ist zerstrittener denn je.

Der Deutschmeister Eberhard von Saunsheim ist nun keineswegs gewillt, auf eine mögliche Ausweitung seiner Macht zu verzichten, und er ist sich seiner Sache auch ziemlich sicher. Königsberg, Balga und Brandenburg, immerhin bedeutende Komtureien, haben sich hinter ihn und gegen den eigenen Hochmeister gestellt. Saunsheim beansprucht das Recht, die Wahl des Hochmeisters zu leiten, beansprucht weiterhin, ihn zu beaufsichtigen und – sofern notwendig – auch abzusetzen.

Das geschieht nun unversehens, und zwar aufgrund der sogenannten Statuten des Werner von Orseln, ein Hochmeister, der vor einhundertzehn Jahren in Preußen regiert hatte. Nur: Diese Statuten allerdings waren gefälscht.

Saunsheim richtet an alle Gebietiger Deutschlands ein offenes Schreiben, worin er das Hochmeisteramt für erledigt erklärt und sich selbst den Ordensregeln gemäß zum Statthalter einsetzt. Die Gründe: Der Hochmeister habe schlecht regiert, er habe die vom Kaiser bestätigten Statuten des Werner von Orseln, die den Deutschmeister zum Richter über das Amt des Hochmeisters schlechthin stellten, nur darum unterdrückt, um seine verderbliche Regierung ungestört fortführen zu können, »denn, wir haben nie vernommen, daß irgend je ein Hochmeister so unredlich regiert habe als der genannte

Bruder Paul und daß der Orden nie so schwerlich abgenommen als zu seinen Zeiten.«

Von allen Komturen verlangt Eberhard von Saunsheim Loyalitätsadressen – die aber bleiben aus. Inzwischen sind Abgesandte des Hochmeisters im Reich unterwegs und legen den Fürsten ihren, also den gegenteiligen, Standpunkt dar. Sogar recht erfolgreich, denn mehrere Balleien, wie zum Beispiel Marburg, Westfalen und Utrecht, halten auch weiterhin dem Hochmeister die Treue. Saunsheims Pläne – im Laufe der Zeit mehr und mehr als Phantastereien abgetan – scheitern schließlich endgültig, als 1449 der Papst – es ist Nikolaus V. – eingreift und der Deutschmeister auf seine Machtergreifungsabsichten verzichten muß.

Ein »Bund vor Gewalt«

Inzwischen ist Hochmeister Paul von Rußdorf von seinem Amt zurückgetreten (1441) und kurz darauf verstorben. Sein Nachfolger Konrad von Erlichshausen versucht recht erfolgreich, dem Ordensland nach innen und außen den Frieden zu sichern. Ihm vor allem ist es zu danken, daß auch der Streit innerhalb des Ordens nach und nach beigelegt und das Verhältnis zum Deutschmeister und dem livländischen Ordensweg halbwegs erträglich gestaltet werden kann. Diese Einigkeit und Ruhe zahlt sich aus – der Orden kann den aufrührerischen Landesständen jetzt relativ geschlossen gegenübertreten. Er macht sich dabei den Gegensatz zwischen dem grundbesitzenden Adel und den Handelsstädten mit ihren Monopolbestrebungen zunutze und ist in der Lage, sie ein ums andere Mal gegeneinander auszuspielen. Er erreicht sogar, daß der für die Finanzen des Ordens unentbehrliche Pfundzoll wieder bewilligt wird.

Jene Improvisationen mögen im Augenblick darüber hinwegtäuschen, daß dem Orden ein Feind entstanden ist, der ihn an den Rand des Abgrunds führen sollte: Es ist der »Bund vor Gewalt«, gewöhnlich »Preußischer Bund« genannt.

Dieser Bund hat sich am 14. März 1440 in Elbing konstituiert; der polnische Adel des Kulmerlandes hat gewissermaßen Pate gestanden. Für Polen bietet der Preußische Bund hervorragende Möglichkeiten, nach Preußen hineinzuwirken und kräftig Keile zwischen Orden und Untertanen zu treiben, den politischen Gegner also von innen her zu zermürben. Städte wie deutscher Adel empfinden das Regiment der Deutschherren lange schon drückend, sehen es als ungerecht an und versuchen auf diese Weise, den Mißhelligkeiten zu entgegnen. Es sind gemeinsame Interessen, die Städte und Adel zusammengeführt haben; den Anfang haben Thorn, Kulm und der kulmische Adel gemacht; man will sich vergrößern; man muß für die gemeinsame Sache werben.

Der Bund findet Anklang. Andere Städte und Landschaften wollen sich anschließen, und es wird vereinbart, sich in Marienwerder zu einer Konferenz zu treffen.

Kulm bittet die kleineren Städte des Kulmerlandes nach Marienwerder, Danzig die Städte in Pommern und die wiederum andere Städte – es entwickelt sich so etwas wie ein Schneeballsystem. Eindrucksvoll liest sich die Liste der Teilnehmer: Sämtliche Hansestädte des Ordenslandes, nämlich Thorn, Kulm, Elbing, Danzig, Braunsberg und Königsberg, sind vertreten; vollzählig versammelt hat sich auch die Ritterschaft des Kulmerlandes, ferner die aus den Gebieten von Osterode, Brathean, Christburg und Elbing sowie den bischöflichen Teilen Pomesaniens und des Ermlands.

Die östlicher gelegenen Landschaften und Städte verhalten sich im Augenblick noch abwartend, aber man hofft natürlich, auch sie für die gemeinsame Sache gewinnen zu können. Rasch einigt man sich auf einen Beistandspakt, der die Mitglieder des Bundes gegen ungerechte Eingriffe des Ordens schützen soll.

Der Orden reagiert nervös; ein letzter Störversuch des Großkomturs, der aus Marienburg nach Marienwerder herbeieilt, verfängt nicht; der sogenannte Bundesbrief wird entworfen und besiegelt.

Der Preußische Bund, nach eigenem Verständnis eine

durchaus staatstragende Organisation und nicht ein Haufen disparater Ständevertreter, sucht Rückendeckung bei König Friedrich, der als der Dritte mehr als vierzig Jahre lang (1452 bis 1493) als Kaiser regieren sollte. Noch zu Paul von Rußdorfs Zeiten ist eine Gesandtschaft zum Oberhaupt des Reiches gereist mit der Bitte, den Bund zu bestätigen. Das geschieht Anfang 1441. Der König billigt besonders dessen Zielsetzung, allen Bedrängten und Bedrückten zu deren guten Rechten und Freiheiten zu verhelfen und sie gegen jedwedes Unrecht und alle Gewalt zu schützen. Ausdrücklich erklärt der Monarch, daß alle, welche sich bereits mit den genannten Städten verbündet hätten oder noch verbünden würden, unter seiner Gnade stünden und niemand dem Abbruch tun solle. Die Mitglieder des Bundes werden aber auch gehalten, dem Hochmeister und seinen Gebietigern den schuldigen Respekt zu bezeugen.

Die Stunde der Wahrheit

Gleich zu Beginn seines Amtsantritts, 1450, macht der neue Hochmeister Ludwig von Erlichshausen eine Riesendummheit: Er will zeigen, wer Herr im Hause ist – und dies ausgerechnet mit Hilfe des Huldigungseids, den die Stände ihm zu leisten haben. Der Huldigungseid, das ist das Treuegelöbnis der Untertanen. Erlichshausen richtet an alle Städte und die Ritterschaft ein Rundschreiben, daß sie an einem von ihm zu bestimmenden Tag sich einzufinden hätten zwecks Leistung besagten Eids.

So einfach geht das nicht! schallt es zurück. Bisher nämlich sei es guter Brauch gewesen, daß der Meister bei der Huldigung zwar die gesamte Ritterschaft und Arme wie Reiche, Geringe wie Vornehme zusammenrufe, die aber würden dann aus ihrer Mitte Leute bevollmächtigen, die Eidesformel stellvertretend für alle anderen zu sprechen. Auf diese althergebrachte Form wolle man nicht verzichten und bitte daher den Herrn von Erlichshausen, doch in einem zweiten Rundschreiben das erste insoweit zu korrigieren: Den Eid leisten die Stände durch ihre selbstgewählten Vertreter.

Der Hochmeister denkt gar nicht daran, nachzugeben. Aber er kommt nicht umhin, eine Zusammenkunft vorzuschlagen, damit man die Probleme bespreche. Elbing soll Tagungsort sein.

Am 21. April trifft man sich, und Ludwig von Erlichshausen fragt die Stände, wie sie es denn nun mit der Huldigung hielten.

Antwort: Bevor hier irgend etwas verhandelt werde, mögen zunächst sämtliche Schreiber und Rechtsgelehrten aus der Versammlung verschwinden.

Ein befremdliches Verlangen, zumal die Stände ihrerseits rechtskundige Begleiter mitgebracht haben. Dennoch, alles hochmeisterliche Sträuben hilft nichts: Die Doktoren und Schreiber müssen den Saal verlassen.

Von »Huldigung« ist zunächst nicht die Rede. Die Vertreter der Stände stellen sich vor den Hochmeister, den Deutschmeister und den Ordensgebietigern hin und erklären: »Wir sind hierher gekommen, um unsere Beschwerden vorzubringen ...«, werden aber sofort vom Deutschmeister unterbrochen: »Ihr wollt nichts als Neuerungen!« Darauf der Wortführer der Stände, Hans von Czegenberg: »Was nennt ihr Neuerungen, würdiger Herr?«

Bevor der Disput noch richtig eskaliert, greift der Hochmeister ein. Er will wissen, wie es denn nun mit der Huldigung sei. Einzig darum ist ihm zu tun.

»Was soll schon sein«, antworten die Vertreter der Stände und überreichen ihm eine Schrift voller Klagen über die Mißbräuche, die sich der Deutsche Orden hat zuschulden kommen lassen, und sie unterbreiten zugleich Vorschläge, wie diese Mißbräuche abzustellen seien. Sie beschweren sich, daß der versprochene allgemeine Gerichtstag noch immer nicht eingeführt sei; klagen an, daß sie über Gebühr mit Zins und dem Zehnten belastet seien; fordern den freien Warenaustausch; drängen darauf, daß endlich nur nach Gesetz und Recht von einem unabhängigen Gericht geurteilt und bestraft werde und daß ein solches Urteil nie willkürlich sein dürfe. Sie prangern an, daß Handel und Wandel, daß Mälzen und Brauen – normalerweise ausschließlich Sache der Ordensschäffereien – jetzt zum alltäglichen Geschäft der Ordensherren geworden sei. Eine Konkurrenz, die es laut Ordensstatuten gar nicht geben dürfe, weil die Erlaubnis zum Handeln einzig den Schäffen vorbehalten sei und niemand anderem.

Der Hochmeister fertigt sie kühl ab: »Je mehr Kaufleute, desto besser für das Land.«

Jede Stadt und jeder Stand haben ihre speziellen Beschwernisse, die sie vorbringen; so Elbing die Beeinträchtigung seiner Fischerei, Braunsberg die Beschneidung seiner Rechte durch den samländischen Bischof, Königsberg die ungerechte Malzsteuer – die Stunde der Wahrheit hat geschlagen.

Der Hochmeister – was soll er schon machen? – antwortet hinhaltend, schiebt auf, vertröstet auf spätere Zeiten, will Untersuchungen veranlassen – er sitzt in der Klemme. Weil er das nur zu deutlich spürt, flüchtet er zunächst wieder in die Forderung nach Huldigung.

Entgegnen Otto von Plenchow und Augustin von der Schewe namens der Ritterschaft: Die Antworten des Hochmeisters seien in keiner Weise zufriedenstellend, alles zu kurz, alles zu vage. Der Hochmeister möge sich doch, bitte sehr, dazu äußern, wie er diese Mißstände denn abzustellen gedenke. Dann könne man auch über die Huldigung reden.

Da gehen dem Hochmeister die Nerven durch! Er schreit in die Versammlung: »Ihr habt mir auf der Sitzung in Marienburg versprochen, daß hier nur über die Huldigung und über die Bestellung der neuen Regierung verhandelt werden soll. Jetzt bringt Ihr allerlei Händel vor, die unserem Orden Schaden tun. – Und das laßt Euch gesagt sein: Wenn ich auch noch zehn Jahre oder länger lebe, das heute werde ich Euch nicht vergessen.« Spricht's und verläßt wutschnaubend den Saal.

Nächster Tag. Die Vertreter der Stände: Wie er, der Hochmeister, das wohl gestern gemeint habe, das mit dem »Nicht-Vergessen« und so?

Ludwig von Erlichshausen windet sich, gibt zu bedenken, stellt in Abrede und meint, von Drohungen könne überhaupt keine Rede sein. Ob man sich denn nicht friedlich zusammensetzen könne und wie es denn wäre, wenn man von beiden Seiten zwölf Bevollmächtigte ernenne, die über die anstehenden Fragen beraten würden.

Das geschieht. Eine Einigung kommt aber nicht zustande, auch dann nicht, als man die Verhandlungskommissionen auf nur vier Leute je Partei reduziert. Die Stände beharren nach wie vor darauf, daß der Hochmeister endlich brauchbare Vorschläge unterbreiten solle, wie die Mißstände abgestellt werden können.

Dann endlich zeigt Ludwig von Erlichshausen Wirkung, denn ihm liegt außerordentlich viel an der Huldigung, und so sieht er sich genötigt, auf das Verlangen der Stände einzugehen.

Zu einem weiteren Streit kommt es noch über die Form des Huldigungseids. Da man sich nicht einigen kann, verfügen die Stände kurzerhand und ohne Rücksicht auf den Hochmeister, wie sie diesen Eid leisten wollen, egal, ob es dem Hochmeister nun passe oder nicht.

Marienburg huldigt ihm zuerst. Daraufhin tritt Ludwig von Erlichshausen nach Ostern 1450 seine Huldigungsreise durch das Land an. Die Mitglieder des Preußischen Bundes leisten ihm überall den Eid, freilich nur in der Form, auf die man sich in Elbing verständigt hatte. Feierlich versichert der Hochmeister bei den Zeremonien dennoch jedesmal aufs neue, daß er die Privilegien der Stände achten, ihnen ihre Freiheiten und ihre Rechte belassen wolle, so, wie sie diese von den Vorfahren übernommen hätten. Die Reaktionen sind weniger feierlich: Keine Stadt versäumt die Gelegenheit, dem Hochmeister ihre Beschwernisse noch einmal und dringlichst vor Augen zu halten – und das Wunder geschieht in der Folgezeit tatsächlich: Ludwig von Erlichshausen bemüht sich redlich, die Mißstände abzustellen. Das Land freilich bleibt weiter unruhig ...

»Koste es auch einige Hälse«

Wenn sich in solchen Zeiten die Ungeschicklichkeiten der Machthaber häufen, wie zum Beispiel beim Bischof von Ermland, kann die Temperatur der Volksseele leicht den Siedepunkt erreichen. Der Bischof ist der bestgehaßte Mann, versucht er doch andauernd, die Rechte der Stände zu beschneiden. Die Städte, allen voran Braunsberg, beklagen sich beim Hochmeister über das ihnen zugefügte Unrecht und fordern Schutz und Hilfe an. Schließlich sei der Hochmeister ja immer noch Staatschef.

Der Seelenhirt indessen stellt sich stur. Er wolle vor keinem anderen Richter als dem Papst und seinem Erzbischof stehen, läßt er verkünden und empfiehlt sogleich, mit äußerster Strenge gegen diese Aufrührer vorzugehen. An seinen Kollegen, den Bischof von Leslau, schreibt er: »Hart, aber wahrhaft ist der Ausspruch des heiligen Augustin: Ein Prälat, der nicht die Laster seiner Untertanen geißelt, ist mehr mit einem schamlosen Hund als mit einem Bischof zu vergleichen. Wer zu bekannten Verbrechen schweigt, der hat darin eingewilligt. Unwissenheit entschuldigt den Hirten nicht, dessen Schafe der Wolf verzehrt, denn er soll wachen.«

Welche Worte die Stände höchst unpassend finden und dem Hochmeister gegenüber unmißverständlich erklären: »Wenn Ihr außerstande seid, Richter des Bischofs zu sein, so seid Ihr auch außerstande, ihn zu schützen. Dann nehmen wir die Sache eben selber in die Hand, koste es auch einige Hälse.« Das ist die offene Drohung mit bewaffneter Selbsthilfe.

Für zusätzliche Unruhe sorgt das Erscheinen des päpstlichen Legaten Ludwig von Silves. Sein Auftrag: Die gründliche Untersuchung des Streits zwischen Orden und den Bündischen. Zu Recht sind die Bundesgenossen beunruhigt. Ende November 1450 meldet sich der Legat beim Hochmeister in Marienburg. Er legt seine Beglaubigung vor sowie ein Empfehlungsschreiben des Heiligen Vaters, worin Nikolaus V. erklärt, er sende diesen Botschafter, um einige in Preußen gegen die Freiheit der Kirche aufgestellte Artikel gründlich zu untersuchen, Ruhe und Frieden in diesem Land wiederherzustellen und mit dem Hochmeister über Mittel zu beraten, »wie diese Pest im Lande auszurotten« sei. Der Papst spart auch nicht mit Vorwürfen: Der Hochmeister muß sich Kritik wegen seiner schlechten Regierung anhören. Statt die Untertanen mit väterlicher Milde zu behandeln, heißt es, habe man sie, wie auch früher schon, mit allerlei Lasten bedrückt; Gottesdienste würden nicht mehr so gehalten, wie sie gehalten werden müßten; überhaupt läge vieles im argen ... und, und, und. Dies alles müsse sich ändern. Der Legat werde dafür sorgen.

Eiligst wird jetzt eine Zusammenkunft nach Elbing vereinbart. Dort führt der Legat das große Wort, berichtet mit belegter Stimme, wie betrübt der Heilige Vater und wie empört er über diesen verbrecherischen und sträflichen Preußischen Bund sei. Doch damit nicht genug: Der Hochmeister muß sich den Vorwurf gefallen lassen, daß er es wohl versäumt habe, diesem Bund entgegenzutreten.

Ludwig von Erlichshausen gerät zwischen alle Feuer, denn auch die Stände machen Druck. Sie werfen ihm vor, daß er sie nicht genügend gegen die Angriffe dieses Legaten da schütze: »Nennt uns die Verleumder, die uns beim Papst angeklagt haben!« Und sie drohen massiv: »Wir müssen sonst vor dem Papst, dem Kaiser und den Fürsten offenbaren, welche Sachen uns schon seit langem zu diesem Bund bewogen haben. Wir würden das nur ungern tun, denn es würde dem Orden nicht sonderlich zur Ehre gereichen.«

Der Legat fordert die Vertreter des Preußischen Bundes auf, sich zu rechtfertigen, aber die denken überhaupt nicht daran. Den Hochmeister beschleichen ungute Gefühle. Er sieht, daß der Legat eine handfeste Abfuhr bekommt, fürchtet das Schlimmste für sich und sein Land, versucht zu beschwichtigen, aber vergeblich.

Der Legat stellt schließlich dem Preußischen Bund drei Möglichkeiten zur Wahl, den Streit aus der Welt zu schaffen: Entweder durch eine strenge Untersuchung inquisitorischer

Natur oder durch eine förmliche Gerichtsverhandlung mit dem Verhör beider Teile oder aber im Wege eines freundlichen Ausgleichs. So sein Vorschlag. Endlich stelle er es den Parteien anheim, den Weg zu wählen, bitte aber um schleunigste Entscheidung.

Die Verbündeten spielen kühl auf Zeit; sie schützen vor, zu solch weitreichenden Entscheidungen keine Verhandlungsvollmacht zu haben. Eilfertig und devot reagieren dagegen der Hochmeister, die Prälaten und die Gebietiger des Ordens: Damit sie auch ja nichts falsch machen, entscheiden sie sich für keinen der drei Vorschläge; sie überlassen dem Legaten die Wahl.

»Da hob der Legat seine Hände auf und dankte«, heißt es im Bericht, »daß er an ihnen so gehorsame Söhne und Brüder gefunden habe, und versprach, es ihnen hoch vor dem Heiligen Vater zu gedenken, daß sie ihm eine so gütige und andächtige Antwort erteilt hätten.«

Die Bundesvertreter fährt er an: Nicht aus mangelnder Vollmacht würden sie hier die Antwort verweigern. Es sei eine glatte Verhöhnung desjenigen, in dessen Namen er hier auftrete: »Ich kann sie daran nicht anders erkennen denn als ungehorsame Söhne des Papstes und der Kirche.« Und wieder zum Hochmeister gewendet: Wenn es denn nun gar nicht anders gehe, so appelliere er an das weltliche Schwert, das der Hochmeister ja bekanntlich auch vertrete.

Ungerührt beharrt die Delegation des Preußischen Bundes auf einer neuen Konferenz, und tatsächlich gelingt es ihr, den Beschluß herbeizuführen, daß in den letzten Tagen des Jahres 1450 eine solche nach Elbing einberufen wird.

Bei dieser Zusammenkunft einigen sich der Bund und der Orden pro forma. Inhaltlich hat sich nichts geändert, doch wahrscheinlich sind beide Seiten froh, den Legaten loszuwerden, der schon befürchtet hatte, als Märtyrer sein Leben lassen zu müssen, wie er sich in einem Bericht äußert.

Der Deutsche Ritterorden hat praktisch keinen Handlungsspielraum mehr; er steht mit dem Rücken zur Wand und trägt sein letztes Gefecht gegen die Bündischen aus. Neben dem

Preußischen Bund rühren sich jetzt auch die Eidechsenritter wieder kräftig. Überhaupt sind Eidechsen und Preußischer Bund personell miteinander verflochten, weil die Ritter zum Teil Mitglied beider Organisationen sind. Es geht mitunter bunt durcheinander, aber einig ist man sich allemal, daß man gegen den Orden Front machen müsse. So hat man zum Beispiel Kontakt mit dem polnischen König aufgenommen, das heißt eingeschlafene Gespräche wieder aktiviert, und stößt – wie könnte es anders sein – beim polnischen Herrscher auf größtes Wohlwollen.

Dann verbreitet der Preußische Bund unterderhand, der Orden werbe im Ausland Söldnertruppen an; das gleiche könne man vom livländischen Meister berichten. Einziges Ziel dieser Heerhaufen sei es, die abtrünnigen und dem preußischen Bund angehörenden Städte und Landschaften zu überfallen.

Daß in dieser Lage der päpstliche Legat noch kurz vor seiner Abreise den Eidechsenbund als »in Todsünden befangen« und im päpstlichen Bann befindlich bezeichnet hat, daß sich der Erzbischof von Riga, sonst geschworener Feind des Deutschen Ordens, zu Wort meldet und dem Hochmeister rät, doch um Gottes willen nicht nachzugeben, denn je mehr er den Bündnern bewillige, um so mehr würden sie fordern, trägt nun auch nicht gerade zur Entspannung der Lage bei. Ebensowenig, daß sich nun auch der Deutschmeister vernehmen läßt und gegen Danzig polemisiert – das macht schon Sinn, denn das sehr finanzstarke Danzig, aber auch Thorn sind die Hauptstützen des Preußischen Bundes und der Eidechsenritter.

Es kann nicht ausbleiben, daß es unter den Verbündeten zu Zwistigkeiten kommt. Alsbald aber versöhnt man sich wieder, um die Front gegen den Orden nicht zu schwächen.

So gehen die Händel munter weiter. Die Stände betreiben Obstruktionspolitik gegen alles, was der Hochmeister verlauten und ins Werk setzen läßt, und sei es auch noch so richtig; die Geistlichkeit, allen voran der Erzbischof von Ermland – in diesem Falle selbstverständlich auf der Seite des Deutschen

Ordens –, versucht sich in Psychoterror: Der Gottesmann läßt päpstliche Bullen öffentlich verlesen, die den verbündeten Ständen die schlimmsten Kirchenstrafen androhen. Die Bündner scheren sich nicht darum.

Der Kaiser lacht

Noch spitzt sich die Situation nicht weiter zu, noch bleibt es bei den gegenseitigen Anschuldigungen und den empörten Zurückweisungen, aber es ist unverkennbar: Auf beiden Seiten beginnt sich das Gefühl durchzusetzen, daß eine große kriegerische Auseinandersetzung bevorstehe.

Eines jedenfalls scheint sicher: Eine friedliche Beilegung des Konflikts ist nicht mehr möglich. Dies um so weniger, als sich jetzt auch Kaiser Friedrich III. vernehmen läßt und dem Bund kundtut, daß er sich auflösen, den Streit beilegen und dem Deutschen Orden Gehorsam leisten solle. Sofort setzt der Bund eine Delegation zum Kaiser nach Wien in Marsch, darf und kann er doch diese kaiserlichen Worte nicht unwidersprochen hinnehmen.

Der Hochmeister, dem an nichts weniger als an einer Einmischung von Kaiser und Reich gelegen ist, ahnt wohl, wohin eine Eskalation führen kann. Er kommt dem Preußischen Bund entgegen, wie er es nie zuvor getan hat – es klingt schon fast wie eine Kapitulation: »Wir haben seit etlichen Jahren untereinander ohne Richter schriftlich und mündlich Klage und Antwort aufgenommen, sind aber dadurch nicht zu Ruhe und Frieden gekommen, denn was Uns Recht dünkt, schien Euch Unrecht. Niemand ist in eigener Sache unparteiischer Richter. Wären die Klagen vor einen gerechten Richter gebracht, Ihr wäret längst zur Ruhe gekommen. Nun heißt es aber in Eurem Bunde ausdrücklich: Er sei wider Gewalt und Unrecht gestiftet, so daß jedermann bei Recht bleiben solle. Werde jemand über Unrecht klagen, der solle sich aufs Recht berufen und am Rechte genügen lassen. Fasset alle Eure Klagen wider Uns zusammen, wie Wir desgleichen wider Euch tun. Wir wollen dann beide vor einen gebührlichen Richter treten. Was dieser aber als Recht ausspricht, wollen Wir Euch fest und unverbrüchlich halten. Wählet den Richter selbst. Ist Euch der Papst, Unser gebührlicher Richter, zu ferne, so wählet den Kaiser, einen Kurfürsten, einen Fürsten in Deutschland, einen Erzbischof oder Bischof, den Erzbischof von Riga oder die Prälaten unseres Landes oder auch vier von beiden Teilen erkorene gottesfürchtige und weise Männer aus unseren Untertanen, die unter sich einen Obmann ernennen mögen. Sie mögen nach Gott und Recht alles enden und entscheiden.« Das ist nun wirklich das äußerste, das streift den Rand der Selbstverleugnung. Aber die Bündischen wollen einfach nicht mehr: Sie zucken mit den Achseln und bescheiden dem Hochmeister, daß man schon zum Kaiser geschickt habe – und daß der schon über die Angelegenheit befinden werde.

Kaum noch verhohlen suchen der Preußische Bund und die Eidechsenritter Unterstützung beim polnischen König. Ein Komtur meldet dem Hochmeister, daß die beiden Eidechsenritter Gabriel von Baysen und Tilemann vom Wege – der ist zugleich Bürgermeister von Thorn – sich zum Erzbischof nach Gnesen begeben haben, um den polnischen König zu bitten, den Bund unter seinen Schutz und Schirm zu nehmen.

Selbstverständlich haben auch die Deutschordensritter inzwischen eine Delegation zum Kaiser nach Wien geschickt. Aber die Bundesvertreter sind sich ziemlich sicher: Sie werden in dem Rechtsstreit vor dem Kaiser den Sieg davontragen, denn sie haben Geld; nicht weniger als 5400 Gulden können sie dem Oberhaupt des Heiligen Römischen Reiches Deutscher Nation verbindlich zusagen, und es sind auch noch genug Mittel da, die Kanzlisten zu schmieren. Mit solchen Beträgen können die Ordensvertreter nicht aufwarten; die Finanzkraft, die sie repräsentieren, ist – verglichen mit der des Preußischen Bundes und seinen reichen Hansestädten – vergleichsweise bescheiden.

Der Kaiser stellt nun einen Brief aus, in dem er die Parteien zu einem Gerichtstag lädt, und er ermahnt sie ernstlich, bis dahin nichts zu unternehmen, was die Feindseligkeiten schüren würde. Man kehrt nach Preußen zurück.

Die Heimkehr der Bundesvertreter nach Thorn gerät zu einem Triumphzug. Bei einer kurz darauf nach Marienwerder einberufenen Versammlung loben sie sich über den grünen Klee. Jedem, der es hören will oder auch nicht, erläutern sie bereitwillig, wie gut sie vom Kaiser zu Wien aufgenommen und wie erfolgreich die Verhandlungen geführt worden seien. Im Thorner Rathaus erklärt Tilemann vom Wege, jetzt habe man die volle Gewißheit, daß der Bund auch in Zukunft bestehen werde, habe doch der Kaiser – man höre und staune – sie an seiner Seite sitzen lassen, wohingegen die Ordensleute hätten stehen müssen und von einigen Fürsten sogar verlacht und verhöhnt worden seien. Ein anderer Delegationsteilnehmer deutet in aller Bescheidenheit an, daß der Kaiser ihn und die Seinigen auf das würdigste empfangen habe, ihnen entgegengegangen sei und die Hand gereicht habe. Nicht nur das, nein, Seine Majestät habe auch erlaubt, ihn nach Belieben aufzusuchen. Jedoch die Ordensabgesandten – Gott, wie peinlich für sie: Nur auf Vorladung hätten sie überhaupt erscheinen dürfen, und als sie einmal vor dem Kaiser auf Fragen nicht richtig hätten antworten können, die sie, die Vertreter des Preußischen Bundes, gestellt hätten, da habe doch der Kaiser tatsächlich gelacht ...

Wahrscheinlich lügen sie alle, daß sich die Balken des ehrwürdigen Rathauses biegen, aber die Wirkung von derlei Reden in der Öffentlichkeit, für die das letztlich alles gedacht ist, scheint denn doch groß zu sein.

Sorgfältig bereitet sich der Deutsche Orden auf den Gerichtstag bei dem Kaiser vor. Er kann zwei namhafte Rechtsgelehrte aus Wetzlar und Nürnberg für sich gewinnen, damit sie am Hofe die Sache des Ordensstaates vertreten. Man hat auch bei der juristischen Fakultät der Universität Bologna – eine bessere gibt es auf der ganzen Welt nicht – ein Gutachten über den gottlosen Preußenbund eingeholt. Eine bestellte Arbeit selbstverständlich; sie fällt entsprechend aus.

In der Zwischenzeit kommt es im Kulmerland zu ersten Ausbrüchen der angestachelten Volkswut. So bricht in der Thorner Altstadt ein Feuer aus – willkommener Anlaß zu einem allgemeinen Volksaufstand. Man stürmt vor die Burg und die Ordensmünze – auch Ratsherren machen mit – und ergeht sich in wüsten Beschimpfungen auf den Hochmeister. Der bestgehaßte Mann der Stadt aber ist der Münzmeister des Deutschen Ordens – er kann sich mit knapper Not vor dem aufgebrachten Volk auf die Burg retten. Die Gemüter beruhigen sich zwar wieder, aber die Drohung, alles, was auch nur entfernt nach Orden riecht, niederzumachen, hängt weiter in der Luft. Eidechsenritter Beyersee, ein Scharfmacher ersten Ranges, der hatte durchsetzen wollen, daß man dem Hochmeister den Huldigungsgrund aufkündige, lärmt jetzt herum, er werde sein ganzes Hab und Gut einsetzen, damit der Hochmeister nicht ein Jahr länger mehr lebe.

Im Land wird es zusehends unruhiger, die Unsicherheit nimmt von Tag zu Tag zu, List und Heimtücke sind allseits probate Mittel. Ein Beispiel mag hier für viele stehen: Eidechsenritter Hans von Czegenberg versucht, den Burgvogt von Roggenhausen zur Entlassung seiner Mannschaft zu bewegen. Man steckt mitten in den »Verhandlungen« – als plötzlich zwanzig Berittene in wildem Galopp auf die Burg zupreschen, die Besatzung unter Feuer nehmen und sicherlich auch die Burg erstürmt hätten, wenn nicht der Vogt blitzschnell das Tor hätte schließen lassen. – Es beginnt die Zeit, da Preußen, allen voran das Kulmerland, in Anarchie zu versinken droht.

Jeder trägt sein Schärflein zur Unruhe bei ... Der Ritter Hans von Baysen, bislang ein tüchtiger Ratgeber des Hochmeisters, stets – und das mit Erfolg – auf Ausgleich zwischen den streitenden Parteien bedacht, hat sich jetzt auch auf die Seite der Bündner geschlagen. Obwohl todkrank, wählt man ihn zum Sprecher.

Unaufhaltsam treiben die Ereignisse auf den Krieg zu. Die große Auseinandersetzung steht bevor, und alles hat den Anschein, daß es in erster Linie der Preußische Bund und die

Eidechsenritter sind, die den Waffengang suchen. Die diplomatischen und die juristischen Möglichkeiten gehen zur Neige, und viel mehr, als man bisher unternommen hat, ist nicht möglich. Vor diesem Hintergrund ist es nur zu verständlich, daß die verzweifelte Suche nach Bundesgenossen beginnt, verzweifelt zumindest, was die Deutschordensritter anbelangt. Der Preußische Bund und die Eidechsenritter haben es insofern leichter, denn ihr natürlicher Bündnispartner ist der polnische König – und mit dem verhandeln sie auch eifrig.

Termin in Wien

Zunächst aber steht das Schiedsgericht des Kaisers bevor. Der Gerichtstag ist für den 23. Juli 1453 anberaumt. Die Abgesandten des Bundes versäumen zunächst den Termin, weil sie unterwegs gefangengesetzt werden und nur mit viel Not und Mühe ausgelöst werden können. Neuer Termin ist dann der 22. Oktober.

Es treten auf die Vertreter des Deutschen Ordens und verlesen eine Klagschrift. Das dauert Tage. Minutiös ist aufgelistet, was sie den Bündischen vorzuwerfen haben.

Noch einmal so lange dauert es, bis dann die Vertreter des Bundes diese Klagschrift widerlegen. Drei Tage lang hat man rund um die Uhr an der Widerlegung gearbeitet. Selbstverständlich sei ihr Bündnis über jeden rechtlichen Zweifel erhaben; es stütze sich unter anderem auf eine königliche Erlaubnis; außerdem habe der vormalige Hochmeister Paul von Rußdorf von ihm gewußt und es gebilligt. Wer jetzt noch Zweifel an der Rechtmäßigkeit des Preußischen Bundes habe, den müsse man dann an das Widerstandsrecht erinnern, ein naturgegebenes Notwehrrecht, das für und gegen jedermann gelte, und sei dies auch die Obrigkeit. Und auf dieses Recht berufe man sich auch noch.

Der letzte Punkt ist ein besonderer Stachel gegen den Deutschen Orden. Mit dem Widerstandsrecht hatte er sich schon beim Konstanzer Konzil vor vier Jahrzehnten herumschlagen müssen. Eine schlagkräftige Entgegnung darauf ist ihm aber bis zu diesem Tag nicht eingefallen.

Vergeblich bemüht sich der Kaiser, in letzter Minute noch einen Vergleich zwischen den Parteien herbeizuführen. Dann läßt er sich die Schriften und Gegenschriften überreichen, und nun haben seine Kanzlisten und Räte viel Arbeit. Verkündung des Schiedsspruchs: 1. Dezember 1453.

Die Vertreter des Bundes lamentieren, sie könnten an jenem Tag keinesfalls erscheinen: Termine, Termine ... Beim Kaiser verfangen die Hinhaltemanöver nicht. Es bleibt dabei: 1. Dezember.

Es erscheinen zur vorgesehenen Stunde die Vertreter des Ordensstaates, nicht dagegen die des Preußischen Bundes. Das Gericht, darauf vorbereitet, schickt einen »geschworenen Türhüter«, wie ein solcher Mann heißt, vor die Palasttore. Dreimal fordert der mit lauter Stimme die Vertreter des Bundes auf, zum Gerichtstermin zu erscheinen; damit ist der Form genüge getan. Es erscheint natürlich niemand, woraufhin der Kaiser verkündet: »Es ist durch uns mitsamt unseren Räten und den Beisitzern zu Recht erkannt, daß die von der Ritterschaft, Mannschaft und die von den Städten des Bundes in Preußen den Bund nicht billig getan, noch ihn zu tun Macht gehabt haben.«

Im Klartext: Man hat den Bund zu Unrecht gegründet. Und er gehört von Rechts wegen aufgehoben.

Unschwer, sich die betretenen, bestürzten Gesichter der Bundesabgesandten vorzustellen, als sie von diesem Schiedsspruch erfahren; das haben sie von ihrem lieben Kaiser denn doch nicht erwartet. Man kehrt nach Hause zurück, so schnell es irgend geht, erstattet dort Bericht und schildert mit der notwendigen Übertreibung, welches Unrecht geschehen sei. Ritter Gabriel von Baysen in einer öffentlichen Versammlung in Thorn: »Sie [die Richter] haben den Bund vor dem Kaiser selbst mit Luzifer verglichen, der seinen Stuhl über Gott hat setzen wollen!«

Proteste und Schmährufe aus der Versammlungsmitte.

Mobil machen nun auch die Eidechsenritter: Sie schicken

eine Abordnung aus Kulm zum polnischen König. Das ganze Land gerät in Aufruhr; noch ist es kein offener, noch schwelt er, aber es genügt ein kräftiger Wind, um ihn zu heller Flamme zu entfachen. Da und dort kommt es zu bewaffneten Aufständen, überall werden konspirative Treffen veranstaltet; es wird gehetzt, eine Falschmeldung löst die andere ab, das Land schwirrt nur so vor Gerüchten; Mißtrauen allenthalben – der Bund muß Obacht geben, daß seine Autorität nicht in Mitleidenschaft gezogen wird.

Die Städte bewaffnen sich. Die Reichen sind gehalten, ihren Harnisch und die Waffen selber zu kaufen, die Armen, sich das Gerät von der Rüstkammer abzuholen. Der Rat von Thorn stellt die Stadt unter Kriegsrecht, und vier Hauptleute erhalten das Kommando. Jeder von ihnen bekommt ein Banner und ist für Verteidigung und Angriff verantwortlich.

Ein wilder Strom

Der Hochmeister hat nichts mehr in der Hand, um dem zu steuern. Einzig, daß er versucht, in jede Versammlung Spione zu schicken, die ihm Bericht erstatten. Was er aber dann lesen muß, ist schlimm genug: Der Abfall der Untertanen von der Ordensherrschaft gleicht einem wilden Strom, der an seinen Ufern auch sonst so sicher geglaubte Stützpunkte mit sich reißt. Zweifelhaft ist, wie sich die einzelnen Ordensburgen mit ihren Konventen verhalten werden. Der Hochmeister weiß, daß viele von ihnen mit den Bündischen sympathisieren; da und dort haben sie schon offen gegen ihren eigenen Orden Stellung bezogen.

Eine Zusammenkunft mit den Anführern des Preußischen Bundes ist vereinbart; der Hochmeister schickt die Komture von Strasburg und Danzig nach Thorn; auch der Ordensmarschall, unterwegs von Königsberg, soll zu der Delegation stoßen. Man warnt den Hochmeister, sich doch lieber Zeit zu lassen, bis bestimmte Truppenkontingente einträfen, er aber hat es eilig – und die Bundesleute erkennen ihre Chance und lassen sie nicht ungenutzt vorübergehen: Sie nehmen die Komture von Strasburg und Thorn gefangen.

Am 4. Februar 1454 greift Ritter Hans von Baysen zur Feder, um ihn herum die Häupter seines Bundes und die Eidechsenritter. Er formuliert einen Fehdebrief an den Deutschen Orden, worin die Ritterschaft und die Städte des Bundes alle Pflichtverletzungen und Ungerechtigkeiten auflisten, den Hochmeister verantwortlich machen und ihm den Gehorsam und den Huldigungseid aufkündigen. Dann schickt man einen Stadtknecht aus Thorn nach Marienburg, um den Fehdebrief – die offizielle Kriegserklärung – zu übergeben.

Sofort, als das bekannt wird, fordern die Thorner Bürger die Übergabe der Ordensburg in ihrer Stadt. Die Stunde Null ist gekommen – der Aufstand bricht los. Alsbald fällt eine Ordensburg nach der anderen ab, zum Teil freiwillig, zum Teil gezwungenermaßen. Nach einiger Zeit sind es nur noch die Marienburg und die Burg Konitz, die fest zum Deutschen Orden stehen. Verzweifelt sucht der Hochmeister Hilfe im Ausland. Vergeblich. Bittere Erkenntnis: Der Deutsche Orden ist auf sich allein gestellt.

Inzwischen ist wieder eine Delegation des Bundes in Krakau beim polnischen König eingetroffen. Es kommt dahin, daß sie dem König von Polen – es ist Kasimir IV. (1444 bis 1492) – förmlich die Oberherrschaft über Preußen antragen. Dieser Schritt kostet den Preußischen Bund viel Selbstüberwindung, denn ursprünglich hat er sehr viel weniger angeboten. Die Danziger Abordnung, die sich erst nachträglich dieser Gesandtschaft angeschlossen hat, mag geahnt haben, wohin die Reise bei diesen schwierigen Verhandlungen gehen sollte: Ihrem Eindruck nach ist dem polnischen König mehr an der Herrschaft über Preußen gelegen als an einem bloßen Schutzbündnis.

Am 6. März 1454 fertigt der König eine Urkunde aus, worin er unter wortreicher Erörterung der Gründe und Ursachen, die zu diesem Schritt geführt haben, die Bewohner Preußens unter seinen Schutz stellt und sie freudig als neue Untertanen aufnimmt.

Am 22. April 1454 erklärt König Kasimir dem Ordensstaat den Krieg. Wenn er und die Aufständischen nun gehofft haben mochten, den Deutschen Orden schnell niederzuzwingen, so war das ein großer Irrtum. Kasimir rückt mit einem Heer nach Preußen ein, aber schon die erste größere Feldschlacht bei Konitz verliert er. Die polnische Streitmacht flüchtet so überstürzt, daß den Ordenstruppen die gesamten Vorräte des polnischen Heeres in die Hände fallen und die Stadt Konitz für lange Zeit mit Lebensmitteln versorgt werden kann. Als die Aufständischen, die vor der Marienburg liegen, erfahren, daß die Schlacht bei Konitz für sie verlorengegangen ist, heben sie enttäuscht die Belagerung auf. Auch hier geschieht der Aufbruch so panikartig, daß dem Orden fast die vollständige Ausrüstung in die Hände fällt. Außer Lebensmittel sind es auch Waffen, darunter sogar Geschütze.

Der Sieg des Ordens bei Konitz bewirkt einen Stimmungsumschwung im Lande: Viele Städte, vor allen Dingen die kleineren, schließen sich wieder dem Orden an.

Die Kasse ist leer

Im Unterschied zu dem voraufgegangenen Jahrhundert spielen jetzt Söldnerheere die Hauptrolle in den Kriegen. Kreuzfahrer gibt es nicht mehr, womit die militärische Hauptstütze des Deutschen Ordens wegfällt. Söldner halten aber nicht für einen Gotteslohn ihren Kopf hin und ruinieren ihre Gesundheit; sie wollen Geld sehen, und zwar reichlich. Der Deutsche Orden verspricht es ihnen, aber er übernimmt sich dabei. Die Heere, die er angeworben hat, kann er bald nicht mehr bezahlen, selbst wenn er die letzten finanziellen Reserven mobilisiert.

Die Söldner wissen, daß der Orden auf sie angewiesen ist. Ihre Forderungen wachsen ins maßlose: Sie erpressen ihren Auftraggeber. Das geht so weit, daß der Hochmeister ihnen Burgen, sogar die Marienburg, verpfänden muß, nur damit sie im Lande bleiben und gegen den Feind antreten. Was dann nur zu oft unterbleibt. Wortführer dieser Söldnerhauptleute sind unter anderem Bernhard von Zinnenberg und der Böhme Ulrich Czirwenka. Die Böhmen vor allem haben es auf die Marienburg abgesehen. Der Hochmeister muß ihnen Pfandbriefe ausstellen, in denen er bei seiner Ehre und Treue gelobt, ihnen Marienburg, aber auch alle seine anderen Schlösser, Städte, Land und Leute in Preußen, in der Neumark oder wo er sonst noch zu gebieten hat, zu überantworten und abzutreten, und ebenso die Gefangenen, die der Orden in den Burgen hat. Dabei heißt es ausdrücklich: »Mit solchen Schlössern, Städten, Gütern, Landen und Leuten und mit den Gefangenen sollen die Herren Hauptleute und ihre Gesellschaft tun und lassen nach ihrem Willen, sie verkaufen, verpfänden ... oder was sie denken, können und mögen, wodurch sie ihres Soldes und Schadens vollkommen und ganz nach ihrem Willen befriedigt und bezahlt werden.« Würden die eingeräumten Schlösser, Städte und anderes mehr einen Überschuß im Falle eines Verkaufs erzielen, so solle dieser dem Orden zugute kommen. Außerdem verpflichtet sich der Hochmeister, einen Monat vor der ausgehandelten Zahlungsfrist Nachricht zu geben, ob er die Zahlung leisten kann oder nicht.

Meistens kann er nicht zahlen. Die Söldner, die Geld oder Geldeswert sehen wollen, besetzen sicherheitshalber die Marienburg, behandeln den Hochmeister und die Mitbrüder wie Gefangene, schlimmer noch, sie mißhandeln die Ordensritter. Eine durch nichts gezügelte Brutalität greift um sich. Wenn die Brüder nachts ihrer Ordensregel gemäß zur Messe gehen, werden sie manchmal überfallen. Man schlägt sie, raubt ihnen die Kleider, zieht sie nackt aus und treibt sie mit Peitschen um den Kreuzgang. Man überfällt sie in ihren Zimmern, terrorisiert sie derart, daß manche von ihnen aus dem Fenster springen. Gewaltsam schneidet man ihnen die Bärte ab und hängt an dem Bart noch ein Stück Lippe oder Kinn, denn so geht das auch in Ordnung. Gottesdienst kann längst schon nicht mehr gehalten werden, haben doch die Söldner sämtliches Kirchengerät weggeschleppt.

Hochmeister Ludwig von Erlichshausen, der die entwürdigende Behandlung nicht länger ertragen will, darf endlich 1457 die Marienburg verlassen und gelangt nach vielen Irrwegen über Dirschau und Konitz nach Mewe, besteigt dort ein Fischerboot, fährt nächtens die Weichsel hinab zum Frischen Haff und segelt unerkannt nach Königsberg.

Damit sind die Tage der Marienburg als Sitz des Hochmeisters, als Mittelpunkt des Ordenslandes endgültig vorbei. Fortan tritt Königsberg an seine Stelle.

Wenige Tage später, nachdem der Hochmeister die Marienburg verlassen hat, zieht König Kasimir IV. von Polen unter großem Gepränge in das Ordensschloß ein. Die Söldner haben es ihm zusammen mit zweiundzwanzig anderen Burgen abgetreten – gegen Bezahlung der noch immer ausstehenden Soldforderungen versteht sich. Nur: Kasimir verfügt auch nicht über soviel Bares, aber es steht ja wie immer noch Danzig bereit, bedürftigen Potentaten und allen, die es nötig haben, aus der finanziellen Klemme zu helfen – sofern es nur seinen Vorteil daraus ziehen kann.

Danzig zahlt also. Die Stadt ist mittlerweile »immer mehr zum Rückgrat der vielfach wankenden bündisch-polnischen Front geworden. Denn nachdem Danzig sich erst einmal zum Bruch mit dem Orden entschlossen hatte, machte es auch die größten Anstrengungen, brachte es die höchsten Opfer, um das Ziel zu erreichen, daß ihm bei seinem Anschluß an den Bund vorgeschwebt hatte: Erringung eines Höchstmaßes an politischer und wirtschaftlicher Selbständigkeit, verbunden mit einer erheblichen Vergrößerung seines Territoriums; also keine Rückkehr unter die Oberhoheit des Ordens, andererseits aber möglichste Fernhaltung polnischer Herrschaftsansprüche nicht nur von dem Machtbereich der eigenen Stadt, sondern auch des übrigen Landes.« So bewertet Ordenshistoriker Bruno Schumacher Danzigs Aktivitäten.

Der 2. Thorner Frieden

Unverkennbar macht sich auf allen Seiten Kriegsmüdigkeit breit, und allenthalben herrscht Chaos im Land: Die Söldner wollen Geld, aber keinen Kampf, versorgen sich vorzugsweise von Überfällen in der Umgebung, plündern die Bauern aus, woraufhin die sich vor lauter Verzweiflung dann und wann dem Orden als Kriegsleute verdingen; Greueltaten werden auf allen Seiten verübt, und keine steht der anderen nach; die Bürgerschaft vieler Städte hat sich in eine Ordenspartei und in eine bündisch-polnische Partei gespalten und bekriegt sich häufig genug innerhalb der Mauern auf das heftigste; die Zünfte ergreifen mancherorts die Gelegenheit, es dem verhaßten Patriziat heimzuzahlen, und erheben sich gegen die Kaufmannschaften.

1462 kommt es zu einer zweiten offenen Feldschlacht bei Zarnowitz. Der Orden unterliegt, Frieden muß geschlossen werden, koste es, was es wolle. Das Land ist längst verödet.

Die Wirrnisse haben dem Handel beträchtlichen Abbruch getan. Lübeck, das Haupt der Hanse, interveniert 1463 und 1464. Es schickt seinen hoch angesehenen Bürgermeister Hans Castorp ins Ordensland, aber der vermag noch nicht, die Parteien an einen Tisch zu bringen.

Dann endlich gelingt es dem inzwischen in Preußen eingetroffenen päpstlichen Legaten, einen Friedensvertrag auszuhandeln, der am 19. Oktober 1466 in Thorn geschlossen wird. Die Geschichte kennt ihn als »2. Thorner Frieden«.

Mit diesem Friedensvertrag wird die ehemalige Großmachtstellung des Deutschen Ordens endgültig zu Grabe getragen. Er verzichtet auf Pommerellen und das Kulmerland mitsamt dem kleinen Land Michelau, und er muß das Gebiet von Elbing, Marienburg, Stuhm und Christburg hergeben. Das Bistum Ermland wird selbständig, während das Bistum Kulm in geistlicher Beziehung dem Erzbischof von Gnesen unterstellt wird.

Dem Deutschen Orden bleibt etwa das Gebiet, das später als »Ostpreußen« in die Geschichtsatlanten gezeichnet wird.

Auch die Souveränität des Hochmeisters als Staatschef wird reduziert: Er hat dem König von Polen jedesmal für seine Person den Treueid zu schwören und ihm Heeresfolge zu leisten. Damit wird zwar rechtlich kein Lehnsverhältnis begründet zwischen dem Ordensstaat und Polen, aber es hat eine ungeheure psychologische Wirkung auf die Untertanen. Fortan sollen Polen als Mitglieder in den Deutschen Orden aufgenommen werden können und auch höhere Ämter bekleiden dürfen. »Es war ein Frieden, der alle Lasten dem Besiegten aufbürdete und dem Sieger nur Vorteile brachte«, so Schumacher.

Der einst so hochfahrende und herrschsüchtige, wiewohl schwache Hochmeister Ludwig von Erlichshausen ist auf Null gebracht. Er überlebt den 2. Thorner Frieden nur ein halbes Jahr und wird im Chor des Königsberger Doms zur letzten Ruhe gebettet.

Kapitel 15
Die Jahre von 1466 bis 1525

Aller Kampf hat ein Ende

Der 2. Thorner Friede von 1466 schafft zwar zunächst Ruhe zwischen allen Fronten, er löst aber keines der Probleme. Vor allem aber bleibt der Gegensatz zwischen dem Deutschen Orden und Polen. Zusätzliche Konflikte ergeben sich daraus, daß das Bistum Ermland politisch selbständig geworden ist und nun auf der politischen Bühne wie ein eigenes Staatsgebilde auftritt. Auch das muß notwendig zu Konflikten mit dem Deutschen Orden beziehungsweise Polen führen.

Vorderhand sind die Deutschordensritter aber damit beschäftigt, ihre Söldnerhauptleute zufriedenzustellen. Diejenigen, die treu zur Ordensfahne gestanden haben, fordern jetzt die Einlösung der Schuld. Da der Orden kein Bargeld und auch sonst keine Gegenstände von Wert hat, muß er Liegenschaften veräußern oder sie den Söldnerhauptleuten übereignen. Riesige Ländereien, Dörfer und selbst Städte wechseln auf diese Weise ihre Herrschaft. So erhält zum Beispiel Ritter Burkhard von Dole das Dorf Schützendorf im Gebiet von Ortelsburg, darf Hauptmann Wendt von Eulenburg einen zum Schloß Bartenstein gehörigen Hof und anderes mehr bald sein eigen nennen, wird die Stadt Passenheim mit mehreren dazugehörigen Dörfern und Seen dem Söldnerhauptmann Burkhard von Querfurt übereignet, kommen die Mitglieder der Familie Schlieben, allen voran Georg von Schlieben, auf diese Weise zu gewaltigem Landbesitz. Eigentum und Vermögen vieler ostpreußischer Familien, die noch 1945 eine herausragende Stellung in diesem Gebiet innehaben, darunter ebenjene Schlieben, aber auch die Dohnas, die Truchseß von Waldburg, sind in dieser Zeit begründet worden.

Aber wie immer in solchen Fällen sind nicht alle Söldnerhauptleute zufriedenzustellen. Das Schwert sitzt locker, schnell ist ein Fehdebrief verfaßt und dem Orden zugestellt, es kommt zu Auseinandersetzungen – Streithändel, die nun wirklich niemandem nützen. Polens König Kasimir schreitet denn auch alsbald ein und befiehlt eine Versöhnungskonferenz in Elbing.

Auf dieser Konferenz wird dann eine weitere, weitaus wichtigere Streitsache behandelt: Der Konflikt mit dem Bischof von Ermland.

Anlaß ist die Besetzung des Bischofstuhls. Das Ordenskapitel hat den Deutschen Nikolaus von Thüngen gewählt, der polnische König will dem Bistum aber einen Polen aufzwingen und hat Truppen ins Ermland beordert. Nikolaus von Thüngen möchte dem natürlich – darin einig mit dem Deutschen Orden – zuvorkommen und hat auch bereits von Papst Paul II. die Bestätigung seiner Wahl erhalten und darüber hinaus nach den Vorschriften dem Erzbischof von Riga den Treueid geliefert.

Der neu gewählte Bischof ist krank; er befindet sich im Augenblick nicht in seinem Bistum und muß befürchten, daß der Favorit König Kasimirs ihn aus dem Land drängen, das heißt gar nicht erst hineinlassen wird. Nikolaus von Thüngen aber ist ein beherzter Mann; er beschließt, sich mit Gewalt seines Bischofstuhls zu bemächtigen, und er weiß dabei den Deutschen Orden hinter sich.

Ohne größere Schwierigkeiten gelingt es ihm, Söldner zu werben, und mit ihnen kann er die schon verlorengegangene Stadt Braunsberg fast ohne Widerstand einnehmen; danach folgen Guttstadt, Frauenburg und zuletzt auch Rössel. Seine Landeskinder begrüßen ihn überall freudig, und er kann die bereits eingedrungenen Polen schnell vertreiben.

Entrüstet sich bei der Elbinger Tagung der polnische Vertreter: Es sei Schuld des Ordens, daß der Bischof völlig ungehindert durch das Ordensgebiet nach Ermland habe ziehen können, um dort einen Krieg gegen Polen zu beginnen. Man fordert den Orden unmißverständlich auf, den Bischof wieder aus dem Ermland vertreiben zu helfen – eine Forderung, die der Orden entrüstet ablehnt. Schließlich ist der Bischof Parteigänger des Hochmeisters.

Was in dieser Angelegenheit aber zu tun sei, darüber ist sich der Hochmeister auch nicht im klaren. Er nimmt Geheimverhandlungen mit Nikolaus von Thüngen auf, der sich ganz gelassen gibt: Der Orden sei doch kraft seiner Privilegien vor allem dem Papst untertan. Der Hochmeister möge doch daher dem König von Polen anheimstellen, sich in dieser Sache an den Papst zu wenden, damit der Heilige Vater dem Orden befehle, ihm – dem Bischof – Krieg und Fehde anzukündigen. Da der Papst das natürlich nicht tun werde, so habe der Meister immerhin einen sicheren Rückhalt in Rom.

Rasch kann der Bischof auch die restlichen Landesteile unter seine Kontrolle bringen und die Polen hinausdrängen; der polnische König hat das Nachsehen; er verlegt sich aufs Verhandeln. Die politischen Unterhändler freilich sind so ungeschickt, von dem Bischof ständig als »von einem gewalttätigen Eindringling« zu sprechen und darüber hinaus dem Hochmeister auch noch die Schuld an allen Unruhen im Ermland zuzuschieben, daß es der Hochmeister denn doch vorzieht, nicht zu den angesetzten Beratungen zu erscheinen.

Er rechtfertigt sein Fernbleiben mit einer abenteuerlichen Begründung: »Wie Thüngen hinein ins Land gekommen, haben wir ... fürwahr nicht gewußt. Wäre er durch unser Land mit Kriegsvolk und Kriegszeug gezogen, wir würden gewiß sein Vorhaben gehindert haben. Er ist aber, wie er uns selber gesagt hat, in einer Kaufmannsgestalt durch das Land gezogen. Und solche Leute ziehen jeden Tag durch unsere Städte, ohne daß wir wissen, wer sie sind. Jedermann ist bei uns die Benutzung der Straße gestattet. Wir werden also mit Unrecht angeschuldigt, wir haben den Mann nicht gesehen.«

Nach langem Hin und Her schließt man dann einen Burgfrieden: Die Entscheidung im Streit über die Besetzung des Bischofstuhls soll dem Papst überlassen bleiben.

Dies alles geschieht im Jahre 1472. Das allseitige Mißtrauen ist geblieben; Krieg liegt einmal mehr in der Luft; beide Seiten rüsten. Der Orden hat es besonders schwer, Kriegsvolk auf die Beine zu bringen – anders gesagt: Geld zu beschaffen –, weil sich die Landesstände gegen jede militärische Auseinandersetzung sträuben; ihnen reicht, was sie bisher erlebt haben; Vorteile sind für sie nicht zu gewinnen, und so wollen sie Ruhe haben.

Da trifft es sich gut, daß der ungarische König Matthias Corvinus (1458 bis 1490) im Streit mit seinem Königskollegen Kasimir von Polen liegt. Der Orden ist so unversehens zu einem Bündnispartner gekommen und glaubt, den unausweichlichen Auseinandersetzungen etwas ruhiger ins Auge blicken zu können.

Widerstand regt sich

Im Grunde genommen geht es immer noch um dieselbe Sache: Der ermländische Bischof ist dem polnischen König zuwider, möchte ihn aus dem Amt gedrängt, am liebsten militärisch vernichtet sehen. Was, verständlicherweise, der Deutsche Orden zu verhindern gedenkt.

Zu diesem Zwecke umschmeichelt der neu gewählte Hochmeister Martin Truchseß von Wetzhausen sogar Danzig. Er teilt der Stadt mit, daß er mit dem König von Ungarn ein Schutzbündnis geschlossen habe, was durch das feindselige Verhalten des polnischen Königs gegen den Orden gerechtfertigt sei; ständig verletze Kasimir den Friedensvertrag, fortwährend versuche er, den Bischof vom Ermland zu unterdrücken, ihn gar zu vernichten; den Orden wolle er wirtschaftlich und militärisch ausbluten lassen. Der Hochmeister ist auf alle denkbare Weise bemüht, Danzig auf seine Seite zu ziehen.

Daß nun Polens König angesichts solcher hochmeisterlichen Aktivitäten bald militärisch eingreifen würde, ist kaum anders zu erwarten. So rüstet Nikolaus von Thüngen zum

Krieg, und der Hochmeister versucht das Seine zu tun. Er wendet sich an die livländischen Ordensbrüder, bittet sie um Geld und Soldaten; er schickt Boten im Lande umher und ersucht die Komture um Hilfstruppen. Selbst Litauen steht auf dem Reiseprogramm der Ordensabgesandten: Die Litauer möchten sich doch bitte bei dem drohenden Konflikt dem Orden gegenüber wenigstens nicht feindselig verhalten.

Als besondere Mißachtung seiner Majestät empfindet es König Kasimir, daß der neue Hochmeister ihm noch immer nicht gehuldigt hat, wie es im 2. Thorner Frieden festgeschrieben worden ist. Er lädt den Hochmeister zu einem Reichstag nach Petrikau vor mit der Maßgabe, das Versäumte dort nachzuholen.

Martin Truchseß von Wetzhausen denkt nicht daran, in Petrikau zu erscheinen. Er entschuldigt sich nicht einmal für sein Fernbleiben. Den Kollisionskurs, auf den er eingeschwenkt ist, verläßt er nicht mehr.

Er sieht sich dabei unverhofft mit der römischen Kurie im Bunde, denn der päpstliche Nuntius schickt aus Breslau eine Bannbulle, mit welcher er den König von Polen und dessen Thronerben öffentlich bannt. Kasimir muß sich vorhalten lassen, er habe mit Ketzern paktiert, um in ihnen Verbündete gegen den König von Ungarn zu gewinnen. Außerdem habe er die Aufforderung mißachtet, nicht den Krieg zu schüren.

Wichtiger noch fast ist ein anderer Erlaß des Nuntius, gerichtet an den Hochmeister und den Orden in Preußen insgesamt, wonach der Orden und seine Untertanen von jedweden Verpflichtungen gegen den polnischen König als Folge des Banns losgesprochen werden; alle Lehns- oder Huldigungseide werden für ungültig erklärt; außerdem wird den Bewohnern des Ordenslandes befohlen, wieder in den Gehorsam des Ordens zurückzukehren und dessen Landesherrschaft anzuerkennen. Letzteres hat nicht mehr als deklatorische Bedeutung, und alle Beteiligten wissen es. Für den Hochmeister aber ist wichtig, daß der Papst ihn von den Treueiden entbindet und ihm damit eine gewisse Rechtsposition sichert.

Natürlich kann eine solche Bulle den drohenden Krieg

nicht verhindern – es wird weiter fleißig gerüstet. Aber auch Kasimir handelt sich jetzt Schwierigkeiten ein: Im westlichen Preußen, daß er seit 1466 unter seiner Krone versammelt hat, mehrt sich der Widerstand.

Dennoch werden die Feindseligkeiten im September 1478 eröffnet. Aber schon bald versucht man sich zu einigen, scheitert jedoch an den beiderseitig vorgebrachten Maximalforderungen: Polen verlangt, daß Bischof Nikolaus von Thüngen zu verschwinden habe. Was die Ermländer zurückweisen. Der Deutsche Orden will gern Frieden halten, wenn ihm der Huldigungseid erlassen werde. Unannehmbar für Kasimir. Man geht ohne Ergebnis auseinander.

Ganz überraschend läuft dann im Dezember die Nachricht um, die Könige von Ungarn und Polen hätten einen Waffenstillstand geschlossen; womit der Deutsche Orden seinen einzigen Verbündeten los wäre. Vor einer endgültigen Friedensregelung aber will König Kasimir vollendete Tatsachen schaffen; er läßt seine Truppen weiter in Preußen kämpfen, und es gelingt ihm, dem Hochmeister den Schneid abzukaufen. Der Deutsche Orden versucht, die Feindseligkeiten einzustellen, und zwar so schnell es eben geht; Geld ist ohnehin nicht mehr aufzutreiben. Man leistet noch hinhaltenden Widerstand, aber kein Mensch sieht noch irgendeinen Sinn in dem Krieg.

Der Deutsche Orden und der Bischof von Ermland sehen keine Chance mehr, sich gegen König Kasimir noch länger zu behaupten. Nikolaus von Thüngen flüchtet nach Königsberg. Man will mit Kasimir Frieden schließen.

Und so geschieht es. Der Kirchenmann kann wenigstens sein Bistum retten, nachdem er dem polnischen König einen Treueid geleistet hat und daraufhin das Bistum förmlich zugewiesen bekommt. Auch der Hochmeister weiß keinen anderen Weg mehr, als König Kasimir den Huldigungseid zu leisten. Der sogenannte Pfaffenkrieg ist damit zu Ende.

Kampfansage an den Orden

Das Verhältnis zwischen dem Orden und dem ermländischen Bischof ist seit jeher delikat. Stets versucht der geistliche Herr, die Oberhoheit des Ordens abzuschütteln, regelmäßig ohne größeren Erfolg. Diese alten Rivalitäten brechen wieder auf, als 1489 Nikolaus von Thüngen stirbt und Lukas Watzenrode zu seinem Nachfolger gewählt wird. War Thüngen noch im Prinzip ordensfreundlich, so ändert sich das bei seinem Nachfolger grundlegend: Watzenrode ist ein ausgemachter Feind des Deutschen Ordens.

Wie häufig in solchen Fällen, ist es auch diesmal eine Kleinigkeit, die zum offenen Ausbruch der Feindseligkeiten führt: Watzenrode maßregelt den Schloßkaplan zu Barten und erklärt ihn in den Bann – dieser Kaplan ist ein Bruder des Deutschen Ordens, und der Hochmeister verbittet sich denn auch schärfstens jeden Eingriff in seine Rechte. Watzenrode schert sich nicht darum. Er behauptet seinerseits, im Recht zu sein, und wenn der Orden sich hier auf irgendwelche Privilegien berufe, so sei das alles der Schnee von gestern, denn »wo die Ursache aufhört, hört auch die Wirkung auf«, stellt er fest.

Der Orden habe die Privilegien im Morgenland während seiner verdienstvollen Kämpfe gegen die Heiden zugesprochen erhalten. Jetzt aber streite er nicht mehr gegen die Ungläubigen, womit seinen Privilegien jede Kraft und Wirkung abgehe. Er, der Bischof, habe die Macht, sich des Bannes zu bedienen, und er werde auch weiterhin davon Gebrauch machen.

Das ist eine klare Kampfansage an den Deutschen Orden, und der versteht das auch gar nicht anders.

Beide Seiten rufen den polnischen König um Schlichtung des Streites an, aber es passiert zunächst nichts – wenn man davon absieht, daß Lukas Watzenrode sich einen Coup gegen den Deutschen Orden hat einfallen lassen, den er heimlich mit dem polnischen König erörtert: König wie Bischof sind daran interessiert, den Orden aus dem Land zu drängen. Was liegt näher, als ihn seinen Aufgaben gemäß zu beschäftigen: Soll der Papst ihn doch nach Podolien versetzen, kann er doch da den Schutz der Grenze gegen die Türken und Tataren übernehmen. Das sei doch eine abendländisch wertvolle Tat und: Auf diese Weise wäre man den Orden elegant los. Der König zeigt sich beeindruckt von Watzenrodes Überlegungen und will versuchen, diesen Vorschlag dem Papst schmackhaft zu machen. Sein Schwager, der Markgraf Albrecht von Brandenburg-Ansbach, wird jedenfalls für diesen Plan gewonnen. Fehlt nur noch die Zustimmung des Kaisers.

An dessen Einspruch scheitert der Plan schließlich. So darf denn der Deutsche Orden in seinem eigenen Land allmählich zugrunde gehen ...

»Türkenzug«

Der Streit mit dem ermländischen Bischof flaut langsam ab. Rom interveniert und kann zumindest den Bischof ruhigstellen. Hochmeister Johann von Tiefen freilich wird gebeutelt: Anfang August 1496 flattert ihm eine Botschaft des polnischen Königs – seit vier Jahren ist es Johann Albrecht (1492 bis 1501) – auf den Schreibtisch mit der Aufforderung, ihm gegen die Türken und Tataren, die gerade jetzt die Grenzen des Reiches bedrohen, beizustehen. Der König beruft sich auf den Thorner Friedensvertrag von 1466, wonach der Hochmeister ihm zur Heeresfolge verpflichtet ist.

Der Hochmeister weiß, daß er sich dem nicht entziehen kann, obwohl es gar nicht gegen die Türken gehen soll, sondern gegen das unbotmäßige Fürstentum Moldau, das seit 1387 unter polnischer Lehnshoheit steht. So versucht der Hochmeister, wenigstens Zeit zu schinden – er wagt nicht, im Augenblick das Ordensland zu verlassen, fürchtet er doch den aggressiven Watzenrode. Und der dient ihm denn auch als Argumentationshilfe: Der König sehe wohl ein, daß er, der Hochmeister, während eines solchen Streits mit dem

Nachbarn seine Untertanen nicht verlassen dürfe, auch seien die Stände des Landes nicht bereit, ihren Landesherrn außer Landes zu lassen, bevor der Streit beigelegt sei. So läßt er sich vernehmen.

König Johann Albrecht kann das zwar verstehen, drängt gleichwohl auf die geforderte Hilfe. Freilich setzt er dem ermländischen Bischof zu und versucht, zwischen den Streithähnen zu vermitteln. Als dann auch noch Rom aktiv wird, gelingt ein leidlicher Ausgleich der Interessen.

Die Rüstungen für den »Türkenzug« machen größte Schwierigkeiten; noch immer verfügt der Orden nicht über genügend Geld, noch immer zahlt er alte Soldschulden ab. Es gelingt dennoch, etwa vierhundert Mann kriegsmäßig auszurüsten; Ende Mai 1497 rückt man aus Königsberg aus. Noch während des langen Anmarsches erkrankt Hochmeister Johann von Tiefen schwer. Man ist längst über Lemberg hinaus, trägt ihn aber zurück in die Stadt. Er schreibt an den König: »Ich liege hier in der Gewalt des allmächtigen Gottes, seinen göttlichen Willen erwartend zur seligen Stunde.« Er bittet ihn, dem livländischen Ordensteil gegen die Russen zu helfen, die das Land bedrohen. Wenige Tage später stirbt er; man überführt seine Leiche nach Königsberg und bestattet sie im Dom.

Johann von Tiefen hat seinem Orden richtungweisende Gedanken hinterlassen: Zu Hochmeistern sollen künftig Fürstensöhne aus dem Reich gewählt werden; Hochmeister dieser Herkunft könnten möglicherweise dem polnischen König energischer gegenübertreten und diesen Angstgegner in seine Schranken weisen; ein solcher Hochmeister könnte auch – und das war der eigentliche Hintergrund der Überlegungen Johann von Tiefens – das Interesse des Reiches und der Fürsten am Ordensland wieder aktivieren. Wird ein Fürstensohn Hochmeister, dürften sich damit auch die fürstlichen Familien – untereinander versippt und verschwägert – verpflichtet fühlen, etwas für den Orden und für das Ordensland zu tun; zum Beispiel für gute Stimmung bei jeder Gelegenheit auf Reichs- und Fürstentagen zu sorgen, vor allem aber Geld lokkerzumachen; außerdem solle der Adel wieder einen Sinn darin sehen, in den Orden einzutreten.

Jagdhunde aus Rom

Hochmeister Johann von Tiefen hatte schon in dieser Richtung Verhandlungen mit dem sächsischen Herzogshaus angeknüpft; seine Verpflichtung zum Türkenzug hatte die Gespräche jedoch unterbrochen. Sie werden wiederaufgenommen nach seinem Tod, und alsbald ist man sich einig: Herzog Friedrich von Sachsen, fünfundzwanzig Jahre jung und von Kindesbeinen an für den geistlichen Stand bestimmt, wird Hochmeister.

Nichts hat er bisher mit dem Orden zu tun gehabt; er wird eigens zu dem Zweck eintreten, sich in das Amt wählen zu lassen. Welch Wandel der Zeiten, welch stille Revolution innerhalb des Ordens! Friedrich, der Hoffnungsträger – man wird sehen, ob die Rechnung aufgeht.

Vorerst aber ist der Fürstensproß mit großem Gefolge unterwegs in Richtung Ordensland. Als er an den Grenzen erscheint, wird er mit allen gebührenden Ehren von Vertretern der Ritterschaft, der Stände und des Ordens empfangen – ganz großer Bahnhof. Friedrich wird am 29. September 1498 vor dem versammelten Ordenskapitel förmlich und feierlich zum Hochmeister gewählt und in seinem Amt eingeführt.

Der Sachse ist ein tatkräftiger junger Mann, charmant und vergleichsweise gebildet dazu (er hat die Universitäten Siena und Leipzig besucht). Dem polnischen König verweigert er den Huldigungseid und bereist im übrigen sein Land, und der Orden nickt wohlgefällig dazu.

Das Wohlwollen mindert sich ein wenig, als der frischgebackene Hochmeister den Komturen erläutert, was seinem fürstlichen Gaumen vorwiegend munde – Wildbret aller Art, Fleisch, Fisch, Butter, Wein selbstverständlich – und er doch dringend bitte, ihn auf das beste zu versorgen. Damit keine Versorgungsengpässe auftreten, verfügt er, daß die Komtureien Balga und Brandenburg fortan ausschließlich für die Versorgung seiner Hofhaltung zuständig seien.

Im Jahr darauf hat Friedrich es mit dem unkeuschen Ersuchen des polnischen Königs zu tun, mit geziemender Kriegsmacht zu einem neuen Türkenzug zu rüsten. Wozu der Hochmeister nun nicht die geringste Neigung verspürt. Er läßt dem Kollegen König erklären: Es betrübe ihn zwar, daß der König und seine Lande durch die Feinde des Kreuzes in solcher Bedrängnis seien, er aber habe das Ordensland so schwer mit Schulden belastet gefunden, die nicht allein durch die alten, mit dem Königreich Polen geführten Kriege, sondern auch noch durch die letzten Verluste erhöht worden seien, welche der verstorbene Hochmeister im Dienste des Königs in der Walachei erlitten habe. Und das Land habe sich von diesen Verlusten an Pferden, Harnisch, Geschoß und Kriegsleuten noch so wenig erholt, daß es ihm jetzt unmöglich sei, dem König mit irgendeiner ansehnlichen Kriegshilfe Beistand zu leisten. Wenn das Land erst wieder bei Kräften sei, ließe sich immer noch darüber reden.

Das ist dem König der Polen denn doch etwas zuviel, und er lädt den Hochmeister zum Reichstag vor, damit er ihm den Huldigungseid leiste. Friedrich bleibt bei seiner Weigerung. Kaltschnäuzig erklärt er, er habe sich durch keinen Vertrag zum Erscheinen vor dem König verpflichtet, wolle aber zu gegebener Zeit, wenn etwa der König einmal nach Preußen komme, sich gerne mit ihm über die Verhältnisse näher unterhalten – und im übrigen werde man sehen.

Polens König unternimmt nichts.

Binnen kurzem ist Friedrich ein populärer Mann. Seine Art, sich in der Öffentlichkeit zu geben, kommt an, und landauf, landab ist er wohlgelitten. Man schätzt seine Art, sich auch um Kleinigkeiten zu kümmern, und man lobt seinen Sinn für Gerechtigkeit. Daß er ein Lebemann ist, sieht man ihm gerne nach, ist er doch einer mit Manieren. Säuerlich reagieren nur die Komture, wenn sie schon wieder ermahnt werden, die hochmeisterliche Küche doch bitte sehr mit dem Nötigsten zu versorgen. Friedrich ist auch ein lei-

Sandweg bei Memel. Zeichnung von Lieselotte
Plangger-Popp, Bozen
(Quelle: Eugen Diederichs Verlag, München)

denschaftlicher Jäger, läßt sich sogar Jagdhunde aus Rom kommen und befiehlt den Komturen, Auerochsen, Elche und anderes jagbares Wild soweit wie möglich zu schonen, damit er ihm um so erfolgreicher nachstellen könne. Selbstverständlich bestraft er Jagdfrevel auf das strengste, untersagt aber andererseits auch, den Bauern bei solchen Jagdausflügen mehr Schaden als nach den Umständen nötig zuzufügen.

Wenn er dann noch Zeit hat, widmet er sich der Landesverwaltung – er hat sogar ein glückliches Händchen dabei. In sämtlichen allgemeinen wichtigen Angelegenheiten beruft er seine Gebietiger und Ordensbeamte sowie die Landesstände zusammen. So fühlen sich alle mit in die Verantwortung gezogen, wollen, daß es vorwärtsgeht. Friedrich kümmert sich darüber hinaus um unendlich viele Einzelheiten: Fast alle Begehren, die seine Amtsstube erreichen, macht er zur Chefsache und entscheidet höchstselbst darüber. Auch die innere Verwaltungsstruktur ändert sich unter seiner Ägide. Die Ordensbeamten werden peu à peu von weltlichen Räten verdrängt, aus dem Adel des Landes werden sogenannte Landesräte berufen. Ein frischer Wind weht durch die seit langem muffig gewordenen Amtsstuben – allenthalben hat man das Gefühl, wieder durchatmen zu können.

Der Hochmeister räumt auf, er schafft Ordnung. Komture und Ordensbeamte werden ständig zu Disziplin, zu Pflicht ermahnt, unnachsichtig verlangt er Gehorsam und peinlich genaue Ausführung seiner Anordnungen. Besonders gefürchtet sind seine – häufig mit Jagdausflügen verbundenen – Visitationsreisen, bei denen er so manche Schlamperei aufdeckt und abstellt. Er etabliert sogar eine Revisionsabteilung, die die Jahresabrechnungen der Komture nachzuprüfen hat, und zwar an Ort und Stelle.

Überhaupt die Finanzen: Friedrich achtet streng auf Sparsamkeit. Besonders bei den anderen, weniger bei seinem eigenen Hausstand. Dem Komtur von Preußisch Holland zum Beispiel untersagt er mehrmals nachdrücklich, ausgedehnte Gastmähler zu veranstalten. Zimperlich im Umgang mit seinen Verwaltungsleuten ist er nicht: Zeigen sie sich unfähig, pflichtvergessen oder widerspenstig, entläßt er sie kurzerhand aus dem Amt; das gleiche kann Ordensleuten passieren, wenn sie die Untertanen ungerecht behandeln; die Ritterschaft maßregelt er, wenn sie seinen Verordnungen nicht Folge leistet.

Um die Einnahmen des Landes – und damit auch seine eigenen – zu erhöhen, versucht er, den Handel anzukurbeln. Er braucht dazu aber den Frieden mit den großen Städten, allen voran Danzig, und unternimmt in dieser Richtung erste Schritte. Nach wie vor stehen ihm die Einnahmen aus dem Bernstein- und Honigverkauf zu; Fische aus herrschaftlichen Seen werden für des Hochmeisters Rechnung verkauft und so auch Konzessionen für die Fischerei im Frischen Haff vergeben. Geld fließt auch aus dem Salzhandel, und es scheint, daß der Hochmeister für seine Rechnung auch einen Viehandel aufgezogen hat. Natürlich reicht das alles nicht aus, die Finanzen des Ordens zu sanieren, aber: Ein bißchen Hoffnung glimmt doch.

Eine allmähliche Umwandlung

Tages Arbeit, abends Gäste, saure Wochen, frohe Feste – Friedrich von Sachsen weiß, was er seinen Landeskindern, sofern von Adel, schuldig ist. Zur Fastnachtzeit richtet er gewöhnlich einigen Brautpaaren auf dem Königsberger Schloß eine festliche Hochzeit aus, wozu er jedesmal einen großen Teil des Landadels mit Frauen und Töchtern einlädt. Man bleibt einige Tage lang auf dem Schloß und amüsiert sich köstlich, in jeder Beziehung. Nur an solchen Hochzeitsfesten dürfen Frauen in der Umgebung der Ordensritter erscheinen. Im übrigen hält Friedrich an dem alten Gesetz fest, nach welchem keine Frauen in die Ordenshäuser eingelassen werden. Zumindest nicht offiziell.

Auch noch in anderer Hinsicht kann Friedrich einen, freilich zweifelhaften, Erfolg verbuchen: Es bewerben sich mehr junge Edelleute in Deutschland um Aufnahme in den Orden, als dem Hochmeister lieb ist. Dem Deutschmeister im Reich gibt er denn auch barsch zu verstehen, daß er sich den Zuzug neuer Ritter verbitte, weil ihre Zahl in Preußen schon viel zu groß sei – kaum, daß die Mittel für ihren Unterhalt noch ausreichten, nein, viele lägen dem Orden auf der Tasche. Schmarotzer also. – Es handelte sich hierbei wohl nicht um die Creme des Adels, sondern es werden Schickimickis gewesen sein, die damals in den Orden drängten. – Friedrich bringt dadurch allerdings den Deutschmeister in Verlegenheit, weil der nun fürchten muß, daß so manches Adelshaus beleidigt reagiert.

Der Hochmeister läßt jeden Respekt vor altehrwürdigen Ordenstraditionen vermissen. Unter seiner Führung beginnt die allmähliche Umwandlung des Ordensstaates in ein Territorialfürstentum. Am Herzen liegt ihm eine effektive Verwaltung: Steuern und sonstige Abgaben müssen pünktlich entrichtet werden, da versteht er keinen Spaß.

Der Hochmeister, bislang in seinem Wollen eingebunden in die Korporation, verwandelt sich in der Person Friedrichs in einen souverän herrschenden Fürsten. Die Komture werden bei ihm zurückgestuft zu Distriktsverwaltern; daß sie Brüder eines Ordens sind, spielt bei Friedrich keine Rolle mehr. Effektivität ist gefragt; vielfach ersetzt er die ordensbrüderlichen Verwalter durch fähige Verwaltungsbeamte aus dem Reich.

Verstöße gegen die Ordensdisziplin gelten ihm nicht mehr als so gravierend. Es gibt zwar noch Fälle, wonach besonderer Ungehorsam, unordentlicher Lebenswandel und anderes bestraft werden, Anordnungen aber, die das innere Ordensleben reformieren würden, ergehen nicht.

Das außenpolitische Problem Nummer eins aber bleibt Polen, und es bleibt die Tatsache, daß es auch Friedrich von Sachsen nicht gelingt, den Konflikt zu entschärfen. Wo immer er anklopft, Hilfe gegen den polnischen König findet er nicht, weder im Reich noch anderswo. Schließlich geht er, um einen Krieg mit Polen zu vermeiden, auf Bitten der Gebietiger nach Deutschland. Das geschieht im Jahre 1507.

Friedrich sollte das Ordensland nicht wiedersehen: 1510 stirbt er überraschend.

Finale in Krakau

Unverdrossen hält der Orden Ausschau nach einem neuen Fürsten; vielleicht klappt es diesmal mit der Hilfe aus dem Reich. Es ist der Markgraf Albrecht von Brandenburg-Ansbach, ein Neffe des polnischen Königs Sigismund I. (1507 bis 1548), dem man diesmal die Hochmeisterwürde anträgt. Schnell wird man sich handelseinig. Albrecht tritt in den Deutschen Orden ein und wird 1511 zum Hochmeister gewählt; einundzwanzig Jahre ist er erst alt.

Der Hochmeister findet einen Bündnispartner, mit dem

zunächst nicht zu rechnen gewesen war: Es ist Kaiser Maximilian I. (1508 bis 1519). Bündnispartner aber nicht, weil dem Kaiser an einer Wiederbelebung des Deutschen Ordens liegt, sondern weil er sich in seiner Hausmachtpolitik – sprich: Heiratspolitik – vom polnischen König gestört fühlt. So arbeitet er denn auf ein Bündnis gegen den Polenherrscher hin, und zwar eines zwischen den norddeutschen Fürsten, dem Königreich Dänemark und Moskau. Letzteres ist ohnehin mit Polen verfeindet.

Kriege aber stören nur den geordneten Ablauf der Dinge, bringen alles durcheinander, bergen unkalkulierbare Risiken. Deshalb ist es guter Brauch des Hauses Habsburg, Kriege möglichst zu vermeiden. Heiraten ist viel besser. Und so gelingt es denn auch Maximilian, die habsburgische Erbfolge in Ungarn und Böhmen zu sichern. Darum nämlich ging der Streit mit dem polnischen König. Der Deutsche Orden und Hochmeister Albrecht sind nun nicht mehr vonnöten, man braucht sie nicht mehr. Der Kaiser läßt sie fallen.

Albrecht freilich setzt die Bündnispolitik auf eigene Faust fort, und die Sache läuft auf Krieg hinaus. Darüber nicht gerade erfreut, wollen die Stände vorbeugen, um dies zu verhindern. Albrecht interessiert das nicht sonderlich, weiß er sich doch – so seine feste Überzeugung – der Waffenhilfe der deutschen Reichsfürsten sicher. Da er Rußland und Dänemark ebenfalls auf seiner Seite glaubt, beginnt er 1519 zu rüsten, und am 1. Januar 1520 bricht er den sogenannten Reiterkrieg vom Zaun, als er Braunsberg überrumpelt. Ein Jahr lang wogen die Kämpfe mit unterschiedlichem Ausgang im Ermland und im Weichselgebiet hin und her.

Der Krieg selbst verläuft für den Orden unglücklich.

Danzig und Elbing, aber auch die Stände in den westpreußischen Gebieten fürchten nichts so sehr als die Wiederaufrichtung einer Ordensherrschaft; sie unterstützen den polnischen König mit Geld und Soldaten. Die deutschen Fürsten, auf deren Hilfe Albrecht fest gebaut hatte, ziehen sich vornehm zurück; Söldner, die man hatte anwerben können, machen auf dem Stiefelabsatz kehrt, sobald die Zahlungen aufhören.

Auf Vermittlung des Kaisers – es ist jetzt Karl V. (1520 bis 1556) – wird 1521 in Thorn ein Waffenstillstand geschlossen. Ein Schiedsgericht soll die strittigen Punkte klären.

Bis das zusammentritt, begibt Albrecht sich ins Reich, um persönlich Hilfe zu erbitten. Sowie er aber erscheint, fallen die Türen ins Schloß. Der Bittsteller wird abgewiesen, wo immer er auftaucht.

Im Reich hat man anderes zu bedenken und anderes zu tun. Martin Luther hat die Reformation ausgelöst, und die ersten Bauernunruhen versetzen das Land in Angst und Schrecken. Der Deutsche Orden gerät dabei völlig ins Hintertreffen.

Auf seinem Zug durch das Reich hört Hochmeister Albrecht von Brandenburg in Nürnberg den Reformator Andreas Osiander; er beginnt, sich für die Sache der Reformation zu erwärmen. Reformatorische Ideen sind inzwischen auch bis ins Ordensland vorgedrungen, und der Landesverweser des abwesenden Hochmeisters und zugleich Bischof von Samland, Georg Polentz, duldet dies. Albrecht ist unsicher, was er tun soll – schließlich trifft er sich im September 1523 heimlich mit Luther. Der Augustinermönch gibt ihm wahrscheinlich den Rat, den Orden aufzulösen und eine weltliche Herrschaft in Preußen zu begründen. Ein Jahr später, 1524, trägt eine Gesandtschaft der Stände den Wunsch nach Reformation vor; Albrecht weiß jetzt, was er zu tun hat.

Das wichtigste ist zunächst, einen Frieden zwischen dem Deutschen Orden und Polen zustande zu bringen.

Der Hochmeister kann nicht direkt mit dem polnischen König verhandeln und bittet Herzog Friedrich von Liegnitz sowie seinen Bruder Markgraf Georg von Brandenburg um diesen Dienst.

Die Verhandlungen kommen rasch voran. Man setzt sich in Krakau in der zweiten Märzwoche 1525 zusammen und ist schon Ende des Monats am Ziel. Jetzt kann der Hochmeister selber in Erscheinung treten: Am 2. April trifft er in Krakau, der Hauptstadt des polnischen Reiches, ein, angetan mit den Insignien seiner Würde. König Sigismund empfängt ihn äußerst zuvorkommend, und am 8. April wird Frieden geschlossen. Die wichtigsten Regelungen: Der Besitzstand des Ordensstaates Preußen bleibt erhalten; König Sigismund erkennt Albrecht als erblichen Herzog in Preußen an, sofern der ihm den Lehnseid für sich und seine Erben leistet; die Brüder des Herzogs aus der fränkischen Linie werden mitbelehnt; erst nach dem Aussterben aller männlichen Erben des Herzogs soll das Land an die Krone Polens fallen.

Der Deutsche Ritterorden wird in dem Vertrag gar nicht mehr erwähnt, und der Friedensvertrag – das ist für Albrecht im Augenblick wichtig – bezieht auch keine Stellung zur Reformation. Festgeschrieben ist lediglich die Kirchenhoheit des Herzogs, der daraus die Berechtigung für eine Reformation herleiten kann.

Tags darauf, am 9. April, huldigen die Stände ihrem neuen Herzog und nehmen den Friedensvertrag in allen seinen Punkten an. Am 10. April endlich wird Albrecht von Brandenburg feierlich mit dem alten Ordensstaat Preußen belehnt. Schauplatz der Zeremonie ist Polens Hauptstadt Krakau.

Neben dem Rathaus hat man eine hohe Tribüne gezimmert, sie mit golddurchwirkten Teppichen und reichgeschmückten roten Tüchern behängt. Auf dieser Tribüne erscheint der polnische König, die mit Perlen und mit Edelsteinen gezierte Krone auf dem Haupt, angetan mit dem königlichen Mantel. Sigismund I. wird begleitet von neun Bischöfen, dem Vertreter des Königs von Ungarn, einer großen Zahl von Woiwoden und Räten, darunter die Vertreter von Thorn und Elbing, außerdem vielen Rittern und Edelleuten. Hofbeamte tragen die Reichsinsignien herbei: Zepter, Reichsapfel und Schwert. Zweitausend Mann Fußvolk umgeben den Herrscher, bewaffnet mit Büchsen, Spießen und Helebarden.

Als sich der König auf der Tribüne niedergelassen hat, erscheinen vor ihm sieben Räte Albrechts, an ihrer Spitze Bischof Erhard von Pomesanien, lassen sich auf die Knie nieder und bitten den König im Namen ihres Herrn um die Belehnung. Der König antwortet durch seinen Sprecher, den Bischof von Krakau, und willigt gnädig die Belehung ein.

Jetzt betritt Herzog Albrecht die Szene, begleitet von seinem Bruder Georg und dem Herzog Friedrich von Liegnitz. Mit ihnen schreiten alle seine Räte und Abgeordnete aus Preußen einher. Albrecht nähert sich gemeinsam mit seinem Bruder und dem Herzog von Liegnitz dem König, bedankt sich für die Gunst und Gnade und verspricht der Krone Polens feste, unwandelbare Treue.

Auch diese drei sinken vor dem polnischen König auf die Knie. Der König nimmt die Lehnsfahne in die Hand. Es ist ein Panier aus weißem Damast, auf den ein schwarzer Adler mit goldenen Krallen, mit einer goldenen Krone um den Hals und goldenen Streifen in den Flügeln gewirkt ist. Auf der Brust des Vogels schimmert ein silbernes S – die Initiale soll die Erinnerung an den Lehnsherrn Sigismund wachhalten.

Jetzt ergreift Albrecht das Panier und schwört dem König und der Krone Polens den Huldigungseid auf das Evangelium, das die Bischöfe von Gnesen und Krakau dem König auf den Schoß gelegt haben.

Sigismund ergreift das Reichsschwert. Herzog Albrecht – er hatte sich inzwischen erhoben – kniet nochmals nieder, wird vom König mit drei Schlägen zum Ritter geschlagen und danach mit einer schweren goldenen Kette geschmückt. Schließlich wird ihm das Lehnspanier übereicht.

Den Abschluß der Zeremonie bildet ein feierliches Hochamt, dem sich ein glänzendes Gastmahl anschließt. Endlich wird der Herzog vom König mit reichen Geschenken geehrt.

Am 9. Mai ist er zurück in Königsberg, wird dort mit lautem Jubel empfangen und nimmt die Huldigung der Stände entgegen. Überhaupt wird das Ende der Ordensherrschaft im Land überall freudig begrüßt. Auch die meisten der noch verbliebenen Ordensritter stimmen Herzog Albrecht zu – sie legen den weißen Ordensmantel ab. Diejenigen aber, die sich dazu nicht durchringen können oder mögen, gehen nach Deutschland, wo der Deutschmeister alsbald den Titel eines Hoch- und Deutschmeisters annimmt. Er versucht noch, Kaiser und Papst zu einer gewaltsamen Aktion gegen den Herzog von Preußen zu veranlassen ... aber vergeblich.

Ausklang

In dem Augenblick, als Albrecht von Brandenburg 1525 den Lehnseid auf die polnische Krone leistet, hört der Deutsche Orden auf zu bestehen – und der Ordensstaat verwandelt sich in das Herzogtum Preußen. Orden und Ordensstaat gehören im selben Augenblick der Vergangenheit an, und die weitere Entwicklung des Herzogtums hat mit dem Ritterorden nichts mehr zu tun.

Die Konvente lösen sich auf; manche Ritter werden protestantisch, andere wollen katholisch bleiben; manche treten in die Dienste des Herzogs und lassen sich auf Dauer im Land nieder, andere kehren zurück ins Reich.

Es beginnt die Geschichte eines Landes, das sich später aus der polnischen Lehnshoheit löst und als brandenburgisch-preußischer Staat unter Kurfürst Friedrich Wilhelm, genannt der Große Kurfürst (1640 bis 1688), zur Keimzelle einer späteren – dann nur noch »preußisch« genannten – europäischen Großmacht wird.

Livland steht immer ein bißchen im Schatten Preußens. Ordensgeschichte wird in Preußen geschrieben, und bis ins 16. Jahrhundert hinein werden hier die geschichtsrelevanten Kräfte wirksam: Polen und Litauen vor allem, die im Ordensstaat Preußen ihren Gegner sehen. An Livland sind sie nicht in dem Maße interessiert.

Wirklich gefährlich wird es für den Deutschen Orden in Livland erst, als Rußland sich allmählich von der Mongolenherrschaft befreien kann und sich westwärts zu orientieren beginnt. Großfürst Iwan III. von Moskau (1462 bis 1505) erobert das Land Nowgorod (1478), sein Nachfolger Wassili III. (1505 bis 1533) Pleskau (1510), womit Rußland unmittelbarer Nachbar Livlands wird. Schon vorher hatte Iwan III. Livland kurzerhand zu seinem Eigentum erklärt, das ihm von Rechts wegen zustehe, und er putzt die Livländer, die das heftig bestreiten, herunter: »Wißt Ihr denn nicht, daß der Großfürst der mächtigste Herr unter der Sonne ist ... Ihr aber alle in Livland sitzt wie die Schweine in einem Schweinetrog. Ihm gehört das Land, und er wird alle Ritter mit Ruten aus dem Land jagen.« Die Livländer zeigen sich unbeeindruckt, woraufhin Iwan III. losschlägt. Es ist der erste Waffengang Moskaus mit dem Abendland, und er endet 1502 mit einer Niederlage des Großfürsten.

Für das nächste halbe Jahrhundert herrscht Ruhe, dann aber entbrennt der Kampf nur um so heftiger. Zar Iwan IV. (1547 bis 1584), »der Schreckliche«, Enkel Iwans III., macht den Krieg gegen Livland zur Aufgabe seines Lebens. Er sollte sich fünfundzwanzig Jahre lang hinziehen, von 1557 bis 1582, ohne aber den ersehnten Erfolg zu bringen, den Durchbruch zur Ostsee nämlich. Gleich die ersten beiden Kriegsjahre bereiten hingegen dem livländischen Ordensgebiet das Ende. An dieser Stelle soll der Historiker und Hochmeister Marian Tumler zu Wort kommen: »Livland brachte kein Heer auf, um den Russen entgegenzutreten. So konnten diese Stadt um Stadt und Burg um Burg erobern. Nur einmal kam es zum Einsatz einer kleinen Ordensmacht von hundertzwanzig Brüdern und fünfhundert Landsknechten. Diese überfielen bei Ermes das russische Lager, in dem nach Angaben der Späher nur der feindliche Vortrab stand – es war aber die gesamte Macht der Russen. Das kleine Aufgebot des Ordens wurde nach heldenmütigem Widerstand aufgerieben. Als auch die Hoffnung auf Hilfe von seiten der Dänen und Schweden fehlschlug, warf sich Gottfried Ketteler, der letzte Landmeister, 1561 den Polen in die Arme und legte das Ordenskleid ab. Seine Hoffnung, Herzog von Livland zu werden, erfüllte sich aber nicht. Polen überließ ihm nur das kleine Kurland und behielt das übrige Gebiet für sich.«

Die gern mit dem dramatischen Begriff »Staatsstreich« belegte Umwandlung des Ordensstaates in ein Herzogtum trifft den Deutschen Orden im Reich weniger hart, als zunächst vermutet wird. Die Empörung über den Coup des Hochmeisters Albrecht von Brandenburg ist natürlich gewaltig, aber vollkommen nutzlos. Der Deutsche Orden im Reich, mit dem Deutschmeister an der Spitze, verfügt zu keiner Minute über die Macht, das Geschehene etwa revidieren zu können. Kaiser Karl V. hat Albrecht zwar in die Reichsacht gelegt, aber weder er noch die Reichsfürsten wollen ihn ernstlich befehden.

Dem Deutschmeister ist es in gewisser Weise gelungen, einen Teil der Ordensgebiete im Reich zu einer geschlossenen Herrschaft zu vereinigen, als »Staat« zu etablieren, wie er etwa in Preußen besteht, freilich ohne je dessen Ausmaß und Bedeutung zu erlangen. Der Orden im Reich wird jedoch nicht unmittelbar in einen Absturz hineingezogen.

Dennoch bleibt der Abfall Preußens ein schwerer Schlag; der Orden muß zusehen, den Schaden möglichst klein zu halten; er muß alle Anstregungen unternehmen, daß ihm nicht irgendwelche Territorien im Reich auf gleiche oder ähnliche Weise verlorengehen. Dies gelingt.

Im 14. Jahrhundert noch hatte sich der Deutschmeister vergeblich bemüht, den Hochmeister aus seiner Stellung als obersten Herrn des Ordens zu verdrängen. Jetzt ist die Gelegenheit insofern günstig, als die Ordensstatuten einen Hochmeister verlangen, aber keiner mehr vorhanden ist. So beansprucht der Deutschmeister denn auch prompt seine Anerkennung als Ordensoberhaupt auf Zeit. Die Wahl eines neuen Hochmeisters hätte bedeutet, daß der Deutsche Orden den Staatsstreich Albrechts und den endgültigen Verlust Preußens anerkennt. Was er aber auf jeden Fall vermeiden will.

Nach langen und zähen Bemühungen gelingt es dann dem 1526 gewählten neuen Deutschmeister Walter von Cronberg, seine Anerkennung als Ordensoberhaupt auf Zeit und damit als Administrator des Hochmeisters innerhalb und außerhalb des Ordens durchzusetzen.

Die neuen Verhältnisse werden bei einem Ordenskapitel

festgeschrieben. Kaiser Karl V. belehnt 1530 Walter von Cronberg mit den hochmeisterlichen Rechten und mit dem Land Preußen. Sitz des Hochmeisters ist jetzt Mergentheim. Der Wunsch, somit Preußen wieder in den Herrschaftsbereich des Ordens zu bekommen, bleibt aber auf ewig ein frommer Gedanke.

Napoleon Bonaparte (1804 bis 1814 sowie 1815) hebt 1809 den Deutschen Orden in den Rheinbundstaaten auf und spricht dessen Besitz seinen deutschen Verbündeten zu. Der Sitz des Ordens wird nach Wien verlegt, und wie bisher schon werden stets nur Angehörige des Hauses Habsburg zu Hochmeistern gewählt.

Das Ende des Ersten Weltkriegs bedeutet den Untergang der Habsburger Monarchie ... Der Deutsche Orden verwandelt sich in einen reinen Priesterorden, als der er noch heute in Österreich, der Bundesrepublik Deutschland und Südtirol existiert.

Bibliographie

Arbusow, Leonid: Grundriß der Geschichte Liv-, Est- und Kurlands. 3. Auflage, Riga 1908

Arnold, Udo und Biskup, Marian (Hrsg.): Der Deutschordensstaat. Preußen in der polnischen Geschichtsschreibung der Gegenwart. Marburg 1982

Benninghoven, Friedrich: Der Orden der Schwertbrüder. Köln 1965

Benninghoven, Friedrich: Die Burgen als Grundpfeiler des spätmittelalterlichen Wehrwesens im preußisch-livländischen Deutschordensstaat. In: »Die Burgen im deutschen Sprachraum«, Sigmaringen 1976

Benninghoven, Friedrich: Zur Technik spätmittelalterlicher Feldzüge. In: »Zeitschrift für Ostforschung«, 19/1970

Bitter, Wilhelm (Hrsg.): Massenwahn in Geschichte und Gegenwart. Stuttgart 1965

Boockmann, Hartmut: Der Deutsche Orden. München 1981

Borst, Arno (Hrsg.): Das Rittertum im Mittelalter. Darmstadt 1976

Borst, Arno: Lebensformen im Mittelalter. Frankfurt am Main 1973

Borst, Otto: Alltagsleben im Mittelalter. Frankfurt am Main 1983

Bühler, Johannes: Fürsten, Ritterschaft und Bürgertum von 1100 bis um 1500. »Deutsche Geschichte«, Berlin 1935

Caspar, Erich: Hermann von Salza und die Gründung des Deutschordensstaates in Preußen. Tübingen 1924

Charpentier, John: Die Templer. Berlin 1981
Cohn, Willy: Hermann von Salza. In: »Abhandlungen der Schlesischen Gesellschaft für vaterländische Cultur«, Heft 4, Breslau 1930

Daenell, Erich: Die Blütezeit der deutschen Hanse. 2 Bände, Berlin 1906
Deschner, Karlheinz: Das Kreuz mit der Kirche. Düsseldorf 1974
Dhondt, Jan: Das frühe Mittelalter. »Fischer Weltgeschichte«, Band 10, Frankfurt am Main 1968
Dollinger, Philippe: Die Hanse. Stuttgart 1986

Eimer, Brigitta: Gotland unter dem Deutschen Orden. Innsbruck 1966
Erbstösser, Martin: Die Kreuzzüge. Gütersloh 1977
Ewald, Albert Ludwig: Die Eroberung Preußens durch die Deutschen. 4 Bände, Halle 1872-1886

Favreau, Marie-Luise: Studien zur Frühgeschichte des Deutschen Ordens. Stuttgart 1974
Fleckenstein, Josef und Hellmann, Manfred (Hrsg.): Die geistlichen Ritterorden Europas. Sigmaringen 1980
Forstreuter, Kurt: Der Deutsche Orden am Mittelmeer. Bonn-Bad Godesberg 1967
Frischler, Kurt: Das Abenteuer der Kreuzzüge. München 1973
Freytag, Gustav: Bilder aus der deutschen Vergangenheit. Band 2, Leipzig 1923

Gabrieli, Francesco: Die Kreuzzüge aus arabischer Sicht. Zürich 1973
Ganshof, François Louis: Was ist das Lehnswesen? 5. Auflage, Darmstadt 1977
Gillingham, John: Richard Löwenherz. Düsseldorf 1981
Gradenwitz, Peter (Hrsg.): Das Heilige Land in Augenzeugenberichten. München 1984

Gurjewitsch, Aaron: Das Weltbild des mittelalterlichen Menschen. Dresden 1978

Haller, Johannes und Dannenbauer, Heinrich: Von den Staufern zu den Habsburgern. Berlin 1960
»Handbuch der historischen Stätten. Ost- und Westpreußen«. Hrsg. von Erich Weise, Stuttgart 1966
Heimpel, Hermann: Der Mensch in seiner Gegenwart. 2. Auflage, Göttingen 1957
Heinrich von Lettland: Lettland-Chronik. Darmstadt 1959
Helbig, Herbert und Winrich, Lorenz (Hrsg.): Urkunden und erzählende Quellen zur deutschen Ostsiedlung im Mittelalter. Band 1, Darmstadt 1970
Helmold von Bosau: Slawenchronik. Darmstadt 1963
Hinze, Christa und Diederichs, Ulf (Hrsg.): Ostpreußische Sagen. Köln 1983
Holl, Adolf: Der letzte Christ – Franz von Assisi. Stuttgart 1982
Horst, Eberhard: Friedrich der Staufer. Düsseldorf 1975
Hubatsch, Walther: Monfort und die Bildung des Deutschordensstaates im Heiligen Lande. Göttingen 1966
Hubatsch, Walther: Quellen zur Geschichte des Deutschen Ordens. Göttingen 1954

»Kaiser Karls IV. Jugendleben von ihm selbst erzählt«. Leipzig 1885
Kehlert, Otto: Die Insel Gotland im Besitz des Deutschen Ordens. Dissertation, Königsberg 1887
Kluger, Helmuth: Hochmeister Hermann von Salza und Kaiser Friedrich II. Marburg 1987
Krollmann, Christian: Politische Geschichte des Deutschen Ordens in Preußen. Königsberg 1932

Lecler, Joseph: Geschichte der Religionsfreiheit im Zeitalter der Reformation. Band 1, Stuttgart 1965
Le Goff, Jaques: Das Hochmittelalter. »Fischer Weltgeschichte«, Band 11, Frankfurt am Main 1965

Lehmann, Johannes: Die Kreuzfahrer. München 1976
Lehmann, Johannes: Die Staufer. München 1978

Maschke, Erich: Der deutsche Ordensstaat. Hamburg 1935
Maschke, Erich: Domus Hospitalis Theutonicorum. Bonn-Bad Godesberg 1970
Mayer, Hans Eberhard: Geschichte der Kreuzzüge. 5. Auflage, Stuttgart 1980
Militzer, Klaus: Die Entstehung der Deutschordensballeien im Deutschen Reich. 2. Auflage, Marburg 1981

Pernoud, Règine: Die Kreuzzüge in Augenzeugenberichten. München 1971
Peter von Dusburg: Chronik des Preußenlandes. Darmstadt 1984
Petzoldt, Leander: Historische Sagen. 2 Bände, München 1976
Pipes, Richard: Rußland vor der Revolution. München 1977
Pörtner, Rudolf: Operation Heiliges Grab. Düsseldorf 1977
Prutz, Hans: Die geistlichen Ritterorden. Berlin 1908
Prutz, Hans: Kulturgeschichte der Kreuzzüge. Berlin 1883

Rimscha, Hans von: Geschichte Rußlands. 2. Auflage, Darmstadt 1970
Röhricht, Reinhold: Die Belagerung von Akkon. In: »Forschungen zur Deutschen Geschichte«, Band 16, 1876
Romano, Ruggiero und Tenenti, Alberto: Die Grundlegung der modernen Welt – Spätmittelalter, Renaissance, Reformation. »Fischer Weltgeschichte«, Band 12, Frankfurt am Main 1976
Runciman, Steven: Geschichte der Kreuzzüge. München 1978

Schneider, A., Wienand, A. u.a. (Hrsg.): Die Cistercienser. 2. Auflage, Köln 1977
Schumacher, Bruno: Geschichte Ost- und Westpreußens. 6. Auflage, Würzburg 1977

»Scriptores rerum Prussicarum. Die Geschichtsquellen der preußischen Vorzeit bis zum Untergang der Ordensherrschaft«. Hrsg. von Th. Hirsch, M. Toeppen und E. Strehlke, Bände 1-5, Leipzig 1861-1874

Tumler, Marian: Der Deutsche Orden. Wien 1955
Tumler, Marian und Arnold, Udo: Der Deutsche Orden – Von seinem Ursprung bis zur Gegenwart. 2. Auflage, Bonn-Bad Godesberg 1975

Voigt, Johannes: Geschichte Preußens. 9 Bände, Königsberg 1827-1839

Winter, Johanna Maria van: Rittertum – Ideal und Wirklichkeit. München 1979
Wippermann, Wolfgang: Der Ordensstaat als Ideologie. Berlin 1979
Wollschläger, Hans: Die bewaffneten Wallfahrten gen Jerusalem. Zürich 1973

Zimmerling, Dieter: Die Hanse. Düsseldorf 1976
Zimmerling, Dieter: Störtebeker und Co. – Die Blütezeit der Seeräuber in Nord- und Ostsee. Hamburg 1980

Register

Namen und Personen

Abu Schamah, arab. Gelehrter (13. Jh.) 17
Adalbert von Prag, Missionar 93
Adam von Bremen, Chronist (11. Jh.) 76, 81
Al-Adil I. (1144-1218), Sultan von Ägypten und Syrien 34, 52 f.
Albert, Bischof von Livland 105 ff.
Albert, Erzbischof von Riga 155
Albrecht III. (1349 oder 1350-1395), Herzog von Österreich 224-227
Albrecht von Brandenburg-Ansbach (1490-1568), Hochmeister (1511-1525) und Herzog von Preußen 79, 319-324, 326
Alexander IV. († 1261), Papst seit 1254 140 ff.
Alfons X. von Kastilien (1221-1284), Römischer König 154
Al-Hakim (1177 oder 1180-1238), Sultan von Ägypten und Syrien 52, 54 f., 57
Al-Kamil (985-1021), Sultan von Ägypten 38
Andreas II. (1176 oder 1177-1235), König von Ungarn 60, 62 f.
Andreas von Stierland, Landmeister 136
Arnold von Lübeck, Chronist (12. bzw. 13. Jh.) 34
Auctuno, pomesan. Häuptling 156
Augustin von der Schewe, Ständevertreter 286

Augustinus (354-430), Heiliger 41, 91f.

Balk, Hermann, Landmeister 108, 111 ff., 118, 122 ff., 177
Baha ed-din, arab. Chronist (12. bzw. 13. Jh.) 16
Balduin I. von Bologne (1058-1118), König von Jerusalem 42
Bangputtys, preuß. Nebengott 89
Bart, Heinrich, Hochmeister seit 1208 45
Benninghoven, Friedrich, Historiker 105
Bernhard von Clairvaux (1090-1153), Gründer des Zisterzienserordens 18, 42 f., 91
Bernhard von Zinnenberg, Söldnerhauptmann 301
Berthold, Missionar 103 f.
Berthold von Brühaven, Komtur 198, 211 f.
Boguslaw, pommer. Herzog 233
Bohemund III. († 1201), Fürst von Antiochien 19
Bohemund IV. († 1233), Fürst von Antiochien 47
Boleslaw († 1352), Herzog von Großpolen 189
Boleslaw I. Chrobry (966-1025), Herzog und König von Polen 93 f.
Boockmann, Hartmut, Historiker 43, 66
Boris I. Michael († 907), König von Bulgarien 91

Botel, Heinrich, Ordensmarschall 145, 147
Bruno, Bischof von Olmütz 137, 139
Bruno von Querfurt, Missionar 93 f.
Burkhard von Dole, Söldnerhauptmann 305
Burkhard von Hornhausen, Ordensmarschall 147
Burkhard von Querfurt, Söldnerhauptmann 305

Castorp, Hans, Bürgermeister von Lübeck 303
Christian, Bischof von Preußen 65, 90, 94 ff., 98 ff., 109 f., 115, 117, 119
Clemens IV. († 1268), Papst seit 1265 153 f.
Coelestin II. († 1144), Papst seit 1143 60
Coelestin III. († 1198), Papst seit 1191 46, 60, 103
Czapko, Hussitenhauptmann 275
Czirwenka, Söldnerhauptmann 301

David, Lucas, Chronist (16. Jh.) 127
Dietrich von Bernheim, Ordensmarschall 124, 130-133
Dietrich von Grüningen, Landmeister 71, 133
Dlugosz, Jan, poln. Chronist (15. Jh.) 215

Eberhard von Saunsheim, Deutschmeister 281 f.
Eberhard von Seyn, Deutschmeister 166
Edegei, Tatarenfürst 238
Elisabeth (1207-1231), Heilige 68-71, 121
Erhard, Bischof von Pomesanien 322
Erich VII. (um 1382-1459), König von Dänemark 198
Eudokia († 404), Kaiserin Ostroms 37

Falkenberg, Johannes, Dominikanermönch 272
Favreau, Marie-Luise, Historikerin 30 f., 36, 60
Fischborn, Erasmus, Komtur 274
Franz von Assisi (1181 oder 1182-1226), Heiliger 55, 70
Freidank († 1233), Spruchdichter (12. bzw. 13. Jh.) 17
Friedrich, Erzbischof von Riga 190, 196-202, 204 ff., 216
Friedrich († 1547), Herzog von Liegnitz 321, 323
Friedrich I., Erzbischof von Bremen-Hamburg 91
Friedrich I. Barbarossa (1122-1190), Römischer König und deutscher Kaiser 20
Friedrich II. (1194-1250), König von Sizilien und deutscher Kaiser 48 f., 51, 57-60, 65-68, 119 ff.
Friedrich II. der Große (1712-1786), König von Preußen 179
Friedrich III. (1415-1493), Römischer König und deutscher Kaiser 284, 292 ff., 297
Friedrich Wilhelm I. (1688-1740), König von Preußen 178
Friedrich von Sachsen († 1510), Hochmeister seit 1498 314-319
Friedrich von Schwaben († 1191), Sohn Barbarossas 24 f., 28
Friedrich von Wallenrode, Ordensmarschall 252

Gabriel von Baysen, Ständevertreter 293, 297
Gedimin († 1341), Großfürst von Litauen 192, 203 f., 216 f., 232
Georg der Fromme († 1543), Markgraf von Brandenburg 321, 323
Georg von Schlieben, Söldnerhauptmann 305
Gerhard von Rüden, Ordensvogt 216
Giltine, preuß. Nebengöttin 89
Gregor IX. (um 1170-1241), Papst seit 1227 51, 58, 60, 71, 99, 110, 114, 116, 119 ff., 129 f.

Gregor X. (1210-1276), Papst seit 1271 155 f.
Guido von Lusignan († 1194), König von Jerusalem (seit 1186), 1190 abgesetzt 11 ff., 17, 21, 28 f., 47
Guillaume le Clerc, norm. Dichter und Sänger (13. Jh.) 58
Gunther, Bischof von Bamberg 38
Günther Graf von Schwarzburg-Blankenburg (1304-1349), Gegenkaiser Karls IV. 217

Hans von Baysen, Ständevertreter 295, 299
Hans von Czegenberg, Ständevertreter 285, 295
Hartmann von Heldrungen († 1282), Hochmeister seit 1274 71
Hedwig († 1399), Königin von Polen (seit 1384) 230 f., 233
Heinrich I. der Bärtige († 1238), Herzog von Breslau 115
Heinrich I. von der Champagne († 1197), König von Jerusalem (seit 1192) 30 f., 47
Heinrich IV. (1366-1413), König von England 235
Heinrich VI. (1165-1197), König von Sizilien und deutscher Kaiser 32 ff., 45
Heinrich der Erlauchte († 1288), Markgraf von Meißen 96, 121 ff.
Heinrich der Löwe (1129-1195), Herzog von Sachsen und Bayern 91
Heinrich Graf von Plauen († 1429), Hochmeister (1410-1413) 255-258, 260, 262 f., 267 ff.
Heinrich Monte, natang. Adliger 149 f., 155 f.
Heinrich von Dusemer († 1351), Hochmeister seit 1345 220
Heinrich von Kalden, Reichsmarschall Heinrichs VI. 33
Heinrich von Maltitz, sächs. Söldnerhauptmann 278 f.

Heinrich von Meißen, Missionar 94
Heinrich von Plotzke, Großkomtur 214, 216
Heinrich von Weida, Landmeister 129, 133
Helmold von Bosau, Chronist (12. Jh.) 89
Hermann († 1217), Landgraf von Thüringen 49
Hermann von Salza († 1239), Hochmeister seit 1209 oder 1210 47-52, 55 f., 58-64, 66 ff., 71, 97 f., 110, 114, 120 f., 123 f., 132
Hieronymus (um 347-419 oder 420), Heiliger 37
Hirtzhals (von) Magdeburg, Kreuzfahrer 149 f.
Honorius III. (um 1150-1227), Papst seit 1216 36, 49, 51, 62, 95
Hugo von Payns († 1136), Gründer des Templerordens 42
Hus, Jan (um 1370-1415), tschech. Reformator 273

Ibn al-Atir, arab. Historiker (12. bzw. 13. Jh.) 22 f.
Innozenz III. (1160 oder 1161-1216), Papst seit 1198 36, 46, 94 f.
Innozenz IV. (um 1195-1254), Papst seit 1243 132
Iwan III. (1479-1505), Großfürst von Moskau 324 f.
Iwan IV. der Schreckliche (1530-1584), Großfürst von Moskau und Zar von Rußland 325

Jagiello II. Wladislaw (um 1351-1434), Großfürst von Litauen und König von Polen 228-234, 237-240, 242, 244-248, 250 ff., 254-260, 263, 265, 271 ff., 276
Jakob von Vitry, Bischof von Akkon 15, 20, 53, 55
Jaroslaw, Erzbischof von Gnesen 191, 193
Jawinne, preuß. Nebengöttin 89

335

Johann (1296-1346), König von
  Böhmen 192, 217 f.
Johann I. Albrecht (1459-1501),
  König von Polen 312-315
Johann I. von Brienne (um 1144-
  1237), König von Jerusalem
  54, 56 f.
Johann von Tiefen († 1497), Hoch-
  meister seit 1489 312 ff.
Johann von Posilge, Ordenschronist
  (14. bzw. 15. Jh.) 169 f., 268
Johannes, Herzog von Masowien
  246, 259
Johannes XXII. (1244-1334), Papst
  seit 1316 190, 193
Jutta, Schwester Barbarossas 68

Karl I. der Große (747-814), König
  der Franken und deutscher Kai-
  ser 90, 92
Karl IV. (1316-1378), Römischer
  König, König von Böhmen und
  deutscher Kaiser 217
Karl V. (1500-1558), König von
  Spanien, Römischer König und
  deutscher Kaiser 321, 326 f.
Karl VI. der Wahnsinnige (1368-
  1422), König von Frankreich
  265
Kasimir III. der Große (1310-1370),
  König von Polen 192 f., 230
Kasimir IV. Andreas (1427-1492),
  König von Polen 299 f., 301,
  306, 308 ff., 312
Ketteler, Gottfried, Landmeister
  325
Kinstutte († 1382), Großfürst von
  Litauen 217 f., 221-224, 228 f.
König Sodrich siehe Warpoda
Konrad, Erzbischof von Mainz 34
Konrad († 1247), Herzog von Ma-
  sowien 63-66, 74, 90, 97 f.,
  109, 111, 115
Konrad († 1240), Landgraf von
  Thüringen, Hochmeister seit
  1239 70 f., 121, 124, 129
Konrad I. von Montferrat († 1192),
  König von Jerusalem (seit 1190)
  11, 21 f.

Konrad von Erlichshausen († 1449),
  Hochmeister seit 1441 282
Konrad von Jungingen († 1407),
  Hochmeister seit 1393 180
Konrad von Marburg, Beichtvater
  der heiligen Elisabeth 69 f.
Konrad von Querfurt, Reichskanz-
  ler Heinrichs VI. 33
Konrad von Thierberg, Ordens-
  marschall 155
Konstanze († 1198), Gemahlin
  Heinrichs VI. 32
Küchmeister, Michael († 1422),
  Hochmeister seit 1414 267, 269
Kurche, preußischer Gott 88

Laumene, preuß. Nebengöttin 89
Lothar III. von Supplinburg (um
  1075-1137), deutscher König
  und Kaiser 90
Ludwig I. (1174-1231), Herzog
  von Bayern 57
Ludwig I. der Große (1326-1382),
  König von Ungarn sowie von
  Polen 217, 230
Ludwig II. der Eiserne († 1172),
  Landgraf von Thüringen 68
Ludwig III. († 1190), Landgraf
  von Thüringen 12
Ludwig IV. der Heilige († 1227),
  Landgraf von Thüringen 68
Ludwig V. (1315-1361), Markgraf
  von Brandenburg und Herzog
  von Bayern 217
Ludwig von Erlichshausen († 1467),
  Hochmeister seit 1450 284-287,
  289 f., 300 ff., 304
Ludwig von Silves, Papstlegat
  288-291
Lukas (von) Watzenrode, Bischof
  von Ermland 311 f.
Luther, Martin (1483-1546), Refor-
  mator 321

Magila, preuß. Nebengöttin 89
Maria, Schwester Hedwigs 230
Martin Truchseß von Wetzhausen
  († 1489), Hochmeister seit 1477
  308 ff.

Matthias I. Corvinus (1443-1490), König von Ungarn sowie von Böhmen (seit 1469) 308, 310
Matto, pomesan. Adliger 145 ff.
Mayer, Hans Eberhard, Historiker 40
Maximilian I. (1459-1519), Römischer König und deutscher Kaiser 320
Meinhard von Querfurt, Landmeister 211
Meinhard (von Segeberg), Missionar 100, 102 f.
Melletele, preuß. Nebengöttin 89
Mestwin II., Sohn Swantopolks 133, 154, 187 f.
Miligedo, preuß. Krieger 151 f.
Mindowe († 1263), König von Litauen 143-147

Napoleon Bonaparte (1769-1821), Kaiser der Franzosen 327
Nickel von Renys, kulm. Adliger 253, 265 f.
Nikolaus I. der Große (um 800-867), Papst seit 858 91 f.
Nikolaus V. (1397-1455), Papst seit 1447 282, 288 f.
Nikolaus von Jeroschin, Ordenschronist (14. Jh.) 108, 131, 169, 216
Nikolaus von Thüngen, Bischof von Ermland 306 ff., 310 f.

Okopirn, preuß. Nebengott 89
Olgierd († 1377), Großfürst von Litauen 217 ff., 222, 228
Osiander, Andreas (1498-1552), Reformator 321
Otto, Bischof von Bamberg 94
Otto, Graf von Henneberg, Kreuzfahrer 59
Otto († 1252), Herzog von Braunschweig 126 f.
Otto († 1267), Markgraf von Brandenburg 138 f.
Otto I. der Große (912-973), deutscher König und Kaiser 90

Otto von Kerpen, Hochmeister seit 1200 45
Otto von Plenchow, Ständevertreter 286
Ottokar II. (1233-1278), König von Böhmen sowie Herzog von Österreich 137-140, 153 f.

Patrimpe, preuß. Hauptgott 86 ff.
Paul II. (1418-1471), Papst seit 1464 306, 309
Paul von Rußdorf († 1441), Hochmeister seit 1422 274, 282, 284, 296
Pekollos, preuß. Hauptgott 86 ff.
Pelagius von Albano, Kardinallegat 54, 56 f.
Perkunos, preuß. Hauptgott 86 ff., 232
Peter Suchenwirt, Chronist (14. Jh.) 224
Peter von Dusburg, Ordenschronist (14. Jh.) 108 f., 112, 123, 125, 130 f., 134, 136 f., 139, 146 f., 156, 169, 211
Peter von Roas, Kreuzfahrer 19
Phalet siehe Swawabono
Philipp II. Augustus (1165-1223), König von Frankreich 25 f.
Philipp von Schwaben (um 1177-1208), Römischer König 46
Pipin, pomesan. Adliger 111, 113 f.
Polenz, Georg, Landesverweser und Bischof von Samland 321
Prutz, Hans, Historiker 15, 17, 43
Ptolemaeus, Claudius, alexandrin. Wissenschaftler (2. Jh. n. Chr.) 75 f.
Puskaitis, preuß. Nebengott 89

Rabe, Engelhard, Ordensmarschall 236 f.
Raimund von Toulouse, Kreuzfahrer, schuf die Grundlage für die spätere Grafschaft Tripolis 19
Ratibor, Bruder Swantopolks 128, 187

Richard I. Löwenherz (1157-1199), König von England 17 f., 25 f.
Richard von Cornwall (1209-1272), Römischer König 154
Robert de Courson, Kardinallegat 54
Rudolf I. Graf von Habsburg (1218-1291), Römischer König 138, 156

Saladin (1138-1193), Sultan von Ägypten und Syrien 11, 13 f., 16 ff., 20-26, 30,
Sambor II., Bruder Swantopolks 115, 117, 128, 187
Schumacher, Bruno, Ordenshistoriker 182, 302, 304
Semowit, Herzog von Masowien 234
Sibrand, Vorsteher des ersten Feldlazaretts vor Akkon 27, 30
Sigismund (1368-1437), Römischer König und König von Ungarn sowie König von Böhmen (seit 1420) 243 f., 258 f., 269, 276
Sigismund I. (1467-1548), König von Polen 319-323
Sigmund, Sohn Karls IV. 230
Skirgal, Großfürst von Litauen 229, 234-237
Skomand, sudau. Häuptling 156 f.
Stange, Heinrich, Komtur 137
Stenzel von Bentheim, Kreuzfahrer 149
Swantopolk († 1266), Herzog von Pommerellen 115, 117 f., 127-130, 132-135, 153 f., 157, 187
Swawabono, poln. Fürst 94 f.

Tacitus, P. Cornelius, röm. Geschichtsschreiber (1. bzw. 2. Jh. n Chr.) 77
Taki ed-din Omar, Neffe Saladins 14
Tamerlan (1366-1405), Tatarenherrscher 238
Theoderich von Treiden, Missionar 102, 106
Thomas von Aquin (1225 oder 1226-1274), Heiliger 92
Tilemann vom Wege, Ständevertreter 293 f.
Tumler, Marian, Hochmeister und Ordenshistoriker 170, 325

Ulrich von Jungingen († 1410), Hochmeister seit 1407 243, 245 ff., 249 ff., 253
Urban II. (um 1035-1099), Papst seit 1088 39 f.
Urban IV. (um 1200-1264), Papst seit 1261 148

Vasillo, Andreas, erster Bischof von Wilna 233
Voigt, Johannes, Historiker 112, 117
Volrad Mirabilis, Ordensvogt 150 f.

Walpot, Heinrich, Hochmeister seit 1198 35 f., 45
Walter von Cronberg, Deutschmeister 326 f.
Wartislaw, Bruder Swantopolks 128
Wartislaw, pommer. Herzog 233
Wartislaw II., Sohn Swantopolks 154, 187 f.
Warpoda, poln. Fürst 94 f.
Wassili III. († 1533), Großfürst von Moskau 325
Wendt von Eulenburg, Söldnerhauptmann 305
Wenzel IV. (1361-1419), König von Böhmen 239, 243, 247 f., 250
Werner von Orseln († 1330), Hochmeister seit 1324 281
Werner von Tettingen, Ordensspittler 256
Wichmann, Erzbischof von Magdeburg 91
Wigand von Marburg, Ordenschronist (14. bzw. 15. Jh.) 169
Wilhelm (1370-1406), österreich. Herzog 230, 233

Wilhelm IV. († 1345), Graf von
 Holland 217
Wilhelm von Modena, Papstlegat
 98 f., 106 f., 119, 121, 132 f.,
 135, 158
William von Douglas, Kreuzfahrer 236
Winrich von Kniprode († 1382),
 Hochmeister seit 1351 220,
 222, 224-228
Witen († 1315), Großfürst von Litauen 197 f., 213 f., 216
Witold († 1430), Großfürst von
 Litauen 228 f., 231, 234 f., 237-240, 242, 244, 246, 250-254, 258 ff., 263, 273
Wladimiri, Pawel, Kanzler Jagiellos 271
Wladislaw I. Lokietek (1260 oder
 1261-1333), poln. Herzog und
 König von Polen 187 f., 190 ff.
Wladislaw III. (1224-1444), König
 von Polen 237
Wolfger, Bischof von Passau 36
Wormditt, Peter, Ordensritter
 271
Wulfstan, angelsächs. Seefahrer
 und Kaufmann 85

Orte und Sachen

Abgaben 173 f.
Ablaß 51
Aestier 77
Agenten 241
Alle 75, 87
Angerdorf 176
Ansiedlung 173
Antiochia 39
Antiochien 19, 46
Akkon 11-14, 18, 20-26, 28 f.,
 32, 35, 45 f., 52, 56, 59, 195
Al-Aksa-Moschee 42
Apostat 104, 135
Arnaldia (Krankheit) 25
Ausrottungsfeldzug 138, 156 f.
Askalon 30

Balga, Burg (siehe auch Honeda)
 124-127, 130, 136, 148, 257
Balga, Komturei 210, 281, 315
Balleien 67
Barbara, Kopf der heiligen 131 f.
Barten siehe Barterland
Bartenstein 87
Bartenstein, Burg (Schloß) 151 ff.,
 305

Barterland 75, 115, 213
Bauernunruhen 321
Beaufort, Burg 13
Beirut 33
Belagerungskrieg 20
Belagerungstürme 22
Belus 12, 14
Bernstein 76, 80, 169, 179
Bethlehem 37, 58
Billunger Mark 90
Bogenschützen, englische 235 f.
Böhmen 192, 248, 320
Bozen, Johanniskirche zu 46
Brandenburg 150, 269
Brandenburg, Burg 257
Brandenburg, Komturei 210,
 281, 314
Brandenburg, Konvent 162
Brathean 277, 283
Braunsberg 155, 178, 213, 283,
 286, 288, 306, 320
Breslau 218, 248, 309
Brest, Friedensvertrag von 276
Bromberg 246 f.
Bromberg, Burg 246

Bund vor Gewalt   siehe Preußischer Bund
Burj el-Kommander   siehe Verfluchter Turm
Burzenland   60-63, 67, 98
Burzenland, Schenkung des   61
Bußwallfahrten   40

Christburg   74, 254, 283, 303
Christburg, Frieden von   135, 177
Caesarea   47
Clermont, Konzil von   39 f.

Damiette   51-57, 96
Dansker   186
Danzig   93, 118, 128, 154, 178, 181, 188 ff., 219 f., 235, 256 f., 262, 275, 283, 291, 302, 308, 317, 320
Danzig, Burg   189, 237, 269
Deutscher Kreuzzug   32
Dienstgüter   176
Dirschau   180, 274 f., 302
Dirschau, Burg   189
Dnjepr   238 f.
Dobrin   98, 119
Dobrin, Bistum   74
Dobrin, Burg   98, 119, 245
Dobriner Land   192, 194, 245, 260
Dobriner Ritterorden   90, 98, 119
Dominikaner   99, 111, 272
Drausensee   74 f., 122
Drewenz   74, 251
Dubissa, Burg   246
Düna   103 ff.
Dünamünde, Burg   200
Dünamünde, Kloster   101, 106, 200
Dünamündung   100
Durbe   145, 147

Eidechsenbund (bzw. Eidechsenritter)   265 f., 291, 293, 296 f.
Eigenwirtschaft (bzw. Eigenhandel)   173, 178 f.
Ehrentisch   225, 236
Eisenach   68 f.
Elbing   123 f. 127, 153, 167, 178, 181, 195, 219, 256 f., 266, 283, 285 ff., 289 f., 303, 306, 320
Elbing, Burg   123, 130, 148, 257
Elbing, Konvent   168
Elbinger Vokabular   77
Elisabeth-Grab, Wallfahrten zum   70
Engelsburg, Komturei   268 f.
Ermland   siehe Warmien
Ermland, Bistum   303, 305
Estland   107, 198

Fehdebrief   245, 279
Feldlazarett   siehe Spital
Franken (als Bezeichnung für Siedler)   17
Frankfurt am Main   276
Frankfurt am Main, Reichstag zu   240
Frauenburg   178, 306
Frisches Haff   74, 122 f., 125 f., 137, 227, 302, 317

Galinden   75, 154
Geheimschrift   221
Geldmangel   262, 273
Georgenburg   145, 235
Geschütz   siehe Kanone
Getreide   179
Gnesen   94, 293
Gollub, Konvent   162
Gotland   181, 203
Griechisches Feuer   22
Großgebietiger (bzw. Oberste Gebietiger)   167, 268
Großkomtur   167
Großschäffer   168, 179
Grunwald (siehe auch Tannenberg)   251 f., 254

Handel   317
Hanse   178, 180, 263
Hansestädte   283
Hausämter   169
Heilsberg, Burg   127, 156
Hittin   17
Hochmeister, Wahl des   170 ff.
Hochmeistergruft   269
Holme, Burg   103 f.

Honeda, Burg (siehe auch Balga, Burg) 122 ff.
Hospital (Hospiz) der Armenier 28 f.
Huldigung 284 ff.
Huldigungseid 284, 322 f.
Huldigungsreise 287, 314 f.
Hunger (bzw. Hungersnot) 23, 25, 54, 215
Hussiten 273 ff.

Interregnum 154

Jaffa 30
Jagd 164
Jerusalem 18, 20, 30, 33, 37 f., 52, 58 f.
Johanniterorden 35 f, 43 ff., 49, 70
Juden 219

Kanone (bzw. Kanonenguß) 243, 251
Kettenturm 52 f.
Kiew 237, 239
Komtur (bzw. Komturei) 167 f.
Königsberg 76, 140 f., 153, 167 f., 178, 180, 195, 219, 224-227, 236, 258, 283, 286, 298, 302, 310, 312, 323
Königsberg, Burg (Schloß) 257, 318
Königsberg, Dom zu 304, 312
Königsberg, Komturei 210, 281
Königsberg, Konvent 162, 168
Konitz 274, 302
Konitz, Burg 189, 274, 299
Konitz, Feldschlacht bei 300
Konstanz, Konzil von 269-272
Konvent 167, 268, 298, 324
Kowno 180, 219, 246
Krankenfürsorge 181 f.
Krakau 230 f., 233, 299, 321, 322 f.
Krakau, Dom zu 254
Kriegszug, Disziplin während des 165
Kujawien 98, 192, 194

Kulm 115 f., 133, 174, 178, 283, 298
Kulm, Bistum 303
Kulm, Burg 130
Kulmer Handfeste 115, 175, 178
Kulmerland 64, 66, 72 ff., 77, 94, 97 f., 109 f., 115 f., 118 f., 130, 132, 153, 177, 192, 194, 246, 274, 283, 295, 303
Kundschafter 209
Kuren siehe Kurland
Kurland 145 ff., 198, 325

Labiau 87, 210
Laienbrüder 161
Landesrat 266, 317
Landstände siehe Stände
Landwehr 175
Lausitz 90 f.
Lemberg 179, 313
Litauen 76, 143 ff., 157, 192, 202, 208-217, 239, 267, 273, 324
Litauer 136, 201
Litauerreisen 202, 212 f., 220 f.
Livland 90, 94, 100-107, 195-201, 208, 235, 324 f.
Löbau 95, 251
Lokator 174 f.
Lübeck 66, 103, 180, 203, 303

Mainz, Reichstag zu 121
Marburg, Franziskushospital zu 69 ff., 121
Marienburg 166, 168, 180, 195, 222, 235, 243, 245, 248, 254 ff., 258 f., 268, 278, 283, 286 ff., 299, 303
Marienburg, Belagerung der 257 ff.
Marienburg, Ordenskapitel der 266
Marienburg, Schloß 156, 169, 183, 185, 194, 222-225, 255 f., 269, 299-302
Marienburg, Verpfändung der 300 f.
Marienwerder 113, 186, 279, 283, 294
Mark Brandenburg 91, 192

Marschall (des Deutschen Ritterordens) 167
Masowien 63, 75, 108, 111, 145, 192, 204, 206, 246, 248
Masurische Seenplatte 75
Melnosee 276
Melnosee, Frieden von 273
Memel 136, 235, 246, 316
Memel, Burg 136, 140
Memel, Fluß 76, 136, 180, 226
Memel, Komturei 210
Messina 32
Michelau 194, 303
Militarisierung (des Deutschen Ritterordens) 46 f.
Mindowe, Schenkung des 144
Missionierung 65
Monfort, Burg 33
Mongolenherrschaft 324

Nablus 20
Nadrauen 76, 156, 246
Narratio 27 f., 35
Natangen 75, 115, 155, 177
Natanger 149
Nazareth 58
Nessau 273
Nessau, Burg 108, 111, 194
Neu-Leslau 191, 193
Neumark 244, 246, 260, 273
Niedersachsenhaus 176
Nikolaifriedhof 28
Nikolaitor 29, 46
Nikolaiturm 47
Nogat 74, 186, 255, 259

Oliva, Kloster 118, 219, 275
Ordensbeamten, Disziplin der 317
Ordensburgen 182 ff.
Ösel 107, 201
Ossa 74, 210
Osterode 254, 283
Ostsiedlung 91

Passarge 75, 176
Pest 219
Petrikau, Reichstag von 309
Pferdezucht 178 f.
Pfleger 168, 269

Pflugkorn 175 f.
Pfundzoll 173, 282
Pleskau 263, 325
Plozk 145, 251
Plozk, Burg 97
Plozk, Kapitel 109
Pogesanien 75, 115, 122, 155 f.
Polen 97, 145, 154, 187 ff., 192, 229, 233, 244 f., 267, 270 f., 273, 299, 305, 310, 319, 321, 324 f.
Pomesanien 74 f., 98, 115-118, 130, 155, 177, 283
Pomesanien, Bistum 153
Pommerellen 128, 134, 177, 187-190, 192, 194, 273, 303
Pommern 94, 153 f., 259
Prag 30, 93, 248
Pregel 75, 136, 139
Preußen
- Familienleben der 79 f.
- Hochzeitsbräuche der 82 f.
- Kleidung der 81
- Leichenfeier der 84 f.
Preußen, Aufstand in 130, 147, 295
Preußischer Bund 279-282, 298
Preußischer Bund, Aufstand des 299
Priesterbrüder 159
Prokuratoren 190

Quednau 139
Quercz 112

Ragnit 235
Ragnit, Burg 76, 176, 210 f.
Ragnit, Komturei 210
Ramla 38
Reallasten 174
Recht, kulmisches 173
Recht, lübisches 178
Reformation 321
Regalien 173
Reiterkrieg 320
Rheden, Burg 118, 130, 257, 266
Rieti, Bulle von 67
Riga 103, 106, 109, 196-201, 204, 206 f.

Riga, Burg 197 f.
Riga, Domkapitel zu 199
Rimini, Goldbulle von 64-67
Ritterbrüder 159
Ritterschlag 212, 226
Rogow, Burg 111 f.,
Rom 93 f., 129, 241
Romowe, Göttersitz 75, 86 ff.
Rußland 237, 320, 324

Saale 91
Saleph 24
Sallinwerder, Vertrag von 237
Samaiten 136, 144, 208, 235, 237, 239, 244, 246, 270, 273
Samland 73, 76, 93, 148, 157, 226
Samländer 136, 139 f.
San Germano 60
Sariantbrüder 161
Sartowitz, Burg 130-133
Schalauen 76, 156
Schalwenkorn 176
Scharwerksdienste 175, 177
Schiedsgericht 296 ff.
Schlochau, Burg 189, 257
Schmiergeld 190
Schwertbrüderorden 90, 106, 196
Schwetz 247
Schwetz, Burg, 130, 133, 189, 257
Seuchen 23, 25, 53, 257
Sidon 33
Soldforderungen 278, 302
Söldner 243, 250, 262, 268, 273, 277, 291, 300, 302, 306
Spione 298
Spital St. Marien 30
Spital St. Marien, Schenkung für 30
Spitalsbruderschaft 35
Spittler 167
Stände 261, 266, 280, 282, 284
Stände, Beschwerden der 285 ff.
St.-Annen-Kapelle 258
Statthalter 170, 256
Statuten (des Deutschen Ritterordens) 158 ff., 326
Steuern 173, 262, 266, 274, 277
Strasburg 98
Sudauen 76, 156 f., 248
Sweiken 179

Tannenberg (siehe auch Grunwald) 251, 255, 260
Tannenberg, Schlacht von 253 f.
Tapiau 87, 139
Tataren 142, 147, 154, 237 f., 239, 312
Tell Fukhar siehe Toron
Tell Kaisan 14, 24
Templerorden 17, 35 f., 42, 45, 49, 195
Territorialfürstentum 318
Thorn 115, 134, 178, 219, 224, 260, 262, 283, 291, 294 f., 297 ff., 303, 321
Thorn, 1. Thorner Frieden 260
Thorn, 2. Thorner Frieden 303
Thorn, Burg 114, 130, 182, 295, 299
Toron, Burg 33 f.
Toron, Hügel 12, 14, 24, 28
Trakehnen 179
Trappier 167
Treiden 106
Treßler 167
Tripolis 47
Truso 75, 85, 122
Tuchel 274
Tuchel, Burg 189
Türken 312 ff.
Turm der Fliegen 13
Tyros 11, 21, 30, 34 f.

Unfreie 177
Üxküll 100, 102 f., 106

Västergarn 181
Verfluchter Turm 13
Verkehrswege 180
Verwaltung 166, 316, 318
Visitationsreisen 317
Vitalienbrüder 180 f.
Vogelschießen 164
Vogt 168
Volksaufstand siehe Preußischer Bund

Walachei 62, 315
Wallfahrten, bewaffnete 40

Warmien 75, 115, 124-127, 155, 177, 213 f., 259, 283, 306 f.
Wartburg 68 f.
Wartgeld 176
Wegebericht 210
Weichsel 74, 93 f., 97, 108, 111, 122, 128, 130 f., 133, 176, 180, 260, 302
Weichselmünde 275
Weichselwerder 180
Werner von Orseln, Statuten des 281
Widerstandsrecht 298

Wien 293, 296 f., 327
Wilna 228 f., 232-237
Wilna, Bistum und Domkapitel zu 233
Wirbizino 193 f.
Wohnstallhaus 176
Worskla, Schlacht an der 238
Wurfmaschinen 22

Zarnowitz, Schlacht bei 303
Zeitungsboten siehe Agenten
Zisterzienser 91, 99
Zwangsbekehrung 92

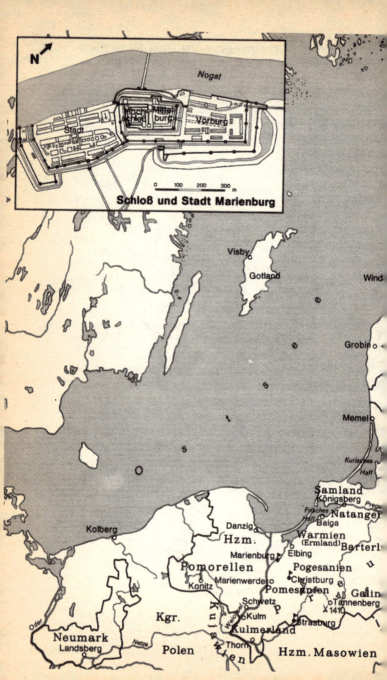

Haffner, Sebastian
Zur Zeitgeschichte
36 Essays. Der große Publizist Sebastian Haffner setzt sich brillant mit Personen der Geschichte und Zeitgeschichte auseinander, greift politische Probleme, Theorien und Phänomene auf. 224 S. [3785]

Huxley, Aldous
Plädoyer für den Weltfrieden und Enzyklopädie des Pazifismus
Aldous Huxley wandte sich 1936 zweimal an die internationale Friedensbewegung. Das erste Mal mit einem Friedensappell, das zweite Mal mit einer stichwortartigen politischen Analyse aus der Sicht eines Pazifisten. 176 S. [3756]

Lafontaine, Oskar
Der andere Fortschritt
Verantwortung statt Verweigerung.
In diesem für ihn und seine Partei grundsätzlichen Buch beschäftigt sich Lafontaine mit Fortschritt, Arbeit und Natur. 224 S. [3811]

Schmidt, Helmut
Eine Strategie für den Westen
Ein kluges und sachkundiges Buch, in dem der ehemalige Bundeskanzler seine Sicht einer Gesamtstrategie für den Westen entwickelt. 208 S. [3849]

Smith, Hedrick
Die Russen
Der ehemalige Korrespondent der »New York Times« in Moskau schildert in diesem Buch wirklichkeitsgetreu den russischen Alltag. 456 S. [3589]

Albertz, Heinrich (Hrsg.)
Warum ich Pazifist wurde
Trotz seines offenen Engagements: Dies ist ein Friedensbuch – keine Ideologie des Pazifismus. Es ist ein Bericht über ganz persönliche Erfahrungen und Wandlungen. 176 S. [3827]

Valentin, Veit
Geschichte der Deutschen
Der Klassiker unter den Geschichtsbüchern mit einer modernen, sorgfältig ausgewählten Bebilderung und einem ergänzenden kurzen Abriß der deutschen Geschichte seit 1945.
960 S. mit 140 Abb. [3725]

Noack, Paul
Korruption – die andere Seite der Macht
Der Münchner Politologieprofessor Dr. Paul Noack geht dem Phänomen Korruption in Staat und Gesellschaft nach. 192 S. [3840]

Finckh, Ute / Jens, Inge (Hrsg.)
Verwerflich? Friedensfreunde vor Gericht
Eine Dokumentation der Gruppe »Gustav Heinemann« Tübingen. 208 S. [3808]

Zeitgeschichte

Manfred Barthel

An den Gestaden der Götter

352 Seiten, Leinen gebunden, Schutzumschlag

Mit dem erfahrenen Manfred Barthel
als Führer unternimmt der Leser eine ebenso
amüsante wie informative Reise zu den
Geburtsstätten unserer heutigen Kultur.
Wer weiß zum Beispiel, daß Heinrich Schliemann
einige seiner Funde manipuliert hat?
Wer kennt die einst olympische Disziplin der
spartanischen »Schenkelzeigerinnen«?
Wer schuf die unproportionierten »Asterix-
Figuren« am Tempelfries zu Paestum?
Welche Geheimnisse verbargen sich hinter den
»Sieben Weltwundern«?
Der Erfolgsautor Manfred Barthel entblättert
24 Mythen, Sagen und Legenden der Antike,
und zeigt auf,
daß manches an der gängigen Überlieferung
nicht stimmt und vieles mit neuen Augen gesehen
werden muß.

ECON Verlag
Postfach 300321 · 4000 Düsseldorf 30